普通高等教育“十一五”国家级规划教材

新编21世纪经济学系列教材

发展经济学教程

第三版

Development Economics

学术顾问　张培刚　谭崇台
主　　编　彭　刚　黄卫平

中国人民大学出版社
·北京·

内 容 简 介

发展经济学是第二次世界大战后形成的一门新兴的综合性、应用性很强的经济学科。它通过对各种发展理论和战略、经济体制和可行性对策进行比较的方法，研究不发达条件下经济发展的过程和规律。

本教程在系统总结和广泛借鉴国内外经济发展理论和经典发展文献的基础上，力图表达中国的发展学者对经济发展问题的深入探索和创新见解。主要内容包括：描述发展中国家的贫困状况；探讨造成这种贫困的原因；确立经济发展的目标；创建衡量经济发展水平和质量的指标体系；选择摆脱贫困的路径；构建经济发展的战略模式；分析经济发展的要素；解释经济发展的内部条件与外部环境；提供经济发展的政策分析；开展经济发展的案例研究；以及展望经济发展趋势；等等。

本教程致力于反映 21 世纪以来发展中国家和经济发展理论的新变化、新特征、新发展，其中关于世界范围的反贫困与公平的收入分配，转轨国家的经济转型与发展，以及对发展中国家金融危机的生成原因与应对政策的分析等内容，体现了本教程的编写特色。

作 者 简 介

彭刚，男，1955 年 12 月生于北京，经济学博士，现为中国人民大学国际经济系教授、博士生导师；中华外国经济学说研究会发展经济学研究分会副会长，中国人民大学发展中国家经济研究中心主任。长期从事国际经济学、发展经济学、世界反贫困、经济一体化和中国经济发展理论、战略、政策等方面的教学与研究工作。曾留学意大利经济发展研究院（1987—1989 年），获得发展经济学硕士学位，并曾任美国哈佛大学肯尼迪政府学院 Mossavar-Rahmani 商政研究中心专职研究员（2007—2008 年）。

黄卫平，男，1951 年 6 月生于北京，经济学博士，现为中国人民大学经济学院教授、博士生导师。1985 年赴欧留学，回国后在中国人民大学任教，曾经作为富布赖特高级学者在美国斯坦福大学做研究。中国世界经济学会、中国国际贸易学会常务理事，中美经济学教育交流委员会执行主任，中国太平洋经济合作全国委员会委员，国务院特殊津贴获得者。

前　言

2018年是中国改革开放的第40个年头。党的十九大的胜利召开，标志着中国的改革开放和经济发展进入了一个新的历史发展时期。在此奉献给广大读者的《发展经济学教程》（第三版），代表着我们全体作者对中国改革开放40年和由此而取得的经济发展的辉煌成就由衷的喜悦和崇高的敬意！

中国人民大学经济学院是率先在国内系统开设发展经济学课程的院校之一，也是最早在国内出版发展经济学教材的高等院校。从1988年陶文达教授撰写的《发展经济学》的问世，到1992年由陶文达教授主编的中国高等学校财经类专业核心课程教材《发展经济学》的出版，再到《发展经济学教程》第一版和第二版的多次印刷，我们的这本发展经济学教科书传播发展理论，研究发展战略，总结发展实践，探索发展模式，启蒙和培养了一代又一代青年学子、发展达人。

《发展经济学教程》（第三版）是自2014年9月中国人民大学经济学院国际经济系发展经济学教研室重建以来所有成员的鼎力之作，全部章节均由教研室的资深学者撰写而成。在继续保持原教程基础性、原创性、历史与逻辑方法统一性的写作原则的基础上，本版教程对原书的框架结构进行了重新设计，将原书的十八章内容浓缩为十四章，从而使全书的结构更紧凑、内容更集中、重点更突出，也更便于读者学习和掌握。在《发展经济学教程》（第三版）中，我们更注重反映近年来发展经济学理论、战略、政策的新发展、新成果、新动向，例如从联合国的千年发展目标到《2030年可持续发展议程》的历史发展沿革、林毅夫教授倡导的新结构经济学、技术创新理论的新发展等。我们也更注重反映和总结中国作为世界上最大的和发展绩效最为显著的发展中国家近年来所取得的发展成果。在对诸多重大发展问题的论述中，我们都增加章节，专门介绍、探讨和总结中国在这一领域所取得的成就、存在的问题、面临的挑战以及采取的相应政策对策，凸显了当代中国在世界经济增长与发展大格局中日益突出的地位和重要的作用。当然，对于相关典型案例和统计数据的更新与替换总是每一版新版教科书所不可缺少的。

《发展经济学教程》（第三版）撰写分工如下：

中国人民大学经济学博士，彭刚教授：前言、第一章、第二章、第四章、第十四章；

中国人民大学经济学博士，姜少敏副教授：第三章、第五章；

中国人民大学经济学博士，宋利芳教授：第六章、第九章、第十二章；

南开大学经济学博士，贾根良教授：第七章；

中国人民大学经济学博士，胡霞教授：第八章、第十一章；

中国人民大学经济学博士，黄卫平教授：第十章、第十三章。

本教程在成稿后由彭刚教授、黄卫平教授在与作者进行了充分讨论的基础上完成了全书的审订和统稿。

中国是世界上最大的发展中国家，摆脱贫困、追寻梦想，全面建成小康社会，实现伟大的民族复兴，发展经济是唯一的途径。结合中国特色社会主义的具体情况，借鉴其他发展中国家已有的发展经验和教训，对于中国的经济发展具有重要的意义。由此而言，发展经济学对于当代中国的作用，是其他任何经济学理论都无法取代的。我们将在发展经济学的教学与研究中，不断深化对于经济发展的理解，推动发展经济学在中国的进一步深化和提高。同时我们也将继续参考、借鉴其他发展中国家经济发展的经验和教训，根据中国国情、依据马克思主义经济学，争取能够早日建立和不断完善具有中国特色的经济发展理论体系。

我们清楚地知道，一本出色的教科书往往可以影响读者的思想乃至其观察问题的立场、观点与方法的形成。我们将在今后结合发展中国家经济发展的实际情况，以及人们不断加深的对于经济发展的探讨和理解，对本教材不断进行修订和完善，使之更加成熟、更加适用于教学，并争取使之能够成为经济发展研究人员、发展规划的制定人员富有帮助的参考和指南。

中国人民大学出版社的高晓斐等编辑为本书的出版付出了辛勤的努力，做了出色的工作，在此对他们表示衷心的感谢！

本成果受到中国人民大学“统筹支持一流大学和一流学科建设”经费的支持。

作者

2018 年元旦

目　录

第一章

新世纪中的发展中国家

本章重点

- 发展中国家的诞生与发展
- 发展中国家的现状与特征
- 发展中国家的构成与分类
- 发展中国家的机遇与挑战

发生于20世纪中叶的波澜壮阔的民族解放运动和由此而引致的发展中国家的诞生，是20世纪人类发展史上最伟大的历史事件，改变了整个世界的历史进程。正是由于发展中国家的诞生，才出现了专门研究发展中国家如何摆脱贫困、谋求富裕、走向繁荣的发展经济学。

半个多世纪过去了，当人类跨入新世纪又已经将近20年的时候，发展中国家面临着怎样的机遇与挑战，发展经济学对此又应该如何在理论上做出阐释和说明，成为摆在发展中国家和发展学者面前的重要课题。

发展中国家作为一个整体，当它们跨越新的"世纪之门"的时候，一方面，它们为自己能够在短短的不到半个世纪的时间里，取得了经济发达国家曾经用了数百年时间才创造出来的发展绩效而感到骄傲和自豪；另一方面，它们更为在新的世纪里，发展中世界所面临的严峻挑战和在发展进程中所存在的主要问题而感到焦虑和忧患。发展是一个永恒的主题，21世纪对于广大的发展中国家更是具有不同寻常的意义：或者抓住发展的机遇，积极地融入经济全球化的历史潮流，完成从不发达向发达的转化；或者在犹豫和徘徊中坐失机会，永远在经济贫困和不发达的陷阱中沉沦。

本章在对发展中国家的基本概念、状况进行界定和介绍的基础上，重点讨论发展中国家在新世纪所面临的机遇与挑战。

第一节 发展中国家的诞生与发展

如果用一句最通俗的话来概括什么是发展经济学，我们可以说：发展经济学就是研究发展中国家如何摆脱贫困、走向富裕的经济学。因此，要想学习发展经济学，首先就要了解什么是发展中国家。

一、发展中国家的定义

发展中国家本身就是一个非常笼统的概念。应该说直到今天，世界上还没有一个准确、统一、为人们所普遍接受的发展中国家的科学定义。在苏联解体、东欧剧变、两极格局消失的“后冷战时代”就更是如此。从某种意义上讲，发展中国家已成为一个约定俗成的概念。

从国际组织来看，从来就没有一个国际组织明确提出过发展中国家的概念，并在法律上予以确定。联合国明确认定了 49 个国家为最不发达国家。发达国家则通过承诺更多的国际义务，或不寻求某些特殊的待遇确立自己发达国家的地位。在国际上有一种共识，某个国家一旦加入经济合作与发展组织（OECD）便被认为是经济发达国家，但随着一些取得良好发展绩效的发展中国家（如墨西哥和韩国）的加入，这种共识在实际操作中变得难以把握。世界银行（World Bank）及联合国贸易和发展会议（UNCTAD）也没有给发展中国家下过明确的定义。由于在实际工作中不可避免地要对发展中国家做出划分，通常的做法是将人均国民生产总值（GNP），现改为人均国民总收入（gross national income，GNI）或人均国内生产总值（GDP）作为衡量一个国家经济发展水平的主要参数。这种做法虽然简单易行，也比较有效，但单纯的 GNP、GNI 或 GDP 难以全面地反映一个国家在经济发展与社会进步等方面的状况。世界贸易组织（WTO）的法律文本中同样也找不到发展中国家的明确概念。《WTO 协定》中的发展中国家条款可分为两类：一类是主动型条款，即成员“自称”为发展中国家，在制定国内经济和贸易政策时自主享有《WTO 协定》给予发展中国家的灵活性；另一类则是被动型条款，即一成员认定某些成员为发展中国家，并在其贸易政策的制定和实施中给予这些成员更为优惠的差别待遇。由此我们看到，即使是最权威的国际组织，对于发展中国家的认定或划分，也大多是出于处理国际事务和便利贸易往来需要的技术性规定，而没有在理论上给出明确的概念界定。

如果从最广泛的含义来考察，可以把发达国家与发展中国家作为一对相互对应的概念来理解。也就是说，在当今这个世界上，只要不是发达国家，就都属于发展中国家的范畴。这样来定义发展中国家的现实意义在于，这个定义具有最广泛的包容性，它尤其适应“后冷战时代”世界经济、政治的新格局。我们可以将其视为广义的发展中国家定义。

如果从历史的角度来考察，发展中国家一般是指过去的殖民地、半殖民地和附属国，而目前已经获得政治独立、拥有国家主权的新兴民族国家。正如美国著名发展学者迈克尔·P. 托达罗在他的《经济发展》一书前言中所强调的那样："这本教科书是为致力于亚洲、非洲和拉丁美洲经济发展研究的课程而编写的"。托达罗解释说："联合国的 145 个亚洲、非洲和拉丁美洲成员国常常共同将它们自己归于第三世界。它们之所以这样做主要是要把自己同那些经济发达的资本主义国家（第一世界）和苏联、东欧社会主义国家（第二世界）（它们中的部分国家目前已被理所当然地认为是第三世界的一部分）区别开来。"① 由此可见，所谓的发展中国家主要是指亚洲、非洲和拉丁美洲那些在经济发展水平上有别于资本主义发达国家，在意识形态和社会制度上又有别于苏联、东欧社会主义国家的国家。随着苏联解体、东欧剧变，意识形态和社会制度因素日益淡化，经济发展的程度与水平已成为判定发展中国家的主要标准。实际上，政治上的不结盟并不构成发展中国家的基本特征，中国是一个社会主义国家，而同时中国向来认为自己是一个发展中国家。

因此，如果从狭义的角度来考察，所谓发展中国家就是指亚洲、非洲、拉丁美洲那些在历史上曾经是殖民地、半殖民地和附属国，后来摆脱了殖民统治，取得了民族独立和国家主权，目前经济发展又处于较低发展阶段的民族和国家（狭义的发展中国家）。而从经济发展水平和工业化实现程度来看，东欧的大多数国家和地区也可以被划入发展中国家的范畴。

随着冷战的结束和两极格局的消失，无论从哪种意义来讲，作为一个政治概念的"第三世界"已经不复存在。然而，作为发展中国家的一个"概念集合"，第三世界对于广大发展中国家来说，却有着特殊的包容性和亲和力，尤其对于那些弱小的民族和国家，给了它们一种凝聚力和归属感。正因为如此，无论是在发展经济学的文献中，还是在人们的日常生活里，第三世界这个词汇仍然被大家广泛应用，不过在当前，第三世界已经不再具有特殊的含义，它已成为发展中国家的同义语。

此外，新马克思主义和激进学派的经济学家将发展中国家称作"外围地区"，说明它们和"中心地区"（发达国家）之间的"依附"与"支配"关系。当然，最为通俗简便的说法，是将这两类地区分别称为"穷国"与"富国"。然而，低收入国家和不发达国家的范围并不对等。例如，沙特阿拉伯、科威特、阿联酋、文莱等盛产石油的国家人均收入虽然很高，同时却是不发达的。20 世纪 50 年代的日本和以色列并不富裕，但它们是发达国家。况且穷与富本来就是相对而又不断变化的概念，只有在相互比较和动态中，才能把握其含义。

二、发展中国家的产生与发展

除了拉丁美洲的一些国家早在 20 世纪初叶就已经赢得了民族独立和国家主权外，亚洲、非洲、拉丁美洲的绝大多数国家，包括中国都是在 20 世纪中叶的民族解放运动中赢得独立和解放、建立起自己的民族政权的。正是因为这些国家是帝国主义列强的殖民地和附属国，因此在一个相当长的历史时期中，它们遭侵略、受剥削、被掠夺。殖民主义和宗主国看不起它们，将它们称为"蛮荒国家""野蛮民族"。第二次世界大战以后，随着这些国家赢得独立，建立起自己的民族政权，它们在政治上要求获得平等的待遇，不能再忍受

---

① 迈克尔·P. 托达罗. 经济发展：第六版. 北京：中国经济出版社，1999：25.

发达国家的凌辱和欺负。然而在经济上，这些国家依然处于贫困落后的境地，因此在战后初期，这些国家又被称为“落后国家”或“后进国家”（backward countries）。显然这种提法不妥，因为它不仅含有“低下”的意思，而且似乎是在表明这些国家一向落后，还将继续落后下去。此后这些国家又被称为“不发达国家”（underdeveloped countries）或“欠发达国家”（less developed countries，LDCs），意在强调这些国家仍然处于经济成长的低级阶段，和那些经济发达的国家相比较，仍然处于不发达的境地。

20世纪50年代后期，特别是进入60年代以后，在新的国际政治经济形势下，一些过去经济落后的国家和地区，在经济上有了迅速的发展。“亚洲四小龙”的腾飞，拉丁美洲的“经济奇迹”，使广大亚非拉国家看到了谋求经济发展的新希望。尽管在经济上与发达的工业国相比，这些国家仍存在很大的差距；尽管在发展的道路上，仍充满着坎坷与挫折，但更为重要的是，它们认为自己是处于发展中的国家。具体表现在：尽管它们内部尚存在这样那样的问题，但是它们的经济在发展，畸形的经济结构在改变，工业在国民经济中的地位在提高；尽管它们还比较穷，但是国内的储蓄率和投资率都在提高；尽管它们的人民生活还很困难，但是大多数国家的文化教育、卫生保健事业在不断改善。因此，在1964年联合国第一届贸易与发展会议前后，发展中国家这一概念开始出现，并在世界上广为流传，几乎为所有不发达国家所接受，就连西方经济学中专门研究经济落后国家经济发展的“不发达经济学”，也顺应这一潮流，改称“发展经济学”了。

发展中国家的诞生，是20世纪人类发展与社会进步进程中最为重大的历史事件。它标志着自有人类历史以来，世界上最众多的国家、最广泛的人口开始将谋求经济发展、社会进步、国民富裕作为自己的努力方向和奋斗目标。经过近半个世纪的不懈努力，除了少数最不发达国家外，大多数发展中国家的状况都发生了明显的变化。当我们跨入新世纪的时候，对发展中国家的基本状况进行纵向比较，可以清楚地看到，发展，作为人类永恒的主题，比以往任何时候都取得了令人鼓舞的成就。世界银行《1999/2000年世界发展报告：迈进21世纪》的主题是迈进21世纪。在对发展中世界既往的发展实践进行总结时，该报告指出：“近几十年的发展情况表明，发展是可能的，但同时它既不是必然发生的，也不是轻而易举的。成功的经验已经足以让我们对未来充满信心。”① 人均GDP通常是被用来衡量一个国家经济发展水平的重要指标之一。从总量GDP的增长速度来看，1980—1990年，发展中国家的年均增长速度为3.4％，1990—1999年的年均增长速度为3.3％。1980—1998年，发展中国家人均私人消费增长了1.9％。婴儿死亡率从1980年的87‰下降到1998年的59‰。出生时预期寿命，1980年低收入国家仅为57岁，中等收入国家为60岁。1998年，发展中国家出生时预期寿命男性为67岁，女性为72岁。成人识字率，1977年低收入国家仅为50％，中等收入国家也不过65％。1998年，发展中国家的成人识字率男性为82％，女性为67％。净入学率从1980年的小学78％和中学53％，增长到1997年的小学89％和中学63％。②除了上述这些反映一个国家经济增长、福利水平提高和社会进步程度的数据外，近几十年来，广大发展中国家在工业化水平、对外开放程度、经

① 世界银行.1999/2000年世界发展报告：迈进21世纪.北京：中国财政经济出版社，2000：12.

② 数据来源于世界银行1982年、2000年、2001年的《世界发展报告》。

济结构变革、科学技术进步、社会民主进程等诸多方面也取得了令世人瞩目的成就。

应当看到，发展中国家的经济发展水平是不平衡的。半个多世纪以来，发展中世界先后出现过“巴西奇迹”“印度奇迹”“东亚奇迹”，尤其是中国的经济腾飞，更是书写下经济发展的辉煌篇章；并以“拉美模式”“东亚模式”在人类经济发展的历史进程中留下了深刻的痕迹。一些发展中国家在新的国际环境下，通过积极的对外开放和适宜的国内政策，在短短20～30年的时间里，基本上摆脱了不发达的状态，完成了发达国家过去需要近百年甚至更长时间才能完成的历史进程，这不能不说是一个奇迹。然而，并不是所有的发展中国家都发生了令人欣慰的变化。即使那些经济得以发展的国家，经济发展的成果也并未惠及社会的所有阶层。从某种意义上讲，“发展中国家”这一概念多少蒙上了一些乐观的色彩，事实上，少数“发展中国家”的经济正在不幸地衰退，而更多的“发展中国家”看来只是踏步不前。

进入21世纪以来，经济全球化进程的不断深入，世界经济、政治格局的深刻变化和重大调整，使发展中国家既存在发展的机遇，又面临严峻的挑战。随着“一超多强”格局的初步形成，发达国家尤其是美国与发展中国家的矛盾和冲突日益尖锐与明朗化，地区冲突、局部战争、恐怖活动，再加上环境恶化、气候变暖、贫富悬殊、经济衰退，使得发展中世界的分化更加严重，边缘化成为在经济全球化背景下经济不发达国家所面临的主要威胁。正因为如此，在人类跨入新世纪的时候，世界银行“千年一叹”，将“与贫困作斗争”作为新世纪伊始《世界发展报告》的主题，庄严宣告：“丰裕中的贫困是我们这个世界中最大的挑战”，号召“用我们满腔激情和专业化手段来与贫困作斗争”。①

在经历了半个多世纪艰难而曲折的发展历程之后，发展中国家正在成为世界舞台上一支不容忽视的重要力量，成为影响世界和平与繁荣的决定性因素。没有发展中国家的积极参与，世界上的任何重大问题都无法得到根本解决。从某种意义上讲，发展中国家的命运，就是整个人类的命运；发展中国家的未来，就是整个世界的未来。因为如果这个世界上4/5的人口、80%以上的国家都处于贫困与动乱的状态之中，人类就永远不得安宁。因此，作为专门考察如何使发展中国家从贫困走向富裕的发展经济学，无论在理论上还是在实践上，在今天都具有愈发重要的意义。

第二节　发展中国家的现状与特征

在经历了半个多世纪的发展历程之后，发展中国家已经发生了重大的变化。这种变化包括两个方面：一是就某一个国家进行纵向比较，其经济发展水平与其初始水平相比发生了变化；二是在不同的发展中国家之间进行横向比较，由于经济发展的不平衡，这种差异可能更为明显。因此，对今天的发展中国家进行现状与特征的普遍概述显然是困难的。我们试图做的，是将发展中国家作为一个整体，与发达国家相比较，对发展中国家的现状与特征进行一般性的描述。

---

① 世界银行.2000/2001年世界发展报告：与贫困作斗争.北京：中国财政经济出版社，2001：5.

一、发展中国家的现状

大约在半个世纪前，当大多数发展中国家出现时，这些国家都只是在政治上摆脱了殖民主义的统治，获得了民族独立和国家主权，然而在经济上，无不处于非常薄弱的地位，国民贫困、国力低下。在国内，自给自足的传统农业构成国民经济的主导部门，商品经济不发达，市场体系不健全，科学技术极为落后，劳动生产率非常低下。在国际上，只能以资源禀赋参与国际分工，出口贸易主要依赖少数几种农矿产品，其产品在国际市场上毫无竞争力。

经过几十年的不懈努力，尤其是通过国际化、市场化进程，大多数发展中国家的经济结构正在发生变化，开始进入或者正处于工业化的进程之中。外国资本的流入，跨国公司的发展，促进了产业结构升级，农业所占比重开始下降，制造业、服务业的比重明显上升。通过技术引进，极大地促进了发展中国家的技术进步和创新能力，生产能力得到了加强，产品竞争力得到了提升，出口贸易结构也发生了重大变化。在发展中国家向高收入OECD国家的出口中，制成品的比重从1990年的39.6%上升到1998年的65.6%，非制成品所占的比重则相应地从1990年的60.4%下降到1998年的34.4%。与此同时，国民的福利水平相比过去也有了明显的提升。2000年，发展中国家的人均国民总收入为1 230美元。如果按照购买力平价来计算，则达到了3 890美元。

随着发展中国家经济发展水平的不断提高，不论是已经取得了较好发展绩效的发展中国家，还是正在步入经济起飞过程的发展中国家，在世界经济发展过程中，都发挥着越来越重要的作用。尤其是在今天经济全球化与区域经济一体化成为世界经济发展主要趋势的历史条件下，发展中国家丰富的资源、众多的人口、潜力巨大的市场以及后发优势给世界经济带来的冲击力都已经成为影响世界经济稳定、增长、波动、衰退的重要因素。1997年东南亚金融危机的爆发及其给整个世界带来的影响就是一个明显的例子。

同半个世纪前相比较，今天的发展中世界显然更为丰富多彩。如果说这半个世纪以来，发达国家除了经济动荡加剧、科学技术变动、政治势力消长外，再没有什么更令人瞩目的变革了，那么发展中世界则是高潮迭起，气象万千。在经济上，“拉美奇迹”“东亚奇迹”，尤其是中国的经济起飞与发展，一批新兴工业化国家的出现，从根本上改变了发展中国家贫穷落后的历史面貌，成为保持与推动世界经济发展的重要因素。包括中国、印度、匈牙利、墨西哥在内的24个发展中国家，其国内政策和经济运行机制适应了经济全球化的趋势，较好地利用了全球市场，大幅度地提高了贸易在其GDP中所占的比例。这些国家共有30亿人口，它们的年经济增长率从20世纪60年代的1%提高到90年代的5%。其国民的工资水平不断提高，预期寿命和受教育程度达到了发达国家20世纪60年代的水平，贫困人口的数量也在迅速下降。发展中国家的经济成长与进步，越来越受到世人的重视。在政治上，苏联解体、东欧剧变，不仅从根本上改变了整个世界的基本态势和战略格局，而且使发展中国家的概念发生了重大变化，使发展中世界变得更加复杂。在军事上，“两伊战争”、“海湾战争”和“9·11”事件以及由此而引发的“反恐怖战争”和“难民潮”，都使发展中国家在当今的世界舞台上，成为令世人关注的重要角色。环境恶化、贫困加剧、宗教分歧、民族冲突、恐怖活动猖獗、地区战火蔓延，使得发展中国家的经济发展前景既充满了希望，又面临重重矛盾。和半个世纪前相比较，今天的发展中世界所发生的最大变化，就是发展中世界本身的多元性。发展中国家不再是贫穷落后的代名词，也不再是简单划一的集合概念，经济发展的不平衡，使得发展中国家的定义从来没有像今天这样名副其实。100 多个发展中国家由于种种原因，分别处于经济成长的不同阶段，分布于经济发展的各级阶梯上。无论人们对于半个世纪的发展历程做出怎样的评价，但有一个不争的事实，那就是经过不懈的努力，终于有一些发展中国家成功地摆脱了贫困，提供了经济发展的成功案例。尽管这些国家和地区在整个发展中世界只是凤毛麟角，却给广大发展中国家带来了希望。

2007 年美国爆发次贷危机，随后演化为席卷全球的金融风暴，在这场金融危机的打击下，发达国家的经济遭到普遍的创伤。尤其是 2011 年以来，美国经济持续低迷，欧债危机愈演愈烈，日本衰退回天无力，“占领运动”席卷全球。与此形成鲜明对照的是，以“金砖国家”为代表的新兴经济体作为发展中国家的代表和中坚力量，对整个世界经济摆脱危机、走出衰退发挥着重要的牵引作用。以金砖国家为例，从在世界政治与经济格局中所占的权重来看，金砖国家的地位与作用举足轻重。在政治层面，俄罗斯和中国为安理会的常任理事国，巴西、印度和南非则为非常任理事国；在经济层面，进入 21 世纪以来，中国、巴西、俄罗斯、印度跃居世界前十大经济体。按照目前的平均发展速度，金砖国家的经济总量将很快与七国集团持平。五个国家的国民生产总值之和已大约占到整个世界总量的 20%，外汇储备占全球的 75%，对世界经济增长的贡献已超过 50%。2016 年，金砖国家的国民生产总值和人均国民生产总值分别为：中国 112 029.12 亿美元和 8 126 美元，巴西 17 967.64 亿美元和 8 710 美元，俄罗斯 12 849.93 亿美元和 8 181 美元，印度 21 991.50 亿美元和 1 079 美元，以及南非 2 949.86 亿美元和 5 270 美元。按照世界银行划分各国贫富的标准，金砖国家均属于中等收入国家。如果再考虑到占世界领土总面积的近 30%以及占世界总人口的约 43%这两个指标，金砖国家的广泛代表性和影响力自不待言。人类社会步入 21 世纪尚不足 20 年，以金砖国家为代表的新兴经济体的不俗表现，让人们似乎看到了发展中国家的崭新未来。

二、发展中国家的特征

尽管发展中国家原本在历史文化、资源条件、生态环境、社会制度、经济结构、政治体制上就存在着巨大的差异，而且经济发展的不平衡进一步导致了发展中世界愈发明显的多元化和复杂化，然而，与发达国家相比较，我们还是能够概括出发展中国家普遍存在的特征。

1. 劳动生产率低，经济增长速度慢

劳动生产率低下是广大发展中国家普遍存在的状况，也是导致它们贫穷落后的重要原因。长期以来，传统农业构成了大多数发展中国家国民经济的基础，素质低下的农业劳动者主要依靠体力、借助简单的生产工具从事农业生产活动。加上气候恶劣，投入严重不足，尽管这些农民辛勤劳作，但收益非常有限。发展中国家的制造业、服务业，由于资本匮乏、技术落后、规模狭小、管理不当，也使得劳动生产率难以提高。

虽然在发展中世界中出现了诸如“亚洲四小龙”以及中国经济腾飞的经济增长奇迹，但是与发达国家相比较，由于劳动生产率低下，就发展中国家整体而言，经济增长速度是缓慢的，尤其对于49个最不发达国家来说，经济增长就更为艰难了。从1980年至1990年，低收入国家国内生产总值的平均增长率为4.4%，从1990年至1999年，这一指标仅为2.2%。中等收入国家同期相应的指标分别为3.2%和3.5%。整个发展中国家的平均指标分别为3.4%和3.3%。如果考虑到发展中国家，尤其是最不发达国家极端薄弱的经济基础与迅速增长的人口数量，这样的增长速度就更加不尽如人意了。

2.人均收入低，贫富差距大

根据世界银行的划分方法，低收入国家和中等收入国家都属于发展中国家的范畴。根据《2002年世界发展报告》，2000年，低收入国家人均国民总收入的加权平均值为420美元，中等收入国家为1 970美元，低收入和中等收入国家为1 230美元，而高收入国家则为27 510美元，是发展中国家的22.37倍，是低收入国家的65.5倍。卢森堡是世界上人均收入最高的国家，2000年人均国民总收入为44 340美元，而世界上收入最低的埃塞俄比亚和刚果民主共和国则仅区区100美元，前者是后者的443.4倍，简直是天壤之别。应该指出的是，尽管石油输出国的人均国民总收入名列前茅，甚至高于发达国家的水平，但这并不意味着它们的经济已经处于高度发达阶段。

发展中国家不仅人均收入低，而且这有限的国民收入绝大多数都集中在少数富裕阶层手中。贫富的悬殊差距，是发展中国家最明显的经济特征。目前世界上有28亿人，约占世界人口的一半，每天生活支出不足2美元；有12亿人，约占世界人口的1/5，每天生活支出不足1美元。统计数据表明，越是经济落后、贫困的国家，贫富差距就越是悬殊。1998年，尼日利亚的人均国民生产总值仅为300美元，世界排名第186位，1997—1998年人均GNP的增长率为−1.7%。而就在1998年6月8日，尼日利亚国家元首阿巴查暴病身亡，随后查出他及其亲属仅在瑞士银行的存款就超过20亿美元。有报道说阿巴查政府官员及其亲属存在欧洲银行账户里的资金超过了100亿美元。令人遗憾的是，类似这样的现象在发展中国家，尤其是最不发达国家屡见不鲜。海地，1999年人均GNP 460美元，排名第161位，而它的前总统让·克劳德·杜瓦利埃贪污的金额竟高达124亿美元。同年，印度尼西亚的人均GNP为580美元，排名第150位，其前总统苏哈托在他30余年的统治期间内，为其家族积累了大约400亿美元的财富。还有菲律宾的前总统费迪南德·马科斯，扎伊尔的前总统蒙博托，也分别贪污了50亿美元和100亿美元的巨额财富。在这些发展中国家，贫富差距如此悬殊，真是令人难以置信。除此之外，由于广大发展中国家财产制度不公平，土地集中于少数富裕阶层手中，加上税收制度不健全，又缺乏完善的社会保障制度，收入分配的不平等现象就更为严重了。

3.人口出生率高，平均寿命低

发展中国家的人口基数大，人口出生率高。除了美国和日本外，世界上人口过亿的人口大国都是发展中国家。发展中国家的高出生率、低死亡率，导致了世界人口的迅速增长。从1980年至1999年，发达国家每年人口的平均增长率只有0.6%，而发展中国家1980—1990年每年人口的平均增长率为1.9%，1990—1999年为1.6%。低收入国家的相应数据则为2.3%和2.0%。人口的过度增长，显然已经成为发展中国家的沉重负担。即使经济有了一定幅度的增长，增长的果实也被迅速增加的人口消耗掉，尤其是那些发展中的人口大国，由于经济增长赶不上人口增长，国民的福利水平不但没有得到提高，反而下降了。人口增长过快，导致了城市公共设施高度匮乏，住房严重不足，交通紧张，环境恶化，失业猛增，生活状况长期难以改善。

由于生活水平低下，卫生保健事业发展缓慢，发展中国家居民的预期寿命一直处于较低的水平。尽管比过去有了明显的提高，但是和发达国家居民相比较，仍然存在着较大的差距。1999 年，发达国家居民平均出生时预期寿命为 78 岁，发展中国家居民为 64 岁，低收入国家居民仅为 59 岁。塞拉利昂是世界上居民平均出生时预期寿命最低的国家，仅为 37 岁，赞比亚为 38 岁，博茨瓦纳与马拉维都是 39 岁，还达不到日本 81 岁的一半。在这些国家，贫困无情地剥夺了人们生存的权利，使他们生存的时间大打折扣。

4. 文化教育、卫生保健条件差，文盲率高

卫生保健与文化教育是人力资本投资的两个最为重要的途径。正是由于在这两方面发展中国家都处于极为恶劣的境况，这些国家人力资本形成困难。而人力资本的高度匮乏又成为广大发展中国家贫困落后的根本原因。

从 1990 年至 1998 年，发展中国家每千人所拥有的医生数为 1.2 人，低收入国家仅为 0.5 人，而高收入国家则为 2.8 人。同一时期，人均卫生保健支出，发展中国家为 73 美元，低收入国家仅为 21 美元，而高收入国家则为 2 702 美元，是发展中国家的 37 倍，是低收入国家的 129 倍。在发展中国家，有 1.5 亿儿童由于营养不良而体重不足。据联合国教科文组织提供的数据，1998 年世界上有 1.13 亿儿童不能入学，其中约 97%的不能入学儿童生活在发展中国家，60%是女童。撒哈拉以南非洲失学儿童的比例最高，为 40%。1999 年，发展中国家的成人文盲率（占 15 岁及以上人口的百分比）男性为 18%，女性为 32%。低收入国家相应的数据为 29%和 48%。更令人忧虑的是，在发展中国家，青年文盲率（占 15～24 岁人口的百分比）居高不下，男性和女性相应的数据为 11%和 19%，低收入国家则为 19%和 31%，造成了发展中国家人口素质普遍低下、人力资本高度匮乏的状况，严重地阻碍了经济发展的步伐。

5. 在经济全球化进程中的地位脆弱

在经济全球化迅速发展的今天，任何一个发展中国家，要想谋求经济发展，就必须积极地开拓对外经贸关系，坚持走对外开放的发展道路，将本国经济融入经济全球化的进程。全球化开辟了新的市场，使各国人民分享知识，并提高资源的利用效率，从而可以增加人们的发展机会，有助于减少贫困。然而，经济全球化也存在着风险——它增强了人们面临外部冲击时的脆弱性。在经济全球化的进程中，确实有一些发展中国家利用这一机遇拓展了对外经贸关系，分享了贸易利益，提升了发展水平。然而，对于大多数发展中国家来说，经济全球化对它们的影响是双重的。一些国家被摈弃于经济全球化的进程之外，丧失了经济全球化所提供的发展机遇，边缘化成为它们不能自主选择的必然结果。而能够参与经济全球化进程的发展中国家，也不可避免地遭遇到诸如主权让渡、市场冲击、依附加剧、财富流失等问题。经济全球化的不断深入，使发展中国家取得了重大的发展成果。但是对于大多数发展中国家来说，经济全球化使它们对发达国家的依赖和与发达国家之间的差距都加剧了，成为国际经济关系之中的弱势群体。

除了上述主要特征外，发展中国家还有诸如高度的并且还在不断提高的失业和不充分就业水平，普遍存在的不完全市场和信息约束，脆弱的、不健全的金融体系以及沉重的债

务负担等经济特征。

6.社会、经济、文化的双元结构

上述所列举的经济特征都是描述性的，而社会、经济、文化的双元结构则是发展中国家普遍存在的本质特征。目前世界上认定发展中国家时都是利用统计数据，将一定数量的人均国民总收入作为界定一个国家是否属于发展中国家的主要依据。实际上，人均国民总收入只能从统计上表明一个国家是高收入国家还是低收入国家，很难从本质上揭示一个国家的发展属性。例如石油输出国就是一些高收入的发展中国家。我们认为，要想真正界定什么是发展中国家，就必须从理论上把握发展中国家的本质经济特征，这就是广大发展中国家普遍存在的社会、经济、文化的二元结构。

由于所谓经济发展从根本上来讲就是从一个传统的农业社会向现代化的工业社会转变的过程，因此，处于从传统社会向现代化过渡的发展中国家的城乡对立，便尖锐地表现在城乡二元结构的特征上。发展中国家的发展过程，从实质上看，正是城乡二元结构的对立运动。

二元结构从历史上看是殖民统治的产物。西方殖民主义者对殖民地的侵略、剥削和掠夺，造成了殖民地国家城乡发展的悬殊差距。当这些国家获得民族独立和国家主权后，先进的城市与落后的乡村就共同构成了经济发展的初始平台，并为以后的经济发展打下了二元结构的深刻烙印。经济上的二元结构通常具有两重含义：第一，发展中国家普遍存在着二元的经济结构，即以城市工业为代表的现代商品经济部门和以农村传统农业为代表的传统自给自足经济部门。前者以现代科学技术为物质基础，按照现代企业组织方式进行经营，生产规模庞大，产品主要作为商品在市场上出售，具有较高的劳动生产率和利润回报。后者则以传统的方式进行耕作，生产规模较小，生产工具简陋，劳动生产率低下，产品主要是为满足生产者自身的需求，只有很少的剩余部分在市场上销售。第二，也是更为重要的，随着经济不断发展，这种二元经济结构，或者说两个经济部门之间的差距，不是日趋缩小乃至消失，而是具有一种固定化、扩大化的趋势。尽管经济发展使得两个部门各自比以前都有了进步，但是，两个部门之间的鸿沟却日趋扩大，难以填平。经济发展的不平衡从来都是经济发展的绝对规律。无论是发达国家当年从不发达向发达的转变，还是当今的发达国家，经济发展的差距都是普遍存在的，例如当年美国的东西部差距和今天意大利的南北差距，但是，二元经济结构却是今天发展中国家所特有的经济现象。因此，我们将二元结构的存在，作为界定发展中国家的本质经济特征。无论一个国家的现代工业部门如何发达，只要它的经济结构呈现二元特征，就必定是发展中国家。在这一经济二元结构的基础上，发展中国家的社会、文化、法律、道德等也都存在着二元结构。

第三节　发展中国家的构成与分类

在经济全球化与区域经济集团化日益深入的今天，发展中国家的构成与分类是个复杂困难的问题。当把整个世界划分为发达国家与发展中国家两大部分的时候，发达国家的概念比较容易把握，而发展中国家却呈现出多样化的明显特征。为了更加有针对性地考察发展中国家的经济发展问题，有必要对发展中世界进行更为深入的细分，因为不同类型的发展中国家所面临的发展任务是不一样的。

一、发展中国家的构成

考察发展中国家的构成，实际上是要讨论发展中国家的外延界定。因为只有首先明确了什么是发展中国家，才有可能对发展中世界进行更为细致的划分。如前所述，我们将二元经济结构作为发展中国家的本质经济特征，作为界定发展中国家的根本标准。而所谓二元经济结构从更为广泛的意义上来看，反映的是传统的自给自足经济与现代化的市场经济的矛盾运动。无论是过去作为殖民地、半殖民地的亚非拉广大国家和地区，还是目前处于经济转轨过程中的独联体和东欧国家，它们所面临的一个共同问题都是对外开放不够，市场经济发展处于较低的水平。

发展中国家普遍存在的二元经济结构，导致了在一个国家内部的不同经济部门之间，经济发展的不平衡。然而，导致这种不平衡的根本原因并不在于不同经济部门的划分。无论从理论上还是从实践上都无从证明工业部门就必然先进，农业部门就必然落后。我们所看到的恰恰是当前美国农业部门的劳动生产率远远高于工业部门。在广大的发展中国家，农业部门之所以落后，是因为传统的自给自足的经营方式以及由此所导致的农业生产技术长期停滞不前。实际上，经济发展的不平衡说到底是市场经济在不同部门发育的不平衡。市场经济发育比较成熟的现代工业部门，经济发展的水平就高。自给自足经济占统治地位的农业部门，经济发展水平就低。而对外开放本来就是市场经济的题中之义。正因为如此，人们通常将发展中国家的农业现代化，诠释为从传统的自给自足农业向现代化商品农业的转型过程。

以苏联、东欧为代表的经济转轨国家，虽然在历史上与亚非拉的广大发展中国家有着不尽相同的初始条件和发展轨迹，然而长期实行高度集中的计划体制所导致的市场机制的缺失，同样造成了经济的欠发达状态。所谓转轨，不外乎是要摈弃过去那种高度集中的计划体制，进行市场化取向的改革。实践表明，这一改革进行得越彻底，经济发展的成果就越明显。正是基于此，市场化、国际化成为当今所有谋求经济发展的欠发达国家的共同选择。

中国作为世界上最大的发展中国家，在历史上饱受列强的侵略、剥削和宰割，曾是一个二元结构极为明显的半封建、半殖民地国家。1949 年建立了人民政权以后，由于长期实行高度集中的计划体制，市场经济得不到健康发展，极大地阻碍了经济发展的步伐。改革开放以后，特别是邓小平 1992 年的南方谈话，明确了建设有中国特色的社会主义市场经济的改革目标，充分肯定了发展市场经济对于推进中国现代化进程的重要作用，此后，中国的市场经济有了长足的发展，取得了辉煌的业绩。然而，与成熟的市场经济国家相比较，中国的市场经济发展还仅仅是一个开端。市场机制不成熟，市场体系不健全，市场发育不平衡，市场运作不熟练，尤其是广大生产当事人的市场经济观念亟待转变与提高。所有这些，又都阻碍了中国经济的进一步成熟和发展。

综上所述，发展中世界是由这样一些国家和地区构成的：这些国家或者是过去的殖民地和附属国，或者是长期实行高度集中计划体制的国家，或者是虽然某种资源禀赋（例如石油）能够给它们带来高收入，但经济结构单一、现代化程度不高、社会文明演进处于较低层面的国家。正是上述原因，导致在这些国家中，经济、社会的二元结构明显，市场经济不够发达，依然处于较低的工业化阶段或者还没有进入工业化进程，形成了一个与发达国家存在着明显差异的国家群体。

二、发展中国家的分类

当今的发展中世界，简直就是一幅色彩斑斓的图画。在160多个发展中国家和地区中，简直找不出一个国家或地区可以作为不发达的典型代表。发展中国家的历史背景、文化传统、宗教习俗、价值取向、国土幅员、人口数量、自然条件、资源禀赋、社会制度、政治信仰、经济发展水平与社会进步程度等都具有不同的条件，存在着明显的差异。并且由于经济、政治发展不平衡规律的作用，又都在不断地发展变化着。发展中世界中，既有像中国、印度、埃及、巴西这样的大国，又有像巴巴多斯和汤加那样的小国；既有富甲天下的海湾产油国，又有南美的海地与非洲内陆最贫困的国家；既有具有悠久文明和独立历史的国家，又有刚刚摆脱殖民统治而原本文化就不发达的国家。特别是坚持社会主义发展道路的国家和走资本主义道路的新兴民族独立国家与通过和平演变在政治上改弦易辙的苏东国家，在意识形态与社会制度等方面更是存在着天壤之别。因此，我们很难用一般性的指标来概括所有的发展中国家。

随着战后初期发展中国家探索适用于所有发展中国家的发展模型的失败，因此转而对不同类型发展中国家的经验进行概括，特别是国际组织为了便于对发展中国家的发展绩效进行总结，对不同国家的发展实践进行比较研究。许多国际组织和发展学者致力于对不同发展中国家进行科学分类。除了一些发展学者个人所设计的分类方法外，在国际上广为流行、普遍应用的是国际组织的分类方法。

1.联合国的划分方法

联合国通常将发展中世界划分为三个组：最不发达（最贫困）国家、非石油出口发展中国家和在20世纪70年代国民收入显著增长的盛产石油的石油输出国组织（OPEC）成员国。在划分之初，世界上最不发达国家有44个，非石油出口发展中国家有88个，OPEC成员国有13个。根据联合国贸易和发展会议《2002年最不发达国家》的报告，当今世界上的最不发达国家已经增加到49个，这个被国际社会称为“第四世界”的最贫困国家群体拥有世界上将近十分之一的人口。这些国家包括：阿富汗、安哥拉、孟加拉国、贝宁、不丹、布基纳法索、布隆迪、柬埔寨、佛得角、中非共和国、乍得、科摩罗、刚果（金）、吉布提、赤道几内亚、厄立特里亚、埃塞俄比亚、冈比亚、几内亚、几内亚比绍、海地、基里巴斯、老挝、莱索托、利比里亚、马达加斯加、马拉维、马尔代夫、马里、毛里塔尼亚、莫桑比克、缅甸、尼泊尔、尼日尔、卢旺达、萨摩亚、圣多美和普林西比、塞内加尔、塞拉利昂、所罗门群岛、索马里、苏丹、多哥、图瓦卢、乌干达、坦桑尼亚、瓦努阿图、也门、赞比亚。石油输出国组织成员国包括：伊拉克、伊朗、沙特阿拉伯、科威特、委内瑞拉、阿尔及利亚、阿拉伯联合酋长国、厄瓜多尔、加蓬、卡塔尔、利比亚、尼日利亚和印度尼西亚。其余的则是非石油出口发展中国家。

2. 世界银行的划分方法

世界银行将世界上人口超过 100 万的 132 个国家和地区（包括发达国家与发展中国家）根据其人均国民总收入水平划分为四种类型：低收入国家和地区、下中等收入国家和地区、上中等收入国家和地区与高收入国家和地区。也就是说，世界银行将发展中国家划分为低收入国家、下中等收入国家和上中等收入国家。根据世界银行发布的《2017 年世界发展指标》，2015 年低收入国家人均国民总收入的平均值为 619 美元，下中等收入国家为 2 032 美元，上中等收入国家为 8 260 美元。发展中国家的平均值为 4 510 美元。凡是人均国民总收入为 1 025 美元及以下的国家和地区都被划入低收入组，1 026 美元～4 035 美元被划入下中等收入组，4 036 美元～12 475 美元被划入上中等收入组，12 476 美元及以上被划入高收入组。尽管中国香港、中国澳门、新加坡和以色列等国家和地区已经进入高收入组，但它们依然属于发展中国家和地区。中国内地这一年的人均国民总收入为 7 900 美元，被划入上中等收入组。①

3. 联合国开发计划署的划分方法

联合国开发计划署（UNDP）设计了人类发展指数（human development index，HDI），借以对发展中国家进行分类。与前面两种划分方法不同，人类发展指数超越了仅仅用人均收入水平来衡量不同国家发展程度的传统理念，而是通过考察一个国家的预期寿命、成年人识字率和对人均国民生产总值的经过购买力调整的衡量，用以测度消费者购买商品来满足基本需要的能力三个指标，来考察一个国家“人类发展”的各个方面（长寿、学识和物质选择）。联合国开发计划署根据统计出的人类发展指数，将所有国家按照人类发展的状况分为三个等级：高发展程度国家、中等发展程度国家和低发展程度国家。在这种分类方法下，一些发展中国家虽然经济发展水平并不显著，但由于在“人类发展”上的成就而被划入高发展程度国家的行列。

4. 经济合作与发展组织的划分方法。

经济合作与发展组织可能是唯一一个专门对第三世界国家进行类别划分的国际组织。它将发展中国家和地区（包括那些不属于联合国系统的国家和地区）根据不同的人均收入水平划分为 61 个低收入国家（地区）[指那些 1993 年人均收入低于 650 美元的国家（地区），其中包括 29 个最不发达国家（LLDCs）]、73 个中等收入国家（地区）、11 个新兴工业化国家（地区）和 13 个石油输出国组织成员国。这 158 个国家和地区几乎包括了所有的不发达国家与地区。在经济合作与发展组织的划分体系中，61 个低收入国家（地区）包括：阿富汗、安哥拉、孟加拉国、贝宁、不丹、玻利维亚、布基纳法索、布隆迪、佛得角、中非共和国、乍得、中国、科摩罗、吉布提、埃及、萨尔瓦多、赤道几内亚、埃塞俄比亚、冈比亚、加纳、几内亚、几内亚比绍、海地、洪都拉斯、印度、柬埔寨、肯尼亚、老挝、莱索托、利比亚、马达加斯加、马拉维、马尔代夫、马里、毛里塔尼亚、马约特岛、莫桑比克、缅甸、尼泊尔、尼日尔、巴基斯坦、卢旺达、圣赫勒拿、圣多美和普林西比、塞内加尔、塞拉利昂、所罗门群岛（英国）、索马里、斯里兰卡、苏丹、坦桑尼亚、多哥、托克劳群岛、汤加、图瓦卢、乌干达、瓦努阿图、越南、也门、刚果（金）、赞比

① 世界银行. 2017 年世界发展指标. 2017：14.

亚。73个中等收入国家（地区）包括：巴哈马、巴林、巴巴多斯、伯利兹、百慕大、博茨瓦纳、文莱、智利、哥伦比亚、刚果、库克群岛、哥斯达黎加、古巴、塞浦路斯、多米尼加共和国、马尔维纳斯群岛、斐济、法属圭亚那、法属波利尼西亚、直布罗陀、瓜德罗普、危地马拉、圭亚那、以色列、科特迪瓦、牙买加、约旦、基里巴斯、黎巴嫩、中国澳门、马来西亚、马耳他、马提尼克、毛里求斯、摩洛哥、瑙鲁、荷属安的列斯、新喀里多尼亚、尼加拉瓜、纽埃岛、阿曼、太平洋群岛（美国）、巴拿马、巴布亚新几内亚、巴拉圭、秘鲁、菲律宾、留尼汪、圣皮埃尔和密克隆群岛、塞舌尔、苏里南、斯威士兰、叙利亚、泰国、特立尼达和多巴哥、突尼斯、土耳其、乌拉圭、瓦利斯群岛和富图纳群岛、西萨摩亚、西印度群岛、津巴布韦等。11个新兴工业化国家（地区）包括：阿根廷、巴西、希腊、中国香港、墨西哥、葡萄牙、新加坡、韩国、西班牙、中国台湾、南斯拉夫。13个石油输出国组织成员国包括：伊拉克、伊朗、沙特阿拉伯、科威特、委内瑞拉、阿尔及利亚、阿拉伯联合酋长国、厄瓜多尔、加蓬、卡塔尔、利比亚、尼日利亚、印度尼西亚。应该指出的是，除了上述OECD所列举的发展中国家，苏联和东欧的经济转轨国家作为当今发展中世界的一个特殊的组成部分，以其独特的历史背景和艰巨的发展使命丰富了发展中国家的内涵。根据目前发展经济学界的通常做法，将这些国家作为一个完整的新国家集团，以区别于亚非拉和中东那些传统的贫困发展中国家。这些国家包括：俄罗斯、乌克兰、白俄罗斯、摩尔多瓦、格鲁吉亚、阿塞拜疆、亚美尼亚、哈萨克斯坦、乌兹别克斯坦、吉尔吉斯斯坦、塔吉克斯坦、土库曼斯坦、立陶宛、爱沙尼亚、拉脱维亚、捷克共和国、斯洛伐克共和国、南斯拉夫、黑山、斯洛文尼亚、克罗地亚、马其顿、波黑、波兰、匈牙利、罗马尼亚、保加利亚、阿尔巴尼亚。由此，我们得到了一份比较完整的有关发展中国家的分类名单。

尽管上述国际组织对于发展中国家的分类方法得到了国际社会的广泛认可，在经济发展理论的研究和数据统计分析中被普遍应用，具有相当的权威性，然而，这些分类方法的缺陷也是显而易见的。上述划分标准主要依据的是一个国家的人均收入水平，但是，人均收入水平只能在一定程度上反映一个国家国民生活的富裕程度，却很难充分反映一个国家的发展水平。一个国家或地区经济力量的基础是GNP，人均收入或产值不能表明一个国家或地区经济的生产能力、市场规模和消费水平。例如许多石油输出国组织成员国，其收入水平在世界上处于前列，但它们充其量也只是富国，却不是强国。如果用中国内地与中国香港来比较，其结果就更为明显了。即使是从更为广泛的领域采用更多的数据来对发展中国家进行分类，例如UNDP的人类发展指数，实际上也很难对不同类型的发展中国家进行准确的划分。由于发展中国家的状况过于复杂，很难用几个指标甚至指标体系对它们的特征进行深入的刻画，这在一定程度上反映了对发展中国家进行分类的艰巨性。正因为如此，国际社会普遍接受了上述国际组织的分类方法，并在实践中不断探索，使之臻于完善。

第四节　发展中国家的机遇与挑战

《1999/2000年世界发展报告：迈进21世纪》的主题是迈进21世纪。当人类满怀希望跨入新千年的时候，新世纪的来临对于广大的发展中国家意味着什么呢？回顾半个世纪的发展历程，发展中国家有哪些成功的经验值得总结？展望新的世纪，发展中国家又该如何迈开新的发展步伐呢？发展目标的确立、发展道路的选择、发展战略的制定、发展实践的延伸，所有这一切，都要在“迈进21世纪”这一新的时代背景下进行理性的思考，规划新的蓝图。

世界银行在回顾发展中国家半个世纪的发展历程时总结道：“50年的发展经历得出了四个至关重要的启示。第一，宏观经济稳定是取得发展所要求达到的增长速度必不可少的先决条件；第二，增长的成果不会自动惠及黎民众生，发展必须直接解决人的需要；第三，没有哪项单一的政策能促进发展，而必须采取综合的方式；第四，制度至关重要，可持续发展应该植根于包容社会各阶层、能对千变万化的形势及时做出反应的过程中。”① 由此可见，今天发展中国家所面临的发展环境与半个世纪前的初始条件相比较，已经发生了深刻的变化，我们有必要对在新的历史条件下发展中国家所面临的机遇与挑战进行深入的考察。

一、发展中国家所面临的发展机遇

20世纪80年代末90年代初的苏联解体、东欧剧变，是20世纪末所发生的最重大的历史事件，冷战的结束从根本上改变了整个世界政治、经济、军事的战略格局，世界终于进入了和平与发展的历史新时代。

第二次世界大战结束以后，美国与苏联为了称霸世界，竞相扩军备战，强化各自的核威慑力量，将整个世界笼罩在核大战的阴影之中。战后的45年，整个世界被划分为以美苏为首的东西方两大阵营，政治对立、意识形态冲突、军事抗衡、社会制度差异成为决定和影响当时世界战略格局的主要因素。“东西”决定“南北”是当时国际形势的基本特征。正是在这一国际背景下，发展中国家成为东西方争夺的对象，第三世界成为国际矛盾、争端的焦点，落后国家的经济发展问题，不过是霸权主义为了称霸世界而玩弄于股掌之上的筹码。第三世界的经济发展要服从冷战这个大格局，发展中国家只能在东西方的对抗与冲突中艰难地选择自己的发展之路。“发展”与“不发展”都是两个超级大国争霸世界的“副产品”。战后“亚洲四小龙”的经济腾飞，确实给发展中世界带来了莫大的希望，但是，如果没有美国和西方的扶持，东亚怎能出现经济如此繁荣的景象？相反，近在咫尺的印度却是烽火连天，战乱不断；柬埔寨、老挝直至今日仍然是世界上最贫困的国家。二战后的世界，从来就没有安宁过：局部战争，区域动乱，沸腾的湄公河，冰冷的柏林墙，加勒比海危机，北部湾事件，尤其是亚非拉的广大发展中国家，政变迭起，战火纷飞。就拿亚洲来说，中国台海对峙，朝鲜南北分割，越南烽烟滚滚，中东炮声隆隆，南亚次大陆的印度、巴基斯坦和孟加拉国动辄大打出手，兵戎相见。美苏两个超级大国更是穷兵黩武，新的世界大战威胁着整个人类。在这种国际形势下，广大发展中国家根本无法安下心来，调集资源谋求经济发展。就连当时的中国所采取的基本战略也是打了仗再建设。事实证明，没有一个和平的国际环境，经济发展就举步维艰。

① 世界银行. 1999/2000年世界发展报告：迈进21世纪. 北京：中国财政经济出版社，2001：1.

随着冷战的结束，世界进入了和平与发展的历史新时期。尽管当今世界依然并不太平，民族争端迭起，宗教冲突不断，霸权主义横行，恐怖主义泛滥，但是，两极格局的消失毕竟使核战争不再阴云密布，新的世界大战不再迫在眉睫。求和平、谋发展成为世界各国的共同心愿。战争令人痛恨，恐怖主义不得人心。世人对中东和平进程的高度关切与美国“9·11”事件后国际社会对恐怖活动的同声讨伐就是一个明证。在经历了漫长岁月的军事威胁、战火洗礼以后，广大发展中国家深深懂得今天的和平环境来之不易，要抓住这个千载难逢的历史机遇，迅速地发展自己的经济。也正是在两极格局消失以后，经济成为国际竞争的主战场，任何一个国家和民族如果不迅速地发展自身的经济，全力进行技术创新，提高核心竞争力，就不可能自立于世界民族之林。中国与俄罗斯目前在世界上的地位及其影响，就清楚地表明了这一点。

随着两极格局的消失，军事对峙、意识形态冲突的淡化，经济全球化的浪潮席卷整个世界。所谓经济全球化，不外乎要素得以在全球范围内实现更为自由的流动和更有效的配置。尽管这一理念早在近两个世纪前就已构成李嘉图比较优势理论（又称比较利益学说或比较成本学说）的核心内容，但实际上，要素在全球范围内的自由流动从来就没有实现过。不要说第一次世界大战、第二次世界大战，即使在冷战岁月中，由于“东西”隔绝及两个平行市场的存在，要素的自由流动也是大打折扣。只有在和平与发展成为当今世界的两大主题之后，世界统一市场的形成，要素在全球范围的流动，才使经济全球化自 20 世纪 90 年代以来进入了一个崭新的发展阶段。

经济全球化无疑给第三世界国家的经济发展提供了新的历史机遇。经济全球化的进程，使国际经济体制、国际经济格局、国际经济秩序都在发生着深刻的变化。这种变化所导致的发达世界与发展中世界利益交融区域的出现和扩展，为广大第三世界国家的经济发展提供了前所未有的历史机遇。正是基于这种利益交融，才使得经济全球化和区域经济一体化成为 21 世纪世界经济发展的最明显特征。对于广大的发展中国家来说，“全球化受到赞誉，是因为全球化能带来市场拓展和技术及管理经验传播的新机会，这种市场拓展和技术及管理经验传播反过来又意味着更高的生产率和更高的生活水平”①。对发达国家当年从不发达向发达转变与今天的发展中国家从不发达向发达转变的比较研究表明，这两个历史演变过程的最大差别，就在于在今天的发展中世界之外，存在着一个更为发达的发达世界，发展中国家的发展历程要受到发达国家的影响和制约。在发达国家的今天就是发展中国家的明天的发展理念主导下，在国际化、市场化发展路径的选择下，经济全球化对发展中国家的积极影响，便是可以通过对外开放的经济政策，从发达国家引进发展中国家谋求经济发展所急需的资金、技术、人才和先进的管理经验，并可以凭借着自己的比较优势，参与国际分工和交换，开拓国际市场，获得比较利益。从第二次世界大战以后进入经济起飞阶段的国家的发展经验来看，在现代市场经济条件下，国际环境对于一个国家的经济发展发挥着越来越重要的作用，没有积极的对外经济开放，要想取得经济发展的成功几乎是不可能的。而经济全球化的进程，为发展中国家从发达国家获得有利的外部发展环境和稀缺的要素供给提供了机遇。

---

① 世界银行. 1999/2000 年世界发展报告：迈进 21 世纪. 北京：中国财政经济出版社，2000：前言Ⅲ.

新技术革命的不断深化，尤其是信息技术的迅速发展，也是促进广大发展中国家摆脱贫困、谋求经济发展的重要因素。科学技术进步从来就是经济发展的推进器，经济发达国家之所以被称为发达国家，首先是因为其在科学技术方面的领先地位。而技术落后并长期停滞不前，恰恰是发展中国家贫困与不发达的重要原因。经济全球化的一个重要功能，便是将先进的科学技术传递到广大的发展中国家。一方面，跨国公司通过在发展中国家发展自己的子公司，将先进的技术直接扩散到发展中国家，并由于产品的生命周期规律的作用，将在发达国家虽然已经衰退但在发展中国家依然处于先进地位的技术转移到发展中国家。另一方面，许多新兴工业化国家自己也具备了相当水平的研究与开发能力，能够自主开发新技术。发端于 20 世纪 50 年代的第三次科技革命，虽经半个世纪而不衰，进入新世纪以后，更是借着全球化的浪潮，席卷整个世界。发展中国家如果能抓住这一机遇，迅速地提高自身的科学技术水平，就能在新的科技平台上构筑经济发展的基础，从根本上摆脱贫穷落后的面貌。

信息技术的传播与发展对广大发展中国家具有极为重要的意义。正是由于网络的出现，才使“地球村”成为现实。信息技术打破了传统的时空观念，穷国与富国从来没有像今天这样相互依存。地球不再有偏远的角落，消除贫困已成为全人类共同的使命。当穷国那些在贫困的深渊里痛苦挣扎的人们第一次得知在这个世界的一些国度里人们在过着怎样富庶的生活的时候，对他们所造成的冲击与震撼以及由此所萌生的要通过经济发展从根本上改变自己的生存状态的愿望，成为这些国家谋求经济发展的最原始冲动，这种观念的变革恐怕是贫困国家在进入信息时代后所获得的最重要的收益。

经济全球化的进程极大地推进了发展中国家的制度变革。经济全球化的制度框架是市场经济体制。要素的跨国流动、全球统一市场的形成，都是以市场经济体制的健全与完善为前提的。市场经济发展不成熟，是当今发展中国家的普遍特征。不论是民族发展中国家的“经济调整”，还是苏东体制国家的“经济转轨”，实际上都是对市场经济体制的“殊途同归”，一个健全完善的市场经济体系是发展中国家摆脱贫困、谋求发展的制度保障，这已成为发展中世界的共识。进入新世纪以来，世界多边贸易体制的迅速发展，从一个侧面反映了这个日益强劲的发展趋势。虽然市场机制的神奇作用在亚当·斯密那里就已得到了经典的论述，但真正将“市场化”作为发展中国家谋求经济发展普遍的路径选择并付诸实践，是在冷战结束以后的事情。正因为如此，近些年来，制度经济学在经济发展领域盛行，反映了人们对发展理论认识的深化。所谓经济发展实际上就是市场经济的发展，正是在这个意义上，发展中国家面临着从未有过的历史机遇。

综上所述，在发展中国家跨入新世纪的时候，国际经济形势的发展变化给它们提供了难得的历史机遇——和平与发展的时代主题、经济全球化的历史趋势、新技术革命的推动力量、市场经济繁荣发展的体制保障，给广大发展中国家的经济振兴与发展带来了希望。令人欣慰的是，在改革开放政策的正确指引下，中国作为世界上最大的发展中国家，及时地抓住了这一历史机遇，经过近 40 年高速、稳定、持续的发展，已经成功地摆脱了贫困，正在稳步地实现社会主义现代化的宏伟目标，创造了令世人瞩目的经济发展的成功案例，为发展中世界树立了榜样。

二、发展中国家所面临的严峻挑战

经济全球化是一把双刃剑：在给发展中国家带来机遇的同时，也使它们面临着严峻的挑战。经济发展不平衡所导致的发达国家与发展中国家的悬殊差距，使广大发展中国家从经济起步的那一刻，便面临着一场不公平的竞争。沉重的历史负担与艰巨的发展使命，使得许多发展中经济体还未来得及发展便夭折了。1997 年席卷全球的东南亚金融危机，打破了传统发展理论中经济发展不可逆的神话，频频爆发的“发展危机”①，更是给那些雄心勃勃的“后发国家”敲响了警钟。

进入新世纪，发展中国家所面临的挑战除了环境，还有贫困、人口增长、粮食安全、水资源短缺、气候变化等。全球化所带来的负面效应也使发展中国家举步维艰：对于工人来说，担心因来自进口的竞争而丧失工作；对于银行业、金融体系甚至整个国家的经济来说，外国资本的流入会将它们击垮并使经济陷入萧条状态。至少对于全球共有的资源来说，它们受到多方面的、能够造成不可挽回的变化的威胁。

由于发展是人类永恒的主题，应当说在发展进程中所面临的挑战是对人类共同的挑战。环境污染、生态失衡、人口增长、资源匮乏、气候变迁等都对人类造成了共同的威胁。站在世纪的高度来考察这些问题，无论是发达国家还是发展中国家，如果不能及时有效地应对这些挑战，所遭受的危害是共同的。这些挑战之所以是严峻的，是因为从生态学的角度来看，环境、生态一旦遭到破坏，要想恢复如初是非常困难的，对于广大贫困的发展中国家来说就更是如此。而从生物学的角度来看，一个人的寿命是有限的，生命过程更是不可逆的，当人类所赖以生存的环境、生态、资源、气候等状况全面恶化的时候，发展目标的实现就只能成为毫无意义的空谈。

由于发达国家与发展中国家之间发展水平的巨大差异以及由此而决定的不平等地位，当发展中国家汇入经济全球化的潮流后，发达国家会凭借着其在各方面的优势，尽量多地攫取经济全球化所带来的好处，而把不良的结果留给发展中国家。例如在全球多边贸易体制中，发达国家通过在国际贸易中的垄断地位，在游戏规则的制定中，尽可能多地反映自身的利益，然后再以公允的面孔来维护游戏规则的实施，使得广大发展中国家利益丧尽却还无话可说。发达国家还通过国际资本的流动，冲击发展中国家脆弱的金融体系，先把其正常的金融秩序搅乱，再冠冕堂皇地通过国际金融组织的紧急救助逼迫其就范。发达国家不仅在经济上对发展中国家进行盘剥，而且利用全球化进行价值观念与意识形态的输出，即不仅提出国际化、市场化、私有化，而且力图使发展中国家“西方化”“美国化”，发展中国家所面临的不仅仅是利益丧失、主权让渡，还要付出传统道德沦丧、历史文化残缺的代价。

不仅在发达国家与发展中国家之间，而且就是在发展中世界内部，经济发展不平衡也是一个普遍的现象。这种经济发展的不平衡使得发展中世界处于不同发展水平的国家所面临的挑战也是不一样的。经济发展处于较高的成长阶段、较深入地融入经济全球化进程的发展中国家，例如新兴工业化国家，所面临的挑战主要是在经济发展过程中保持自身的独立性。早在 20 世纪 50 年代，当拉美国家经济迅速发展时，经济发展理论就出现了“依附

① 彭刚. 发展的危机——东南亚金融风暴的发展经济学思考. 河南社会科学，1998 (4).

论”的观点。其认为在以发达国家为中心的国际经济格局下，发展中国家越发展，对发达国家就越依附。发达国家会通过对输出资金、技术、人才的控制，将发展中国家的经济发展过程纳入发达国家的经济运行轨道，形成不健康的经济结构并造成财富的大量流失。在经济全球化日益深化的今天，那些处于经济发展高端的新兴工业化国家，一方面，要通过积极地融入经济全球化的进程，充分发挥自身的比较优势，参与国际分工，分享比较利益，不断提升自己的经济发展水平；另一方面，又要尽量保持在发展过程中的独立性，打造比较完善的国民经济体系，培育成熟的内需市场，开发技术创新能力，提高国民经济的核心竞争力。否则，即使经济发展达到了一个较高的水平，但由于基础薄弱，必然难以抗击经济动荡与危机的侵袭，就像 1997 年东南亚金融危机中的韩国那样。

最不发达国家所面临的最大挑战便是在经济全球化的过程中防止被“边缘化”。经济全球化的确给发展中国家的经济发展提供了机遇，但是，要想通过融入全球化来提升发展水平，必须具备一定的初始条件，或者说要与世界经济对接，必须打造一个平台。中国的经济发展取得了成功，与中国制定的改革开放政策，与中国具有一个比较完善的国民经济体系和广阔的市场等都有着密切的关系。一个国家如果没有任何比较优势，如果不能向国际市场提供任何要素和商品，便失去了参与国际竞争的机会，更不要说分享比较利益了。这些发展中国家，自然环境恶劣，资本高度匮乏，科学技术落后，劳动力素质低下，贫困就像一座搬不走的大山，压得它们喘不过气来。当世界已经进入信息化时代的时候，这些国家仍然在传统的农耕社会蹒跚。知识的匮乏是它们深陷贫困的重要原因之一。世界银行的《世界发展报告》在论及知识与发展的时候曾经非常形象地指出：“知识就像光一样，它无重量、不可触摸，它可轻易地畅游世界，给各地人民的生活带来光明。但是目前仍有数以十亿的人口由于没有知识而依然生活于贫困的黑暗之中……穷国与富国以及穷人与富人之间的差别不仅在于穷国和穷人获得的资本较少，而且在于他们获得的知识较少。”① 由于知识的研发需要很高的成本，因此，绝大多数知识都是由发达国家创造出来的。发展中国家要想摆脱贫困，就必须提高自己的知识水平，而要获得知识，又必须积极地发展与发达国家的关系，或者说，要积极地参与经济全球化的进程。然而，世界上没有免费的午餐，正像参与国际贸易必须首先解决贸易模式，即要确定进出口产品的模式一样，参与全球化也必须首先发挥自己的比较优势进行要素投入。如果这些国家不具备这种能力，就难免被排斥在经济全球化的过程之外，从而出现边缘化的现象。例如撒哈拉以南非洲，就被认为是世界经济发展的死负荷。还有一些发展中国家，尽管也被卷入了全球化的潮流，但由于本身经济的弱小，缺乏竞争和讨价还价的能力，加上自身体制和政策的缺陷，越是深入地卷入国际社会，财富流失得就越多，边缘化的现象也愈发严重。

由此我们看到，随着新世纪世界格局的深刻变化，发展中国家既存在着发展的机遇，又面临着严峻的挑战。然而，历史的发展、社会的进步是一个不可抗拒的历史趋势。经过半个世纪的艰难探索，发展中国家在经济发展的道路上积累了宝贵的经验，取得了辉煌的成就，也总结吸取了痛苦的教训。不管前面的发展道路还要经历怎样的坎坷与磨难，有一点是坚定不移的：对于跨入新世纪的发展中国家，唯有发展才是这个时代的主题，唯有发

① 世界银行.1998/1999 年世界发展报告：知识与发展.北京：中国财政经济出版社，1999：1.

展才是硬道理。

核心概念

发展中国家	广义的发展中国家	狭义的发展中国家
第三世界	新兴经济体	二元结构

复习与思考

1. 什么是发展中国家？发展中国家的经济发展对于当今世界具有怎样的意义？

2. 发展中国家有哪些主要特征？为什么说社会、经济、文化的二元结构是发展中国家的本质特征？

3. 发展中国家的主要分类方法有哪些？这些分类方法的意义和局限是什么？

4. 在新世纪，发展中国家面临着哪些发展机遇和严峻的挑战？

第二章

新世纪中的发展经济学

本章重点

- 发展经济学的研究对象与主要内容
- 发展经济学的历史演变与流派构成
- 西方发展经济学所面临的挑战与危机
- 发展经济学在中国的发展

发展经济学自诞生以来已经有半个多世纪的历史了。半个多世纪以来随着发展中国家发展实践的不断丰富与深化，发展经济学也经历了一个历史发展沿革的演变过程。应该承认，发展经济学的产生、发展与不断完善，对于发展中国家的发展实践发挥了重要的理论指导与政策导向作用，也对经济学的理论发展和创新做出了重大贡献。在短短几十年的时间里，先后有多名发展经济学的理论大师由于对经济发展理论的卓越贡献，摘取了诺贝尔经济学奖的桂冠。他们所创立的发展经济学的经典理论与发展中国家经济发展的辉煌成果，被永久地铭刻进历史的丰碑。

然而，我们也必须看到，发展中国家丰富多彩的发展实践与不断发展的国际经济现实，总是提出许多新的课题。世界格局的深刻变化，各个民族、国家、区域经济集团之间的矛盾纠纷、利益冲突，科学技术的飞速发展以及由此而来的生产力的巨大进步，都使得各种经济发展理论相继黯然失色。尤其是西方经济发展理论狭隘的局限性，使其不能对不断出现的许多重大发展问题做出根本性的回答。进入新的世纪，发展经济学面临着新的挑战。本章就是要通过对经济发展理论发展沿革的历史回顾，对这一理论体系做一简要的介绍，并阐明传统发展理论所面临的挑战与危机。

第一节　发展经济学的研究对象与主要内容

任何一个学科领域都有自己独特的研究对象，从某种意义上讲，对于一个学科领域，它的研究对象越明确、越具体，表明这个学科领域发展得越深入、越完善。因此，当我们介绍发展经济学的理论体系时，首先就要阐明，发展经济学的研究对象是什么。在这一节，我们讨论什么是发展经济学，发展经济学的研究对象、主要内容及其内在逻辑。

一、什么是发展经济学

发展经济学虽然存在了半个多世纪，但是，无论是在经济发展理论的经典文献中，还是在广为流行的发展经济学教科书里，都很少有人给出发展经济学的明确定义。例如在世界上广为流传的由查尔斯·P. 金德尔伯格和布鲁斯·赫里克所撰写的《经济发展》与由吉利斯、珀金斯、罗默和斯诺德格拉斯所撰写的《发展经济学》两本著名的发展经济学教科书中，都没有对什么是发展经济学做出确切的界定。G. M. 迈耶曾经说过："第二次世界大战结束后，经济学家们受到了紧迫的发展问题的挑战。以后 10 年中，几篇重要文章与官方报告以及几本专著逐渐支配了发展思想。这些著作的作者就成了发展经济学的先驱人物，他们通过引进概念、推导原理和建立发展过程模式，开始形成这门学科。"① 这恐怕是对发展经济学最初始的描述。托达罗在他的教科书中曾经给发展经济学下过一个简短的定义：发展经济学是"研究经济如何从停滞转为增长以及从低收入变成高收入的经济学科"②。显然，无论从哪个角度来看，这个定义都是不够全面的。当发展经济学传入中国以后，许多介绍性的文献也都曾对什么是发展经济学做出过定义性的描述，比较有代表性的如：发展经济学是第二次世界大战后当代资产阶级经济学中出现的一门边缘性、综合性的经济学分支学科。发展经济学旨在研究一个国家（一般指发展中国家）的经济如何从落后状态发展到现代经济形态，研究这个发展的过程、因素以及应采取的方针和政策。③ 这个定义虽然比较全面，但仍然有一定的局限性。发展经济学确实起源于西方的经济理论，在一定时期内，也是以西方的发展理论为主要内容，但在今天只是简单地将发展经济学归纳为西方经济学的一门分支学科是不科学的。因为不仅是西方经济学家研究发展经济学，而且西方的马克思主义学者，特别是发展中国家的经济学家中研究不发达条件下社会经济发展理论的人也越来越多了。因此，我们认为，发展经济学是第二次世界大战后形成的一门新兴的综合性、应用性很强的经济学科。它通过对各种发展理论和战略、经济体制和可行性对策进行比较的方法，研究不发达条件下经济发展的过程和规律。这一定义强调了发展经济学的三个特点，即科学性、理论性、应用性。

任何一门经济科学都必须具有科学性。也就是说，它应该能够揭示事物的内在联系、

① 杰拉尔德·迈耶，达德利·西尔斯. 发展经济学的先驱. 北京：经济科学出版社，1988：24.

② 迈克尔·P. 托达罗. 经济发展：第六版. 北京：中国经济出版社，1999：668.

③ 于建玮. 经济发展辞典. 成都：四川辞书出版社，1989：2.

本质关系和运动规律。正是在这一点上，西方的发展经济学表现出巨大的历史局限性，所谓发展经济学的衰亡也概出于此。我们强调发展经济学的科学性，就是要表明，发展经济学必须以马克思主义的辩证唯物主义和历史唯物主义为理论基础，才能真正揭示不发达条件下社会经济运动的规律。发展经济学虽然大量地借助了西方经济学的理论分析工具，但是，这一学科从诞生以来，发展学者从发展中国家的发展实践出发，创立了一个相对完整的经济发展理论体系，比较全面地概括了发展中国家在发展过程中所面临的问题，并以荣获诺贝尔经济学奖的发展理论大师为代表，创立了诸如二元结构理论、中心—外围理论等经典理论。这些理论对于发展中国家的发展实践具有重要的指导意义。与其他经济理论学科相比较，应用性是发展经济学的一个明显特征。发展中国家发展目标的确立、发展战略的制定、发展道路的选择、发展绩效的衡量，都具有很强的实践意义，尤其是大量的案例分析，更离不开对于发展实践的总结、分析和比较研究。正是由于发展经济学的这一特征，我们认为西方发展经济学具有很强的借鉴性。

二、发展经济学的研究对象

正是因为发展经济学具有独特的研究对象，发展经济学才能从西方经济学当中独立出来，成为一门独立的经济学科。不少西方经济学家在 20 世纪 70 年代以前否认发展经济学是一门独立的经济学科，认为不发达国家的经济发展问题不过是把传统的经济学应用到对经济落后国家经济发展问题的研究上。但是，发展中国家半个多世纪的发展实践业已证明，传统的西方经济学理论解决不了不发达国家的经济发展问题。

西方发展经济学产生的历史背景是：第二次世界大战后殖民体系的瓦解，发展中国家的兴起，东西方对垒，冷战加剧。许多人民民主国家的出现，特别是中华人民共和国的成立和民族解放运动的高涨，使西方垄断资本感到惊恐万分。旧的分割世界领土、进行直接殖民统治的方法已难以为继。它们面临这种形势，亟须设法保持与新独立国家之间传统的经济联系，继续把这些发展中国家作为自己的原料供应产地、商品销售市场和投资场所。因此，西方垄断资本必须防止新兴民族独立国家走社会主义的发展道路，必须设法将发展中国家的经济发展纳入资本主义体系的轨道。西方经济学当时的任务就是为实现这一目的提供理论依据。

美国著名经济学家阿尔文·汉森（Alvin Hansen）在其所著的《二十世纪六十年代的经济问题》一书中写道：“叛乱、革命、暴动——正在非洲、亚洲、近东和拉丁美洲沸腾——要求我们加以注意。它们的问题已经变成我们的问题，一个贫困世界中的富国没有任何规避之道。”① 萨缪尔森说：“今后 25 年中最难解决的问题之一是不发达国家的经济问题。世界人口为 40 亿，而目前其中有一半人处于饥饿之中——即使没有饿肚子，营养也是肯定跟不上的。只有那些曾经靠每天热量不足 1 500 卡的食物生存而企图维持正常人生活的人才知道，为什么食物是梦寐以求而且是在醒着的时刻想着的东西。”他还由此得出结论：“为了良心，我们必须提供援助。此外，历史也告诉我们，人并不是一声不响地等

① 阿尔文·汉森. 二十世纪六十年代的经济问题. 北京：商务印书馆，1964：141.

着饿死的。"[1] 关于"良心"的话，我们不妄加评论，"人并不是一声不响地等着饿死"倒是个真理。

怎么解决这个问题呢？刘易斯说，不发达国家（外围地区）有两种选择：或是效仿帝国主义国家（中心地区），或是与中心地区进行贸易来发展经济。西方早期的发展经济学著作的内容确实不超出这两点，即告诉发展中国家的当政者如何效仿中心地区和如何与中心地区进行贸易（即"外向型"经济或"外贸导向型"经济）。可见，西方的发展经济学实际上是在发展中国家"发展资本主义的经济学"。

发展中国家多年的实践证明，西方传统的经济学原理应用于发展中国家往往失败。以凯恩斯的就业理论为例，他认为失业问题是对潜在的总产量（即现有最大的生产能力所能生产的商品和劳务）的需求不足造成的。通过增加总需求（即扩大政府支出或减税），加速经济活动，可以提高就业水平。从短期看，发达资本主义的生产与消费的矛盾，即潜在的总生产能力（总供给）和总需求之间的矛盾中，总需求是矛盾的主要方面。因此，通过增加总需求的措施，在一定范围内可以缓和生产与消费的矛盾。这种理论原是针对 20 世纪 30 年代大危机（大恐慌）时期发达国家经济的特殊情况提出来的。根据西方学者的意见，将这一理论直接应用于发展中国家有两个限制：

第一个限制是这种理论是从存在开工不足、大量失业的发达国家的经济推导出来的。它假定当产品的需求增加时，生产当事人能够迅速做出反应，即能很快地扩大生产，增加就业。而发展中国家就业的障碍主要不是总需求不足，而是在总供给方面存在着结构上或"制度上"的限制。发展中国家由于缺乏资本、原料、中间产品和有技术、有管理才能的人力资源等，通过政府的赤字财政或借外债扩大总需求量时，不仅不能相应地扩大生产，增加供给，反而会导致物价水平的普遍上涨。

第二个限制和发展中国家劳动力的供给有关。凯恩斯的理论是，通过增加总需求来推动经济发展的同时，也就创造了城市现代化部门的工作机会。在发展中国家由于城市工资水平超过农村收入很多，每创造一个城市工业的就业机会，就会引起三四个新的待业人口由农村流入城市。因此，发展中国家采取扩大总需求以减少城市失业人口的措施往往适得其反，会引起城市失业人口的增加。而由于流入城市的农民抛弃了农业生产，在农业本身落后的条件下，还可能导致农业总产量的下降，甚至会引起城市人口大量集中，造成教育、卫生、环境和社会治安等许多方面问题的产生。

总之，许多西方经济学家开始认识到，一个贫困、落后的社会同一个"富裕"、发达的社会相比较，社会经济条件完全不同，因此，传统的经济理论，在应用于发展中国家的经济发展时，不是完全不适用，就是需要加以修正。所以，必须建立专门的发展经济学。

于是，从 20 世纪 50 年代开始出现了专门研究发展中国家经济发展问题的发展经济学著作。1985 年，世界银行出版了一本专集——《发展经济学的先驱》（*Pioneers in Development*），介绍了第一代对发展问题的研究做出杰出贡献的 10 名经济学家。他们是：鲍尔勋爵、克拉克、赫尔希曼、刘易斯、缪尔达尔、普雷维什、罗森斯坦·罗丹、罗斯托、辛

---

① 萨缪尔森.经济学：下册.北京：商务印书馆，1982：170-171.

格、丁伯根。[1] 这部著作的编者杰拉尔德·迈耶自己就是一位著名的发展经济学家，他为这部书写了序和导言。另一位著名的发展经济学家保罗·斯特里顿（Paul Streeten）为这部书写了跋。当时的世界银行行长克劳森撰写了前言。书中对每位先驱人物的评价都由三部分组成：第一部分，本人传略，包括学术和社会活动以及代表著作；第二部分，本人学术活动和实践的自我介绍；第三部分，第二代发展经济学家的评论。因此，这部著作无异于一部早期西方发展经济学的历史著作，具有很高的学术价值。书中评介的10位经济学家中，除缪尔达尔是瑞典人、普雷维什是阿根廷人、丁伯根是荷兰人外，其余都是英、美籍的学者。尽管其中不少人的原籍是其他国家或地区，如鲍尔出生于布达佩斯，赫尔希曼出生于柏林，刘易斯出生于西印度群岛，而辛格则是个出生于德国莱茵省的犹太人，罗森斯坦·罗丹原是波兰人，然而，毫无例外，这些人都接受过西方经济学的系统教育并在相关领域取得过重大研究成果。这一事实反映了西方发展经济学早期理论观点的孕育和形成与西方经济学说存在着密切的联系。

在此之后，日本、苏联、东欧，特别是发展中国家专门从事发展经济学研究的经济学家日益增多，如日本的大来佐武郎、埃及的萨米尔·阿明等。1979年，刘易斯和舒尔茨由于对经济发展理论研究的卓越贡献，同时荣获诺贝尔经济学奖，表明发展经济学已经获得至少是西方社会的承认。目前，几乎世界上所有的主要国家都设有发展研究机构，各著名大学的经济学专业都为本科和研究生开设发展经济学的课程。自发展经济学诞生以来，尤其是近30年来，有关发展中国家发展问题的学术杂志大量问世，有关发展问题的研究著作更是汗牛充栋，发展经济学得到了迅速的发展。

发展经济学之所以能够成为一门独立的经济学科，从根本上说，是因为它有自己独立的研究对象。发展经济学就是专门研究经济落后国家如何从贫困、落后的不发达状况转变为繁荣、富裕的发达状况，讨论实现这一转变所需要的条件，揭示其内在的规律。在为数众多的经济学分支学科中，唯有发展经济学将探讨世界上最众多国家、最广大人口如何摆脱贫困、走向富裕作为自己研究的庄严使命，可以说，它是一门与广大经济落后国家人民的切身利益和前途命运最为贴近的经济学科。正是这一独特的研究对象，决定了发展经济学鲜明的平民特征和强大的生命力。

三、发展经济学的主要内容及其内在逻辑

经济发展问题的广泛性和复杂性的确加大了这一领域研究的难度，而阶级与利益的局限，也很难使西方的经济发展理论能够在资产阶级经济学的理论框架内去揭示广大经济落后国家贫困与不发达的本质原因，更难以为这些国家提供一条走向繁荣富强的发展之路。仅就西方经济发展理论本身而言，缺乏内在的逻辑体系，是使其陷入困境与危机的重要原因之一。在我们看来，任何一种经济理论，其是否具有科学性首先就表现在是否具备一个完整的逻辑体系，尤其是发展经济学这样一门与现实结合得最为密切的经济学科，如果没

---

① 杰拉尔德·迈耶，达德利·西尔斯. 发展经济学的先驱. 北京：经济科学出版社，1988. 这些发展经济学家的英文名字分别是 P. Bauer、C. Clark、A. Hirschman、W. Lewis、G. Myrdal、R. Prebisch、P. Rosenstein-Rodan、W. Rostow、H. Singer、J. Tinbergen。

有一个科学的逻辑体系作为其内在支撑，便很容易流于论点的集合与材料的堆砌。探讨经济发展理论的主要内容并揭示其内在逻辑体系，无论是对于进一步深入地把握西方的经济发展理论，还是对于构建马克思主义发展经济学的理论体系都具有非常重要的意义。

把握经济发展理论的主要内容，构建发展经济学的科学体系，首先就要解释其内在的逻辑联系。正是这一鲜明的逻辑线索，将丰富的理论内容联结成一个有机的整体。这既体现了理论本身的科学性、严密性、完整性，也有利于人们对于理论体系的了解、把握和运用。从目前经济发展理论的基本内容来看，我们认为，可以将这一理论的主要内容与逻辑线索描述如下：

1. 对发展中国家贫困落后现状的描述和分析

对发展中国家贫困落后现状的描述和分析，构成了发展经济学理论研究的逻辑起点。发展经济学作为处于中间层次的经济理论，其基本任务是为落后国家提供走向富裕发达的理论、方针、政策和经验。特别是因为当前世界上经济发达国家的存在，就更需要通过比较研究来说明落后国家人民所处的悲惨境遇。因此，首先就要具体描述不发达国家经济落后的现状，并揭示发展中国家经济落后的主要表现和根本特征。如前所述，发展中国家经济落后的根本特征就是在发展中国家普遍存在的二元经济结构。发展中国家是一个内容非常广泛的概念。同样是发展中国家，面积有大有小，人口有多有少，历史有长有短，文化背景、宗教信仰、社会制度、意识形态等完全不同，为什么都统称为发展中国家呢？在我们看来，最根本的一条，就在于这些国家的内部都存在着明显的二元经济结构。在这种二元经济结构下，发达的城市与贫困的乡村、现代化的工业与传统的农业同时同地存在着。在从经济、政治到文化、法律及社会的各个领域，这种明显的差距形成了极为强烈的对比。更为重要的是，这种二元经济结构并非一种过渡形态，而是要长期地存在下去，决定和影响着发展中国家的经济和社会发展进程。正是由于对发展中国家贫困落后现状的详细描述、深入刻画，才引发了人们对处于贫困深渊中的这些国家和民族的广泛关注、深切同情；更激发起这些落后国家和民族奋发图强、脱贫致富的勇气与信心。也正是由于具备了这一前提，才有必要引申出经济发展理论的一系列具体内容。

2. 对发展中国家贫困落后原因的探讨

说明了发展中国家贫困落后的现状，接下来便要进一步探讨发展中国家贫困落后的原因。对于这一问题，经济发展理论的不同流派做出了不同的回答。这些回答概括起来可以分为“内因论”与“外因论”两大类。在经济发展理论中居主导地位的新古典学派认为发展中国家经济落后的主要原因来自这些国家的内部。无论是纳克斯（R. Nurkse）的“贫困的恶性循环”（Vicious Circle of Poverty）理论或“穷国之所以穷是因为穷”（A country is poor because it is poor），还是纳尔逊（Nelson）的“低水平均衡陷阱”（low-level equilibrium trap）理论，都试图证明发展中国家的贫困落后在于其自身的资本匮乏、人口众多及政策失当。结构主义学派的发展学者主要是用中心—外围理论来阐释落后国家的贫困根源，认为发展中国家陈旧的贸易结构导致了国际贸易中的不平等交换，致使巨额财富向中心地带流失。而极力鼓吹“依附论”的激进学派，则坚决认为来自外部发达世界的对发展中国家残酷的剥削和掠夺，才是陷广大经济落后国家于贫困深渊的根本原因。应该指出的是，有关发展中国家贫困原因的探讨，是经济发展理论中观点对立最为尖锐从而也最富挑战的内容之一。西方发展理论的各个流派，或是由于其阶级局限性，或是因为方法论的制约，都未能就这一问题提供科学的、令人信服的满意答案。

3.经济发展目标模式的确立

阐明了发展中国家贫困落后的原因，便要进一步确立摆脱贫困、振兴经济的目标。关于经济发展的目标模式，各个流派也有不同的见解。新古典学派的发展学者的意见非常简单。他们提出：发达国家的今天就是发展中国家的明天。发展中国家只要循着发达国家曾经走过的发展道路，便会达到发达国家今天的发展水平。激进学派的发展学者表达了完全相反的意见。他们认为，循着资本主义的发展道路，经济落后国家永远也不可能从根本上摆脱贫困与不发达，只有与发达国家彻底"脱钩"，独立自主、自力更生地发展经济，才能开创繁荣富强的美好未来。而结构主义学派的发展学者则把工业化作为经济发展的终极目标。在他们看来，唯有实现工业化才能从根本上变革发展中国家的贸易结构，从而改变其在国际交换当中的被动地位。

4.经济发展的战略选择与发展计划、发展政策的确定

发展中国家经济发展的实践表明，只有选择制定正确的发展战略、发展计划和发展政策，才能使经济发展目标顺利地得以实现。经济发展战略、计划和政策，向来是经济发展理论的重要组成部分，也是将经济发展理论与经济发展实践紧密联系起来的中间环节。如果说经济发展理论与传统的经济学理论有所区别的话，一个突出特点就是发展经济学格外强调发展战略、发展计划和发展政策在经济发展过程中的重要作用。在发展中国家经济发展实践中广为流传的有进口替代与出口导向发展战略、均衡增长与非均衡增长发展战略。这些发展战略尽管在理论上曾经引起过人们的激烈争论，在实践中也曾经遭遇到许多挫折，却是广大发展中国家普遍实行的工业化发展战略。在经历了 20 世纪 80 年代的发展失败以后，曾经担任世界银行副行长、以研究工业化问题和发展计划著称于世的霍利斯·钱纳里（Hollis Chenery）等人提出了以注重人的生存、改善就业条件、消除贫困为特点的满足人们基本需要的发展战略。这一战略的提出纠正了早期发展理论中"唯工业化"、将工业化等同于发展的偏向，将对人的基本生存条件的保障作为广大发展中国家经济发展的主要任务。这一战略强调经济发展应该以人为本，注重人的价值、人的尊严、人的权利，为人提供生存的条件、谋生的手段、发展的机遇，以增加就业和减少收入不平等为基点来构造新的发展战略。20 世纪 80 年代末 90 年代初可持续发展战略的提出，标志着经济发展理论进入了一个新的发展阶段，也反映了人们对经济发展的认识的进一步深化。可持续发展战略强调要将环境保护视为和经济发展同样重要的战略目标，主张尽量在生态与环境不受到损害的前提下发展经济，不仅要满足我们这一代人的发展需要，而且要为我们的子孙后代提供发展的条件。实际上，可持续发展战略已不仅仅是经济落后国家谋求发展的战略构想，还是南北双方为了整个人类的共同未来所达成的共识。

发展计划是发展战略的具体化，是发展中国家普遍运用的重要政策工具。在宏观层次，最为著名的计划模型有哈罗德-多马模型、马哈拉诺比斯模型；在部门层次，广为运用的是投入—产出模型；在项目层次，最基本的计划操作手段则是可行性研究与项目评估。越是在那些商品经济不发达、市场体系不健全、价格机制作用有限的地方，在资源配置和经济发展进程中，发展计划的作用就越重要，发展政策所包含的内容就越广泛，所发

挥的作用也越直接，例如，财政政策、金融政策、科技政策、产业政策、就业政策、贸易政策、收入分配政策等。发展政策制定、实施的好坏，直接决定着经济发展的进程。在摆脱了殖民统治、掌握了国家主权、致力于经济发展几十年后，大多数发展中国家为什么贫穷依旧、落后依旧呢？杰拉尔德·迈耶不无道理地将此归因为发展政策的失误："贫穷的根源在于不适宜的政策"（Poverty is because of poor policies）。

5.经济发展水平质量的衡量指标体系

选择、制定、实施正确的发展战略、发展计划，经过艰苦的努力之后，下一步便是考核是否达到了既定的发展目标，是否完成了基本的发展任务。目前在国际上最富权威、得到广泛应用及普遍承认的是世界银行根据人均美元 GNI 占有量进行衡量的方法。但这一衡量方法由于指标过于单一、世界各国人口数量悬殊而具有局限性。正如中国所经历的情形：改革开放以来，中国的综合国力有了迅速的增长，2006 年中国的 GNP 总量达到了 26 847.05 亿美元，跃升为世界第四大经济体。而作为世界第一人口大国，数以十亿计的人口总数使得中国人均 GDP 占有量刚刚达到 2 000 美元，在世界排名中急剧下降，仅处于下中等收入组的下端。为了弥补世界银行人均美元 GNI 衡量指标的缺陷，许多发展学者和研究机构都在致力于建立包含两个以上甚至几十个、上百个衡量标准的指标体系。其中比较著名的有联合国社会发展研究所（UNRISD）设计的综合指标体系，美国经济学家阿德尔曼（Adelman）设计的社会、政治和经济指数以及莫里斯（Morris）提出的物质生活质量指数（physical quality of life index，PQLI）衡量指标体系。实际上，就连世界银行自己也意识到了单一的人均美元 GNI 衡量指标的局限性，近年来开始运用根据人均 GNI 购买力平价（PPP）估计值（即在本国市场上购买用一美元在美国所能购买的相同数量的商品和劳务所需要的本国货币的数量）测算的人均收入来对原有的数据进行补充。根据这种测算方法，2015 年中国的人均 GNI 为 14 320 美元，是未修正前 7 900 美元的近两倍。值得一提的是，在世界范围内，直到今天还没有形成一个科学、简捷、统一、实用、为世界所公认的发展指标衡量体系。无论是在发展经济学界广为流传的"毕业论"，还是中美之间在中国"复关"和"入世"问题上有关中国还是不是发展中国家的严重分歧，无不清楚地反映了这一点以及建立衡量指标体系的重要性。

6.经济发展的基础要素分析

任何一个发展中经济都包含着两个基础要素：一个是工业，一个是农业。与之相适应，工业化和农业发展问题的研究便构成了经济发展理论的重要领域。关于工业化的概念、工业化的方式、工业化的道路、工业化的阶段、工业化的战略、工业化的意义等都是工业化研究的重要内容。尽管满足人们基本需要的战略被提出以后，在发展经济学界对实现工业化的重要性及意义颇有微词，然而无论从哪个意义上讲，工业化进程都是经济不发达国家彻底摆脱贫穷落后的必经之路。尤其像中国这样的社会主义发展中大国，如果不建立自己完整强盛的现代化工业体系，就无法使我们的国家自立于世界民族之林。因此，在努力满足人们基本需要的同时，必须致力于现代化的工业建设，用以构筑支撑未来的民族脊骨。

农业问题更是广大发展中国家普遍面临的严峻课题。对于农业部门在经济发展过程中地位和作用的研究，向来是经济发展理论中的薄弱环节。在"唯工业化"思潮的误导下，由于忽视农业，没有奠定坚实的农业基础，结果阻碍甚至断送了许多国家的工业化进程。对于中国这样的农业大国，农业现代化具有更为重要的意义。因此，我们要从理论上阐明在经济发展过程中农业在国民经济中地位相对下降和加强农业基础地位的关系；了解传统农业与现代农业的特征；探索从传统农业向现代农业转型的途径，建立协调、稳固、相互促进、共同发展的工农业经济结构。

7. 经济发展的内部条件

根据发展经济学的基本理论，经济发展的内部条件包括资本形成、人口的规模与质量、资源与环境以及科学技术等。在广大发展中国家，上述经济发展的内部条件均作为约束条件而存在，阻碍了经济发展的进程。所谓经济发展，实际上就是将资金短缺、人口过剩、国民素质低下、资源得不到充分利用、生态退化、环境污染、科学技术落后等约束条件转化为经济发展的促进因素的过程。因此，要对每一个问题进行深入的考察研究，尽量加速这一转化过程。

8. 经济发展的外部环境

当今世界是一个开放的世界，任何一个国家和民族的经济发展，都离不开与外部国际环境的联系。经济发展的外部环境主要包括对外贸易、引进和利用外资以及外援、外债等。发展经济学家在对当代发展中国家的经济发展和发达国家当年的经济发展进行比较研究时指出：二者间的一个重大差别就在于今天的发展中国家在其谋求经济发展的时候，可以从外部获得资金、技术等方面的支持与援助，从而加快其发展进程。发展中国家要充分利用这一有利条件，不断提高对外开放的水平与质量，努力协调好与发达国家之间的关系，从对外开放中争取更大的动力和利益。

9. 经济发展的案例研究

探讨经济发展理论的内在逻辑，构建发展经济学的理论体系，其前提是探索落后国家经济发展的普遍规律。然而这种探索并不排斥对具有典型意义的经济发展的个案的研究。相反，由于经济发展问题的广泛性、复杂性、特殊性和典型性，在许多场合，个案研究具有更为重要的意义。由于经济发展理论强烈的实践性，实事求是和具体问题具体分析同样是发展经济学研究必须遵循的基本原则。在发展经济学中，案例研究越来越普遍深入，也越来越引起人们的重视，例如，拉丁美洲的债务经济研究，中东的石油经济研究，中国、印度等发展中大国的人口经济研究，“亚洲四小龙”的外向经济研究，苏联、东欧国家的经济转型研究以及风靡全球的东南亚金融危机研究等。应该指出的是，改革开放 40 年来，中国在其经济发展过程中，探索和开创出一系列独具中国特色，并对其他发展中国家具有借鉴、指导意义的发展模式和发展途径。例如，中国的渐进式改革模式就引起了国际社会的高度重视和如潮好评。中国创立社会主义市场经济的大胆探索，更是为生产力的迅速发展开辟了广阔的途径。所有这些，都有待于中国的发展学者做出认真总结和深入研究。

10. 经济发展理论与实践的回顾和展望

发展理论来源于发展实践，又服务于发展实践。通过对经济发展理论与实践的回顾和展望，寻求发展理论与实践的结合点，检验发展理论的正确性，为经济发展实践提供指南。

通过上述分析，我们对经济发展理论的主要内容和内部逻辑体系进行了初步的探索。

我们认为，正是这一内在逻辑体系的存在，支撑起发展经济学的理论框架。它表明，经过约半个世纪的发展沿革，尤其是20世纪90年代以来各国发展实践的不断丰富与充实，经济发展理论在原来西方发展经济学的基础上已经发生了重大的发展变化，初步形成了一个比较完整、具有内在逻辑联系的理论体系。把握了这一内在的逻辑体系，也就把握了经济发展理论的主旨与基本内容。①

第二节　发展经济学的历史演变与流派构成

第二次世界大战后，在政治上取得独立的新兴国家，迫切需要经济上的发展以摆脱对发达国家的依赖，迅速改变贫穷落后的状况。与此同时，在冷战的国际大背景下，出现了以苏联和美国为首的东西方两大阵营。西方的经济学家，为了抵消社会主义对发展中国家的影响，也为了迎合发展中国家发展经济的需要，建立了他们的经济发展理论。针对第三世界各国经济发展所面临的各种问题，他们提出了形形色色的经济发展模式来描述不发达国家的特征，解释贫困的原因以及摆脱困境的战略。这些理论和模式成为西方发展经济学的主要内容，渗透到西方有关发展问题各个方面的研究和文献中。为了便于了解发展经济学所涉及的各个具体问题，有必要先对这些理论及其历史演变过程有一个概括的认识。然而，半个多世纪以来，西方发展经济学的各个流派的著作汗牛充栋，各种模式众说纷纭，而且互相渗透，不断发生变化。因此，对其理论或模式进行分类，研究其演变过程，是一个艰巨的研究课题。本节只是在有限的篇幅内对西方发展经济学的历史演变与流派构成进行简要的叙述和评介。

一、发展经济学的历史演变与阶段划分

当前流行的西方发展经济学著作中对经济发展理论的分类有两种处理方法：一是根据各个流派的理论体系或模式的类型分别评述；二是按历史顺序划分阶段加以阐述。但是，前者难以看出西方发展理论的演变与发展中国家经济发展之间的历史联系，而后者则不易把握各派理论基本观点的逻辑渊源。本书为了说明西方经济发展理论演变过程中历史和逻辑的联系，并兼顾时间顺序和理论特征，将西方发展经济学的演变分为两个阶段。

1. 20世纪40—60年代，占统治地位的发展理论："线性阶段模式"

第二次世界大战结束后，西方经济学家面对不发达地区经济发展的迫切需要，并没有任何思想上和理论上的准备。他们对发展中国家历史与现状的了解，不超过联合国统计资料和社会学、历史学教科书的内容。同时，也缺少分析与西方经济结构大不相同、主要由小农组成的社会经济增长的理论；有的只是战后执行马歇尔计划，用美国的财力、物资和技术，援助、重建被战争严重破坏了的欧洲的经验。这些经济学家认为，西方也曾经历过以小农经济为主的农业社会，有实现工业化的实践可借鉴。这两者和战后东西方之间的冷战以及接踵而来的西方经济高速增长的"黄金年代"的历史背景结合在一起，形成了这个

---

① 黄卫平，彭刚. 经济发展理论内在逻辑体系初探. 高校理论战线，1998（4）.

阶段西方发展经济学的理论特征。

罗斯托1960年出版的《经济增长的阶段：非共产党宣言》一书就是这一阶段西方发展经济学最富代表性的著作。在这本书中，罗斯托将人类社会发展划分为五个阶段（线性发展模式）：传统社会（traditional society）、“起飞”准备阶段（preconditions for take-off）、“起飞”阶段（take-off）、成熟阶段（the drive to maturity）和高额群众消费阶段（the age of high mass consumption）。后来，他在1971年出版的《政治和增长阶段》一书中又在“高额群众消费阶段”后面增加了一个“追求生活质量”的阶段。

罗斯托的经济增长阶段论主要是以英国、美国的经济史为依据，吸收历史学派的观点而形成的。他的“起飞”理论则直接利用在凯恩斯静态宏观经济分析的基础上形成的哈罗德-多马模型，所强调的主要条件仍然是资本形成问题。此外，他的理论也明显地受到马尔萨斯人口论和熊彼特创新理论的影响。

罗斯托的“起飞”概念是指，在工业化初期的较短时间内（20～30年）实现基本经济和生产方法上的剧烈转变，不是一个渐进的过程。“起飞”就是突破不发达经济的停滞状态，摆脱纳克斯所说的“贫困的恶性循环”困境，或者如莱宾斯坦所说的“最小临界努力”（critical minimum effort），突破落后经济的“类稳定均衡”（quasi-stable equilibrium）状态。纳克斯认为，贫困国家贫穷的原因和结果都是贫穷，而莱宾斯坦则将这种状态叫做“类稳定均衡”状态。莱宾斯坦说，发展中国家即使收入有所增加，在一个落后的条件下，任何导致人均收入上升的刺激，都必然会促使人口增长，最后使人均收入降低到仅能糊口的水平，最终恢复到“类稳定均衡”状态。要打破这种“均衡”，就必须有一种“最小临界努力”。罗斯托就是将“最小临界努力”摆脱“贫困的恶性循环”或“类稳定均衡”状态的过程，比作飞机摆脱地球引力和空气阻力的“起飞”。他认为，一个国家经济增长最重要的阶段就是“起飞”阶段，经济发展过程中最困难的也是“起飞”，一个国家一旦超越了传统社会，进入了“起飞”阶段，经济就可以持续增长了。

如何才能实现经济的“起飞”呢？罗斯托认为，大多数发展中国家经济发展的主要阻力是资本形成问题，因此他首先强调的是资金积累要达到一定的程度。罗斯托提出“起飞”的第一个条件是，资本积累率要达到10%以上。为什么必须将资本积累率提高到10%以上呢？他利用哈罗德-多马模型论证：假定人口增长率为1%，资本产出比K（投资与产量之比）为3.5∶1，要使国民生产总值或国民收入净增长2%，资本积累率S（即储蓄率）必须为10%。

罗斯托特别强调：“增长必须以利润不断重新投资为条件。”因为“起飞”的基本条件就是创造一种机制，以使剩余习惯地进入生产投资的渠道，而不是被消费掉。发展中国家一般都缺少这一条件，这一点尤其值得注意。

罗斯托的“起飞”的第二个条件是要建立“起飞”的“主导部门”（leading sector）。这个主导部门要发展较快，它既能带动其他部门，本身又能赚取外汇，以便引进技术、购买外国设备和还本付息。

罗斯托虽然受到凯恩斯宏观经济学的影响，注意投资、储蓄和国民收入等总量的变化，但在考察经济增长阶段及其依次更替时，认为宏观经济学的分析过于笼统，不足以说明经济增长过程。他说，由于“起飞”的决定性因素是在一个发生扩散性效果的环境中引进新的技术，而按人口平均计算的国民生产总值是由许多并不与经济中吸收技术的程度相联系的变量决定的，技术只是被特定的工业部门吸收，而不是被吸收于国民生产总值之中，因此总量分析方法不能使我们对实际发生的情况以及在起飞阶段中起作用的因果过程有很多的了解。

但是罗斯托也不主张用西方传统的微观经济学的厂商分析方法。他提出并采用的是一种介于宏观经济学的总量分析与微观经济学的个量分析之间的、将国民经济总量分解为部门总量的分析方法。罗斯托认为，这种分析方法，对“个量”而言是“总量”，对整个国民经济而言是“非总量”，因为它是分析与“有效地吸收新技术”的各部门的活动有关的“部门总量”。

罗斯托的“起飞”概念包括两个基本要素：除了要使资本积累率由5%上升到10%以上外，另一个基本要素是把“创新的习惯广泛传播于各个重要部门”，而只有不断输入新技术才能创新。因此，从这个意义上说，外国资本的主要作用不在于增加总资本存量，而在于改善资本输入国的外汇状况，以便引进经济“起飞”所必需的“新技术”“新机器”。可见，吸收外资和创汇不是为了进口消费品，尤其不是为了进口奢侈品，也主要不是为了进口一些原材料和零部件。

罗斯托认为主导部门不是孤立地发展起来的，一个主导部门同与它有联系的若干部门一起构成一个主导部门综合体系。他曾列出第二次世界大战后世界上五种主导部门综合体系：(1)“起飞”准备阶段的主导部门综合体系，主要是饮食、烟草、水泥、砖瓦等工业部门；(2) 替代进口商品的消费品制造业综合体系，主要是非耐用消费品的生产，如纺织工业等，这是“起飞”阶段的古典式的主导部门综合体系；(3) 重型工业和制造业综合体系，如钢铁、煤炭、电力、通用机械等工业部门；(4) 汽车工业综合体系；(5) 生活质量部门综合体系，主要指服务业、建筑业。

罗斯托认为这五种综合体系基本上反映了“增长阶段”由低级到高级的主导部门变换的序列。他说，目前在发展中国家里，发展程度较低的国家（撒哈拉以南的几个非洲国家）的主导部门属于第一种综合体系；发展程度中等的国家的主导部门属于第二种综合体系；发展程度较高的国家（若干拉丁美洲国家）的主导部门属于第三种综合体系；战后西欧和日本的主导部门被列入第五种综合体系，其特点是提供劳务，而不是生产有形的产品。

主导部门建立以后，如何将自己的作用传导出去呢？根据罗斯托的分析，主导部门通过自己的三种影响带动整个经济增长。这些影响是：(1) 回顾影响，指主导部门对某些供给生产资料部门的影响；(2) 旁侧影响，指主导部门对所在地区的影响；(3) 前瞻影响，指主导部门对新工艺、新技术、新原料、新能源出现的诱导作用（见图2-1）。

罗斯托从两方面分析成长阶段的形成原因：一方面是由于上述“主导部门”的依次更替，另一方面是由于人类欲望的依次更替（心理因素）。罗斯托利用德国作家托马斯·曼的小说《布登勃洛克一家》中几代人对生活不同的要求来说明社会增长阶段的更替、主导部门的变化、中心人物的置换，提出了“布登勃洛克式动力”(Buddenbrook dynamics) 一词。布登勃洛克家的第一代拼命积累财富，终于成为地方上的富户。第二代出生于有钱的家庭，从而追求社会地位，后来当上了议会议员。第三代则生长在既有钱又有社会地位的家庭中，追求的是精神文化生活，爱好音乐。在罗斯托看来，西方经济史上为“起飞”准备条件的新教徒，“起飞”阶段的企业家，向成熟阶段推进的“钢铁大王”“石油大王”，直到成熟阶段完成后管理企业的经理阶层，都是他们所处时代的代表人物。他们代表自己一代人所追求的目标，他们的“欲望”（布登勃洛克式动力）推动增长阶段的过渡与更替。例如，在高额群众消费阶段（汽车时代），人们有了小汽车之后，汽车的效用递减了，人们追求的是安逸——环境的舒适，精神上的享受，譬如要去环球旅行，实现家务电脑化等，这就必然促使“追求生活质量”阶段的到来。

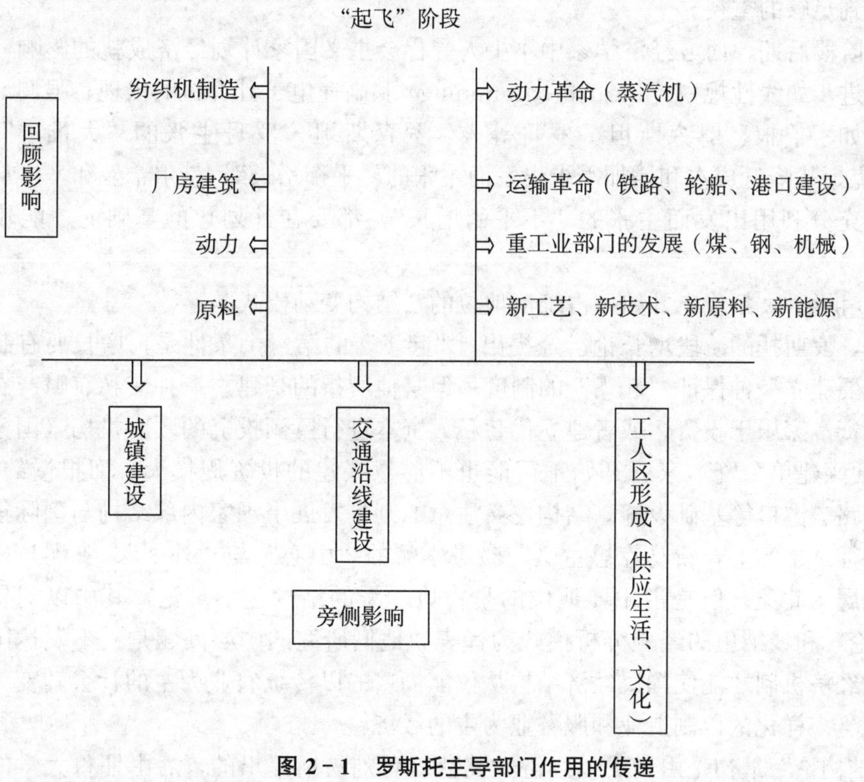

图 2－1　罗斯托主导部门作用的传递

罗斯托对发展中国家“起飞”的政策也有自己的看法。他认为，当前发展中国家的“起飞”同工业先进国家历史上实现的“起飞”相比较，所处的条件是不一样的。发展中国家“起飞”的困难主要有两个：一是人口增长率高；二是由国内政治动荡引起的人才和资金外流。有利的条件也有两个：一是有现成的技术可以利用；二是有“国际援助”以加快“起飞”的进程。罗斯托由此推论，当前发展中国家在“起飞”阶段所应采取的基本政策就是克服上述困难，利用其有利条件，以便尽快地具备“起飞”所需要的资金以及主导部门增长和结构方面的条件。他概括的发展中国家应特别注意的问题是：（1）防止出现“早熟消费”（“超前消费”）；（2）着重进行“基础结构”（即基础设施，如港口、交通线、动力、仓库等）的建设；（3）降低人口出生率；（4）发展“创汇部门”；（5）解决“隐蔽的失业”问题；（6）国家在干预经济方面应起较大作用；（7）防止人才和资金外流；（8）动员国内闲散资金，必要时实行“强迫储蓄”；（9）吸引外资，并应有制度保证；（10）加紧推广新技术。

罗斯托的这些政策建议的核心是解决“资本”的形成问题。此后，西方学者强调资本积累的理论向两个方面发展：一方面，如钱纳里和斯特劳特等人逐渐认识到阻碍经济发展的不只是投资规模的大小，还有用于购买必须进口的原材料、中间产品和机器设备、新技术所需外汇的多少。他们由此提出“两缺口模型”（two gap model)，即国内资金与外汇两个缺口，国内储蓄不足要用外资流入来填补。另一方面，如舒尔茨、哈伯格（A. Harberger）和安德森（A. C. Anderson）等人认为，促进经济发展并非只需要物质资本，人力资本的重要作用必须受到足够的重视。

在这一阶段后期，西方经济学家中不少人受社会主义国家计划经济成就的影响，加上数学方法的进步如线性规划（linear programming）和高速电子计算机的出现，强调计划化的重要性，如丁伯根、罗森斯坦·罗丹等人。罗森斯坦·罗丹主张的“大推进”（Big Push)，纳克斯从降低成本和增加需求出发而主张的“平衡增长”，赫尔希曼和辛格从稀缺资源应得到充分利用出发而主张的“不平衡增长”，都要在计划化的基础上才能较好地实现。

2. 从 20 世纪 60 年代末开始，占统治地位的“结构变动模式”

实际上，罗斯托的阶段增长论已经提出，“起飞”的第三个条件是，增长要有制度上的变革，即要建立一种保证“起飞”的制度。但是他所指的是建立一种使私有财产有保障的制度，使资本家乐于投资；或者建立代替私人资本进行巨额投资的政府机构（国家资本主义)，以便兴建单个资本家一开始不可能也不愿意兴建的投资规模大、回报慢的项目，如军工、铁路、港口等基础设施。结构主义注意的则是发展中国家内部结构与国际经济社会结构的特征。事实上，新马克思主义与激进学派的“中心”与“外围”、支配与依附关系的理论也属于此类。但是占主要地位的是古典学派的结构变动理论，其中以刘易斯的“二元结构论”和钱纳里的经验分析模式为代表。他们研究的中心问题是：不发达国家利用什么样的经济机制才能使国民经济结构从仅能糊口的以传统农业为主的社会转变为现代化、城市化、多样化的以制造业和服务业为主的经济？

“二元结构论”最初是由诺贝尔经济学奖获得者刘易斯提出的，后由耶鲁大学的费景汉（J. Fei）和拉尼斯（G. Ranis）等人加以发展，所以也被称为“刘易斯-费-拉尼斯模型”（Lewis-Fei-Ranis model)。这一理论被西方许多经济学家认为是解释第三世界劳动剩余国家发展过程的“普遍真理”，至今仍为不少人特别是美国的经济学家所推崇。赫尔希曼曾不无感慨地说：刘易斯简直奇迹般地从不发达的简单命题中引出了典型不发达国家的全部运动规律，以及一整套内容广泛的对内对外经济政策建议。

刘易斯是美国普林斯顿大学教授，他的《劳动无限供给条件下的经济发展》一文被认为是第一篇比较全面地论述经济发展问题的文章，1979 年他与舒尔茨同时荣获诺贝尔经济学奖。刘易斯虽然在发达国家接受经济学教育，但他出生在殖民地，并曾长期在发展中国家生活和工作，对贫穷、落后等不发达问题有着切身的体会，这是他的观点同那些发达国家经济学家的经济发展理论有区别的主要原因。

刘易斯的二元结构模型的三个假设前提是：

第一，不发达经济分为两个部门，即城市中以制造业为中心的现代化部门和农村中以农业、手工业为主的传统部门。现代化部门生产规模大，所使用的生产和管理技术较先进，生产动机是谋利，产品多在市场上销售。传统部门生产规模小，技术落后，生产动机主要是为了自己消费，产品很少在市场上出售，而且存在着大量失业人口。他认为，城市的工业部门资本积累增加就能吸收农业部门的剩余劳动力。

第二，劳动力无限供给。不发达地区的劳动力和其他生产要素相比多到劳动的边际生产率为零，甚至是负数，这说明劳动力相对过剩。但是，他指出，劳动生产率为零并非劳动力无限供给的必要条件。因为在这种经济中，非熟练劳动的价格是仅能维持生存的工资，"因此，只要按这种价格提供的劳动超过需求，劳动力的供给就是无限的"①。后来他又明确指出劳动生产率为零，是指劳动者而不是劳动时间的边际劳动生产率等于零。

第三，工资水平不变。刘易斯认为，"扩大的资本主义部门必须支付的工资取决于人们在这个部门以外所能赚得的收入"②。由于传统的农业部门存在着大量剩余劳动力，农业人均收入很低，这一水平决定了工资下限。只要农业剩余劳动力没有被城市吸收完，工业部门的工资就会保持不变，不会随劳动生产率的提高而提高。

刘易斯认为，在不发达经济的两个部门中，只有现代化的城市工业部门是增长的主导部门，农村中的传统农业部门只是被动地起作用。工业部门增长的动力来自资本积累，资本积累来自利润的再投资，利润又来自对剩余劳动力的有效利用。他将经济发展过程分为两个阶段。在第一个阶段中，由于工业资本不多，无力吸收全部剩余劳动力，因此无论对劳动力的需求怎样扩大，总能在不变的低工资水平上源源不断地得到劳动供给。这样工业总产值中利润部分的增长速度将大大超过工资部分的增长速度，于是进入第二个阶段，出现一个资本加速积累和迅速吸收剩余劳动力的增长时期。

刘易斯对经济发展运行机制分析的方法同古典经济学派对资本主义发展过程分析的方法基本相同，因此他的理论被称为"古典经济发展理论"。他在《劳动无限供给条件下的经济发展》一文中一开头就说明："本文是按古典学派的传统写成的，做出古典学派的假设，并提出古典学派的问题。"③ 对于这一点，他解释道："从斯密到马克思的古典经济学家都假定，或者都认为，支付维持生活的最低工资就可以获得无限的劳动供给。然后，他们研究生产是怎样一直增长的。他们发现，其答案在于资本积累，并根据他们对收入分配的分析来解释资本积累。这样，古典经济学体系便同时求出了收入分配和收入增长……"④ 新古典学派经济学盛行时期，"劳动力已不是无限供给"，而刘易斯研究的是人口过剩国家或劳动过剩的当前世界上大部分地区的问题，因此"必须完全回过头来研究古典经济学家"⑤。所以，刘易斯分析发展过程的基本前提就是"劳动力无限供给"，而且特别注意发展中国家的隐蔽失业现象。隐蔽失业是劳动力无限供给这个前提的基础。

这种情况，自然是指不熟练劳动力。熟练劳动力则可能在任何时候都缺少，这会给经济的扩张造成困难。但是西方经济学认为这只是暂时的，资本家或政府可以很快地提供培

---

① W. A. 刘易斯. 劳动无限供给条件下的经济发展//外国经济学说研究会. 现代国外经济学论文选：第八辑. 北京：商务印书馆，1984：48-95.

② 同①56.

③④ 同①48.

⑤ 同①49.

养更多熟练劳动力的措施。

所谓劳动力无限供给，不单是从失业、人口相对过剩的角度来说的。因为只有一定价格，即一定工资水平下提供的劳动力超过需求，劳动力的供给才是无限的。刘易斯指出："资本的应用只能达到劳动边际生产率等于现行工资的程度。"① 如果可以得到的劳动力是无限的，而资本是稀缺的，用于资本的劳动力，应该仅仅多到能使劳动的边际生产率等于零，但是实际上零工资是得不到劳动力的。因此，资本的应用只能达到劳动边际生产率等于现行工资的程度。如图 2-2 所示，横轴代表劳动量，纵轴代表劳动的边际产品，*OW* 是现行工资，边际产品为零时的劳动量为 *OR*。资本主义部门（城市工业）要按 *OW* 支付工资时只雇用 *OM* 的劳动量。*WNP* 是资本家的剩余（利润）。*OWPM* 是资本主义部门的工资，而资本主义部门以外的劳动者（也就是 *M* 以外的）所赚到的只是他们在这种经济中自给农业部门所能赚到的收入。

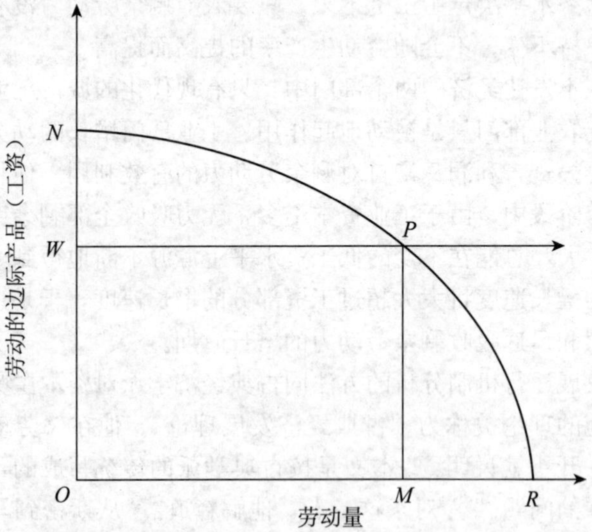

图 2-2 刘易斯"结构变动模式"（Ⅰ）

这里，刘易斯划分了资本主义部门和自给农业部门。这就是所谓的"二元结构"问题。资本越多，就可以将越多的劳动者从自给农业部门吸收到城市工业部门中来。

刘易斯认为，扩大资本主义部门所必须支付的工资，取决于人们在这个部门以外所能得到的收入水平。在大多数人从事土地耕种的农村经济中，劳动所得是根据农民的平均产值决定的。农民的收入水平是城市工业部门工资的下限，当然实际的工资水平必须高于这一水平。这主要是因为城市生活费用高，以及从习惯了的农村迁居到城市的心理成本以及工会的作用等。这种情形可以用图 2-3 来说明。该图与图 2-2 相同，只是 *OS* 代表自给农业部门的收入，而 *OW* 代表城市工业部门的工资。两图的区别，刘易斯用了一个形象的比喻，他说，城乡之间收入的差别的边界"现在看来不是海滩而是峭壁"。

① W. A. 刘易斯. 劳动无限供给条件下的经济发展//外国经济学说研究会. 现代国外经济学论文选：第八辑. 北京：商务印书馆，1984：54.

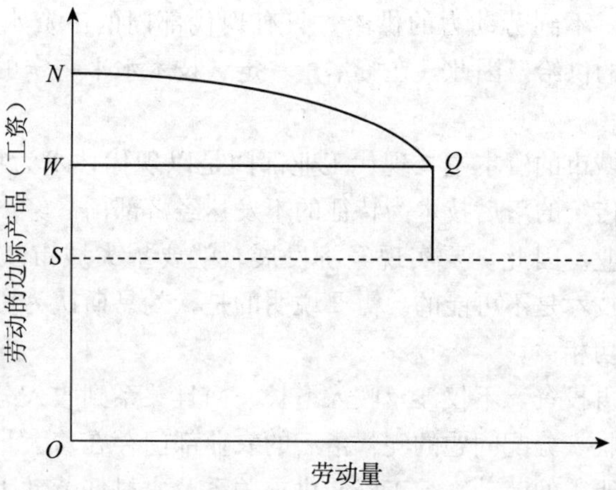

图 2-3　刘易斯“结构变动模式”（Ⅱ）

刘易斯就在这样的基础上开始探讨经济发展的过程。在图 2-4 中，OS 和以前一样是自给农业部门的收入，OW 是城市工业部门的工资，WN_1Q_1 代表最初阶段的剩余。因为一部分剩余用于再生产，所以固定资本量增加了，因此边际劳动生产力曲线现在整个提高了，达到了 N_2Q_2 的水平。现在剩余的工业部门的就业增多了，继续再投资把边际劳动生产力曲线提高到 N_3Q_3、N_4Q_4。只要有剩余劳动力，这个过程就能一直继续下去，直到剩余劳动力完全被吸收到现代工业部门中去，这个过程才停止。这时二元结构变成了一元结构，也就完成了不发达经济的发展问题。

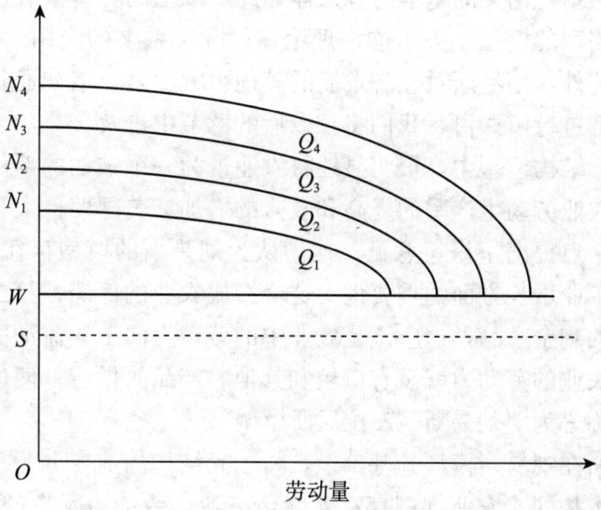

图 2-4　刘易斯“结构变动模式”（Ⅲ）

上述分析表明，从劳动人口过剩（失业和隐蔽失业的人口）来看，劳动力无限供给是绝对的；然而，从一定的工资水平来看，劳动力无限供给是相对的。当边际劳动生产率很低，等于零甚至是负数时，人口即使存在着大量隐蔽失业，零工资仍得不到劳动力的供给，农村的剩余劳动力不会转移到城市工业部门中来，甚至在和农业部门收入相等的情况下，城市工业部门也得不到劳动力的供给，只有现代部门的工资水平高于农村平均收入时，才能得到劳动力的供给。因此，在资本量一定、技术水平一定的条件下，资本主义部门的扩张是不可能的。

在刘易斯看来，城市的资本主义现代工业部门是以现代技术为特征的发达经济部门，自给的农业部门是以传统的落后技术为特征的不发达经济部门。经济发展的动力在于拥有现代化技术的城市工业。因此，要实现经济发展，就要扩大城市工业，而城市工业的扩大，没有资本积累和技术是不可能的。需要说明的是，刘易斯认为资本积累和技术进步是同一方向的，二者密切相关。

资本家利用剩余再投资，不仅涉及收入增长，而且关系到收入分配。刘易斯是怎样同时解决积累、增长和收入分配问题的呢？落后的农业部门存在着大量隐蔽的失业人口，就保证了城市工业扩大所需的劳动力；工资受供求关系及农村低劳动生产率所形成的低平均收入的影响而保持低水平，这就使城市现代化工业部门获得高利润。而这些高利润的再投资，又能从农村的“隐蔽失业人口”中吸取更多的劳动力。因此，经济发展的关键就是资本积累（资本积累规模与速度）。刘易斯有一句名言：“经济发展理论的中心问题是要理解一个由原先的储蓄和投资占不到国民收入4%或5%的社会本身变为一个自愿储蓄增加到国民收入12%到15%以上的经济过程。”① 发展就是资本主义部门（现代化部门）相对于农村自给农业部门不断扩大的过程。经济可以发展到劳动力短缺、工资不得不上升的状态。因此，刘易斯说：在发展过程中，资本形成和技术进步的结果，不是工资提高，而是国民收入中利润的份额提高。

刘易斯的“二元结构论”的基本内容大体如此。以上的分析没有把国际贸易关系加进去，因此是一个封闭型的模型。关于这一理论在国际关系上的应用（开放型的模型），这里就不再赘述了。此外，刘易斯对经济发展的其他影响因素，诸如通货膨胀的影响、技术进步的作用等，也都进行了探讨，我们将在以后的章节中论及。

在刘易斯的二元结构模型中，很明显地将农业视为一个被动的部门。在模型的整个运行过程中都看不到农业劳动生产率的提高和收入的增加。美国耶鲁大学的两位教授费景汉和拉尼斯就针对这一点提出了修正意见。他们认为刘易斯的模型存在着两点缺陷：第一，不重视农业在促进工业增长方面的重要性，这会造成农业的停滞；第二，忽视了因农业生产率的提高而出现的剩余产品，这应该是农业中的劳动力向工业流动的先决条件，否则工业中新吸收的来自农业的劳动力就没有口粮和其他农产品的供应。两位教授对刘易斯模型进行修正后，人们称之为“刘易斯-费-拉尼斯模型”。

费景汉和拉尼斯在刘易斯模型的基础上，将二元结构的演变分为三个阶段：第一个阶段与刘易斯模型基本相同，农业部门存在着隐蔽失业，劳动边际生产率为零或接近于零，劳动力供给弹性无限大。在第二、第三个阶段中，农业部门也逐渐出现了剩余，可以满足非农业生产部门的消费，从而有助于劳动力由农业向工业移动。因此，农业促进工业增长的作用不仅在于消极地输送劳动力，而且在于积极地为工业部门的扩大提供必不可少的农

---

① W. A. 刘易斯. 劳动无限供给条件下的经济发展//外国经济学说研究会. 现代国外经济学论文选：第八辑. 北京：商务印书馆，1984：63.

产品（首先是粮食）。

刘易斯-费-拉尼斯模型之所以受到众多经济学家的赞许，并被许多发展中国家政府所采纳，原因就在于这个模型反映了发展中国家经济发展过程中城乡对立运动的一些客观规律，大致上符合西方国家经济增长的历史经验。在着重分析经济结构内部两大部门的相互关系及其演变，并考虑到体制、技术等因素方面，与第一阶段的线性阶段发展理论相比，这不能不说是一大进步。然而，它以古典经济学的分析方法为基础，以西方发达国家的历史经验为依据，从而也就不可避免地存在着诸多缺陷。

第一，推理过程所建立的三个假设前提与目前许多发展中国家的现实相去甚远。首先，在大多数发展中国家，农村存在着隐蔽失业是事实，但城市也并未实现充分就业，不但存在着公开失业人口，而且存在着大量隐蔽的失业人口，因此在发展的开始，首先要解决的是城市的失业问题。其次，即使城市因农村人口流入而失业增加，城市的工资水平，无论就其绝对量还是与农村比较而言，都在继续上升，而不是一成不变的。此外，城市工业的投资并不是按照同样的构成投入，而是吸引新技术，逐步投放到节约劳动的生产上去，因此资本积累和就业机会不会同步扩大，从而流入城市的农村人口也不能都获得就业机会。

第二，刘易斯片面夸大了城市资本主义部门吸收剩余劳动力的能力。刘易斯使用的是古典政治经济学的分析方法，但在资本积累对吸收剩余劳动力的影响这个问题上，又和古典学派不尽相同。他认为，二元结构经济的发展，如果没有其他障碍，资本主义现代化部门将一直扩大到将剩余劳动力吸收完为止。关于这个问题，刘易斯指出："李嘉图和马尔萨斯并没有按照他们的模型提出这一点，因为他们都过高地估计了人口增长率。马克思也没有提出这一点，因为他使自己相信，资本积累是增加了失业，而不是减少了失业……古典经济学家中只有斯密清楚地认识到，资本积累必定会引起劳动短缺，并使工资上升到维持生活的水平之上。"① 他认为，马克思"有一个奇怪的模型，按这个模型，积累的短期效应是减少失业，提高工资，并因此引起危机，而积累的长期效应是增加失业者的后备军"②。马克思之所以得出资本积累的长期效应是增加失业这一结论，是因为他考虑到资本有机构成的提高，即技术进步的因素。刘易斯正是忽略了技术进步过程中排挤工人"增加失业"的这一面。当然，资本积累必然伴随着生产规模总量的增大，技术进步不仅表现在资本有机构成的提高上，而且能创造新的部门和行业，从而增加就业机会。然而在资本主义国家，尤其是发展中国家，失业问题日趋尖锐的现实证明刘易斯的设想是错误的。从这一点看，仍然是马克思正确，因为他是从资本主义基本矛盾出发，断定相对人口过剩是资本主义生产方式发展的必然结果。发展中国家由于技术创新能力低下，新兴部门发展缓慢，日益增加的就业岗位也难以满足不断增长的就业需求。

第三，忽视农村的技术进步、劳动生产率的提高以及农村收入提高的可能性，将城市工业部门当作农村剩余劳动的唯一出路，必然会造成城市化、大城市人口过于集中的弊端。

---

①② W. A. 刘易斯. 劳动无限供给条件下的经济发展//外国经济学说研究会. 现代国外经济学论文选：第八辑. 北京：商务印书馆，1984：81.

第四，刘易斯的模型当然是一个发展资本主义的模型，他回避了城市资本主义部门扩大过程中，资产阶级和小农之间、城乡之间、工农之间生产关系的分析。新马克思主义者指出，二元结构部门的演变，实质上是资产阶级掠夺农民、进行原始积累的过程。

第五，刘易斯的开放型二元结构论，也同样回避了发达国家与发展中国家在对外贸易中的不等价交换以及维护国际经济旧秩序的问题。他强调相互依存，掩盖了发达国家与发展中国家的尖锐矛盾。

第六，没有涉及高积累、高速度发展的倾向会造成国民收入中积累与消费之间的矛盾，扩大收入分配的不平等。

3. 20 世纪 60 年代以后西方发展经济学的发展趋势

（1）重视农业问题的研究。这是由于前一阶段经济发展从理论到实践都忽视了农业的发展，造成发展中国家几乎毫无例外地出现了农业停滞甚至倒退的局面。发展经济学家认识到，在发展中国家经济中占有重要地位的农业的落后，必然成为整个经济增长的障碍。他们也知道，今天发展中国家的发展，不是一个单纯的“去掉农民”（get rid of peasants）的问题，农业也不是仅仅被动地向城市和工业输送劳动力和原材料。因此，研究发展中国家农业的著作明显增多。

（2）更多地使用新古典方法，对发展中经济的微观方面做更为深入的分析，例如，可行性研究、成本—效益分析方法的广泛应用等。又如，托达罗、哈里斯等建立模型来解释发展中国家在城市失业率居高不下的情况下农村人口还大量向城市转移的现象。克鲁格运用新古典方法研究发展中国家城市化过程中出现的一些问题。

（3）多做经验分析。如库兹涅茨（S. Kuznetz）、阿德尔曼、钱纳里等对一些发展中国家的统计资料进行了横截面（cross section）的比较研究，力图从经验分析中总结出带有普遍意义的规律来。

（4）研究的注意力从单纯地追求经济增长转向分配、失业以及经济稳定的问题。为了避免增长引起分配不均，有些人（阿德尔曼）主张应该在增长前有一个财产先分配（pre-distribution），如土地改革。不少人对发展中国家所面临的严重问题如通货膨胀、债务危机等进行专门的研究。

二、发展经济学的流派

经济学是一门与人们的物质利益联系最为紧密的社会科学。而人们的物质利益往往又是相互冲突的，在存在着阶级的社会中，甚至以阶级斗争的激烈形式表现出来。马克思曾经将阶级性与党性作为马克思主义政治经济学的两个鲜明特征而格外强调，这一点在发展经济学当中也不例外。美国著名发展学者托达罗在论及这一点时也明确指出：“因此，从一开始就必须承认，什么是合乎理想、什么是不合乎理想这样一些伦理或规范的价值前提，通常是经济学科尤其是发展经济学的主要特征。那些纯粹的经济发展与现代化的概念，由于取得了圣雄甘地一度称之为‘人的潜能的实现’的东西，就若明若暗地反映了各种理想目标的价值前提。经济与社会平等、消除贫困、普及教育、提高生活水平、民族独立、制度现代化、政治和经济的参与、基层民主、自力更生、人格完善等诸如此类的概念或目标都是从关于好与坏、合乎理想与否等主观的价值判断中得出来的。关于这一点，相反的价值准则可以得出不同的概念和目标，例如，私有财产的神圣性，个人有权无限地积累财富，维护传统的社会制度和森严的不平等的等级结构，以及想象出来的人统治人的'自然权利'。""经济学不可能像物理学或化学一样，不受价值观念的约束，因此，经济分析的确定性和经济方案的正确性，总是要根据其本质假定或价值前提来进行评价。"① 就拿"发展援助"来说，表面上，这是发达国家为了帮助发展中国家摆脱贫困落后而提供的经济、技术援助，而实际上，大量事实证明，许多发达国家对发展中国家提供的各种"援助"，不过是为了维护自己同这些国家业已存在的政治、经济和文化联系，并从中得到好处。

美国前总统杜鲁门 1949 年在其就职演说中直言不讳地表白，美援计划项目的第四点（即所谓"第四点计划"）的目的就是诱使发展中国家走资本主义道路。他提出："必须实施一个大胆的计划，使得我们的科学进步和工业发展能有助于不发达地区的改善和成长。""邀请其他国家，把它们的技术资源和我们的汇合在一起。"这句话清楚地表明了他们企图在政治上、经济上继续控制这些地区。萨缪尔森说："不重视经济发展问题必然招致祸害。"他还引用哈佛大学经济史学家 A. 苛申科的话说："苏维埃政权可以说是该国经济落后的产物……20 世纪的重要教训是：落后国家的问题，并不是落后国家自己的问题，它们同样是先进国家的问题。由于未能把俄国的农奴解放出来，并且早点实现工业化政策，支付代价的不仅是俄国，而是整个世界。"这段话可谓立场鲜明，将西方资产阶级经济学家建立、研究发展经济学的目的交代得非常清楚。因此我们认为，20 世纪 70 年代以前的发展经济学，的确是西方资产阶级学者研究如何在不发达条件下发展资本主义的经济学。

从 20 世纪 70 年代开始，情况发生了变化。许多经济学家，尤其是发展中国家的经济学家，为了自己国家的发展和民族的振兴，进行了大量的发展理论研究。由于西方发展经济学提出的各种理论和政策方案并没有使发展中国家从根本上摆脱贫困和落后，通货膨胀、贫富悬殊、城乡对立、失业增加、外债负担日益沉重，它们与发达国家的差距不但没有缩小，反而扩大了，因此，许多人幡然醒悟，开始探索非资本主义的发展道路。与此同时，西方和东方的马克思主义者也开始重视经济发展理论的研究。从而我们看到，与其他的经济学科相比较，道德伦理、价值判断、利益冲突在发展经济学这个领域中表现得更为突出，这也正是西方经济发展理论中流派众多的背景和原因。

概括起来，西方经济发展理论可以划分为三大流派：新古典学派、结构主义学派和新马克思主义学派（激进学派）。

1. 新古典学派的经济发展理论

新古典学派是西方经济发展理论中的主流学派。这一学派基本上是从西方传统经济学的立场出发，运用西方经济学的观点、方法来解释不发达国家的经济发展问题。在发展中国家贫困原因的探讨、发展目标的确立、摆脱贫困途径的选择、发展水平的评价等一系列关系到发展的重大问题上，这一学派都提出了自己的观点和意见。在新古典学派看来，发展中国家之所以陷于贫困，是因为这些国家还处于经济增长过程中的"起飞"前阶段（罗斯托的经济增长阶段论），后来又归结为发展中国家政府的"政策失误"，总之，是发展中

① 迈克尔·P. 托达罗. 经济发展：第六版. 北京：中国经济出版社，1999：10－11.

国家自身的原因导致了经济的停滞不前。在发展目标的确立上，新古典学派提出“发达国家的今天，就是发展中国家的明天”的命题，也就是鼓吹将发达国家作为发展中国家学习的榜样、奋斗的目标。在发展道路的选择上，新古典学派提出“踩着发达国家的脚印走”的命题，具体地说，就是其为发展中国家所规划的“国际化、市场化、私有化”的发展道路。由此我们看到，新古典学派不过是把当初发达国家经济发展的模式照搬到发展中国家，以为只要重复发达国家当年所走过的道路，发展中国家就可以摆脱贫困，走向繁荣和富裕。新古典学派认为有一个能够适用于世界上所有国家的普遍原则在指引着发展中国家的经济发展历程，只要这些国家进入了经济“起飞”的过程，就能够自然而然地实现发展的目标。

2.结构主义学派的经济发展理论

实践表明，今天发展中国家所面临的发展任务，与发达国家当年的经济发展进程有着本质上的差别。将发达国家当年从不发达走向发达的历史经验照搬到发展中国家是不可能成功的。结构主义学派的理论特征就在于从发展中国家所特有的经济和社会结构出发来考察经济发展问题，认为发展中国家的经济结构缺陷是阻碍它们经济发展的主要约束。刘易斯的二元结构模型、纳克斯的“贫困的恶性循环”理论、库兹涅茨的经验回顾分析、缪尔达尔的“循环积累因果原理”以及普雷维什的“中心—外围理论”都是结构主义学派的代表性理论。结构主义学派既考察了发展中国家的内部结构缺陷，例如严重的二元经济结构对经济发展的制约，也考察了不平等的国际贸易环境，例如中心—外围的外部结构缺陷对发展中国家的巨大负面影响。其指出发展中国家如果不能建立一个新型的、健康的经济结构，就不可能完成经济发展的任务。结构主义学派的理论观点和政策建议在许多方面和新古典学派有着交叉与融合，从根本上来讲，都是要在资本主义的制度框架内解决发展中国家的经济发展问题，提出了一些比较温和的解决方案，主要在政策层面上具有较大的现实意义。

3.新马克思主义学派（激进学派）的经济发展理论

新马克思主义学派，也称激进学派，宣称以马克思主义的立场、观点和方法来分析和研究当前的南北经济关系，试图揭示这一关系的本质内容和发展趋势，并旨在对发展中国家贫困的原因、发展目标的确立、发展道路的选择等一系列重大问题做出马克思主义的回答。新马克思主义学派基本上是用“外因论”来解释发展中国家的贫困原因。认为发展中国家之所以贫困，并不是因为它们处在所谓“前资本主义时代”，它们也不可能通过进入“起飞”过程来完成发展任务。因为发展中国家的贫困和落后就是现代资本主义存在的一种模式，与发达国家的繁荣和富裕共同构成同一事物的两个不同方面。这种发达国家的繁荣富裕与发展中国家的贫困落后是一种互为因果的机制，是在国际范围内资本运动和积累的必然结果。在这种机制的作用下，发展中国家即使能够在一定程度上谋得发展，也必然是“越发展越依附”，因此，发展中国家要想谋求真正的发展，就必须开拓新的发展道路。新马克思主义学派由“依附论”引申出“脱钩论”，即认为发展中国家必须斩断与发达国家的一切联系。而要做到这一点，“外围的无产阶级革命便成为发展的先决条件”。虽然新马克思主义学派的理论观点和政策建议洋溢着高昂的民族精神和革命热情，但在世界经济日益融为一体的今天，这种完全封闭的发展模式早已失去了现实意义。

通过以上论述我们看到，同样是研究发展中国家的经济发展问题，不同的流派却得出了完全不同甚至是截然对立的结论性意见，反映出在发展经济学这一学科领域中，不同的价值前提或伦理规范在理论研究和政策设计中具有重要的影响。这种价值观念的公然对立，不仅使整个学科难以得出统一的意见，而且加大了发展经济学研究本身的难度。

三、第三世界的经济发展理论

最初从事经济发展研究的，主要是西方发达国家的学者。他们一般是从发达国家的立场来考察第三世界的发展问题，虽然其中不乏对第三世界人民关心、同情和支持的学者，但是总的说来，他们对这些国家不甚了解，往往照搬发达国家的经验，以及用在这些经验基础上形成的理论模型来研究发展中国家的问题，这就难免脱离实际。在此情况下，广大发展中国家的学者们，怀着渴望发展经济以巩固自己国家政治独立的愿望，从本国或本地区的实际地位和立场出发，结合当地实际来研究发展问题，于是提出了一系列有别于发达国家学者的理论和学说，从而大大丰富了发展经济学的理论园地。从流派划分来看，发展中国家发展学者的理论建树，大都可以归结为结构主义学派和新马克思主义学派的范畴。

拉丁美洲各国独立较早，在第三世界中经济发展起步也较早，在经济发展问题的研究方面较亚洲、非洲更为活跃，并形成许多理论派别。比较有代表性的主要有：发展主义、“依附论”、巴里洛克模式、新经济自由主义、体制变革论和重新定向论等。

1.发展主义

发展主义是由阿根廷著名经济学家普雷维什提出的。由于他的这种理论观点主要形成于他在担任联合国拉丁美洲经济委员会（简称拉美经委会）执行书记任内，也由于当时委员会的成员大多是普雷维什的“发展主义”的拥护者，因此这种理论观点又被人们称为“拉美经委会主义”。他关于发展问题的理论是从分析国际贸易问题入手，摒弃了西方传统的国际贸易理论中的“比较利益”观点，提出贸易条件对发展中国家日益不利的“普雷维什命题”。他揭露旧的国际经济秩序是以一切服从“中心”（发达国家）的利益而牺牲“外围”（发展中国家）的利益为特点的，因此被誉为国际经济新秩序的倡导者。他的“发展主义”内容相当广泛，几乎涉及发展中国家如何实现社会经济发展的所有领域，如工业化方针、消除社会不平等、国家发展规模、计划与市场结合、“剩余”的分配、消费模式等问题。普雷维什在世的几十年间思想变化很大。他后来又创立了一个新的“体制变革论”派，将经济问题与政治问题结合起来研究，代表作是1981年出版的《外围资本主义：危机与变革》。

发展主义主张以工业化为中心，目标是国民经济的高速增长，以国家计划和必要的行政干预为手段，在争取国际经济环境改善的条件下实现经济发展。然而实行发展主义的拉美国家，国民经济增长速度特别是工业增长速度虽然很快，但是贫富差距扩大，农业停滞不前，失业增加，与发达国家的差距越来越大。

2.“依附论”

“依附论”学派产生的历史背景是1959年古巴人民革命的胜利，使许多拉美青年的思想出现激进倾向。这种激进思潮在学术界特别是青年学者中的表现就是20世纪60年代出现的这一新学派。他们接受了发展主义提出的中心—外围的概念，并将其推向极端。他们批评发展主义的发展模式会导致“越发展越依附”的后果，因此主张发展中国家独立自主地发展，应该同资本主义世界经济体系“脱钩”，而不是“结合”到这个体系中去“争取改善”自己的国际地位。这一理论在第三世界的影响很大，事实上，许多发展中国家的激进学派发展经济学家，都在不同程度上吸收了这一学派的基本观点。但是“依附论”在理论上有不少局限性，特别是失之于偏激、片面，带有空想成分，不具实际操作性。

3. 巴里洛克模式

巴里洛克模式出现在 20 世纪 70 年代。20 世纪 60 年代末和 70 年代初，发达国家由于工业迅速发展，环境污染、生态失衡、城市拥挤、资源枯竭等问题日益严重，引起人们对人类未来前途的忧虑。在“罗马俱乐部”的倡导下，自然科学家与社会科学家合作创立了一门“未来学”。在西方“未来学”热潮的推动下，阿根廷巴里洛克基金会提出关于世界未来特别是第三世界国家未来发展的模式。该基金会由于在 1976 年发表题为《是灾难还是新的社会?》的研究报告而出名。该报告是第三世界学者提出的第一个未来发展模式，因此被人们称作“第三世界模式”。

4. 新经济自由主义

新经济自由主义是在 20 世纪 70 年代西方货币学派和供应学派思想冲击下产生的一个学派。其主张减少国家对经济的干预，让市场自行发挥调节作用。其认为这是对凯恩斯国家干预主义的“革命”。这股思潮对 20 世纪 70 年代上台的智利军政府和阿根廷军政府的政策影响很大，后来又影响到其他国家。例如，许多国家放宽对外资的限制，减少国家干预，将国营企业私有化，强调市场的调节作用等，都具有经济自由化的痕迹。20 世纪 80 年代拉美国家陷入经济危机，在对经济进行调整的过程中，这种经济自由主义的政策被越来越多的政府所采纳。

5. 体制变革论

体制变革论是发展主义的创始人普雷维什在面对来自“依附论”和“新经济自由主义”左右两个方面的挑战时，加上 20 世纪 70 年代拉美国家军政府纷纷执政，社会经济矛盾日益尖锐，为了回答现实问题而提出的。普雷维什当时在思想上发生了很大的“飞跃”。他说：“经过对实践的长期观察和反复思考之后，我已确信拉美的严重弊端在现行体制内部是无法解决的，必须变革这个体制。”这标志着他的思想发生了很大变化，实际上形成了一个新的“体制变革论”。

随着发展中国家经济发展实践的不断丰富，亚洲和非洲研究经济发展问题的学者也逐渐增多。激进学派的学者如埃及的萨米尔·阿明著述颇丰，受社会主义国家马克思主义思想影响较大。一些印度学者的研究成果则大多是运用西方发展经济学的观点和方法，结合本国经济发展的实际进行研究的论著，较少有独立的见解。

6. 重新定向论

进入 20 世纪 80 年代，发展中国家面对严重的经济危机，普遍进行经济调整，学术界也开始反思，对过去西方发展经济学提出的发展模式进行总结和批评，力图寻找新的发展模式。具有代表性的是 1986 年 4 月普雷维什在墨西哥城召开的拉美经委会第 21 次会议上发出的“需要更新的经济思想”的呼吁。许多学者在其他场合也认为发展中国家的发展模式应“重新定位”。但目前的状况是对具体调整发展政策建议多，而理论上的发展和建树却很少。

第三节　西方发展经济学所面临的挑战与危机

如何评价西方发展经济学的历史命运和发展前景，历来是发展经济学界争论不休的一个重要问题。发展经济学独特的研究对象、广阔的研究领域、复杂的研究课题、深重的历史使命，使得这门学科从诞生的第一天起就命途多舛。早在20世纪中叶发展经济学的鼎盛时期，由于价值观念对立、理论观点分歧以及发展实践失误，发展经济学就遭到来自各个方面的非难和攻击。“发展经济学还没有诞生就已经死亡”甚至成为一些发展学者的口头禅。随着20世纪80年代发展中国家进入“失落的十年”，尤其在世界新格局下发展中世界边缘化的趋势愈发严重，发展经济学的历史命运又面临着更为严峻的挑战。V. N. 巴拉舒伯拉曼雅姆（V. N. Balasubramanyam）和桑加亚·拉尔（Sanjaya Lall）对这一状况进行了总结：“长期以来，我们一直担心发展经济学作为经济学的一个分支的地位。60年代和70年代期间有关发展问题的各种大量高质量文献都是要使发展经济学成为可以和劳动经济学或货币经济学相比肩的专门学科。现在看来我们又摇摆到了问题的另一端：有必要存在一个名为‘发展经济学’的独立的分支学科吗？一般认为，发展经济学家不过是运用贸易工具分析发展中国家问题的主流经济学家而已。更使发展经济学家难堪的是，发展经济学这个分支并没有成功地消灭落后，也就是说作为一门学科它失败了，而且，由于它对发展中国家利益的伤害大于好处，所以它的灭亡是受到欢迎的。”① 森（Sen）则更为形象地说：“本应砍恶龙（落后）的剑客似乎失去了自己的剑。”显然，西方发展经济学理论研究本身存在着重大缺陷，从而使之面临着严重的危机，或像人们所说的，作为一门学科，发展经济学失败了。

导致西方发展经济学“失败”的原因是多方面的，我们可以从以下几个方面进行分析。

一、错位的价值取向与狭隘的利益动机

从西方发展经济学产生的时代背景和历史渊源便可以看到，作为冷战产物的发展经济学，从它诞生的第一天起，就带有鲜明的价值取向。西方发展经济学界关注发展中国家的经济发展，除了政治上的同盟需求，还有继续维系发展中国家作为发达国家原料产地、商品市场、投资场所的关系。这就必然要求广大第三世界国家在经济结构、运行机制、发展水平等方面与发达国家协调一致、相互衔接。但是，从广大发展中国家的实际状况来看，由于存在着众多的制约因素，这一要求难以实现。

第一，制度上的障碍。长期以来，帝国主义列强为了维护自己极其狭隘的经济利益，在对殖民地的统治中，不惜勾结和扶植最腐朽、最反动的政治势力，对进步力量的反抗斗争进行残酷的镇压，从而大大延缓了这些国家社会历史的发展进程。因此，尽管第二次世

① V. N. 巴拉舒伯拉曼雅姆，桑加亚·拉尔. 发展经济学前沿问题. 北京：中国税务出版社，2000：2.

界大战后许多发展中国家获得了政治独立和国家主权，但国内封建关系深重，经济结构陈旧，商品货币关系严重错位，这必然对资本和商品从发达国家向发展中国家的自由流动形成严重的障碍。

第二，生产力上的障碍。由于长期的殖民统治，广大发展中国家经济结构畸形，生产力水平低下。从生产方面来看，低下的生产力水平使人们运用极为简陋的生产工具从事生产活动，维持简单甚至是萎缩的再生产，从而导致发达国家先进的生产技术、机器设备在这里难以找到销路。从消费方面来看，低下的生产力水平使人们的收入水平受到极大的限制，有支付能力的需求日益减少，就连维持温饱都难以做到，对那些高档耐用消费品就更无从问津。同时，广大经济落后国家的人民在贫困的恶性循环中徘徊，衣食无依，生存无望，阶级斗争日益激化。统治阶级内部明争暗斗，你抢我夺，导致政变迭起、动乱丛生。没有一个安定的投资环境，发达国家大量过剩的资本也难以找到出路。

第三，观念上的障碍。由于广大发展中国家发展程度低下，有些甚至还停留在前资本主义阶段，封建意识、小农观念非常浓厚，因此在价值观念、生活方式、行为准则等方面仍然处于非常原始的状态，这就使得发达国家那些体现新时代风貌的产品在这些国家没有市场，影响利润的获得。

为了消除上述障碍，确保发达国家继续从第三世界国家获得高额利润，发达国家就必须通过行之有效的方法帮助落后国家摆脱封建关系的羁绊，加快发展速度，提高发展水平，促进其商品经济的生成与发展，使之在发达国家谋求经济持续增长的全局中，处于一个不致落伍的协调位置。然而，发达国家为此做出的一切努力，都是以自身的利益获得为终极目标。当发展中国家的经济在某个方面有了长足的进展并威胁到发达国家的经济利益时，或当发展中国家意欲偏离发达国家为之规划的发展之路、试图谋求自主发展时，发达国家就会转而对发展中国家的经济发展进行干预、控制甚至打压。在发展经济学中广为流传的“毕业”一说，正是这种状况的写照。西方发展经济学作为发达国家这种错位的价值观念和狭隘的利益动机的理论表述，显然不能给最广大的发展中国家指引真正的摆脱贫困之路。

二、薄弱的理论基础与庸俗的研究方法

西方发展经济学依然是用传统的资产阶级经济学的立场、观点和方法来研究发展中国家的经济发展问题，其目的是要将发展中国家的经济发展纳入资本主义的发展道路。然而，事实已经表明，在旧的国际经济秩序下，在外部存在着一个发达世界的国际环境下，发展中国家要想遵循西方发展学者的发展理论，实现脱贫致富的目标是不可能的。

西方资产阶级经济学之所以被马克思称为庸俗经济学说，是因为其在进行经济学研究时，总是把资本主义制度看作一种永恒的经济制度，是从来就有、万古不变的。正是由于这一致命的局限，资产阶级经济学家不可能揭示经济关系的本质，而只能对经济现象进行描述。在考察发展中国家的经济发展问题时，西方发展经济学的理论信条就是要在发展中国家发展资本主义。例如，西方发展经济学关于发展中国家贫困原因的解释、发展目标的确立、发展道路的选择等，无不带有这一理论的深厚烙印。

西方发展经济学的最大缺陷就是始终要将发达国家当年从不发达向发达转变的历史经

验照搬到发展中国家来，而忽视了今天发展中国家所处的环境、面临的问题与当年相比已发生了根本的变化。尤其是在考虑任何问题时，总是以发达国家的利益为理论、战略、政策制定与运行的出发点和归宿点，从而使这些理论、战略、政策在发展中国家不仅缺乏现实的操作性，而且使西方发展经济学在自身理论发展过程中，也历尽曲折与坎坷：有关发展经济学面临“死亡”和已经“死亡”的讨论从发展经济学诞生之日起就没有停止过；源于20世纪60年代的“新古典主义的复兴”使传统发展经济学元气大伤；近年来关于“单一经济学”的论点盛行，更是要陷发展经济学于灭顶之灾。尽管20世纪90年代以来，在发展经济学的理论文献中，也不乏制度分析、交易费用分析、产权理论、寻租理论、国家理论等内容，但这些理论对于发展中国家的经济发展，尤其是解决发展中国家普遍存在的贫困、失业和收入分配的悬殊差距问题，究竟能发挥多大作用，依然难有定论。显然，如果不对发展经济学进行根本的理论变革与创新，发展经济学便难以完成它所承负的历史使命。

三、复杂的研究对象与丰富的发展实践

应该承认，西方发展经济学的危机一方面源于理论自身的各种局限，另一方面则是由于发展中国家经济发展问题的复杂性。发展是人类永恒的主题。不发达国家的经济发展牵涉到世界五分之四以上的人口、四分之三以上的面积。发展中国家为数众多，情况各异，基础薄弱，发展任务艰巨，要使那些世世代代、祖祖辈辈在贫困的深渊中痛苦挣扎的人们彻底摆脱贫困，过上富裕的生活，绝不是一件轻而易举的事情，而是一项异常艰巨的神圣使命。在众多的经济学分支学科中，还从没有一门学科像发展经济学这样，面临着如此复杂的局面，承负着如此沉重的使命。从不发达向发达的转变，不是一朝一夕就能完成的，常常需要一代人、几代人甚至几十代人的不懈努力。目标确定、战略设计、政策制定、道路选择、内部因素、外部环境、微观再造、宏观调控、资源优化、制度创新等，哪一个问题没有解决好，经济发展都有可能出问题。

发展经济学又是一门与发展实践最为贴近的经济学分支学科。从来没有一门学科像发展经济学这样直接而又经常地受到发展实践的严峻挑战。发展经济学有关进口替代、出口导向、中东的石油价格、拉美的债务陷阱、撒哈拉沙漠以南非洲的一贫如洗、东南亚的金融危机等领域的任何一个重要理论、战略、政策都会引起质疑、争论，甚至被实践所否定。发展经济学不可能是包治百病的百科全书，然而在现实中，人们又总是自觉不自觉地这样去要求它，这就使发展经济学比其他学科遭受到更多的非议和责难。尤其是在冷战格局消失以后，世界政治、经济格局发生了重大变化，在经济全球化的浪潮面前，发展中世界面临着更为严峻的挑战，传统的发展经济学就更显得苍白无力了。

西方发展经济学的失败绝不意味着发展经济学的死亡。以研究经济落后国家摆脱贫困及走向繁荣富强为己任的发展经济学不会死亡，也不应该死亡。发展经济学正在面临着重大的革命与变革。随着中国经济进入“起飞”过程和中国经济学家参与发展经济学的研究，经过20余年的艰苦努力，“新型发展经济学”① 在神州大地已见雏形，并随着中国发

① 1988年10月，世界发展经济学先驱人物、著名发展经济学家张培刚教授率先提出建立新型发展经济学。

展实践的日益丰富而发扬光大。在世界发展经济学的讲坛和园地中，已越来越多地听到中国发展经济学家的声音。随着中国重新回到国际经济的大家庭和对外开放政策的日益深化，中国的发展学者将为发展经济学的繁荣做出重要的贡献。

第四节　发展经济学在中国的发展

中国是世界上最大的发展中国家，有着上百年沦为殖民地、半殖民地的痛苦遭遇，富民强国从来是中华志士仁人永不磨灭的梦想。事实上，真正最早系统地研究脱胎于殖民地、半殖民地的不发达国家的经济发展问题的是我国伟大的资产阶级革命先行者孙中山。尽管当时还没有"发展中国家""第三世界"的提法，也没有"发展经济学"的概念，然而孙中山的《建国大纲》《建国方略》等著作全面研究并确定了不发达经济的发展战略规划。我国经济学家张培刚教授的《农业国工业化问题初探》（1949）①，应该说是第一部从历史和理论上比较系统地研究经济发展问题的专著，曾获美国哈佛大学 1946—1947 年度最佳论文奖和"威尔士奖金"，1949 年被收入《哈佛经济丛书》出版，1951 年被译成西班牙文，1969 年英文本又再版，在国际上，特别是在拉丁美洲影响很大。他的许多观点被后来的拉丁美洲和其他国家的学者所吸收，是真正的发展经济学的先驱人物之一。此外，在第二次世界大战结束的 1945 年前后，我国国内学者关心祖国的前途，有不少人撰写了研究中国经济发展问题的著作。②

发展经济学在中国的广泛传播和迅猛发展是改革开放以后的事情。1979 年 11 月初，为了增加对当代国外经济学及其研究情况的了解，国务院财政经济委员会调查组理论与方法研究小组委托外国经济学说研究会在北京大学举办了"国外经济学讲座"，系统介绍当代国外经济学说。就是在这个讲座上，北京大学的范家骧教授以"发展经济学"为题，第一次将西方的经济发展理论引入了中国高等院校的课堂。在这个讲座中，还有陶大镛教授主讲的"罗斯托的经济成长阶段论"和张培刚教授主讲的"熊彼特的创新理论"，也都是西方发展经济学的经典理论。1985 年 10 月，人民出版社出版了《现代外国经济学说知识丛书》，作为丛书之一，中国著名发展学者谭崇台教授撰写了中国第一本系统介绍西方经济发展理论的著作《发展经济学》，从而揭开了发展经济学在中国传播、发展的历史序幕。1988 年，陶文达教授撰写的《发展经济学》和杨敬年教授撰写的《西方发展经济学概论》先后问世。1989 年，谭崇台教授主编的《发展经济学》出版。1991 年，张培刚教授的《发展经济学通论》第一卷《农业国工业化问题》出版。1989 年，发展经济学被国家教育委员会列为中国高等院校"财经类专业核心课程"。1992 年 7 月，由陶文达教授主编的高等学校财经类专业核心课程教材《发展经济学》出版，发展经济学成为中国高等院校财经类专业的必修课。可以说，20 世纪 80 年代末 90 年代初，是中国发展经济学的春天。有关

① 张培刚. 农业与工业化——农业国工业化问题初探：上卷. 武汉：华中工学院出版社，1984.

② 如吴景超的《中国经济建设之路》（1944）、翁文灏的《中国经济建设与农村工业化》（1944）、周宪文的《中国经济的两条路线——工业化或农业化》（1945）和谷春帆的《中国工业化通论》（1947），等等。

经济发展的论文、专著、教科书如雨后春笋般地出现，数不尽数的本科生、研究生涌入发展经济学的课堂，以张培刚、谭崇台、陶文达、杨敬年为代表的一代中国发展学者为发展经济学在中国的传播与发展做出了重大贡献，培养了整整一代年轻的发展学者。1986 年，陶文达教授率先成立了中国人民大学经济发展研究中心，1988 年 3 月，张培刚教授创立了华中科技大学（当时为华中理工学院）经济发展研究中心，1990 年，谭崇台教授创立了武汉大学经济发展研究中心。多年来，在老一辈发展学者的带领下，中国发展经济学的园地繁花似锦，硕果累累。

发展经济学在中国的传播与发展具有起点高、发展快、变革深的特点。纵观 20 余年来中国发展学者的不懈努力，成果集中体现在以下几个方面。

一、致力于创立马克思主义的发展经济学

1985 年，当谭崇台教授撰写中国第一部发展经济学的著作时，就明确地提出："我国属于第三世界，是一个发展中国家。在增长和发展过程中，我们已经遇见，今后还会遇见在其他发展中国家出现的类似问题，而我们在过去三十多年中积累了不少成功的经验和令人难忘的教训。如何把我们的经验教训和其他发展中国家的经验教训进行比较、鉴别，在马克思列宁主义指导下，建立起崭新的、科学的发展经济学，更是我国经济学界的重大任务。"① 从而提出了在马克思主义的指导下，"建立崭新的、科学的发展经济学"的命题。1988 年，陶文达教授在他的研究著作《发展经济学》中，第一次专辟章节，明确提出要"建立马克思主义发展经济学"。在论及发展经济学的出路何在时，陶文达教授强调指出："真正能解释当代发展中国家贫困与落后，真正能解决不发达经济各种根本矛盾的只有概括马克思主义立场、观点和方法建立的发展经济学。事实将证明，在这个问题上，也只有马克思主义才能取得成就，只有社会主义才能最终使第三世界广大人民群众摆脱贫困与落后，走上和平与发展的光明大道。"②正是在这个发展经济学学科建设最根本的问题上，中国的发展学者达成了共识。尽管我国第一代发展经济学家也都在西方接受过严格、系统的经济学训练，并取得过令世人瞩目的研究成果，但是，作为马克思主义经济学家，他们深知，只有以马克思主义的立场、观点、方法为指导，以发展中国家的发展实践为依据，创建具有中国特色的发展经济学理论，才是发展经济学的真正出路。

二、发展经济学在中国的新发展

当中国第一代发展学者将西方发展经济学介绍给中国读者的时候，他们就在考虑如何赋予发展经济学以新的生命。进入 20 世纪 90 年代，中国经济发展的辉煌成就更是令一代中国发展学者深受鼓舞、催人振奋、发人深省。从 20 世纪 80 年代末期开始，发展经济学的先驱人物、世界著名发展经济学家张培刚教授便连续撰文，探讨建立"新发展经济学"。在题为《发展经济学往何处去——建立新型发展经济学刍议》的论文中，张培刚教授明确提出了建立新型发展经济学的几条基本原则：第一，要扩大研究范围，包括发展中的社会

---

① 谭崇台.发展经济学.北京：人民出版社，1985：183.

② 陶文达.发展经济学.北京：中国财政经济出版社，1988：419.

主义国家。第二，要改进研究方法，加深分析程度，并具体提出：首先，要以发展中大国作为重点研究对象；其次，必须从社会经济发展的历史角度探根溯源；再次，必须从发展中国家的本国国情出发，制定发展战略；最后，既要研究采用市场机制的发展中国家如印度对计划体制的应用，又要研究原来是计划经济的国家如中国市场取向的改革。① 1992 年 9 月，张培刚教授主编的《新发展经济学》由河南人民出版社出版，这是一部运用历史的综合的分析方法，首次试图建立发展中国家自己的发展经济学的学术专著。② 2002 年 10 月 18 日，“发展经济学与中国的工业化和现代化研讨会暨张培刚教授九十华诞庆贺会”在华中科技大学隆重举行。随后举行了张培刚教授的《农业与工业化》（英文版）再版、《农业与工业化（上卷）——农业国工业化问题初探》、《农业与工业化（中下合卷）——农业国工业化问题再论》以及张培刚教授与廖丹青教授合著的《20 世纪中国粮食经济》四本发展经济学经典著作的首发式。这是张培刚教授倾其毕生精力对经济发展理论进行原创性研究的奠基之作，也是他对发展中世界经济发展事业的卓越贡献。张培刚教授以他 70 年对经济发展理论孜孜不倦的刻苦钻研，为中国的发展学者树立起一座不朽的理论丰碑。

1999 年 11 月，谭崇台教授主编的《发展经济学的新发展》一书问世。该书篇幅浩大，内容丰富，几乎囊括了 20 世纪 70 年代以后西方发展学界发展经济学理论研究的所有主要成果。书中系统阐述了新增长理论的兴起和发展，详细介绍了新增长理论中知识外溢和干中学内生增长的思路、内生技术变化增长的思路、线性技术内生增长的思路、开放经济内生增长的思路、劳动分工和专业化内生增长模式以及知识经济的兴起对经济发展的影响等。书中探讨了与经济发展密切相关的诸如技术创新、市场完善、金融深化、政策调整、体制转换、制度变迁等一系列重大问题。《发展经济学的新发展》不拘泥于传统发展经济学研究领域的约束，对涉及现代经济发展的主要经济学理论如新制度经济学、新历史经济学、经济发展中的寻租活动与寻租理论等都进行了系统的阐述和评价，从而使国内发展学界对西方发展经济学有了更丰富、更深刻的了解和认识，也为创建具有中国特色的发展经济学体系提供了更为广阔的思路与借鉴。③

三、林毅夫教授和他的“新结构经济学”

“新结构经济学”这一概念第一次被正式提出，发生在林毅夫教授前往世界银行担任发展经济学首席经济学家、副行长一周年之际。更为确切地讲，是在于 2009 年 6 月 2 日举行的世界银行发展经济学部第四次高级经济学研讨会期间，林毅夫教授作题为《新结构经济学——重构发展经济学的框架》的报告时首次明确提出。2011 年应邀到耶鲁大学做库兹涅茨年度讲座时，他再次以此为题发表演讲，英文稿发表于同年 *World Bank Research Observer* 的第 26 卷第 2 期，成为新结构经济学的纲领性奠基之作。

新结构经济学运用的是现代经济学的方法，主要研究的是经济结构的决定因素、动态内生变化以及对经济发展的各种含义，被认为是发展经济学自第二次世界大战结束后作为

① 张培刚. 发展经济学往何处去——建立新型发展经济学刍议. 经济研究，1989（6）；张培刚. 关于建立新型发展经济学的几个问题. 经济学家，1989（6）.

② 张培刚. 新发展经济学. 郑州：河南人民出版社，1992.

③ 谭崇台. 发展经济学的新发展. 武汉：武汉大学出版社，1999.

独立领域诞生以来逐渐兴起的第三波发展经济学的思潮。①

林毅夫教授在给他的学生、年轻的发展经济学家王勇所著的《新结构经济学思与辩》一书所作的序言中，在对发展经济学的理论发展进程进行总结评价的基础上，对新结构经济学进行了精辟而又深入的阐述：发展经济学是因两次世界大战之后，为满足许多新摆脱殖民地、半殖民地地位的发展中国家现代化建设的需要，而从现代经济学独立出来的一门学科。第一波思潮结构主义，强调克服市场失灵，主张发展中国家采用进口替代战略，以政府主导的方式直接配置资源，发展发达国家当时拥有的那些资本和技术密集型的现代化大产业。遵循这种政策建议的国家在早期取得了一段时间的投资拉动的增长后，经济便普遍陷入了停滞状态，危机不断，和发达国家的差距继续拉大。

从 20 世纪 80 年代开始，经济学界便开始反思结构主义政策失败的原因，由此催生了发展经济学的第二波思潮——新自由主义，强调克服政府失灵，主张按“华盛顿共识”，以“休克疗法”推行私有化、市场化、自由化等激进的改革措施，建立像发达国家那样的市场经济体制。其结果却是使众多发展中国家经济面临崩溃，经济增长速度较之前缓慢，危机发生较之前更为频仍。

第二次世界大战后，“亚洲四小龙”和日本是少数追赶上发达国家的成功经济体。从 20 世纪 60 年代开始，“亚洲四小龙”开始推行出口导向战略，重点发展传统的劳动密集型加工业，并利用工资优势承接发达国家转移过来的劳动密集型产业，吸引外国资金和技术。当时的主流理论认为，实行这种发展战略的经济体将永远落后于发达国家，然而，它们实现了经济的快速腾飞，成为追赶上发达国家的新兴工业化经济体。

20 世纪 80 年代，中国、越南、柬埔寨等社会主义国家启动改革，采取的是一种务实的渐进式的双轨制，即对原有违反比较优势的大型国有企业继续给予转型期的保护补贴，同时放开传统的、受抑制的劳动密集型轻工业的准入，并设立经济特区和工业园，改善基础设施和营商环境，因势利导促其发展。当时的主流理论认为，这种双轨制是最糟糕的转型方式，但是这些国家在转型中取得了稳定和快速的发展。

迄今，没有一个发展中国家是根据主流理论制定的政策而实现成功发展的。少数取得稳定、快速发展的成功经济体，推行的政策从主流理论来看却是错误的。新结构经济学试图从发展中、转型中国家自身的成败经验来总结出一套新的经济发展和转型理论。

新结构经济学的核心思想是：每个时点上的生产力和产业结构是由该时点的要素禀赋及其结构决定的，交通、电力等硬的基础设施和作为上层建筑的制度安排则需与之适应。不同发展程度的国家，要素禀赋状况各异。在发展中国家，资本较为稀缺，劳动力与自然资源相对丰富；在发达国家，资本相对丰富，劳动力资源相对短缺。要素禀赋结构在每个时点是既定的，但随着时间的推移，要素禀赋及其结构将发生变化。新结构经济学的分析逻辑是，任何经济体在每一时点的要素禀赋是该经济体在此时点的总预算，而要素禀赋结构决定着要素的相对价格，并由此决定在那个时点具有比较优势的产业。

新结构经济学认为，结构主义的失败在于不了解产业结构是由要素禀赋结构内生决定的，误认为发展中国家市场中的资本密集型现代化大产业发展不起来是市场失灵所致，因

① 王勇. 新结构经济学思与辩. 北京：北京大学出版社，2017.

此主张由政府直接动员和配置资源来优先发展资本和技术密集型现代化大产业。但发展中国家的资本相对短缺，在这类产业上没有比较优势，此类产业的企业在开放竞争的市场中缺乏自生能力，只有在政府的保护补贴下才能建立起来并继续生存。所以，结构主义强调的市场失灵，是对发展中国家资本密集型先进产业不能发展壮大的误判。新自由主义的失败则在于，对政府失灵的原因缺乏正确的认识。发展中国家存在的市场扭曲，是政府为保护赶超战略下缺乏自生能力的企业而存在的。若取消保护补贴，缺乏自生能力的企业必将倒闭，进而引发失业和动荡，经济发展无从谈起。同时，一些资本密集型现代化大产业是国防产业的基础。为避免社会动荡和损害国防安全，转型中国家推行了"华盛顿共识"的改革，取消保护补贴后，实施隐蔽的保护补贴，但其效率更低。新结构经济学为渐进式双轨制改革的成功也提供了合理的解释：给予原来优先发展的产业部门中缺乏自生能力的企业以必要的保护，有助于维护经济和社会稳定；放开对原先受抑制的、符合比较优势部门的准入，有利于实现经济可持续增长。进而符合比较优势的部门的资本快速增长，原先缺乏自生能力的企业逐渐获得了自生能力，当传统部门的企业具备自生能力时，再取消保护补贴，就可以实现向市场经济的过渡。

新结构经济学认为，一个经济体按要素禀赋结构的特性来发展具有比较优势的产业是经济取得稳定、快速、包容发展的最佳途径。企业会按要素禀赋结构所决定的禀赋优势来选择技术和产业的前提是要素价格必须能够充分反映各种要素的相对稀缺性，而这种价格体系只有在充分竞争的市场中才能存在，因此，有效市场是按照比较优势发展经济的前提。随着技术的创新和产业的升级，硬的基础设施和软的制度环境必须随着产业和技术提高的需要而不断完善，因此，在市场经济中，政府必须发挥积极有为的作用，以克服在经济转型升级中必然存在的外部性以及改善硬的基础设施和软的制度安排的协调等市场失灵问题。

发展中国家软、硬基础设施普遍不足，但是，政府的资源和执行能力有限，只能针对所要发展的符合比较优势的产业的需要来完善软、硬基础设施，也就是政府在经济发展过程中必须采用针对特定产业的"产业政策"才能发挥"有为政府"所应该有的作用。从历史经验来看，许多产业政策是失败的，但是，尚没有不用产业政策而能成功追赶发达国家的发展中国家，也没有不用产业政策而能继续领先、快速发展的发达国家。我们不能因为有产业政策失败而把婴儿和洗澡水一起倒掉，否定一切产业政策的必要性。经济学家，尤其是发展经济学家的一个重要职责就是探讨清楚产业政策失败的原因和成功条件，向政府决策者提供参考，以降低产业政策失败的概率。

新结构经济学认为，绝大多数产业政策之所以失败是因为政府所要支持的产业违反了比较优势，这些产业中的企业在开放竞争的市场中缺乏自生能力，需要政府长期的保护补贴，这就导致了资源错配，滋生了寻租和腐败行为。成功的产业政策应该通过因势利导使企业进入具有潜在比较优势的产业，这种产业符合要素禀赋结构的特性，要素生产成本在国际同行业中处于较低的水平。但是在国际竞争中，由于电力、交通基础设施、金融、法制等软硬基础设施不完善，因此企业的交易成本和总成本太高而缺乏竞争力。产业政策的目标就是，通过改善基础设施、金融环境、法制环境等以降低交易成本，并给予先行企业一定的激励以补偿其外部性，将具有潜在比较优势的产业快速发展成为具有竞争优势的产业。①

值得庆幸的是，2017年7月8日，第十一届中华发展经济学年会以“供给侧结构性改革与新结构经济学”为主题在山清水秀、人杰地灵的中国温州隆重举行，新一届学术委员会主任林毅夫教授在大会开幕式上为全体与会人员作了题为《新结构经济学、自生能力与新的理论见解》的主旨报告并引发了强烈反响。这届学会的召开标志着林毅夫教授所倡导的新结构经济学在中国发展经济学学术研究领域得到了广泛的认同，中国发展学者对于发展经济学理论的研究和探索进入了一个崭新的历史发展时期。尽管在当今的中国发展学界，对于新结构经济学还充满了分歧和争议，但是，新结构经济学的出现代表了中国发展学者在中国40年改革开放、经济腾飞丰富实践的基础上对于发展经济学理论的潜心探索和创新贡献，彰显了以林毅夫教授为代表的中国发展学者在对发展中国家经济发展理论与政策研究的不懈探索中处于领先地位，并在国际经济学界产生了影响，林毅夫教授出版的和新结构经济学相关的 *Economic Development and Transition: Thought, Strategy and Viability*（Cambridge University Press，2009）（中文版《经济发展与转型：思潮、战略与自生能力》，北京大学出版社，2008），*Demystifying Chinese Economy*（Cambridge University Press，2012）（中文版《解读中国经济》，北京大学出版社，2012），*New Structural Economics: A Framework for Rethinking Development and Policy*（World Bank，2012）（中文版《新结构经济学：反思发展与政策的理论框架》，北京大学出版社，2012），*The Quest for Prosperity: How Developing Countries Can Take Off*（Princeton University Press，2012）（中文版《繁荣的求索：发展中经济如何崛起》，北京大学出版社，2012），*Going beyond Aid: Development Cooperation for Structural Transformation*，（Cambridge University Press，2017）（中文版《超越发展援助：在一个多极世界中重构发展合作新理念》，北京大学出版社，2016），*Beating the Odds: Jump-Starting Developing Countries*（Princeton University Press，2017）（中文版《战胜命运：跨越贫困陷阱，创造经济奇迹》，北京大学出版社，2017）6本专著共有11位诺贝尔奖获得者写了18篇推荐序，并且 *World Bank Economic Observer*（2011）、*Development Policy Review*（2011）、*Journal of Economic Policy Review*（2014）等期刊都出过专辑讨论新结构经济学。*Journal of Economic Policy Reform* 由于新结构经济学专辑讨论的引用率高，2016年的影响因子比2014年提高了0.61，在经济学期刊的国际排名中提升了121位。在实践上，新结构经济学获得了许多非洲、亚洲和其他发展中国家经济学界和政府部门的高度重视，并在埃塞俄比亚和卢旺达的工业现代化实践中产生了立竿见影和星火燎原的效果。同时，在波兰于2015年10月上台的法律和公正党也正式宣布将新结构经济学作为波兰经济发展政策的理论基础。

对国内发展经济学来说，更为重要的是，新结构经济学的提出为中国的发展学者开辟了发展经济学理论研究的新方向、新领域、新课题。林毅夫教授语重心长地对大家反复强调：新结构经济学是一座金矿，号召大家同心协力来挖掘。我们坚信，以林毅夫教授为代

① 王勇. 新结构经济学思与辩. 北京：北京大学出版社，2017：序一 1.

表的中国发展经济学的一代新人，必将会以新结构经济学为研究的目标和对象，将中国的发展经济学研究推向一个崭新的境界。

20世纪90年代以来遍及全球的经济发展浪潮，尤其是中国经济发展的强劲势头，给沉闷了多年的经济发展理论带来了新的生机。人们越发认识到，丰富的发展实践有待于总结升华，曲折漫长的发展进程更需要经济发展理论的指导。经济发展包容了如此丰富的内容，牵涉到亿万人的命运，维系着整个世界的安宁，这便从根本上决定了发展经济学终将成为一门最有发展前景的经济学科。也正是由于发展经济学是从如此广袤富饶的实践园地中结出的理论硕果，所以它必然是一个科学、完整、严密的理论体系，舍此便不能完成人类历史赋予它的庄严使命。而要构建这样一个科学的理论体系，又必须以马克思主义的辩证唯物主义和历史唯物主义为指南，坚持用马克思主义的立场、观点和方法来观察、认识、分析中国与世界的经济发展问题。正因为如此，这一任务便历史地落到了中国发展学者的肩上。

核心概念

发展经济学	线性发展模式	经济“起飞”
主导部门	二元结构论	新古典学派
结构主义学派	新马克思主义学派	发展主义
依附论	刘易斯-费-拉尼斯模型	

复习与思考

1. 发展经济学的研究对象是什么？为什么要有这样一门独立的经济学科来专门研究发展中国家的经济发展问题？
2. 发展经济学的主要内容及其内在逻辑是什么？
3. 试述罗斯托的“线性发展模式”并进行评价。
4. 试述刘易斯-费-拉尼斯“二元结构模型”并进行评价。
5. 试述发展中国家的经济发展理论并进行评价。
6. 试述发展经济学在中国的发展。

第三章

经济发展水平衡量指标体系的建立和完善

本章重点

- 经济增长与经济发展
- 物质生活质量指数
- 人类发展指数

由于发展中国家众多，各国的经济发展水平大不相同，如何衡量各个国家的经济发展水平，一直是摆在发展经济学家面前的一个重要任务，科学而完善的指标体系将有助于发展中国家政府了解本国与其他国家的差距，找出不足，从而制定更适宜的政策，推动经济发展进程；同时也使发展经济学家能够进行发展水平的国际比较，并检验具体的发展战略的利弊，从而推动发展经济学理论的发展。可以说发展水平衡量体系的建立和完善的过程体现了发展经济学理论的发展和演变。本章的主要任务是介绍各个衡量指标的内容和特点，并做简要评价。

第一节　世界银行简单衡量指标的内容与局限

一、经济增长与经济发展

“增长”（growth）与“发展”（development）这两个概念经常混用，但是在发展经济学中应该有所区别。只有将这两个概念区分开来才能了解发展经济学与传统经济学，尤其是与经济增长论的关系和区别。

英文“growth”一词有两种近似而又不同的含义：一是成长、生长、发育；二是增长、增大、发展。早期西方经济学家从“growth”一词的第二种含义出发将“growth”与“development”一词混用，不论是指发达国家的经济增长还是不发达国家的经济发展，都使用“growth”一词。这是和他们认为经济增长论也完全适用于不发达国家的观点相联系的。虽然后来还有人仍然这样沿用，但多数经济学家在著作中，尤其是在发展经济学著作中，“经济增长”使用“growth”的第二种含义，与“发展”一词严格区分开。1980 年出版的《新大英百科全书》也已经将“经济发展”与“经济增长”分为两个词条。①

早期将这两个概念区分的理论基础是西方经济学家创立的“经济增长阶段论”。其强调经济的演进与人类的生命有相似之处，都有从增长、成熟到衰老三个阶段。英国经济史学家克拉克在《经济进步的条件》一书中提出，经济演进是一个连续的过程，人类的经济活动在各个阶段中占统治地位的是：“初级产业”（primary industry）、“次级产业”（secondary industry）与“第三级产业”（tertiary industry）。② 美国经济学家罗斯托则认为，经济演进的阶段是由传统社会到过渡社会（增长的基础已经奠立），到“起飞”社会（发展加速），再到成熟社会。他们都用自己的理论说明如何从一个阶段到另一个阶段。克拉克认为经济“增长”是从初级产业占统治地位到次级产业占统治地位之间某一点开始的，罗斯托则认为经济的“成长”是从“起飞”阶段到成熟阶段之间的某一点开始的。“发展”一词，他们都仅仅用于勉强维持生存的经济。

“经济增长”与“经济发展”两个词含义的这种区分，反映了经济发展思想的演变。早期西方经济学家直接将他们的经济增长理论应用于对不发达经济的研究，然而他们的经济增长理论是以充分发达、运转灵活的市场经济的存在为前提的，关注的是宏观经济变量的关系。例如，具有代表性的哈罗德-多马模型③的前提条件是：储蓄全部自动转变为投资，即投资根据一定比例的资本/产出率转化为增加的产出，这一增大了的国民生产总值又能按一定比例储蓄起来用于投资，这样，持续不断的增长过程才能维持下去。

西方的经济增长理论，尤其是哈罗德－多马增长模型，常被用于不发达国家的计划工作。计划工作者预定一个增长目标（例如预定国民生产总值的年增长率为 7%），然后确定一个资本/产出率（例如为 3），如果储蓄率能提高到 21%（3×7%），就可以达到预定的增长目标。这种算法是不科学的，因为它假定了一个资本/产出率，也就是假定投资的经济效益稳定不变，而忽视了不发达经济中，在金融市场不发达条件下吸收资本，很难有效地将储蓄转化为投资能力等重大问题。其中包括：在各种可供选择的投资机会之间，如何有效地分配可供利用的储蓄这一核心问题，以及与此有关的鼓励管理人才得到充分供应的组织和结构问题；通过市场机制来正确反映产品和生产要素（如土地、人力、资本等）的相对稀缺性，借以提出适当的经济刺激问题；建立公营和私营部门（或中央和地方部门），

---

① 新大英百科全书：第 6 卷. 第 15 版. 北京：中国大百科全书出版社，1980：202－210、213－219.

② 英国的科林·克拉克在其 1940 年第 1 版的《经济进步的条件》中有相关的论述。“第三级产业”即目前我国所谓的“第三产业”。“第三产业”这种译法不妥，“tertiary”是“第三代”或“第三级”的意思。“industry”有多种含义，在此处是“部门”或行业的意思，不能译作“生产部门”，它与是否直接生产物质产品无关。

③ 由英国经济学家哈罗德（R. Harrod）与美国经济学家多马（E. Domar）提出的宏观经济增长模型，请参见本书第二章。

如何有效地贯彻投资决策的体制问题；等等。事实上，在市场发育不完全的不发达经济中，这些都是很难解决的。这些问题，会影响不发达国家吸收资本和其他投入量的能力。发展经济学之所以成为一门独立的学科，是因为西方传统的经济增长论不适用于发展中国家。也正因为如此，在西方经济学科中，“发展经济学”（development economics）和“增长经济学”（growth economics）成为关系密切但又相互独立的两种不同的学科。前者的任务是研究不发达国家和地区如何充分利用潜在的机会摆脱贫困落后的状态走向现代化的富裕社会，即实现经济的飞跃。后者的任务是研究经济发达国家或地区长期稳定和持续平衡增长的途径（这些发达国家或地区早已解决了如何推动经济由传统方式向现代化方式的过渡即发展的问题）。

因此，目前多数经济学家认为，“经济增长”（或译作“经济成长”）意味着更多的产出，指一个国家或地区的产品和劳务数量的增长，或按人口平均的实际产出的增加。通常以国民生产总值、国内生产总值、国民收入（national income，NI）或它们的人均数值来衡量。“经济发展”则是伴随着经济结构、社会和政治体制变革的经济增长，即不仅意味着产出的增长，而且意味着随着产出增加而出现的产出与收入结构上的变化以及经济条件、政治条件、文化条件的变化。从这一点出发，经济发展表现为国民生产总值中农业比重的下降，而制造业、公用事业、贸易金融、建筑和政府管理机构的比重相应提高，以及伴随着结构的变化带来的劳动力就业结构的变化，教育程度、人才培训水平的提高，职业类型及其地理分布的变化等。可见，经济发展要求产出增加，它不等于经济增长但包括经济增长。

20 世纪 60—70 年代许多发展中国家的经验证明，经济增长并不一定带来发展，由于即使在经济增长速度很高的情况下，许多发展中国家也没有取得社会经济的普遍进步，反而出现了“有增长无发展”或“没有发展的经济增长”的现象，所以，从 20 世纪 70 年代起，新的“发展”概念被广泛采用，概括地说，就是满足人的基本需要的概念。基本需要包含消除贫困、失业和收入的不平等。

综上所述，可以明确，增长不等于发展，人均产值或收入的增长并不一定意味着发展，经济高速增长也不一定意味着发展。因此，发展不是一个短期间能实现的目标。经济发展的内容应该包括：物质福利的增进（特别是低收入阶层）；大多数人贫困及与之相联系的文盲现象、疾病和夭折现象的消失；收入与产出结构的变化（一般表现为生产结构由农业转向工业，就业与提升不为少数权贵独占）；广大人民群众参与经济以及其他方面的决策；等等。由此可见，现在所谓的“发展”，内容广泛，涉及经济、政治体制的变革以及文化、法律等上层建筑的变革，这样的内容实际上反映了广大发展中国家人民的普遍要求。

20 世纪 40—60 年代是发展经济学发展的早期阶段。这个时期的经济学家将增长和发展混为一谈。主要的原因在于发展中国家的发展问题对于经济学家而言是个新问题，早期经济学家对于发展中国家的实际需要缺乏理论和思想上的准备，他们以也只能以西方经济学理论研究发展中国家，根据发达国家经济发展的过程和经验来研究发展中国家的经济发展问题，认为经济发展就是经济增长。所谓经济增长就是经济总量如国民生产总值、国民收入或其人均值的增加。发展中国家只要实现经济增长，就会摆脱贫穷落后的境地，实现现代化。与这种发展观相对应的就是片面强调工业化。因为发达国家都是工业化国家，发展中国家只要实施工业化发展战略，就能实现经济增长。在这种发展战略的指导下，发展中国家开始了工业化进程。发展中国家和发达国家工业化的起点是不同的，发达国家的工业化是在农业有了一定的发展特别是通过各种手段包括血腥的殖民掠夺及贩卖黑奴等进行了资本原始积累，因此基本解决了工业化初期所需要的大量资金投入问题后进行的。而发展中国家大都是落后的农业国，没有工业化所需要的资本。因此发展中国家的工业化几乎都是通过政府的强制或半强制手段，在牺牲和剥削农业的基础上，人为地实现农业资源向工业的转移，以支援城市的工业化。

早期发展理论或多或少具有一定的片面性，指导发展中国家的实践并没有取得成功。诚然，在 20 世纪六七十年代拉美一些国家取得了工业增长速度为两位数的成绩，但是过分强调资本形成、忽视农业的片面工业化主张，不仅没有使发展中国家发展起来，反而使发展中国家与发达国家之间的差距进一步拉大，贫困人口增加，穷国不仅工业落后，而且农业更加落后。20 世纪 70 年代的石油危机，国际经济形势的变化，使发展中国家在国际经济交往中处于更加不利的境地。因此将经济增长与经济发展区分开来，发展理论更关注发展中国家的实际情况，关注经济结构变革、满足人的基本需要，即发展是为了消除贫困、失业和收入分配的不平等等问题，这标志着发展经济学发展思想的演进。

二、世界银行简单衡量指标的内容与局限

世界银行使用人均国民生产总值这一简单的指标来衡量各个国家的发展水平。在相当长的时期里，世界银行就是根据这一标准来对所有国家按人均国民生产总值由低到高的顺序进行排列，该标准成为世界上被最普遍使用同时也是最富权威的衡量发展水平的指标。它按照各个国家的官方汇率将其货币转换成美元，根据不同国家的统计资料，计算出人均国民生产总值，从而进行比较。使用人均 GNP 指标，具有简单易操作的特点，既可以对同一个国家不同年份的数据进行纵向比较，也可以对不同国家同一个年份的数据进行横向比较。但是，用人均国民生产总值作为衡量发展水平的指标有以下主要缺陷：第一，它不能反映所生产的产品和劳务的类型或从使用这些产品和劳务中得到的福利的情况。它也没有反映环境污染、都市化和人口增长给社会造成的危害。第二，许多不通过市场的那些所谓“非市场”的产品和劳务（自然经济部门的产品和家庭妇女的劳务收入及福利等）也没有被计算在内。第三，因为它只是一个平均值，所以不能反映收入的分配状况。第四，在进行国际比较时，国内相对价格的差别很大，口径也不一致。第五，发展中国家（甚至某些发达国家）的统计资料不完全、不准确，也使可比性降低。总体来说，人均 GNP 指标只是量的标准，反映的是经济增长，而无法反映一个国家的经济发展状况，例如经济结构的变革、国民福利的增长、文化教育水平的提高、医疗卫生条件的改善等方面的发展变化情况。

世界银行也意识到了这些缺陷，因而近年来，它在继续使用这一衡量指标的同时，对所有国家的国民生产总值及其平均值根据购买力平价来重新衡量，从而使其能够避免单纯使用人均 GNP 指标的缺陷。购买力平价是指在本国市场上购买用一美元在美国所能购买的相同数量的商品和劳务所需要的本国货币的数量。按购买力平价衡量的 GNP 是根据经过购买力平价调整过的汇率（而不是名义汇率）重新计算的 GNP，如果一个国家的国内

价格低，用购买力平价计量的人均国民生产总值就要高于用外汇汇率来转换计算的人均国民生产总值。近年来世界银行运用人均国民总收入（GNI）和经过购买力平价调整的人均国民总收入来作为衡量的标准。表 3－1 为部分国家 2008 年和 2014 年分别用两种方法计量的人均国民总收入（GNI）。从表中可以看出，两种衡量标准计量的人均国民总收入之间存在较大的差异。例如，中国 2008 年按汇率计算的人均国民总收入是 2 940 美元，而按购买力平价计算的人均国民总收入则是 6 020 美元。最穷的布隆迪 2008 年按官方汇率计量的人均国民总收入只有 140 美元，而按购买力平价计算的人均国民总收入则是 380 美元。按购买力平价计算，2008 年，收入最高的挪威与收入最低的布隆迪之间的收入比例是 154∶1，而如果按官方汇率来计量，这个收入比例则猛增到 622∶1。[①] 两种标准导致的差异之所以如此之大，主要是因为名义的官方汇率并不能总是反映实际价格的国际差异，出于其他原因的考虑，各国政府也有可能采取一定的汇率政策，使之与经济发展目标相吻合，如人为高估或低估本国货币。此外，国际金融的动荡也会导致汇率的剧烈变动，如东南亚金融危机时，危机国货币对美元的比价都大幅度下跌。无论是哪一种情况，都会使按汇率计量的人均国民总收入与按购买力平价计量的人均国民总收入产生差异。按购买力平价计量会在考虑各国国内价格差异的情况下比较准确地衡量一国的经济实力和发展水平，因而，世界银行在其出版的《世界发展报告》和《世界发展指标》中分别用两种方法计算国民总收入及相应的人均国民总收入。比较 2008 年和 2014 年数据可以清楚地看到，表中所列的绝大多数发展中国家（马拉维除外）按汇率和按购买力平价计算的人均国民总收入都有比较大的增幅。

表 3－1　　2008 年和 2014 年部分国家国民总收入比较

国家		按汇率计量的人均GNI（美元）2008	按汇率计量的人均GNI（美元）2014	按购买力平价计量的人均GNI（美元）2008	按购买力平价计量的人均GNI（美元）2014
发展中国家	阿根廷	7 200	13 480	14 020	
	巴西	7 350	11 790	10 070	15 570
	布隆迪	140	270	380	770
	喀麦隆	1 150	1 350	2 180	2 950
	智利	9 400	14 910	13 270	21 320
	哥伦比亚	4 660	7 970	8 510	12 910
	哥斯达黎加	6 060	10 120	10 950	14 420
	中国	2 940	7 400	6 020	13 170
	加纳	670	1 590	1 430	3 900
	埃塞俄比亚	280	550	870	1 500
	印度	1 070	1 570	2 960	5 630
	印度尼西亚	2 010	3 630	3 830	10 190

① The World Bank. World Development Report 2010. Washington，D. C.，2010：378－379.

续前表

国家		按汇率计量的人均GNI（美元）2008	按汇率计量的人均GNI（美元）2014	按购买力平价计量的人均GNI（美元）2008	按购买力平价计量的人均GNI（美元）2014
发展中国家	几内亚	390	470	1 190	1 130
	肯尼亚	770	1 290	1 580	2 940
	马来西亚	6 970	11 120	13 740	24 770
	马拉维	290	250	830	750
	尼加拉瓜	1 080	1 870	2 620	4 790
	斯里兰卡	1 790	3 440	4 480	10 300
	泰国	2 840	5 780	5 990	14 870
	越南	890	1 890	2 700	5 350
	赞比亚	950	1 680	1 230	3 690
发达国家	美国	47 580	55 230	46 970	55 900
	挪威	87 070	103 620	58 500	67 100
	日本	38 210	42 000	35 220	38 120
	加拿大	41 730	51 630	36 220	44 350
	英国	45 390	43 290	36 130	39 500
	德国	42 440	47 590	35 940	47 460

资料来源：The World Bank. World Development Report 2010. Washington，D. C.，2010：378－379；The World Bank. World Development Indicators 2016. Washington，D. C.，2016：48－58.

后来，世界银行在其每年发布的《世界发展报告》中，按字母顺序把成员国排列起来，这与以往的发展报告中按人均收入由低至高的排列不同，每个国家的位次不是一目了然的，但人们可以根据《世界发展报告》公布的每个国家的名义的（用官方汇率将以本币表示的人均国民总收入换成美元来表示）和经过购买力平价调整的人均国民总收入自行排序进行比较。

然而，无论世界银行的标准如何权威，具有多么简单易用的特点，它都只是单一的经济指标，不能全面地衡量一个国家的发展水平，或者说它只能衡量一个国家的经济增长水平。因此需要建立其他的衡量指标体系，来作为人均 GNI 标准的补充，从而比较准确地对发展水平做出衡量。

第二节　多元指标的复杂衡量体系

虽然世界银行的人均 GNP（GNI）指标具有简单、权威的特点，但由于它具有上一节中我们所论述的缺陷，因此，许多发展经济学家都试图弥补它的不足，建立一个多元的指标衡量体系，补充或替代传统的衡量标准。其中著名的有联合国社会发展研究所的社会经济发展主要指标（见表 3－2）以及阿德尔曼和莫里斯的社会、政治与经济变量。下面我们将分别对它们进行介绍和评价。

一、联合国社会发展研究所的社会经济发展主要指标

这一指标体系是由联合国社会发展研究所于 1970 年提出的，开始时考察了 73 个指标，最终选择了 16 个指标，其中包括 9 个社会指标和 7 个经济指标。

表 3－2　　联合国社会发展研究所的社会经济发展主要指标

出生时预期寿命
两万人以上地区人口占总人口的百分比
人均每日消费的动物蛋白质
中、小学注册人数总和
职业教育入学比例
每间居室平均居住人数
每千人中读报人数
从事经济活动人口中使用电、水、煤气等的百分比
每个男性农业工人的农业产量
农业中成年劳动力的百分比
人均消费电力的千瓦数
人均消费钢的公斤数
能源消费（折合人均消费煤的公斤数）
制造业在国内生产总值中的百分比
人均对外贸易额（以 1960 年美元计算）
工薪收入者在整个经济活动人口中的百分比

资料来源：联合国社会发展研究所. 社会经济发展的内容和衡量标准. 1970：63.

指标的选择是根据是否和社会发展指数联系密切，利用联系密切程度得出加权数进行平均的。经过比较，人们发现这种发展指数与各种单个的社会和经济指标的关系要比人均国民生产总值等指标与社会经济指标的关系密切。因此，一些国家按发展指数排列的次序与按人均国民生产总值排列的次序不完全相同。此外，人们还发现，发达国家人均国民生产总值与发展指数之间的关系，要比发展中国家人均国民生产总值与发展指数之间的关系密切得多。结论是，人均产值达到 500 美元（1960 年价格）时，社会发展速度要比经济发展速度快。

二、阿德尔曼和莫里斯的社会、政治与经济变量

阿德尔曼和莫里斯试图根据社会、经济与政治因素之间相互作用的方式对发展做出衡量。他们根据 40 个变量对 74 个发展中国家进行分组，主要运用要素分析的方法考察了社会和政治变量与经济发展水平之间的相互依赖关系，特别是某些关键变量与经济发展之间的关系。具体变量如表 3－3 所示。

表 3-3　阿德尔曼和莫里斯的社会、政治与经济变量

传统农业部门的规模
二元结构的程度
城市化的程度
基本社会组织的特征
当地中产阶级的地位
社会流动性的程度
识字率
大众传播媒介的水平
文化与种族的同质程度
社会紧张程度
人口自然增长率
观念现代化程度
国家一体化程度与民族团结意识
政治权力集中程度
民主制度的力量
政治上的反对派与出版自由程度
政党竞争程度
政党制度的主要基础
工人运动的实力
传统上层人物的政治力量
武装力量的政治力量
政府机关的效率
领导层对经济发展的支持程度
政治稳定程度
1961 年人均国民生产总值
1950/1951—1963/1964 年度人均国民生产总值实际增长率
自然资源的丰裕程度
总投资率
工业现代化水平
1950 年以来工业化程度的变化
农业组织的特征
农业技术现代化水平
1950 年以来农业生产率的提高程度
物质资本是否充分
1950 年以来物质资本的增加程度
税收体制的实际水平
1950 年以来税收体制的改进程度
财政体制的实际水平
人力资源的提高程度
对外贸易的结构

资料来源：欧玛·阿德尔曼，辛西亚·莫里斯. 社会、政治与经济发展. 巴尔的摩：约翰·霍普金斯大学出版社，1967.

人们对这些研究的评价是，其不是根据人民的福利水平，而更多地考虑结构变革，来衡量发展水平，并且包含着发展中国家必须沿着发达资本主义国家道路发展的假定。例如它们使用的人均动物蛋白质消费指标以及有关政治民主、出版自由的标准，明显地带有发达国家的价值观念的色彩。此外，多元的指标衡量体系过于复杂，特别是一些涉及社会、政治的非经济变量难以量化；或者即使可以量化，但是由于各个国家政治体制不同，这些指标也不具有可比性。一些学者则考虑从满足人们基本需要或生活质量出发，来衡量发展水平。

第三节　简单的衡量指标体系

多元的衡量指标体系虽然比较全面，但由于指标过多，增加了计算和比较的难度，因此，一些学者试图建立一个相对简单但又实用的指标衡量体系。其中最著名的是莫里斯的物质生活质量指数（PQLI），以及和物质生活质量指数有异曲同工之处的联合国开发计划署的人类发展指数（HDI）。我们首先介绍莫里斯的物质生活质量指数。

一、莫里斯的物质生活质量指数

莫里斯使用三个指标——人们 1 岁时的预期寿命、婴儿死亡率和识字率——组成一套简便的综合指数。每项指标都用百分制来表示各个国家的成绩，“1”表示“最坏”，“100”表示“最佳”。预期寿命的上限 100 分定为 77 岁（瑞典 1973 年的实际数字），下限 1 分定为 28 岁（几内亚比绍 1950 年的预期寿命），各国的预期寿命都在这个上下限之间，从 1 到 100 评分。例如，预期寿命上限 77 岁与下限 28 岁之间的中点为 52 岁，那么就将 52 岁定为 50 分。同样，婴儿死亡率的上限为 9‰（瑞典 1973 年达到的数字），下限为 229‰（加蓬 1950 年的实际数字）。识字率则直接用百分比来衡量并划分等级。一旦一个国家的预期寿命、婴儿死亡率和识字率按百分制打出分来，用同样的权数加权平均，就可以计算出这个国家综合的物质生活质量指数 PQLI 来了。

通过这项研究发现，人均国民生产总值低的国家，PQLI 值也低，但二者之间的相关关系并不十分密切。某些国家人均国民生产总值高，但 PQLI 值却很低，甚至低于最穷的国家的平均值。而一些国家人均国民生产总值很低，但是 PQLI 值却比中上收入水平的国家的平均值还高。

表 3－4 列出 20 世纪 80 年代初分别按人均国民生产总值和 PQLI 值排列的发展中国家（地区）名次的选样调查结果。该项材料似乎表明，在人均国民生产总值大幅增长之前，基本生活质量就能取得重大改善。或者反过来说，人均国民生产总值水平较高，并不一定能保证有较高的生活质量。现实中存在着这样的例子，如安哥拉和津巴布韦、中国大陆和印度、坦桑尼亚和冈比亚、中国台湾和伊拉克、哥斯达黎加和巴西，特别突出的是沙特阿拉伯和斯里兰卡。

表 3-4　1981 年部分发展中国家（地区）的人均国民生产总值与物质生活质量指数

国家（地区）	人均国民生产总值（美元）	物质生活质量指数
冈比亚	348	20
安哥拉	790	21
苏丹	380	34
巴基斯坦	349	40
沙特阿拉伯	12 720	40
印度	253	42
伊拉克	3 020	48
卡塔尔	27 790	56
坦桑尼亚	299	58
津巴布韦	815	63
巴西	2 214	72
中国大陆	304	75
斯里兰卡	302	82
新加坡	5 220	86
中国台湾	2 503	87
哥斯达黎加	1 476	89

资料来源：约翰·P. 刘易斯，维勒利亚那·凯尔拉布. 美国对外政策与第三世界. 表 C.3，纽约，1983，转引自迈克尔·P. 托达罗. 经济发展：第六版. 北京：中国经济出版社，1999：64.

一个国家只有在大多数人口在预期寿命、婴儿死亡率和识字率这些领域中都得到进步的好处时，PQLI 值才会提高。大多数学者都同意，上述三个方面的进步是发展的重要组成部分，因为这些指标反映了一个国家居民的收入水平、生活环境、教育水平、医疗卫生状况、母亲的健康状况及获得安全饮用水的比重，因而能比较全面地衡量一国的发展水平。而且，PQLI 这一指标体系的优点是所需资料容易找到，计算简便易行，与人均 GNI 标准一样，可以进行国际比较，因而受到普遍的称赞。

但是，也有人批评 PQLI 所衡量的“生活质量”的范围过于狭窄，没有考虑到社会和心理上的许多因素，诸如安全感、公正、人权等。更重要的意见是，PQLI 的三项指标的权数相同，但是每一项指标的作用是不同的。而且 PQLI 同时收进了预期寿命和婴儿死亡率这两项反映类似现象的指标，又没有从理论上加以说明。但 PQLI 毕竟既弥补了人均 GNI 过于简单的缺陷，同时又不是十分烦琐，因而可以作为 GNI 的有益补充。

二、人类发展指数

另外一个更为著名的衡量指标体系是联合国开发计划署的人类发展指数。联合国开发计划署从 1990 年开始，通过其主持发布的系列年度报告《人类发展报告》建立了相应的人类发展指数，对发展中国家与发达国家社会经济发展状况做出了系统而综合的比较分析。与物质生活质量指数一样，人类发展指数也是根据发展的三个目标或最终结果将所有的国家（地区）按照它们所得的分数进行排序。人类发展指数的三个组成部分是：用出生时预期寿命来衡量的长寿；用成人识字率（2/3）和在校受教育的平均年限（1/3）的一个加权平均数来衡量的学识，后来在校受教育年限又被调整为初级、中级及大专的综合入学率，仍占1/3权重；以及用调整的实际人均收入来衡量的生活水平（根据购买力平价及与世界平均收入水平相比较来进行调整）。人类发展指数对每一个指标都分别确定一个最低点和最高点，然后用0和1两个值来进行衡量。这样，例如在把成人识字率最低定为0、最高定为100%的情况下，如果一国（地区）人口的识字率是75%，其识字率指标这一项的数值就是0.75。同样，如果最低预期寿命为25岁，最高为85岁，一国（地区）人口的预期寿命是55岁，正好处于中间，得分就是0.5。最低收入定为200美元（实际购买力），最高为40 000美元（实际购买力），凡超出世界平均水平的收入均需通过较高的折扣率进行调整。最后，将三部分的得分由总指数加以平衡，得出每个国家（地区）的人类发展指数。后面我们会以中国为例介绍人类发展指数的计算过程。根据所得出的人类发展指数将所有国家（地区）分为三组：低人类发展水平组（0.499及以下）、中等人类发展水平组（0.500至0.799）以及高人类发展水平组（0.800及以上）。

表3-5对20个发达国家和发展中国家按1992年人类发展指数从低到高排序，该表由这些国家的HDI相对名次、人类发展指数、人均GNP和按人均GNP排序及按HDI排序之间的差别（人均GNP位次减去HDI位次）几个部分组成，表中最后一列的正数表明当用人类发展指数取代人均国民生产总值指标时，一个国家排名相对提高的幅度，负数所表示的含义正好相反。

表3-5　　1992年20个国家的人类发展指数

	国家	HDI相对名次（从低到高）	人类发展指数（HDI）	人均GNP（美元）	人均GNP位次减去HDI位次
低人类发展水平组	几内亚	173	0.191	500	−44
	埃塞俄比亚	161	0.249	410	10
	孟加拉国	146	0.309	220	13
	尼日利亚	139	0.348	350	6
	印度	135	0.382	330	12
	肯尼亚	125	0.434	340	21
中等人类发展水平组	埃及	110	0.551	610	12
	印度尼西亚	105	0.586	610	16
	中国	94	0.644	370	49
	南非	93	0.650	2 540	−33
	斯里兰卡	90	0.665	500	38
	巴西	63	0.756	2 920	−11
	泰国	54	0.798	1 650	28

续前表

国家		HDI 相对名次（从低到高）	人类发展指数（HDI）	人均 GNP（美元）	人均 GNP 位次减去 HDI 位次
高人类发展水平组	墨西哥	52	0.804	3 080	−1
	哥斯达黎加	39	0.848	1 870	36
	韩国	32	0.859	6 350	4
	英国	10	0.919	16 600	9
	美国	8	0.925	22 340	1
	日本	3	0.929	26 840	0
	加拿大	1	0.932	20 510	10

资料来源：UNDP. Human Development Report 1994. 1994：129－131.

分析结果表明，人类发展指数高的国家也相对具有较高的人均国民生产总值。但是，也有某些国家虽然人均 GNP 水平排名较靠后，却具有排名较靠前的人类发展指数。例如，几内亚的人均国民生产总值几乎是肯尼亚的 1.5 倍，但它的人类发展指数不到后者的一半；同样，斯里兰卡的收入约为南非的五分之一，可人类发展指数却排在南非的前面；巴西的人均国民生产总值高出哥斯达黎加 56%，可它的人类发展指数却比哥斯达黎加低 11%。在高收入国家中，加拿大的人均国民生产总值不是最高，但它的人类发展指数却排在美国、日本等国的前面。

在 1994 年以前，寿命、教育和收入三个要素的每一项，其最低值所确定的水平为情况最差国家的水平，最高值则为情况最好国家的水平，这样，最高值和最低值每年都会随着有关国家地位的变化而变化。这就有可能出现一种情况：一个国家人口的预期寿命可能上升或在接受教育方面有所改善，但是它的人类发展指数可能会降低，其原因是排位最高或最低国家的进步更大。因此在 1994 年，联合国开发计划署的专家重新设定了最高和最低标准，最低值是向后 30 年推算出来的历史数值，最高值则向前推 30 年。人口统计和医疗信息表明，在可预见的将来，估计寿命的最高平均值为 85 岁。而根据近期经济增长速度，最富裕国家到 2020 年最高（人均）收入约为 40 000 美元。预期寿命的最低值不是过去的 42 岁，而是 25 岁；识字率的最低值是 0，而不是 12%；上学的平均年限不是 12.3 年，而是 15 年。表 3－6 是新的固定的三个指标的最大值和最小值。

表 3－6　　固定的 HDI 最大值和最小值

	最低	最高
预期寿命（岁）	25	85
成人识字率（%）	0	100
上学平均年限（年）	0	15
收入（按购买力平价计算的人均实际 GDP，美元）	200	40 000

资料来源：UNDP. Human Development Report 1994. 1994：87.

这样，由于最大值的上升已超过了工业化国家现有的水平，因此，会使每个国家的人类发展指数趋于降低，如在《1993 年人类发展报告》中，最高位国家的 HDI 值为 0.983，但 1994 年，经过调整后，变成 0.932。而最低值的下降，会使每个国家的 HDI 值趋于提高，特别是排在后面的国家。

对于那些收入排名高于 HDI 排名的国家，如安哥拉、加蓬、几内亚、纳米比亚、沙特阿拉伯和阿联酋等国，从乐观方面来看，表明这些国家将来使用收入来改善人民生活的潜力很大；对于那些 HDI 排名远高于收入排名的国家，如中国、哥伦比亚、哥斯达黎加、斯里兰卡和古巴等国，表明它们用很多收入来改善人民生活。事实的确表明：人类发展指数与财富或人均 GNP 之间并不存在必然的联系。一些国家收入相同但人类发展指数却不同，或者人类发展指数相近但收入水平相差很大。表 3-7 列举了部分国家人均 GDP 和人类发展指数的数据。

表 3-7　部分国家的收入和人类发展指数（2003 年数据）

国别	经过购买力平价调整的人均 GDP（美元）	HDI
中国	5 003	0.755
沙特阿拉伯	13 226	0.772
斯里兰卡	3 778	0.751
南非	10 346	0.658
哥斯达黎加	9 606	0.838
多米尼加	6 823	0.749

资料来源：UNDP. Human Development Report 2005. 2005：219-222.

人类发展指数由三部分组成：健康长寿的生活，由出生时预期寿命来表现；知识，这部分包括成人识字率（占 2/3 的权重），以及初级、中级和大专入学综合比例（占 1/3 的权重）；体面的生活，由经过购买力平价调整的人均国内生产总值来衡量。计算一个国家的人类发展指数，首先要计算出对应上述三个部分的指数，然后按照相同的权重即分别为 1/3 来计算人类发展指数。下面我们以中国为例说明 HDI 的计算过程。

（1）计算预期寿命指数。

2003 年中国平均预期寿命为 71.6 岁。

$$预期寿命指数=(71.6-25)/(85-25)=0.776^{*}$$

（2）计算教育（或知识）指数。

2003 年中国成人识字率为 90.9%，总入学比例为 69%。

成人识字率指数=0.909；总入学比例指数=0.69

$$教育(知识)指数=\frac{2}{3}\times 0.909+\frac{1}{3}\times 0.69=0.836$$

（3）计算 GDP 指数。

2003 年中国经过购买力平价调整的人均 GDP 为 5 003 美元。

* 由于四舍五入误差，这里计算结果与 0.777 略有出入。

$$\text{GDP 指数}=[\log(5\,003)-\log(100)]/[\log(40\,000)-\log(100)]=0.653$$

根据所计算出的预期寿命指数、教育指数及 GDP（收入）指数，按照相同的权重计算人类发展指数。

$$\text{HDI}=\frac{1}{3}\times 0.776+\frac{1}{3}\times 0.836+\frac{1}{3}\times 0.653=0.755$$

世界部分国家和地区 2014 年 HDI 情况见表 3-8 和表 3-9。

表 3-8　2014 年部分极高人类发展水平组的 HDI

	HDI	出生时预期寿命（岁）	预计受教育年限（年）	平均受教育年限（年）	人均 GNI（美元）	人均 GNI 位次减去 HDI 位次
1 挪威	0.944	81.6	17.5	12.6	64 992	5
2 澳大利亚	0.935	82.4	20.2	13.0	42 261	17
3 瑞士	0.930	83.0	15.8	12.8	56 431	6
4 丹麦	0.923	80.2	18.7	12.7	44 025	11
5 荷兰	0.922	81.6	17.9	11.9	45 435	9
6 德国	0.916	80.9	16.5	13.1	43 919	11
6 爱尔兰	0.916	80.9	18.6	12.2	39 568	16
8 美国	0.915	79.1	16.5	12.9	52 947	3
9 加拿大	0.913	82.0	15.9	13.0	42 155	11
9 新西兰	0.913	81.8	19.2	12.5	32 689	23
11 新加坡	0.912	83.0	15.4	10.6	76 628	−7
12 中国香港	0.910	84.0	15.6	11.2	53 959	−2
13 列支敦士登	0.908	80.0	15.0	11.8	79 851	−10
14 瑞典	0.907	82.2	15.8	12.1	45 636	−1
14 英国	0.907	80.7	16.2	13.1	39 267	9
16 冰岛	0.899	82.6	19.0	10.6	35 182	12
17 韩国	0.898	81.9	16.9	11.9	33 890	13
18 以色列	0.894	82.4	16.0	12.5	30 676	16
19 卢森堡	0.892	81.7	13.9	11.7	58 711	−11
20 日本	0.891	83.5	15.3	11.5	36 927	7

说明：2009 年，UNDP 开始对人类发展水平重新分组：低人类发展水平组（0.499 及以下），中等人类发展水平组（0.500～0.799），高人类发展水平组（0.800～0.899），以及极高人类发展水平组（0.900 及以上）。2010 年之后 UNDP 每年会对人类发展水平分组的上下限进行一定的调整，可参见具体年份的《人类发展报告》，可以在 UNDP 官网查阅历年的《人类发展报告》（http：//hdr.undp.org/.）。国家或地区前面的数字为 HDI 位次。

资料来源：UNDP. Human Development Report 2015. 2015：208-211.

表 3-9　　2014 年部分高中低人类发展水平组的 HDI

	HDI	出生时预期寿命（岁）	预计受教育年限（年）	平均受教育年限（年）	人均 GNI（美元）	人均 GNI 位次减去 HDI 位次
50 俄罗斯	0.798	70.1	14.7	12.0	22 352	−1
52 乌拉圭	0.793	77.2	15.5	8.5	19 283	7
56 哈萨克斯坦	0.788	69.4	15.0	11.4	20 867	−1
62 马来西亚	0.779	74.7	12.7	10.0	22 762	−14
67 古巴	0.769	79.4	13.8	11.5	7 301	47
71 斯里兰卡	0.757	74.9	13.7	10.8	9 779	29
74 墨西哥	0.756	76.8	13.1	8.5	16 056	−4
75 巴西	0.755	74.5	15.2	7.7	15 175	−1
81 乌克兰	0.747	71.0	15.1	11.3	8 178	25
90 中国	0.727	75.8	13.1	7.5	12 547	−7
106 博茨瓦纳	0.698	64.5	12.5	8.9	16 646	−41
108 埃及	0.690	71.1	13.5	6.6	10 512	−12
110 印度尼西亚	0.684	68.9	13.0	7.6	9 788	−9
115 菲律宾	0.668	68.2	11.3	8.9	7 915	−7
116 南非	0.666	57.4	13.6	9.9	12 122	−29
130 印度	0.609	68.0	11.7	5.4	5 497	−4
143 柬埔寨	0.555	68.4	10.9	4.4	2 949	7
145 肯尼亚	0.548	61.6	11.0	6.3	2 762	9
147 巴基斯坦	0.538	66.2	7.8	4.7	4 866	−14
155 津巴布韦	0.509	57.5	10.9	7.3	1 615	13
163 乌干达	0.483	58.5	9.8	5.4	1 613	6
174 埃塞俄比亚	0.442	64.1	8.5	2.4	1 428	2
184 布隆迪	0.400	56.7	10.1	2.7	758	1
188 尼日尔	0.348	61.4	5.4	1.5	908	−5

资料来源：UNDP. Human Development Report 2015. 2015：208-211.

在《1998 年人类发展报告》中，排在前 10 位的分别是加拿大、法国、挪威、美国、冰岛、芬兰、荷兰、日本、新西兰和瑞典，排在后 10 位的分别是塞拉利昂、尼日尔、布基纳法索、马里、布隆迪、埃塞俄比亚、厄立特里亚、几内亚、莫桑比克、冈比亚。

据《2005 年人类发展报告》，排在前 15 位的发达国家是挪威、冰岛、澳大利亚、卢森堡、加拿大、瑞典、瑞士、爱尔兰、比利时、美国、日本、荷兰、芬兰、丹麦、英国。倒数前 10 名的最不发达国家是尼日尔、塞拉利昂、布基纳法索、马里、乍得、几内亚比绍、中非共和国、埃塞俄比亚、布隆迪、莫桑比克。①

表 3-8 和表 3-9 是 2014 年部分国家和地区的 HDI 数据，可以发现，这些国家和地区的 HDI 排名发生了变化，排在第一位的是挪威，排在最后的是尼日尔，中国排在第 90

① UNDP. Human Development Report 2005. 2005：221-222.

位。虽然经过多年的发展，发展中国家特别是低收入国家的人类发展水平有所提高，但是与发达国家的差距还是非常巨大。例如 HDI 排在后面的津巴布韦、乌干达和布隆迪出生时预期寿命还不到 60 岁，而极高人类发展水平组中排在前 20 位的国家（地区）除美国以外均在 80 岁以上；埃塞俄比亚、布隆迪和尼日尔的平均受教育年限分别为 2.4 年、2.7 年和 1.5 年，而 HDI 排在前列的国家（地区）平均受教育年限大都为 11～13 年。发展中国家提高其发展水平的任务依旧十分艰巨。

自从联合国开发计划署发布人类发展指数以来，它也不断地根据实际情况进行调整。经历 1994 年上下限的调整后，联合国开发计划署在其《2010 年人类发展报告》中又尝试新的计算 HDI 的方法（即教育指数改为由平均受教育年限和预期受教育年限两项指标计算得出），并重新确定了最小值和最大值的数据范围（具体上下限参见表 3-10）。根据所确定的最大值和最小值计算每个维度的次级指数，与以往计算方法不同的是，计算三个维度指数的几何平均数即为 HDI。采用新指标和新公式形式的 HDI 计算方法的改进产生了实质性的影响，采用几何平均数计算的数值更低，尤其是各个维度发展不均衡的国家数值变动更大。但是几何平均数对 HDI 排名的影响不大。对实际最大值设定上限对 HDI 的数值影响更小，对 HDI 排名几乎没有影响。① 同样我们以中国为例计算 HDI，可以看到 2010 年采用新方法计算的 HDI 比用旧方法计算的数值低，例如 2005 年，中国的 HDI 为 0.777，排名为 81，2010 年为 0.663，排名为 89。下面是利用 2010 年的新方法计算的中国的 HDI。2010 年，中国的出生时预期寿命为 73.5 岁，预期受教育年限为 11.4 年，平均受教育年限为 7.5 年，人均国民总收入按购买力平价计算为 7 263 美元。具体的计算过程如下。

（1）计算预期寿命指数。

$$预期寿命指数=(73.5-20)/(83.2-20)=0.847$$

（2）计算教育指数。

$$平均受教育年限指数=(7.5-0)/(13.2-0)=0.568$$

$$预期受教育年限指数=(11.4-0)/(20.6-0)=0.553$$

$$教育指数=[\sqrt{(0.568\times 0.553)}-0]/(0.951-0)=0.589$$

（3）计算收入指数。

$$收入指数=(\ln 7\,263-\ln 163)/(\ln 108\,211-\ln 163)=0.584$$

（4）根据所计算出的预期寿命指数、教育指数及收入指数，计算人类发展指数。

$$人类发展指数=(0.847\times 0.589\times 0.584)^{1/3}=0.663$$

表 3-10　《2010 年人类发展报告》中 HDI 的上下限

维度	观察到的最大值	最小值
预期寿命（岁）	83.2（日本，2010 年）	20.0
平均受教育年限（年）	13.2（美国，2000 年）	0

① 相关内容参见《2010 年人类发展报告》中的技术注释 1。

续前表

维度	观察到的最大值	最小值
预期受教育年限（年）	20.6（澳大利亚，2002年）	0
综合教育指数	0.951（新西兰，2010年）	0
人均收入 （经PPP调整，以美元表示）	108 211 （阿拉伯联合酋长国，1980年）	163 （津巴布韦，2008年）

1990—2014年，人类发展指数的变化趋势见表3-11。

表3-11　　人类发展指数的变化趋势（1990—2014年）

	人类发展指数							HDI年均增长率（%）			
	1990	2000	2010	2011	2012	2013	2014	1990—2000	2000—2010	2010—2014	1990—2014
极高人类发展水平	0.801	0.851	0.887	0.890	0.893	0.895	0.896	0.61	0.42	0.26	0.47
高人类发展水平	0.592	0.642	0.723	0.730	0.737	0.741	0.744	0.81	1.20	0.71	0.95
中等人类发展水平	0.473	0.537	0.611	0.619	0.623	0.627	0.630	1.28	1.29	0.78	1.20
低人类发展水平	0.368	0.404	0.487	0.492	0.497	0.502	0.505	0.92	1.90	0.92	1.32
发展中国家和地区	0.513	0.568	0.642	0.649	0.654	0.658	0.660	1.02	1.23	0.70	1.06
阿拉伯国家	0.553	0.613	0.676	0.679	0.684	0.686	0.686	1.02	0.99	0.38	0.90
东亚和太平洋地区	0.516	0.593	0.686	0.693	0.702	0.707	0.710	1.39	1.48	0.87	1.34
中国	0.501	0.588	0.699	0.707	0.718	0.723	0.727	1.62	1.74	1.02	1.57
欧洲和中亚	0.651	0.665	0.731	0.739	0.743	0.746	0.748	0.22	0.94	0.59	0.58
拉丁美洲和加勒比地区	0.625	0.684	0.734	0.738	0.743	0.745	0.748	0.91	0.70	0.47	0.75
南亚	0.437	0.503	0.586	0.596	0.599	0.603	0.607	1.42	1.55	0.86	1.38
撒哈拉以南非洲	0.400	0.422	0.499	0.505	0.510	0.514	0.518	0.54	1.68	0.94	1.08
最不发达国家	0.348	0.399	0.484	0.491	0.495	0.499	0.502	1.39	1.95	0.92	1.54
小岛发展经济体	0.574	0.607	0.656	0.658	0.658	0.658	0.660	0.56	0.79	0.13	0.59
经合组织	0.785	0.834	0.872	0.875	0.877	0.879	0.880	0.61	0.44	0.24	0.48
世界	0.597	0.641	0.697	0.703	0.707	0.709	0.711	0.71	0.85	0.47	0.73

资料来源：UNDP. Human Development Report 2015. 2015：212-215.

从表3-11可以得出的一个结论是：发展中国家和地区的人类发展状况得到了不断的改善。特别是最不发达国家，由1990年的0.348提高到2014年的0.502。值得一提的是，作为最大的发展中国家，中国人类发展状况的改善也是十分显著的。由 1990 年的 0.501 提高到 2014 年的 0.727，提高的幅度大于很多发展中国家。

自联合国开发计划署 1990 年第一个人类发展报告公布以来，它所建立的衡量经济增长和人类发展之间关系的人类发展指数指标体系也在不断调整和完善。人类发展指数的计算相对简单，三个组成部分的数据分别来自联合国人口署、联合国教科文组织及世界银行。数据的权威性和可比性使各个国家的比较成为可能，从而每个国家可以确定自己的位置，发现不足。同时各个国家和地区还可以通过计算内部不同地区的人类发展指数制定更为均衡的人类发展战略。人类发展指数的地区不平衡性在很多国家和地区都比较普遍。例如，中国的上海和北京的人类发展指数在 2008 年就分别达到 0.908 和 0.891，已经跨入高人类发展水平组。但是贵州和西藏却只有 0.690 和 0.630，属于中等人类发展水平组。南非白人的人类发展指数为 0.878，在世界上排第 24 位，但是黑人的人类发展指数只有 0.462。一个国家的两个民族俨然生活在两个不同的世界。巴西地区之间的不平等也相当惊人，巴西南部地区的人类发展指数为 0.838，但东北地区只有 0.549。发达国家也存在不同程度的地区人类发展不均衡的现象。

近年来，在人类发展指数的基础上，联合国开发计划署又进一步对各国的人类发展状况的衡量进行细分，建立了衡量各国贫穷状况的人类贫穷指数。由于发达国家和发展中国家的贫穷状况及标准差异很大，又细分为适用于发展中国家的人类贫穷指数 HPI—1（the human poverty index for developing countries，HPI—1）及适用于发达国家的人类贫穷指数 HPI—2（the human poverty index for selected OECD countries，HPI—2）。联合国开发计划署还建立了衡量性别歧视和平等的性别发展指数（gender development index）和性别不平等指数（gender inequality index），前者衡量一个国家和地区女性和男性在寿命、知识和收入方面的不平等性，后者则衡量一个国家和地区女性和男性在政治参与及决策权、经济参与及决策权以及控制经济资源的能力（通过男性和女性所获得的收入来衡量）等方面的性别不平等。统计数据表明，发达国家的性别歧视相对轻于发展中国家，其中俄罗斯及中东欧一些国家、乌拉圭、泰国、巴巴多斯等的性别发展指数大于等于 1，但是少数国家的性别歧视还是非常严重。表 3-12 给出的 2014 年部分国家和地区的性别发展指数，可以印证我们的推断。由该表可以看出，阿富汗是世界上性别歧视最严重的国家。因此，逐步消除性别歧视是未来人类发展状况要加以改善的重要内容之一。

表 3-12　　2014 年部分国家和地区的性别发展指数

国家和地区	性别发展指数	人类发展指数		出生时预期寿命（岁）		预期受教育年限（年）		平均受教育年限（年）		估计的人均 GNI（美元）	
		女性	男性	女性	男性	女性	男性	女性	男性	女性	男性
挪威	0.996	0.940	0.944	83.6	79.5	18.2	16.8	12.7	12.5	57 140	72 850
德国	0.963	0.901	0.936	83.3	78.5	16.3	16.6	12.9	13.8	34 886	53 290
美国	0.995	0.911	0.916	81.4	76.7	17.2	15.7	13.0	12.9	43 054	63 158
英国	0.965	0.888	0.920	82.6	78.7	16.6	15.8	12.9	13.2	27 259	51 628

续前表

国家和地区	性别发展指数	人类发展指数		出生时预期寿命（岁）		预期受教育年限（年）		平均受教育年限（年）		估计的人均 GNI（美元）	
		女性	男性	女性	男性	女性	男性	女性	男性	女性	男性
日本	0.961	0.870	0.905	86.7	80.2	15.2	15.5	11.3	11.7	24 975	49 541
中国香港	0.958	0.892	0.931	86.8	81.2	15.7	15.5	10.9	11.9	38 060	72 052
韩国	0.930	0.861	0.926	85.0	78.5	16.0	17.7	11.2	12.7	21 896	46 018
俄罗斯	1.019	0.804	0.789	75.8	64.4	15.1	14.3	11.9	12.0	17269	28 287
中国	0.943	0.705	0.747	77.3	74.3	13.2	12.9	6.9	8.2	10 128	14 795
泰国	1.000	0.726	0.726	77.9	71.1	13.9	13.1	7.1	7.5	11 820	14 888
印度	0.795	0.525	0.660	69.5	66.6	11.3	11.8	3.6	7.2	2 116	8 656
孟加拉国	0.917	0.541	0.590	72.9	70.4	10.3	9.7	4.5	5.5	2 278	4 083
阿富汗	0.600	0.328	0.546	61.6	59.2	7.2	11.3	1.2	5.1	506	3 227
布基纳法索	0.881	0.376	0.427	59.9	57.3	7.4	8.1	1.0	1.9	1 325	1 859

说明：表中的性别发展指数是人类发展指数中女性和男性的比率。

资料来源：UNDP. Human Development Report 2015. 2015：220－223.

三、幸福指数

近年来，国际上一个与上述指标衡量体系有所不同的概念出现并逐步得到一些国家政府、专家及民众的认同，那就是幸福指数，即对民众幸福感进行衡量的主观指标体系。幸福指数的概念起源于20世纪70年代的不丹国王。当时的不丹国王认为政府的政策应关注国民的幸福，并以实现人民的幸福为目标。在这种执政理念的指导下，不丹提出了包含政府善治、经济增长、文化发展和环境保护在内的“国民幸福总值”（GNH）的指标。不丹的人均GDP不到1 000美元，但国民总体生活得比较幸福，不丹模式引起了国际社会的关注。美国、英国、荷兰、日本等发达国家均纷纷开始国民幸福指数研究。

人们对幸福的概念是不同的，因此从某种意义上讲，幸福指数更多地表现为一种主观的心理评价，不同国家测量的标准也不尽相同。但它反映了国际社会和一些国家政府对发展水平衡量体系的思考，以及在原有GDP、人均GDP衡量标准之上所进行的有意义的补充。如果说原有的GDP标准是“以物质为本”，那么幸福指数概念则真正是“以人为本”。经济增长率高，国民具有较高的人均GDP，但是并不一定意味着幸福。根据不同标准及一些学者和国际组织公布的不同国家和地区的幸福指数，结果也充分证明了这一点。非政府组织英国“新经济基金”2010年年初公布了《2009年度幸福指数报告》。该组织根据国民预期寿命、国民对生活的满意度及人口对生态环境的影响三项主要指标，对143个国家和地区的幸福程度进行计算，并进行了排序。哥斯达黎加荣膺榜首，其国民对生活的满意度最高，据调查，85%的居民对生活满意，其幸福指数得分为76.1分。按照该组织的衡量结果，拉美国家的国民最幸福，前10名国家中有9个来自拉美。越南排名第5位，是前10名中唯一的亚洲国家。中国内地得分57.1，排在第20位。中国香港得分41.6，排在第84位。由于在实际测算时还考虑资源消耗量等指标，因此，对环境的污染越严重，得分越低。因此，排名较前的几乎都是中小型国家。近年来经济增长迅速，尤其是能源消耗量大、环境污染较严重的国家总体评分都比20年前差，如中国、印度及美国等国家，居民幸福程度都有很大程度的下降。

近年来一些国家如英国发展了关于"绿色GDP"的"国内发展指数"。[①]同时英国还提出不应只关注GDP，还应关注GWB（general well-being），需要把居民关于总福利各方面的感觉加总得到一个单一指标，这样就可以避免像物质生活质量指数或人类发展指数那样给几个组成部分分配权重。但是，人们对福利的感受是不同的，也很难量化，加上数据的可信性，跨国的比较十分困难。

中国的一些省市地方政府也纷纷提出幸福指数、群众满意度等新的评价指标，有的专家也建议国家组织有关部门研究制定一套"国民幸福指数"的评价体系。改革开放以来，中国经济年均增长率在9%以上，经济成就举世瞩目，但是环境污染和生态环境破坏比较严重，严重影响了居民生活质量，环境问题所造成的经济损失也相当惊人。据世界银行测算，20世纪90年代中期，每年仅空气和水污染带来的损失占GDP的比重就达8%以上。数据和事实表明，即使经济快速增长也并不能保证国民幸福感的持续增加。

对国民幸福指数的讨论和思考反映了人们对发展含义的进一步思考。幸福感是一个复杂的概念，对幸福的理解涉及哲学、心理学、社会学、文化学等多个领域。不同国家和地区、不同阶层的民众对幸福的感觉不同，计算和衡量幸福的标准也不尽相同，所以很难建立一个相对统一的关于幸福的衡量指标体系。但是越来越一致的观点是，原有的衡量标准已经无法反映人们的精神需求和心理感受，需要不断地进行补充和完善，这也正是讨论和建立幸福指数概念的意义所在。幸福指数的概念反映衡量标准的多元化，因此要避免由一个极端走向另一个极端，即完全抛开GDP标准去衡量幸福。幸福也需要具备一定的经济基础，虽然富裕并不一定幸福，但是过度贫困也不会幸福。调查结果显示，最不幸福的三个国家——刚果民主共和国、津巴布韦和布隆迪——也是最不发达的国家。比较合适的做法应是结合GDP标准，再考虑幸福指数如环境、安全、医疗、教育、就业等因素。综合的发展水平衡量标准也有助于政府制定关注民生的政策。

应该看到，迄今为止，尚没有形成一个科学、简洁、统一、实用、为世界所公认的发展指标衡量体系。无论是人均GNI标准，阿德尔曼和莫里斯的社会、政治与经济变量，联合国社会发展研究所的社会经济发展主要指标，还是莫里斯的"物质生活质量指数"和联合国开发计划署的人类发展指数，都不能被称为最佳的衡量方法，这也正是关于发展中国家"毕业"与否，以及中国到底是发展中国家还是发达国家的争论所在。但是相信随着社会经济的发展，以及人们对发展水平内涵认识的深入，衡量发展水平的指标体系也会逐步得到完善。

---

① 该指数扣除了为抵消社会和环境成本而耗费的开支，考虑了长期的环境损毁和自然资本贬值等因素。

核心概念

人均 GNI　　　　　　　　　　　购买力平价（PPP）
物质生活质量指数（PQLI）　　　人类发展指数（HDI）

复习与思考

1. 人均 GNI 衡量指标的优点和缺陷是什么？

2. 为什么各国经过 PPP 调整的人均 GNI 与单纯按汇率折算的人均 GNI 差距如此悬殊？

3. 试述物质生活质量指数衡量体系的主要内容并进行评价。

4. 试述人类发展指数衡量体系的主要内容并进行评价。

5. 你怎样看待关于幸福指数的讨论？你认为幸福指数衡量体系应该包括哪些内容？

第四章

资本形成与经济发展

本章重点

- 资本形成的作用
- 资本形成的来源
- 资本形成的方式
- 资本形成的效率

在一个经济落后的发展中国家，要实现工业化与现代化，必然会遇到一个首要难题，那就是如何筹措足够的资本。这个问题在发展经济学中被称为“资本形成”。由于发展中国家收入水平低下，资本稀缺，因此，加速资本形成便成为实现工业化和现代化的一个关键性的前提条件。

第一节　资本形成的作用

一、资本形成的含义

发展经济学中资本形成理论的早期开拓者纳克斯曾经给“资本形成”（capital formation）下过一个全面的定义。他说：“‘资本形成’的意义，是指社会不把它的全部现行生产活动用于满足当前消费的需要和愿望，而是将其一部分用于生产资本品：工具和仪器、机器和交通设施、工厂和设备——各式各样可以用来大大增加生产效能的真实资本（real capital)。'资本形成'一词有时被用于包括'物质资本'(material capital),也包括'人力资本'(human capital,即在技能、教育及健康等方面的投资——这是一种非常重要的投资形式)。"①他还补充指出:"资本形成过程的实质,是将社会现有的部分资源抽调出来增加资本品存量,以便使将来可消费产品的扩张成为可能。"②

从上述纳克斯的定义可以看出,发展经济学中所谓的"资本形成"有这样几点含义:

第一,它是从生产力的角度,即从与经济增长的关系上,而不是从生产关系方面来定义的,因为它是一个中性概念。

第二,从广义上讲,它包括物质资本(现在西方学者多用"physical capital"一词代替"material capital"一词)和人力资本两个方面。但一般习惯上将二者分开论述,通常所说的资本形成只狭义地指物质资本,关于人力资本则另行标明。本章中的资本形成也是就物质资本而言的。

第三,狭义的资本形成即物质资本形成,是指实物形态的机器、工具设备、厂房、建筑物、交通工具与设施等长期耐用的生产资料,包括固定资产和生产所必需的存货,而不包括金融资本。它表明现有的生产能力和未来的生产潜力。

第四,资本形成是投资过程的结果,它来源于生产量超过当前消费量的"剩余"(surplus)即储蓄,它是对当前消费的节省。这种"剩余"或储蓄,通过投资和生产,便转化为耐用资本。

二、早期发展经济学的资本形成理论

20世纪40—60年代,在早期发展经济学的许多论著以及很多发展中国家的经济发展政策中,物质资本被或明或暗地描述成唯一稀缺的资源,或者是稀缺资源中最稀缺的一种③,资本短缺被看作加速经济发展的最主要障碍。例如,第二次世界大战后第一代经济增长理论的代表——著名的哈罗德-多马增长模型④,根据凯恩斯关于储蓄等于投资($S=I$)的静态均衡条件,得到如下公式:

$$g=s/c \tag{4.1}$$

其中,g 为经济增长率($\Delta Y/Y$,Y 为总产出即GDP);

s 为储蓄率(S/Y,S 为储蓄);

c 为增量的资本产出比($\Delta K/\Delta Y=I/\Delta Y$)。

根据该模型,c 由生产的技术水平即资本的生产率决定,在短期中被假定为不变,因此,资本形成率(储蓄率)s 是决定经济增长率 g 的唯一因素。例如,年储蓄率 s 为50%,资本产出比 c 为5,则年经济增长率 g 就为10%。

在纳克斯的"贫困的恶性循环"理论以及平衡增长(balanced growth)理论中,资本不足无论是从需求方面,还是从供给方面,都是经济发展的阻碍因素。因此,要打破这个

---

①② Ragnar Nurkse. Problems of Capital Formation in Underdeveloped Countries. New York: Oxford University Press, 1953: 2.

③ C. P. 金德尔伯格, B. 赫里克. 经济发展. 上海:上海译文出版社, 1986: 92-93.

④ R. F. 哈罗德. 动态经济学. 北京:商务印书馆, 1983.

循环，就必须大量增加储蓄，全面地、大规模地在国民经济各个部门进行投资，加速促进资本的形成。①

在纳尔逊的“低水平均衡陷阱”理论中，克服资本稀缺是经济发展的关键所在，只有进行大规模的资本投资，使投资和产出的增长超过人口的增长，才能冲出“陷阱”，实现人均收入的大幅度提高和经济增长。② 罗森斯坦·罗丹的“大推进”理论，主张发展中国家要实现工业化，就必须全面地、大规模地、同比例地在各个工业部门（尤其是基础设施建设方面）投入资本。③

刘易斯认为“经济增长理论的中心问题是要理解一个社会从5%的储蓄率变为12%的储蓄率的过程，以及伴随着这种转变而来的在态度、制度和技术方面的一切变化”④。

在“经济起飞”理论中，罗斯托把生产性投资与国民收入的比率提高到10%以上看成是实现经济起飞的三个先决条件之一。⑤ 这些过分强调资本形成在经济起飞或经济增长中的作用和地位的理论，后来被称为“资本基本主义”或“唯资本主义”（capital fundamentalism）。⑥

然而，战后几十年经济发展的事实，却证明了上述理论存在着很大的片面性。很多发展中国家经过努力，甚至不惜采取强制储蓄手段，使积累率提高到远超过10%的水平，有的甚至高达20%或30%（例如中国），可是除了日本、联邦德国以及“亚洲四小龙”等少数国家和地区成功地实现了经济起飞之外，大多数国家的经济并没有起飞或获得令人比较满意的发展，人民生活仍然处于低下或贫困的水平，失业和就业不足普遍存在，收入分配更不平等，处于绝对贫困状态的人数众多，农业进步不大。究其原因，在于这些国家还缺乏经济起飞或现代经济发展所必需的政治的、制度的、社会的和文化的先决条件，经济体制过于僵化；其他与物质资本相配合的生产要素，特别是具有创新精神的企业家和训练有素的劳动力，也没有获得相应的增加；教育和科学技术落后，不重视知识和人才；在经济发展战略和政策上也存在一些重大失误。其结果是，本来稀缺的资本（靠人民勒紧裤腰带积累）或者被错误地使用，或者被低效率地使用，资本的产出效率非常低下，造成资源严重浪费。

三、对资本形成作用的重新认识

物质资本形成尽管是经济起飞和经济发展的一个必要条件，却不是一个充分条件，仅

① Ragnar Nurkse. Problems of Capital Formation in Underdeveloped Countries. New York：Oxford University Press，1953：4－24.

② R. R. Nelson. A Theory of the Low—Level Equilibrium Trap. American Economic Review，1956，66：894－908；Harvey Leibenstein. Economic Backwardness and Economic Growth. New York：Wiley，1957.

③ P. N. Rosenstein Rodan. Industrialization of Eastern and Southeastern Europe. Economic Journal，June-September，1943.

④ W. Arthur Lewis. The Theory of Economic Growth. London：Richard D. Irwin，Inc.，1955：225－226；中译本为W. 阿瑟·刘易斯. 经济增长理论. 上海：上海三联书店，1990：283.

⑤ 对于把积累率定为10%以上，罗斯托论证道：假设人口的年增长率为1%，资本产出比为3.5，要使国民收入净增长2%，积累率必须为（1%+2%）×3.5=10.5%，这就是说，国民收入中每年有10.5%用于投资，才能使国民收入增加3%（扣除人口增长1%，国民收入净增2%）。

⑥ 谭崇台. 发展经济学. 太原：山西经济出版社，2000：121－141.

仅鼓励物质资本形成是不够的，还要建立其他相应的经济和社会条件，特别是要设法提高投资的效率。从20世纪60年代中期开始，特别是20世纪80年代以后，西方发展经济学在资本形成理论上出现了转向，即不再坚持“资本形成是经济发展的唯一因素”的极端观点，转而认为资本形成是经济发展的重要因素或约束条件之一，同时强调人力资本和技术进步在经济发展中起着越来越重要的作用。我们可以从现代经济增长模型的演变上看出这一点。

20世纪50年代后期，索洛（R. Solow）等人在修正哈罗德-多马模型的基础上，提出了著名的“新古典增长模型”，即第二代增长理论。[①] 根据柯布-道格拉斯总量生产函数（Cobb-Douglas function）：

$$Y = AK^{\alpha}L^{\beta} \tag{4.2}$$

其中，Y 为总产出即GDP；

K 为资本存量；

L 为劳动总投入量；

A 为全要素生产率；

α 和 β 分别为资本和劳动的产出弹性系数，即资本和劳动对产出的贡献率。

索洛模型假定规模报酬不变（constant returns to scale），即：

$$\alpha + \beta = 1, \beta = 1 - \alpha$$

对式（4.2）两边取自然对数得：

$$\ln Y = \ln A + \alpha \ln K + \beta \ln L \tag{4.3}$$

由上式对时间 t 求导数，由于某变量自然对数的变化率等于其增长率，即 $d\ln X_t / dt = \Delta X_t / X_t$，则上式变为：

$$\frac{\Delta Y}{Y} = \alpha \frac{\Delta K}{K} + \beta \frac{\Delta L}{L} + \frac{\Delta A}{A} \tag{4.4}$$

其中，$\Delta Y/Y$ 为经济增长率；

$\Delta K/K$ 和 $\Delta L/L$ 分别为资本存量的增长率和劳动投入的增长率；

$\Delta A/A$ 为全要素生产率的变化率，即广义的技术进步，又被称为索洛余项（Solow residual）。

根据该式，经济增长率由三部分构成，即资本贡献（$\alpha \cdot \Delta K/K$）、劳动贡献（$\beta \cdot \Delta L/L$）和生产率（广义的技术进步）贡献（$\Delta A/A$）。

这样，经济增长的决定因素就不仅是哈罗德-多马模型中唯一的资本因素，而是由资本、劳动和生产率（技术进步）三大要素决定，因此资本形成在经济增长中的作用就相对降低了。

---

① R. Solow. A Contribution to the Theory of Economic Growth. Quarterly Journal of Economics, Feb. 1956. David Romer. Advanced Macroeconomics. 2nd ed. McGraw-Hill Higher Education，2001：9－22. 多恩布什，费希尔，斯塔兹. 宏观经济学：第8版. 北京：中国财政经济出版社，2003：45－61.

为了进一步说明资本形成在经济增长中的作用，将总量生产函数 $Y=AK^{\alpha}L^{\beta}$ 转化为人均生产函数，两边同除以 L，得：

$$Y/L=AK^{\alpha}L^{\beta-1}=AK^{\alpha}/L^{1-\beta}=A(K/L)^{\alpha} \tag{4.5}$$

令人均产出为 y，$y=Y/L$，人均资本为 k，$k=K/L$，则人均生产函数为：

$$y=f(k)=A\cdot k^{\alpha} \tag{4.6}$$

索洛模型假定资本的边际生产率是递减的，则上式的几何图形如图 4-1 所示。

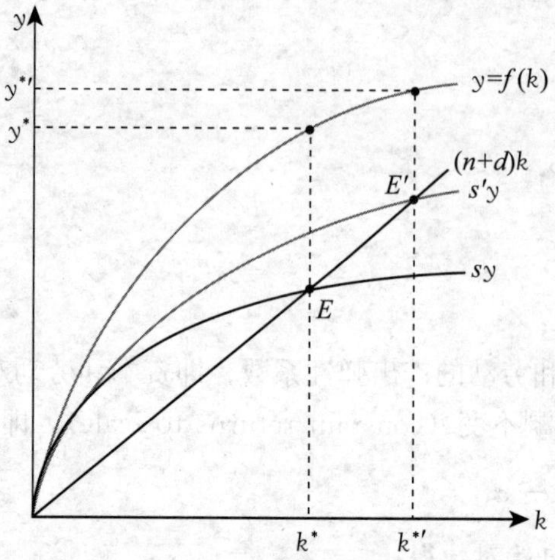

图 4-1　索洛增长模型

又根据索洛模型，资本积累的条件为下式：

$$\Delta k=sy-(n+d)k \tag{4.7}$$

其中，Δk 为人均资本的增量；

s 为储蓄率；

sy 为人均储蓄量；

n 为人口增长率（%）；

d 为折旧率（%）。

k 为人口增长和机器设备折旧所需要的人均资本量，即保持现有人均资本量不变所需的投资量，称为持平投资（break-even investment）。根据此式：

（1）当 $sy>(n+d)k$ 时，$\Delta k>0$，即人均资本量 k 增加，如图在 k^* 点和 E 点左边；

（2）当 $sy<(n+d)k$ 时，$\Delta k<0$，即人均资本量 k 减少，如图在 k^* 点和 E 点右边；

（3）当 $sy=(n+d)k$ 时，$\Delta k=0$，即人均资本量 k 不变，表示为 k^*，此时人均产出 y 亦不变，表示为 y^*。

因此，只有当人均资本量 k 低于 k^* 时，资本积累即 k 的增加才会使人均产出 y 增加，一旦达到 k^* 点，人均产出就停止增长，为 y^*，E 点和（k^*，y^*）为稳态（steady state）点或平衡增长（balanced growth）点。在图 4-1 中，如果储蓄率提高到 s' 即资本积累加快，则

k^* 将增加到 $k^{*'}$，y^* 会增加到 $y^{*'}$，这表明稳态的人均资本和人均产出的绝对水平将提高，这被称为资本形成(储蓄率提高)对经济有水平效应(level effect)。但是，在 $k^{*'}$ 点，人均资本又停止增长，人均产出也不再增长，为 $y^{*'}$，这被称为资本形成(储蓄率提高)对经济无增长效应(growth effect)。在图 4-1 中，E 点、E' 点等稳态或平衡增长点均在 $(n+d)k$ 线上，所以 $(n+d)k$ 线被称为平衡增长路径(balanced growth path)。在 (k^*, y^*) 和 $(k^{*'}, y^{*'})$ 等稳态点上，即在 E 点和 E' 点所在的平衡增长路径上，人均资本和人均产出都不再增长[此时人均储蓄只够人口增长和折旧所需，不能再增加，即 $sy=(n+d)k$]，总产出和总资本均按人口自然增长率增长，或者说总资本和总产出的增长均被人口增长所抵消，即：

$$\Delta Y/Y=\Delta K/K=\Delta L/L=n \tag{4.8}$$

总之，根据索洛模型，在资本边际生产率递减规律的假定下，资本形成对经济增长的作用是有限度的，只有在稳态点 k^* 之前，资本形成才促进经济增长（但资本边际生产率是递减的），一旦到达稳态点，人均资本就将停止增长，从而无法再促进经济增长（使人均产出增加）。这时，根据 $y=A\cdot k^{\alpha}$，人均产出（y）的增长唯一地取决于 A 的变化即生产率的提高或广义技术进步。但是，索洛模型假定 A 为外生变量，并未说明 A 如何决定，故它被称为“外生增长理论”（exogenous growth theory）。

索洛模型会得出“增长趋同论”，因为人均资本和人均产出较低的国家，资本边际生产率较高，只要资本在国与国之间自由流动，资本将从先进国家流向后进国家，后进国家终将赶上先进国家。所以，发展中国家是有希望赶上发达国家的。

20 世纪 60 年代，在索洛模型的基础上，西方经济学家通过大量计量经济学的验证，即进行增长核算（growth accounting），证实了资本对经济增长的贡献逐渐减小，而技术进步的相对贡献越来越大，并且成为推动现代经济增长主要力量的结论。如索洛对 1909—1949 年间美国经济增长的估算结果为：GDP 年均增长率为 2.9%，其中 0.32 个百分点归因于资本积累的贡献，1.09 个百分点来自劳动投入增加的贡献，剩下的 1.49 个百分点则归因于技术进步（生产率提高）；人均 GDP 年均增长 1.81%，其中 1.49 个百分点来源于技术进步。[①] 20 世纪 60—70 年代，舒尔茨、贝克尔（G. S. Becker）进一步提出了“人力资本”理论，论证了教育、营养、卫生等支出即人力资本投资对经济增长的关键作用。[②] 增加人力资本（human capital）H 的生产函数变为：

$$Y=AF(K,L,H)=AK^{\alpha}L^{\beta}H^{r} \tag{4.9}$$

20 世纪 80 年代，罗默（P. Romer）、卢卡斯（R. Lucas）等人又提出了第三代增长理论即“新增长模型”，又称为“内生增长理论”（endogenous growth theory）。

首先，新增长理论放弃了索洛模型中的资本边际生产率递减的假定，而考虑到资本边

---

① R. Solow. Technical Change and the Aggregate Production Function. Review of Economics and Statistics，August 1957.

② T. W. Schultz. Investment in Human Capital. American Economic Review，March 1961；G. S. Becker. Human Capital. New York：Columbia University Press，1975.

际生产率递增或不变的情形，如图 4-2 和图 4-3 所示。当资本的边际生产率递增或不变时，只要储蓄率 s 达到某一足够高的水平，使 $sy>(n+d)k$，人均储蓄线 sy 就不会与持平投资线 $(n+d)k$ 相交，因此就不会出现索洛模型中的稳态点即静止增长点，而是人均储蓄扣除持平投资后会越来越多，资本积累会越来越多，人均产出水平也将越来越高，经济将出现持续递增（ever-increasing growth）或持续不变的增长。根据新增长模型，国家之间的收入差距将趋于扩大（divergence），人均资本和人均产出较高的先进国家的经济增长将越来越快，后进国家则很难赶上。

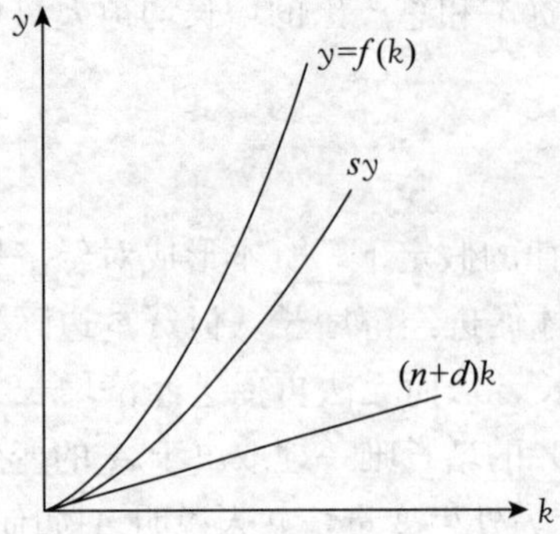

图 4-2 资本边际生产率递增时的内生增长模型

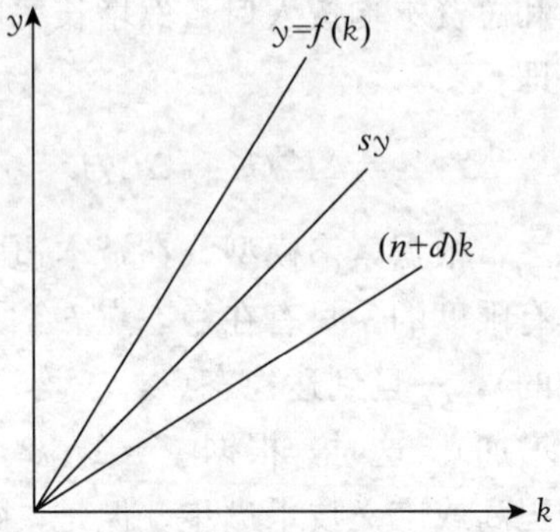

图 4-3 资本边际生产率不变时的内生增长模型

其次，新增长理论认为，资本边际生产率之所以出现递增或不变的情形，是因为技术进步的作用，技术进步不是外生的，而是由经济体系内部因素决定的，即内生的。技术进步的内生性可由“研发模型”说明。其思路是，技术进步（生产率提高）是经济中存在一个产品生产部门之外的知识生产部门即研究与开发（R&D）部门，其生产函数可写成[①]：

$$\Delta A=B[\alpha_k K]^{\beta}[\alpha_l L]^{r}A^{\theta} \tag{4.10}$$

其中，ΔA 为生产率或知识（A）的增量；

B 为常数；

α_k 和 α_l 分别为经济中投入到研究与开发部门的资本和劳动的比例［投入到产品生产部门的比例为（$1-\alpha_k$）和（$1-\alpha_l$）］；

β、r、θ 分别为 K、L、A 对 ΔA 的弹性系数。

此式表明技术进步（知识）的增量取决于投入到研究与开发部门的资本和劳动以及知识的存量（A）。

当知识生产部门独立出来以后，产品生产部门的生产函数为：

$$Y=A[(1-\alpha_k)K]^{\alpha}[(1-\alpha_l)L]^{1-\alpha} \tag{4.11}$$

显然，只要知识（生产率）不断增长，即式（4.10）中的 ΔA 越来越大，式（4.11）

① David Romer. Advanced Macroeconomics. 2nd ed. London：McGraw Hill，2001：100.

中的 Y 就会越来越大。[①] 当今发达国家的经济增长正是这种情形。

技术进步的内生性还可由“干中学（learning by doing）模型”[②] 来说明。根据该模型：

$$A = bK^{\varphi}, b > 0, \varphi > 0 \tag{4.12}$$

即技术进步（知识增长）来源于投资和资本形成，资本形成过程就是技术进步和生产率提高的过程，即 A 是由 K 内生决定的。因此，K 增长得越快，A 亦增长得越快，由 $Y=A\cdot K^{\alpha}L^{1-\alpha}$，$Y$ 就增加得越多。换言之，根据“干中学模型”，如果资本形成过程能带来技术进步和生产率提高，那么资本形成对经济增长既有直接的促进作用(通过 K 影响 Y)，又有间接的促进作用(通过 A 影响 Y)。特别地，假设产出与资本存量成比例 $Y=aK$(a 为常数)，$\because \Delta K = sY$，$\therefore \Delta K = sa\cdot K$，$\therefore \Delta K/K = sa$，产出增长率 $\Delta Y/Y$ 亦为 sa 。这时，经济增长率又取决于储蓄率的高低。资本形成的作用就比索洛模型重要得多，而回复到哈罗德-多马模型的结论了。

由上述二战后西方三代经济增长模型的演进可知，资本形成在经济增长中的作用大小关键取决于资本边际生产率的变化。若资本边际生产率，如在索洛模型中，被假定为递减的，则资本形成对产出增长的作用是有限度的，技术进步就成为长期经济增长的主要决定因素。若资本边际生产率，如在内生增长模型中，被假定为不变的甚至是递增的，则资本形成对经济增长的作用又非常重要了。因此，关键是看资本形成的进程是否同时促进了技术进步和生产率的提高。

总之，虽然资本形成并不是成功的经济发展的充分条件，但并不意味着资本形成就不重要了，或者说重要性降低了。虽然经历了第二次世界大战后半个多世纪的发展，除了少数已经实现经济起飞的新兴工业化国家和地区外，当今绝大多数发展中国家工业化及城市化的程度还很低，占相当比重的第三世界人口仍然生活在营养不良、就业不足、教育水平低下、卫生保健条件恶劣的落后的农村地区。要改变这种状况，需要大量的开发投资。而在这些国家，资本仍然是相对不足的生产要素。即便是现在，人们已经认识到科技进步和人力资本形成的重要作用，但要发展科技教育事业，提高劳动者的素质和技能，归根结底仍然需要物质资本来支持。所以，千方百计地筹集资本，并节约地使用稀缺的资本，仍然是广大发展中国家所面临的一个重要课题。一个穷国要变富，就必须鼓励投资，并且提高投资效率。

不过，根据第二次世界大战后的发展经验，发展中国家倒是应当认真地检讨过去甚至现在动员资本的方式，例如长期强制动员农业剩余，或用通货膨胀的手段强制储蓄，或政府包揽大部分储蓄与投资活动等，是否压制了个人和企业的积极性和创造性，或破坏了宏观经济的稳定性；其使用资本的方式又是否合理，例如有没有将宝贵的资金投向低效率甚至亏损的部门和企业，或奢侈性的消费，或代价高昂的军事扩张，或房地产、证券等投机性用途并形成“泡沫经济”，最终引发金融危机；等等。

---

① 数学推导过程从略。当 $\beta+\theta<1$，$\beta+\theta>1$，$\beta+\theta=1$ 时，知识生产部门和产品生产部门的增长会出现不同的情形（David Romer. Advanced Macroeconomics. 2nd ed. London：McGraw Hill，2001：101－114）。

② David Romer. Advanced Macroeconomics. 2nd ed. London：McGraw Hill，2001：120－121.

早期的资本形成理论存在两个重要的缺陷或不足：

第一，比较重视资本形成的供给效应，即增加现在的生产能力和将来的产出的作用；而相对忽视资本形成的需求效应，即投资是有效需求的重要组成部分，投资不足或投资过度都会导致总供给与总需求的失衡，造成失业、通货紧缩、通货膨胀，从而破坏宏观经济的稳定，更没有很好地将这两种效应结合起来考虑。事实上，二者是密切相关的，前者关系到经济的长期增长，后者关系到经济的短期稳定。只有正确地认识到资本形成的这种双重效应，才能将经济的长期发展和短期稳定这两个目标有机地结合起来。

第二，仅仅把资本形成问题归结为储蓄率的提高，而没有进一步涉及资本形成的方式以及资本形成以后的使用方式，即储蓄转化为投资的整个过程和转化机制。简而言之，没有深入分析资本形成和运用的经济运行机制或体制。

第二节　资本形成的来源

从上节关于资本形成的定义中我们知道，资本形成最初来源于生产剩余即储蓄，再由储蓄转化为投资，最后才转变成机器设备、厂房、交通工具、基础设施等物质资本。根据国民收入核算，储蓄（S）是一国在一定时期（如一年）内国民收入（Y）中扣除消费（C）后的剩余，是放弃现期消费而选择未来消费的结果。即：

$$S=Y-C$$

在一个开放的经济中，一国的总储蓄包括国内储蓄（S_d）和外国储蓄（S_f）两大部分。根据储蓄的不同经济主体，前者（S_d）包括个人储蓄（S_{dp}）、企业储蓄（S_{de}）和政府储蓄（S_{dg}），后者（S_f）则包括外国官方储蓄（S_{fg}）。和外国私人储蓄（S_{fp}）。所以，可用公式表示为：

$$S=S_d+S_f=(S_{dp}+S_{de}+S_{dg})+(S_{fg}+S_{fp})$$

现就上式中各项分别说明如下。

一、个人储蓄（S_{dp}）

个人储蓄又称居民储蓄或家庭储蓄。在西方国家，它也包括非公司企业（合伙或独立经营企业）的储蓄。个人储蓄是总储蓄的主要来源。决定个人储蓄水平的有两大基本因素：一是个人可支配收入（个人总收入扣除所得税）的总水平。一般而言，个人可支配收入愈多，个人储蓄也愈多。个人可支配收入水平的高低取决于由一国经济发展水平所决定的国民收入的总量和人口数量，它与前者成正比，与后者成反比。另一是储蓄倾向，即平均每个人可支配收入中用于储蓄的比例，在收入一定的情况下，储蓄倾向愈高，储蓄额也就愈多。储蓄倾向的高低取决于多种因素，主要有：收入分配状况、储蓄习惯、金融制度与支付习惯、人口结构、社会保障与社会福利制度、物价水平、利率水平、财政与货币政策等。

关于个人储蓄和个人消费的决定，在宏观经济学中主要有以下几种理论：

1.凯恩斯的现期收入决定论

凯恩斯的消费函数认为，个人消费（C）和个人储蓄（S）取决于现期的个人可支配收入（Y_d），即$C=f(Y_d)$，$S=f(Y_d)$。凯恩斯根据对人们消费的经验观察，得出了边际消费倾向递减规律和边际储蓄倾向递增规律，即当个人可支配收入增加时，消费和储蓄都会增加，但收入的增量中用于消费的比例将递减，而用于储蓄的比例将递增。凯恩斯的消费函数用几何图形表示为图4-4，消费线的斜率即边际消费倾向MPC（$\Delta C/\Delta Y_d$）大于0而小于1，随着个人可支配收入的增加，MPC越来越小，由于边际储蓄倾向$MPS=1-MPC$，所以MPS将越来越大。

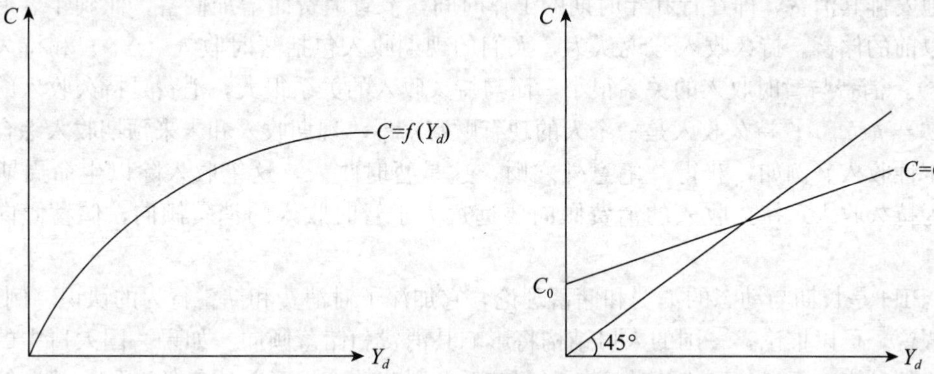

图4-4　凯恩斯的现期收入决定论

凯恩斯的消费函数是就个人而言的，如果消费者是同质的，则由此可得出社会或整个国家的消费函数。美国经济学家对第二次世界大战后美国的个人消费和个人可支配收入的时间序列数据进行计量回归分析，发现边际消费倾向递减规律在宏观上并不成立，美国的消费函数是线性的，用公式表示为：

$$C=C_0+cY_d \tag{4.13}$$

其中，c为边际消费倾向MPC，为常数，$0<c<1$；

C_0为短期中的自发消费。

美国的经验数据估算的参数和具体消费函数为：$C=-588+0.93Y_d$。①

如果用中国1978年改革开放开始以来的宏观数据来检验消费函数，可以发现在20世纪80年代和90年代初，我国的消费倾向是上升的，但90年代中后期以后，特别是近些年来，却呈现下降的趋势。

美国和中国的经验数据表明，各个国家的消费函数是不一样的，消费倾向的变化规律也不同。这与各国的经济环境、经济体制和消费习惯等差异有关。

现期收入决定消费和储蓄的理论，虽然存在不足以解释消费和储蓄行为的缺陷，但由于现期收入和现期消费、储蓄的数据容易统计和观察，从而方便计量研究，因此它仍然是研究消费和储蓄决定的常用理论。

---

①　多恩布什，费希尔，斯塔兹.宏观经济学：第8版.北京：中国财政经济出版社，2003：307-308.

2. 持久收入和生命周期假说

20世纪50年代后期，两位美国著名经济学家、诺贝尔经济学奖获得者莫迪利安尼（Franco Modigliani）和弗里德曼（Milton Friedman）分别提出消费和储蓄决定的生命周期假说（life cycle hypothesis）和持久收入假说（permanent income hypothesis），二者被合称为“生命周期—持久收入假说”（LC-PIH），试图修正凯恩斯的现期收入决定论。他们认为，消费和储蓄是长期行为，因此不只取决于现有的收入和财富，还取决于未来的收入预期。生命周期假说认为，个人是在长期中计划其消费与储蓄行为的，以便在他们整个一生中，以最好的方式配置其消费，实现一生总效用的最大化。一般来说，人们会在一生中均匀地安排其消费，即在青壮年时期的工作时间，节省消费而增加储蓄，而到年老退休时动用以前的储蓄。持久收入假说认为，人们的现期收入包括暂时收入（Y_t）和持久收入（Y_p），消费与暂时收入的关系很小，而与持久收入的关系很大，消费是持久收入的函数，即 $C=f(Y_p)$。持久收入是一个人的现有财富水平、现期收入和未来预期收入综合之后的稳定性收入。例如，获得一笔意外之财，这是暂时收入，这笔收入除以生命周期 T 期，即为持久收入。持久收入的消费倾向要远远大于暂时收入的消费倾向，储蓄倾向则相反。

LC-PIH是长期与动态的消费和储蓄理论，它加深了对消费和储蓄行为的认识。例如，根据该假说，可以推论，一国的人口结构将影响其消费和储蓄倾向。如果一国人口中的劳动力的比例较高，而老年和少年儿童的比例较低，则劳动力的赡养比率低，那么消费倾向将较低而储蓄倾向将较高。显然，一国老龄化比例的提高将降低其储蓄倾向。又如，社会保障和社会福利制度的健全程度亦将影响消费倾向，如果一国的社会保障和社会福利制度不健全，人们就会缺乏安全感，预期的持久收入就会减少，从而预防性储蓄就会增加，当前的消费倾向就会下降。

中国现阶段消费倾向很低，这与我国“两头小、中间大”的特殊人口结构和社会保障制度不完善有很大的关系。

根据LC-PIH，假设人们在一生中的各年平均消费，即 $C_1=C_2=\cdots=C_T$，则其消费函数可写成：

$$C_t=\frac{1}{T}(W_0+\sum_{t=1}^{T}Y_t) \tag{4.14}$$

其中，C_t 为第 t 年的消费；

T 为生命周期长度（如80岁）；

W_0 为期初的财富（如继承的遗产）；

Y_t 为第 t 年的收入，$\sum Y_t$ 为一生中的收入之和（假定不考虑不同年份收入的贴现问题，也不留遗产给后代）。

LC-PIH虽然有思想认识上的很大进步性，比现期收入决定论更合乎实际，但是由于生命周期的总收入和持久收入带有很大的不确定性和不可知性，无法在统计数据上观察和验证，因此无法进行实证研究，故只能称之为假说，而非理论。

3. 随机游走假说

根据上述 LC-PIH，由于生命周期收入或持久收入取决于人们对未来收入的预期，所以在不确定性条件下，消费函数式（4.14）应为①：

$$C_1 = \frac{1}{T}(W_0 + \sum_{t=1}^{T} E_1[Y_t]) \qquad (4.15)$$

其中，C_1 为第 1 年（现期）的消费；

$E_1[Y_t]$ 为第 1 年对生命周期各年收入的预期；

$\sum E_1[Y_t]$ 为预期收入之和，以后各年的消费函数可依此类推。

由于预期未来收入的不确定性，霍尔（Robert E. Hall）根据理性预期理论提出了著名的"随机游走"（random walk）假说②，用公式表示为：

$$C_t = C_{t-1} + \varepsilon_t \qquad (4.16)$$

其中，C_t 为本期消费；

C_{t-1} 为上期消费；

ε_t 为随机误差，$\varepsilon_t = C_t - C_{t-1}$。

式（4.16）的含义是：本期的消费是在上期消费水平之上加上随机波动部分。这说明在不确定性条件下，消费既有惯性（维持过去的消费习惯和水平），又有随机波动性，ε_t 反映了各种影响消费的因素变化的信息。

总之，个人消费和储蓄的决定是一个非常复杂的问题，没有一成不变的规律，它取决于不同国家、不同时期、不同经济社会环境下不同个人的选择行为。

二、企业储蓄（S_{de}）

企业的总储蓄包括净储蓄和折旧基金两部分。净储蓄是企业的未分配利润，即税后利润扣除股息和职工福利基金，它是用于扩大再生产的。它取决于企业的经营状况（利润大小）和内部的分配政策。折旧基金在用于更新机器设备之前，也是一种储蓄。在发达国家，企业经常采取加速折旧的办法，政府也给予税收等方面的种种优惠，以扩大企业的资本积累和更新改造的能力，加速技术进步。所以，折旧是企业资本积累的一个重要来源。在工业化国家，折旧基金占企业总储蓄的比例都相当大。由于企业是国民经济的细胞，所以提高企业的获利能力，增加企业利润以进行再投资，对于经济发展具有决定性的意义。斯密、李嘉图等古典经济学家以及马克思，都非常重视这一点。

三、政府储蓄（S_{dg}）

政府储蓄包括政府预算储蓄和国有企业上缴利润两部分。预算储蓄是政府的税收扣除经常性公共支出后的余额。除这两个正常手段之外，如果政府储蓄不足以支付政府的投资

① David Romer. Advanced Macroeconomics. 2nd ed. London：McGraw Hill，2001：336－339.

② Robert E. Hall. Stochastic Implication of the Life Cycle-Permanent Income Hypothesis：Theory and Evidence. Journal of Political Economy，December 1978.

支出，即发生财政赤字，那么政府可以通过向国内公众举债（发行债券），出售国有企业的股票，或借外债，或向银行透支扩大货币发行，即实行通货膨胀等手段，来弥补赤字。政府储蓄以及财政赤字的规模都是由政府的社会经济政策决定的。

四、外国储蓄（S_f）

外国储蓄中的外国官方储蓄（S_{fg}）包括外国政府以及国际金融组织（如世界银行、国际货币基金组织）的援助和贷款，一般情况下条件比较优惠，无利息或低利率，期限也较长。外国私人储蓄（S_{fp}）则包括外国私人金融机构、企业和个人对本国的贷款、外国直接投资（FDI）以及购买本国的债券和股票。

世界经济发展的经验，特别是第二次世界大战以后发展中国家经济发展的经验显示，在政治独立和经济稳定的前提下，外资只要使用得当，对落后国家加速进行工业化和现代化是具有促进作用的，而且是必不可少的。一个发展中国家能够利用的外资数量取决于其政治经济形势的稳定程度、国内市场的大小与潜力，以及吸引外资的各项政策。

以上资本形成的四个来源，即个人储蓄、企业储蓄、政府储蓄和外国储蓄，是从货币形态而言的。除此之外，在实物形态上，资本形成还有以下两个重要的来源。

五、劳动积累

在发展中国家，在广大农村地区，存在着大量的剩余劳动力，在城市也有许多公开的或隐蔽的失业，这些多余的劳动力对生产没有多少贡献（其边际生产率为零），却仍然需要消费。所以，如果将闲置的劳动力动员起来，从事那些不需要多少资本的生产性活动，如建筑、修路、农田水利建设等工作，便可直接增加资本形成，同时生产量并不会因此减少。而且，支付给这些人员的工资，将被他们主要用于购买粮食等食物，这又可以增加农民的收入，进而增加储蓄。此外，还可以将剩余劳动力输出到国外，赚取外汇。更重要的是，对企业经营者来说，大量农村剩余劳动力的存在，对在业工人将构成强大的竞争压力，从而可以保持较低的工人工资，增加企业的利润和资本积累。

六、对外贸易

发展中国家的生产结构以农业和初级产品加工业为主，而它们要进行工业化，最感缺乏的就是先进的机器设备和技术。通过对外贸易，可以将本国剩余的农产品和初级制造品出口，换取先进国家的资本品进口，从而达到资本形成的目的。

综合以上所列举的资本形成的六大来源，其中个人储蓄和企业储蓄被称为“自愿储蓄”（voluntary savings）。发展中国家在工业化初期，一般来说，自愿储蓄占收入的比率相对较低，其原因主要是：人民普遍贫困，缺乏储蓄能力；可用以储蓄的资产种类太少；金融机构不够普遍，存款手续太多；公众对本国货币缺乏信心，持有货币常会遭受贬值损失。所以，完全依赖自愿储蓄动员国内资源，增加资本形成，速度势必相当缓慢。为了加速动员国内资源，加快资本形成，不少经济学家主张通过征税、财政赤字、通货膨胀、对隐性失业劳动的充分利用等方式，实行所谓的"强制性储蓄"（compulsory savings）。[①] 事实上，很多发展中国家（特别是在 20 世纪 50—60 年代）正是主要通过这种强制性储蓄来加速进行资本积累和工业化的。此外，20 世纪 70 年代以后，由于二战后工业化实践的经验教训，特别是日本、联邦德国、"亚洲四小龙"等发展外向型经济体的成功，越来越多的经济学家和政府决策者逐渐认识到外贸和外资在资本积累以及经济发展中的重要作用。

第三节　资本形成的方式

资本形成的方式即储蓄转化为投资的机制或渠道。综观先进国家工业化的经验，资本形成的方式除了资本主义早期曾采用过而现已过时的海外殖民掠夺以及"圈地运动"等暴力手段外，主要有下列六种：第一，运用行政或经济手段动员农业剩余；第二，运用财政政策进行政府融资；第三，企业本身的资本积累；第四，通过金融机构和金融市场融资；第五，运用通货膨胀办法强制储蓄；第六，通过外贸和利用外资进行资本形成。本节主要论述前四种方式，后二者参见本书其他章节的有关内容，在此就不再重复。

一、农业剩余的转移

对于一个农业国家，在工业化初期，如果没有外资可利用，又不能通过初级产品的出口来换取资本品的进口，那么农业剩余就成为初始资本的主要来源。农业在为工业化提供启动资金方面起着重要的作用。农业剩余转化为资本形成的方式，主要有以下几种。

1. 直接的劳动力投资

当农民开垦土地，修造建筑物，修筑篱笆，开挖灌溉沟渠，修建公路、铁路、机场、桥梁等时，便直接形成了物质资本，这时储蓄活动和投资活动就同时发生。这种直接的实物储蓄或实物投资，是最古老而又流行久远的作为农业贡献于资本形成的典型方式，在以自然经济为主的社会中，以及传统的计划经济中，颇为常见。"中国努力使用'多余'劳动作为储蓄和资本形成的一种方式，以此来扩大投资而不缩减物质消费，也许是这种方式的人所共知的例子。"[②] 在高度发达的商品经济社会里，这种方式基本上已经消失。[③]

这种直接的劳动力投资，可以是农民自发地进行的，如在自家的土地上开垦修筑，自我建造房屋；也可以是由政府或农村社区组织进行的（无偿的或支付较低的报酬）。在我国当前以及今后相当长的时期内，由于在农村中存在大量的剩余劳动力，这仍然是一种可以利用的、很有潜力的投资方式，特别是修建公路、兴修水利、建造房屋，对于改进农村地区落后的交通状况和居住条件、促进农村经济发展十分有益。如果政府在公共设施建设中，以劳动力的征用换取农民交纳税赋的一定减免，即"以工代赈"，那更能调动农民的积极性，既于国有益，又对民有利。

---

① 徐育珠. 经济发展. 中国台北：台湾正中书局，1982：67.

② C. P. 金德尔伯格，B. 赫里克. 经济发展. 上海：上海译文出版社，1986：104.

③ 张培刚. 发展经济学通论：第一卷. 长沙：湖南出版社，1991：106；C. P. 金德尔伯格，B. 赫里克. 经济发展. 上海：上海译文出版社，1986：104－105.

2. 利用廉价的剩余劳动力，扩大资本积累

发展中国家大都人口众多，农村存在大量的剩余劳动力，这对城镇劳动力市场形成很大的竞争压力，使得工业企业可以维持工人的低工资，从而增加利润，扩大资本积累。这便是前面分析过的刘易斯“二元结构论”所提出的资本积累理论。刘易斯继承了古典经济学的资本积累理论，认为只有资本家阶级才是生产性投资者，储蓄率和资本积累依赖于资本主义部门的规模大小和利润份额。所以他的“二元结构论”的核心思想，就是在不变的实际工资（古典学派的“生存工资”）下获得无限供给的劳动力，利用农村剩余劳动力所创造的价值，增加资本家的利润，扩大资本形成，推动经济增长，直到二元结构消失。① 这是一种隐蔽的或间接的资本形成方式。

刘易斯的保持实际工资不变以及靠牺牲农业来发展工业的主张显然是不可取的，但他关于利用发展中国家劳动力资源丰富的比较优势来扩大资本积累的思想很有积极意义。二战后“亚洲四小龙”的经济起飞就是利用了这一点，大力发展劳动密集型的轻纺工业，以低廉的劳动力成本积极参与国际市场的竞争，扩大了出口，赚取了巨额的外汇，为工业化进口了大量的国外先进机器设备和技术。我国 1978 年至今 40 年的高速经济增长也是充分利用了我国丰富廉价的劳动力资源的比较优势。

3. 征收农业税

农业税是发展中国家一个重要的税源，也是转移农业剩余为工业提供资本积累的一个手段。它包括土地税、农产品交易税或销售税、出口税、农民所得税及土地增值税。其中，土地税是最主要和最基本的农业税，它以土地经营面积为征税对象，税源广泛，税率一般是固定的，难以逃税；交易税或销售税是对农产品的出售所征收的，农产品的商品化程度越高，这种税的数额就越大；出口税是对农产品出口所征收的关税，一般为了鼓励农产品出口换汇，其税率很低甚至不征；所得税的对象是农民的各种纯收入，在工业化初期，由于农民收入普遍低下，所以这种税的数量有限；土地增值税则是对农业土地的转让买卖所增值部分计征，它对于控制土地的流动有重要的影响。在私有制的小农经济条件下，是由政府和地主阶级向农民征税和收取地租，即向农业劳动者榨取“剩余”产品，来为工商业发展积累资本的。在经过了土地改革的国家，由于废除了佃农制，农业税就由各种形式的农业经营者，包括自耕农（家庭农场）、经营地主或农业资本家（雇工经营），向政府缴纳。②

农业税既可以用实物形式（如粮食）缴纳，也可以用货币形式缴纳，但二者的作用不同。实物税通常在自然经济或计划经济中采用，它不利于农村商品经济的发展；而货币税则有利于提高农产品的商品率，有利于推动传统农业向现代农业演化，同时还为工业品开拓了市场。在现代发达的商品经济社会里，一般都采用货币形式缴纳农业税。

4. 通过工业产品与农产品的价格“剪刀差”，人为地压低农产品的相对价格或贸易条件

这是政府利用行政力量干预市场，有意压低农产品的价格并抬高农用生产资料（农

---

① W. A. 刘易斯. 劳动无限供给条件下的经济发展//外国经济学说研究会. 现代国外经济学论文选：第八辑. 北京：商务印书馆，1984：48－95.

② 张培刚. 发展经济学通论：第一卷. 长沙：湖南出版社，1991：107.

药、化肥、机械等）及其他工业用品的价格的结果，这样造成对农业不利的贸易条件，在农民难以察觉的情况下将部分农业剩余静悄悄地转移到政府手中，因此这实际上是一种看不见的税收，它比直接征税所遇到的阻力要小，所以为政府所偏好，并被广泛采用。在苏联，这种非常隐蔽的转移农业剩余的方式，曾经是计划经济时期工业化初始资本积累的最主要来源。

5. 出口农产品，为工业化赚取外汇

这也就是农业的外汇贡献，这种方式在很多国家的经济起飞时期，为积累初始资本发挥了重要的作用，特别是通过引进国外的先进机器设备和技术，缩短了工业化的时间。例如，美国的棉花和小麦出口，日本的丝绸出口，俄国的小麦出口，为这三个国家的早期工业革命换取了宝贵的外汇。二战后“亚洲四小龙”在 20 世纪 50 年代经济恢复和工业化起始时期，也都大力开拓农产品及其加工品的出口市场，逐步带动了贸易的发展。

6. 农民的自愿储蓄

农民的收入在扣除了生活消费及农业投资以后，若尚有剩余，则可能存入金融机构，或购买政府债券、公司债券或股票。这是农业的资金剩余转化为资本形式的方式。相对于上述的税收、“剪刀差”等强制性和无偿性转移方式，该方式的特点是自愿性和有偿性，所以不会遇到农民的反对。当然，这种方式所能吸收的储蓄的多少，与农村金融市场的发达程度，特别是利率政策有密切关系，还从根本上取决于农民纯收入的多寡。

总之，农业剩余是农业国家实行工业化所需初始资本的最主要的来源。但是，对农业剩余的动员，应该立足于长远，尊重农民的利益，调动农民的生产积极性，促进农业的发展和劳动生产率的提高，由此获得更丰富廉价的农产品，而不应该长期过分剥夺农民的利益，抑制农业的发展。工业化的必然结果是，工业取代农业占据国民经济的主导地位。但要达到这一点，又必须发展农业，因为农业越是发展，工业化的速度就越快。这便是农业与工业两者动态发展关系的辩证法。

二、政府融资

在发展中国家工业化和经济起飞过程中，特别是在早期阶段，政府在资本形成方面发挥着重要的作用。政府的积累或融资是通过财政渠道实现的。政府的收入扣除经常性消费开支，便是政府的储蓄。政府储蓄转化为财政支出中的生产建设性开支时，即为政府的投资。当政府投资超过政府储蓄，即发生财政赤字时，政府就得举借内债或外债，或向银行透支即发行货币，来予以弥补。

1. 财政收入与资本形成

政府的财政收入主要包括三个部分：一是税收收入，这是最主要的来源；二是非税收入，包括各种行政事业性收费、国有企业利润上交等；三是债务收入，包括内债和外债。这里，我们主要讨论税收问题。

税收对资本形成的作用主要表现在两个方面：一是为公共投资筹集充足的资金，即政府储蓄；二是刺激企业把更多的收入用于投资，即企业储蓄，或是刺激国外的企业来本国投资，即外国储蓄。从前一个作用出发，应该多征税或提高税率；而从后一个作用出发，则应该少征税或降低税率。这种两难选择要求税收的轻重或税率的高低必须适度，既不能太低而使必要的公共投资缺乏财源，以致政府不得不实行赤字财政，又不能太高而挫伤了企业的投资意愿和投资能力。因此，一个优良、有效的税收制度应该兼顾这两个方面，既能扩大公共储蓄的能力，又不降低企业储蓄的意愿。也就是说，从促进资本形成的角度看，发展中国家必须坚持适度税赋的原则。

一个国家的税收潜力取决于以下几个因素：人均实际收入水平；收入分配的不平等程度；不同经济活动的相对重要性（例如，外贸和外资的重要性、现代生产部门的重要程度、农业的商品化程度等）；社会、政治、制度环境与各个不同集团的力量对比；政府征税的行政管理能力；税务制度的完善程度。① 发展中国家，由于其经济落后和管理落后，一方面人均收入水平比较低下，国民实际收入水平超过最低必要消费水平部分较小，从而税收的潜力有限；另一方面由于货币经济不发达，文盲比率较大，纳税风气不好，会计制度、税收制度以及税法税务管理不健全，从而征税的效率也非常低。所以，往往国家越是落后，税收占国民收入的比率越小。在大多数发展中国家，税收制度既不平等，又无效率，还不便管理，避税、逃税是常有的事。也就是说，发展中国家的税收潜力还没有被充分开发出来。

针对上述情况，英国经济学家卡尔多（N. Kaldor）建议发展中国家采取四个主要的税收改革措施：第一，所有的收入（包括资本收入）都应用同一方法汇总和以同一累进率征税，但不要超过最大边际税率，如50%，超过该水平的边际税率不仅可能抑制对企业及个人储蓄的刺激，而且可能鼓励逃税和避税，从而是反生产性的。第二，针对富人征收累进的个人支出税（消费税）。第三，实行财产税制度。第四，实行礼品税制度。② M. P. 托达罗还对发展中国家的税收管理问题提出了批评："在许多不发达国家里，税收低只是由于税收条款没有得到认真执行。这或者是由于税收机关没有能力执行这些条款，或者是由于存在明目张胆的贪污腐化。不管多么精心设计和制定出的税收法律体系，在收税人和纳税人的勾结串通面前，都是无能为力的。一个由非常正直的人组成的有效税收机关，是一个国家充分开发税收潜力，取得最大财政收入的最重要条件。"③

许多发展中国家，由于税收管理制度落后，税收流失严重，不得不提高税率，高税率反过来又刺激了偷税、漏税和各种地下经济活动。

除了完善税收制度、强化税务管理、减少偷税漏税这些措施外，还可以通过改进税收结构来挖掘税收潜力，增加税收收入。发展中国家税收结构的特点是：第一，以间接税为主（如我国约占70%），以直接税为辅（我国约占30%）；而发达国家则正好相反，以直接税为主，以间接税为辅。当然，这主要是由于发达国家收入高，个人所得税比较容易征收。第二，在直接税中，发展中国家企业所得税较个人所得税重要（前者约为后者的2倍），并且社会保险税的份额很低；而发达国家则相反，个人所得税较企业所得税重要（前者约为后者的4倍），并且社会保险税所占份额（达30%以上）最高。这是由于发达国家人均收入水平和社会福利水平高，社会保障制度较完善。第三，在间接税中，发展中国

① M. P. 托达罗. 第三世界的经济发展：下册. 北京：中国人民大学出版社，1991：196－198.

② A. P. Thirlwall. Growth and Development：With Special Reference to Developing Economies. 4th ed. London：Palgrave Macmillan，1989：276－277.

③ 同①201.

家高度依赖进出口关税（特别是进口税），税率高达30%；而发达国家则很低，出口是零税率，进口税的税率不到5%。[①]

发展中国家的这种税收结构虽然有其必然性，但并不就是完全合理的和没有改进余地的。如个人所得税，许多发展中国家存在严重的收入分配不平等现象，但由于种种原因，高收入者所纳的税收很少，从而使这些国家的个人所得税远远没有反映出潜在的纳税能力。所以，加强对个人所得税的征收，不仅可以挖掘一大批税源，而且可以改善收入分配的状况。

再如企业所得税，由于其征收的方便，很多发展中国家税率过高，使企业不堪重负，这就降低了企业储蓄和资本形成能力，从而损害了经济效率。因此，发展中国家应尽量降低企业所得税的税率，减少对企业利润的课税，而选择其他税源。又如征收高额进口税，这种保护性关税限制了国外产品的竞争，但保护了国内落后的产业，造成了产业的低效率。所以，即使从本国的长远利益考虑，进口关税也并非越高越好，而应适当降低。再如消费税和财产税，它们是增税的理想源泉，若对高档消费品、奢侈品、限制消费的产品和服务（如烟、酒、汽油、赌博等），以及土地、房产等财产征收较重的税，则不仅有利于改善收入分配的状况，而且有利于增加公共储蓄，把消费基金引导到生产投资上来。另外，发展中国家税制上的差别待遇和优惠措施（如减税、免税、退税）太多，这既使税收管理变得复杂，甚至助长腐败，又人为地制造了不公平的环境，扭曲了资源配置。因此，从经济改革角度考虑，应该尽量减少税收优惠，实行公平税赋。

总之，增加收入是否有利于资本形成及促进经济发展，关键是看所增加的税收是来自奢侈性消费、非生产性投资、货币与外汇窖藏量的减少，还是来自必需品消费及生产性投资的减少。为了加速资本形成，促进经济发展，税收政策应尽量对奢侈品课以较高的消费税（excise tax）或关税，对非生产性的投机活动课以重税，对个人收入则课以累进的所得税；而对生活必需品则少征税或免税，对生产性投资和技术创新则给予减免税或允许加速折旧的政策鼓励。

此外，政府财政收入除主要来自税收收入外，还有一部分来自非税收入。非税收入一般包括三类：第一，国有财产收入，如出售或出租国有土地、森林、矿山和水利资源等的收入或租金。在中国，这部分收入以特种税的形式上交，如土地增值税、城市维护建设税、资源税、城市土地使用税、耕地占用税等。第二，国有企事业单位的盈利。在中国，这部分收入主要是国有企业上交的税后利润。第三，各种行政收费，包括行政规费、司法规费和一切公共设施的使用费、公共工程收费、特许权收费以及罚没款等。[②]

关于发展中国家非税收入与财政收入和政府储蓄的关系，必须指出两点：其一，非税收入是财政收入和政府储蓄的一个辅助来源，在有些国家甚至是一个重要的来源，其收入潜力不可忽视，政府对正当的非税收入必须充分挖掘；其二，不少发展中国家由于税收收入能力有限，不能满足政府开支之需，便巧立名目，征收各种各样的非税收入，从而大大损伤了民间的储蓄和资本形成能力。因此，非税收入也必须适度。

---

① 吴强.经济发展中的资本积累.北京：中国金融出版社，1993：112-128.

② 同①144.

2. 财政支出与资本形成

政府财政支出由公共投资支出（资本支出）和经常性支出（公共消费支出）两部分构成。前者一般是生产性支出，包括社会投资（教育、科技、文化、卫生等）和基础设施投资（运输、邮电、通信、大型水利工程、城市公用事业等）以及直接生产投资；后者则一般是非生产性的，包括政府公务员的工资和津贴、非生产性商品和劳务购买、军事外交开支、公债利息支付、各种补贴和转移支付等支出。

由于政府在一定时期内的财政收入是既定的，所以政府经常性支出的节约，意味着可增加公共投资即生产性支出，从而增加资本形成。

在政府支出中，与资本形成直接相关的就是政府的公共投资或资本支出。在发展中国家，公共投资一般是通过建立国有企业或事业单位进行的。其领域主要在水、电、气等公用事业，交通运输和通信业，金融保险业，矿产业等部门，在这些领域中，国有企业往往占支配地位；也有一些发展中国家，如中国，国有企业还遍及制造业、服务业和农业等领域。根据二战后几十年发展中国家政府干预经济和国有企业发展的经验教训，在公共投资支出中，政府财政应该彻底退出企业的一般性日常投资活动，而把投资的主要范围和重点集中在具有社会性、非营利性、高风险性和战略性的宏观投资活动上，包括交通、能源、通信等经济基础设施的建设，教育、科技、文化、卫生等社会基础设施的建设，国土、生态、环境的保护，以及重要资源的开发和新兴产业的创立等方面。

实践证明，就是在这些重点领域，政府虽然应发挥中心作用，但也不应该是唯一的生产者，而必须引进竞争机制，允许私人企业和外资企业的适当进入，以提高公共投资的效率和公共服务的质量。

3. 财政赤字与资本形成

在发展中国家，由于自愿储蓄水平较低，可投资的资金缺乏，财政赤字主要是作为政府强制储蓄、加速资本形成的手段。

关于财政赤字政策对经济增长是积极作用大还是消极作用大，主要取决于两个方面：一是财政赤字的弥补手段，二是财政赤字的用途及其效率。在发展中国家，由于增税的潜力有限，或阻力较大，政府通常通过发行国债和向中央银行透支（即增发货币）的手段来弥补赤字。若是通过向民众发行国债来弥补赤字，则只是将私人支出转化为公共支出，改变的只是总需求的结构而总需求的总量不变；如果债务收入来自民间的闲置资金或本来用于消费性开支特别是奢侈性消费，那么财政赤字的作用将是积极的，对经济增长是有利的。但问题在于，在发展中国家这部分国债收入通常是有限的，远不能满足政府的投资支出或其他开支的需要，因此，政府就不得不借助于通货膨胀的手段来予以弥补，这就形成赤字型通货膨胀。

关于第二个方面，即财政赤字的用途及其效率，很显然，如果政府把财政赤字的收入用于非生产性支出（用于经常性开支），或者即使是用于生产性投资，但投资决策失误，造成资金的大量浪费，而形不成生产能力，或者政府所建立的国有企业生产效率低下，那么财政赤字对资本形成和经济增长都将起不到积极作用。在发展中国家这些可能性都是大量存在的。

在发展中国家，在利用财政赤字为资本形成和经济建设服务的时候，应当做到三点：

一是赤字的弥补手段要得当，即坚持通过发行国债（包括适当地举借外债），而不是靠发行货币来弥补赤字，以防止通货膨胀；二是由赤字融来的资金要使用得当，应坚持只为生产性投资而不为经常性开支举债，并把由此融得的资金用到国家经济建设急需的项目上去；三是要尽量减少经常性开支和严格控制生产性投资的规模与用途，以便将财政赤字控制在国力能够承受的范围之内。

三、企业积累

纵观工业革命以来的近现代世界经济发展的历史，由利润动机所驱使的企业创新及资本积累，始终是工业化和市场经济发展的基本推动力量。一个发展中国家，要实现工业化和经济起飞，进而实现现代化，离开了不断地追求利润、资本积累和创新的企业及其企业家，以及为企业家的创新和企业的扩张提供广阔活动空间的市场竞争环境，是不可能获得成功的。这是现代经济发展的一个核心问题。

发展中国家资本形成或积累方式可划分为四种类型或模式：第一，以企业积累占绝对优势；第二，以政府积累占绝对优势；第三，以政府积累为主导、以企业积累为辅助；第四，以企业积累为主导、以政府积累为辅助。显然，这四种类型分别代表了一国的资本形成或资本积累体制，也在很大程度上反映了它的整个经济体制以及工业化模式的特征。根据二战后发展中国家的经验教训，在这四种模式中，以第四种较优。在该模式中，一方面，在微观层面上，企业根据市场需求和自身的能力，自主地决定投资、生产、经营活动，具有自我积累、自我扩张的内在动力和外部竞争压力，政府一般不加任何干预。另一方面，在宏观层面上，政府则运用财政和货币金融政策，根据社会经济发展的目标，对企业的投资活动加以引导、调节，并对那些单个企业不愿或无力投资而又具有社会效益的非营利性事业，或关系到国家长远经济利益的事业，如交通、能源、通信等基础产业，新兴高科技产业，教育与科技发展，以及社会安全与社会保障等，由政府直接投资，建立国有企业。这样，私人企业与政府各司其职，各尽其能，互为补充，既能保证经济的效率和活力，又能加速经济发展和维持宏观经济的稳定。总之，这种以企业积累为主导、以政府积累为辅助的资本积累模式，能够避免上述三种模式的弊端，是适应现代市场经济的需要和发展中国家的国情，从而能保证实现经济起飞和现代化的一种比较好的资本积累方式。

企业的积累能力与企业内部的收入分配也有密切的关系，特别是工资的增长幅度。在工业化初期，由于存在大量的剩余劳动力，工资的增长不宜过快，应该慢于劳动生产率的增长，以便提高利润率，扩大企业的积累能力，从而进一步扩大就业、吸收剩余劳动力。当经济已经起飞、劳动力出现短缺时，再使工资有较高的增长率。这是先进国家在起飞时期都经历过的阶段。

四、金融融资

在现代市场经济中，储蓄活动与投资活动大多是相互分离的，储蓄向投资转化主要是通过金融中介机构间接进行的。所以，金融体系在资本的形成及运用过程中起着关键性的作用。市场经济越是发展，对金融体系的依赖性就越大。但是，第二次世界大战后的前二三十年，受凯恩斯的国家干预主义或苏联高度集中的工业化模式的直接与间接影响，绝大多数发展中国家走的是依靠计划、国有化与进口替代来加速资本积累和工业化的发展道路，一般尚未认识到市场机制对资源配置的积极作用，有一些国家甚至人为地压制或排斥商品货币关系的发展，因此没有将金融政策视为促进经济稳定和经济增长的重要手段。在这些国家，特别是社会主义国家，金融体系只是行政上分配商品和劳动力的附属补充（银行只是财政部门的出纳机构），而不是资源分配中的一个独立要素。其结果是金融系统的发展大大滞后于实体经济部门的发展，并反过来严重阻碍了经济的发展。直到 20 世纪 70 年代以后，许多发展中国家才先后掀起了市场导向的经济体制改革及金融体制改革的浪潮，金融发展问题才渐渐受到人们的关注。

金融发展与实体经济发展之间存在着一种相互刺激和相互影响的关系。一方面，蓬勃发展的经济通过国民收入的提高和对金融服务需求的增长，将刺激金融业的扩展，加深经济货币化的程度；另一方面，健全的金融制度能将分散的储蓄有效地动员和汇集起来，并引导到生产投资活动中去，从而促进经济的发展。

金融系统可以为经济的顺利运转提供四种重要的基本服务：第一，提供了作为交换媒介、价值贮藏手段和价值计算单位的货币；第二，提供了一种筹措资金、分配资金的途径，从大量的储户手中收集储蓄，并将其输送给投资者，这个过程即为“金融媒介活动”；第三，提供了在经济中转移风险、分配风险的手段；第四，提供了一套促使经济活动趋于稳定的政策工具。

发达的金融系统对经济增长的促进作用或称“引致增长效应”（growth-inducing effect），是通过两个方面发生的：一是在资本形成的数量方面，提高了经济中储蓄和投资的总水平。因为金融机构和金融工具提供的选择机会越多，金融服务越是便利周到，人们从事金融活动的欲望就越强烈，一些非生产性的或暂时闲置的资金就可以被吸引到生产性用途上来，从而社会资金积累的速度就越快。二是在资本运用的质量方面，提高了投资的效率或边际收益。一来竞争会保证资金首先流向投资风险小、回收期短、盈利水平高的产业与地区。二来金融机构对企业的外部监督，也有利于企业改善经营，提高效率。总之，良好的金融制度和金融政策，可以帮助克服资本的短缺，改善资源的配置，从而促进经济增长，并影响一国的经济发展道路。

反之，一个国家的金融体系越落后，政府对金融的管制越严，则对经济发展所起的抑制作用将越大。1973 年，美国斯坦福大学的两位教授爱德华·S. 肖（Edward S. Shaw）和罗纳德·I. 麦金农（Ronald I. McKinnon）同时提出了著名的“金融浅化”（financial shallowing）或“金融压制”（financial repression）理论，以及“金融自由化”（financial liberalization）和“金融深化”（financial deepening）的政策主张。[①] 他们两人将经济发展理论和货币金融理论融为一体，创立了金融发展理论。关于这些理论和主张的具体内容，参见本书第十章。这里，只引述世界银行《1989 年世界发展报告》对发展中国家金融问题的总结。该报告的封面语这样写道：“发展中国家的金融体系是在其 60 年代和 70 年代的发展战略影响下形成的。在许多国家中，健全而有效的金融结构的发展受到了政府干预的阻

① 罗纳德·I. 麦金农. 经济发展中的货币与资本. 上海：上海三联书店，1988；爱德华·S. 肖. 经济发展中的金融深化. 上海：上海三联书店，1988.

滞，这些干预旨在将信贷导向一些重点部门，并始终人为地把利率保持在低水平上。今天，在许多国家改变了它们的发展模式，并且更多地依赖私人部门和市场力量的情况下，金融改革的必要性已经是不言而喻了。在政策方面以及在金融市场方面的必要改变——这些变革为各国创造了一个更新金融体系的机会，使之能够提供它们将来的国民经济所需要的服务——这就是本年度（第 12 期）《世界发展报告》的主题。”该报告在总结 19 世纪 70—80 年代一些国家实行金融自由化改革的经验教训时正确指出：“自由化的步幅和次序应当根据一个国家的原有金融体系结构和宏观经济的稳定程度来决定。有些国家的经济不稳定，价格体系没有反映出资源的稀缺性，所以，它们将逐步地消除对其金融体系的管制。在那些尚没有完全开放市场的国家中，决策者应当确保以下两点：一是利率要反映市场力量；二是指导性的信贷规划要有限制，只能占信贷总额的较小份额。在一个国家的宏观经济不够稳定的情况下，解除对外部金融交易活动的控制可能导致资本流动的不稳定化。所以，尽管各国的目标是形成一个开放市场，但在其他的经济改革和金融改革尚未步入正轨之前，它们还不宜取消所有的资本控制措施。”①

对照麦金农和肖的理论和政策主张，以及世界银行《1989 年世界发展报告》的观点，反思 1997 年爆发的东亚金融危机的深刻教训，东亚国家在引进外资和开放本国资本市场的过程中，形成了对外资的过分依赖，并放松了对外资特别是短期资本流动的控制，结果造成外资的投机性冲击对本国经济和金融的巨大损害。世界银行在《1989 年世界发展报告》中早就对此发出了警告，遗憾的是并未引起人们的注意和重视。

发展中国家的金融体系不发达以及金融压制的另一个重要表现就是其金融结构的二元性，或“二元金融市场”，即一方面是有组织的、中央银行能够控制的金融机构和金融市场，它们以低利率为现代产业部门和出口部门（主要是大中型企业）提供资金；另一方面是民间无组织的、中央银行不能控制的、进行高利贷剥削的资金市场（通常是地方的货币借贷者和索取极高利息的高利贷者），来满足那些被排斥在有组织的金融市场之外的当地的小农场主、农户、小企业主、小商人的资金需要。“在传统部门的小农、小商人及手工艺者总是遭受资本不足及高利率的打击，而高利率的原因是把金钱以小额借给这些小借款者阶级的风险大，而且成本也较高。但是现在这项困难由于政府采取促进国内工业化政策而更加严重。这些政策的结果，使政府以过分有利条件提供稀少资本和外汇资源及公共经济服务给现代部门的较大型经济单位，而且政府以过分不利条件提供给传统部门的小规模经济单位。”②

金融结构的二元性实质上是发展中国家二元经济的反映，反过来又加剧了经济结构的二元性，使传统部门相对于现代部门更加落后，使城市和农村的差距扩大，使农业生产停滞不前，使那些占人口大多数的贫困阶层（特别是农民）的生活长期得不到多少改善。因此，消除金融的二元性是十分必要的，应作为发展政策的一个重要方面。

迈因特教授提出了两项消除落后国家金融二元性的政策建议：“第一，有组织部门之信用市场的官价利率必须提高到足以反映他们现存资金不足状况。这将鼓励一个金融中心

① 世界银行. 1989 年世界发展报告. 北京：中国财政经济出版社，1989：前言Ⅳ、126－127.

② H. 迈因特. 发展中国家经济学. 中国台北：台湾银行经济研究室，1984：60.

的成长，以便有效地向国内及国外吸收储蓄。它同时能够使可利用的储蓄供给等于贷款需求，包括放贷者重新贷给无组织信用市场之资金需求。第二，一个更整合的国内市场（more integrated domestic market）只有在现代及传统部门都能以相同的条件自由接触时才能创立，传统部门的利率能够更有效地降低，不是由于对合作机构提供有限金额的低利率贷款，而是对合作社和放贷者在同等的条件下都给予无限制的接触，所以它们能够相互竞争以较低的利率将资金提供给小额借款者。”① 迈因特的建议与麦金农和肖的“金融深化”主张在思路上是基本一致的。

总之，发展中国家的金融体系和金融政策不应该只为那些现代化的大中型企业服务，还应当促进那些在经济活动中占很大比重的小规模生产单位（小企业、小商人、小农户等）的生产发展。后者经济状况的改善，不仅有利于改善收入分配的不平等状况，增加就业，消除贫困，而且有利于增加储蓄，扩大国内市场的容量，从而对于工业的进一步扩张，特别是农村地区的工业化、城镇化，都将起到积极的促进作用。

第四节　资本形成的效率

对于发展中国家来说，除了资本的筹措以外，更为重要的问题是如何有效地使用资本。因为资本使用效率的提高，意味着一定资本的产出量增加或一定产出所需要的资本量减少，从而节约了资本并增加了收入。二战后的经验表明，很多发展中国家之所以没有发展起来，往往并不是因为其资本不足，而是因为其资本使用不当，造成资本大量浪费。例如，第二次世界大战后的 20 世纪 50—60 年代，日本和中国的储蓄率都在 30%左右，据估计两国资源的总使用量也差不多，生产出来的国民收入却相差甚远。因此，提高资本形成的效率甚至可能比提高投资量对经济的长期增长更为重要。

资本形成的效率通常是以资本产出比来衡量的。资本配置的一般原则应该是将资本投向资本的边际收益最高（即资本产出比最低）的生产活动。上节分析比较了四种主要的资本形成方式，就是要阐明建立一种能保证资本有效使用的体制的必要性，其中心观点是：必须改革那种依靠行政手段直接配置资本的方式，发挥企业和金融市场在资金配置上的主导作用。这是提高资本形成效率的最根本的保证。在此基础上，对资本有效配置，还应该注意以下几个问题。

1. 资本使用同劳动就业与产业结构的关系

资本吸收劳动的多少可用资本的劳动力吸收率或资本的就业弹性系数来衡量，即 l/k，l 表示劳动力增长率 $\Delta L/L$，k 表示资本增长率 $\Delta K/K$。显然，这一比率越高，资本创造的就业机会就越多。发展中国家一般是资本稀少而劳动力过剩，因此根据新古典增长模型，在工业化初期应该重点发展那些较多使用劳动力、较少使用资本的劳动密集型技术和产业，而不是耗费大量资本的资本密集型技术和产业，这对于增加就业和收入、提高消费需求、改善人民的生活是十分必要的。第二次世界大战后“亚洲四小龙”的经济起飞，就

① H. 迈因特. 发展中国家经济学. 中国台北：台湾银行经济研究室，1984：62.

是建立在充分利用廉价的劳动力资源的优势、大力发展轻纺等劳动密集型加工工业的基础之上的。我国改革开放后走的也主要是这条路子。

2.资本形成与技术创新的关系

资本不仅要与劳动结合，而且要跟自然资源结合才能变成真正的生产力。而技术是结合各种物质生产要素的纽带，所以，资本形成必须促进技术（特别是节约资本的技术）创新，这样才能降低资本产出比，提高投资效益。中国自 1949 年以来的半个多世纪，经济增长方式一直是高投入—高产出的粗放型，至今仍未转变到集约型或效益型。要实现增长方式的彻底转变，就必须大力发展教育和科技，促进技术创新，特别是建立自主创新的体系，以提高经济增长的质量。

3.资本配置与企业组织结构的关系

许多发展中国家只重视那些现代化的国有大中型企业，这些企业大多是资本密集型的，而忽视那些为数众多的集体经营或私营的中小企业及农户。但后者能大量地吸收劳动力就业，与人民生活关系密切。所以，在各种所有制的大、中、小型企业之间求得均衡的发展，特别是重视小企业的发展，对资本的有效配置也是非常重要的。

4.投资项目的管理问题

大多数发展中国家的政府将注意力集中在新的投资项目的审批上，而对以前的投资项目的日常开支与维修费用不再提供足够的资金。这就导致了国有部门资本的利用不足。所以，加强对投资项目的日常监督并提供必要的追加投资，可以大大提高资本的利用率和产出率。

核心概念

资本形成	唯资本主义	“贫困的恶性循环”理论
“低水平均衡陷阱”理论	“大推进”理论	哈罗德-多马模型
索洛模型	新增长模型	自愿储蓄
强制性储蓄	二元金融市场	资本产出比

复习与思考

1.试述资本形成与储蓄、投资的关系。

2.如何正确认识资本形成在发展中国家经济发展中的作用？为什么说从第二次世界大战后经济增长模型的演变中可以看到西方发展经济学对资本形成认识的变化？

3.试述资本形成的来源。

4.试述个人储蓄和个人消费是如何决定的。

5.既然对发展中国家来说资本是稀缺的要素，为什么中国现阶段会出现资金的大量过剩现象？

6.为什么说农业剩余的转移是发展中国家资本形成的重要方式？如何转移才是有效的？

7. 如何正确处理政府融资、企业积累、金融融资这三种资本形成方式的关系？

8. 为什么发展中国家的金融市场具有二元性？如何才能消除这种二元性？

9. 怎样才能提高资本形成的效率？

第五章

人口、就业与经济发展

本章重点

- 西欧人口转折与发展中国家人口转折
- 马尔萨斯“人口陷阱”模型
- 乔根森模型
- 托达罗人口流动模型

发展经济学家一直重视资本形成在经济发展中的作用，把物质资本的匮乏视为阻碍发展中国家经济发展的首要因素。因此，众多的发展中国家试图通过努力挖掘国内资本潜力，争取国外资本流入，即促进资本形成来推动经济发展，但事与愿违，并没有出现经济发展的奇迹。目前，几乎所有的发展经济学家都认识到，决定一国经济发展的更重要的因素是人力资源，而大多数发展中国家虽然拥有丰富的劳动力资源，但劳动力的知识和技术水平都比较低，加之人口增长过快、就业不足和失业等问题，直接影响到发展中国家人口的数量和质量，因而，在阐述人力资源开发理论时，应首先论述人口数量、就业与经济发展的关系，这就是本章的主要任务。

第一节　人口的过度增长与抑制人口政策

世界人口尤其是发展中国家的人口，以空前的速度增长，“人口爆炸”已成为人类面临的一个严峻问题。1987 年 7 月 11 日，联合国举行了第一个人口日纪念活动，世界上第

50亿个居民当日在克罗地亚诞生。联合国人口基金曾在1999年7月11日的人口日纪念活动中宣布：1999年10月12日，第60亿个居民将出生。人类出现以来直至大约300年以前，世界人口的年增长率都是非常低的，仅仅略微超过0，约为0.002%。但到了1750年，人口的年增长率达到0.3%，是过去的150倍，到1950年，则达到了1.0%，20世纪70年代达到高峰——2.3%，目前世界人口的年增长率为1.5%。2014年世界人口为72.597亿，联合国的有关资料显示，预计到2025年，世界人口将达到80亿。

在世界人口的增长进程中，发展中国家占据了相当大的比例。1995年的世界总人口中，3/4的人生活在发展中国家。除了美国和日本以外，世界上人口过亿的大国都是发展中国家。表5-1列出了2008年和2014年15个人口大国的情况。排位顺序变化不大，2000—2008年人口增长率分别是2.4%和2.6%的尼日利亚和埃塞俄比亚的排名提前。

表5-1　　2008年和2014年世界上的15个人口大国

国家	2008年总人口（百万）	2000—2008年年均增长率（%）	2008年排位	2014年总人口（百万）	2014年排位
中国	1 326	0.6	1	1 364.3	1
印度	1 140	1.4	2	1 295.3	2
美国	304	0.9	3	318.0	3
印度尼西亚	228	1.3	4	254.5	4
巴西	192	1.2	5	206.1	5
巴基斯坦	166	2.3	6	185.0	6
孟加拉国	160	1.6	7	159.1	8
尼日利亚	151	2.4	8	177.5	7
俄罗斯	142	−0.4	9	143.8	9
日本	128	0.1	10	127.1	10
墨西哥	106	1.0	11	125.4	11
菲律宾	90	1.9	12	99.1	12
越南	86	1.3	13	90.7	14
德国	82	0.0	14	81.0	15
埃塞俄比亚	81	2.6	15	97.0	13

资料来源：2008年数据来自The World Bank. World Development Report 2010. Washington，D.C.，2010：378-379；2014年数据来自The World Bank. World Development Indicators 2016. Washington，D.C.，2016：48-52。

2014年，在72.597亿世界总人口中，高收入国家人口为13.984亿，低收入国家为6.22亿，下中等收入国家为28.785亿，上中等收入国家为23.608亿，高收入国家人口占世界总人口的比重为19.26%，但国民总收入却为53.561 2万亿美元，占世界总收入的68.32%，也就是说，占世界人口近1/5的高收入国家占有2/3以上的世界总收入。在广大的发展中国家，人口的过快增长导致了粮食紧缺、资金匮乏、人均资源下降、生态环境日益恶化。例如世界第一人口大国中国，它拥有的一些自然资源总量居世界前列，但是由于庞大的人口基数，人均资源占有量则很低，许多都远低于世界平均水平。例如，据世界银行《2010年世界发展报告》，中国2008年国民总收入为38 993亿美元，在世界上排在第3位，而人均国民总收入只有2 940美元，在世界上的排名大大下降 。印度人口也在1999年8月15日突破10亿大关，粮食产量的提高跟不上人口增长速度。1960年，印度的人均耕地为0.21公顷，到1999年，人均耕地降为0.10公顷，预计到2050年，人均耕地将只有0.07公顷。在印度，一半成人是文盲，一半以上儿童营养不良，1/3的人口生活在贫困线以下 。因此，人口问题已成为世界性的问题，对大多数发展中国家而言，制定适当的人口政策已成为当务之急，要制定相应的政策，应首先了解发展中国家人口过度增长的原因。下面我们就用人口转折模型和人口出生率的微观理论模型来进行分析。

一、发展中国家人口增长过快的原因

发展经济学家认为，发展中国家人口增长率之所以居高不下，主要是因为死亡率得到了有效控制，而出生率却没有明显下降，他们通过比较西欧与发展中国家人口转折的不同来说明这一问题。

（一）人口转折模型

所谓人口转折（demographic transition）模型是指从高出生率和高死亡率的稳定人口转向低出生率和低死亡率的稳定人口。由于人口增长率等于出生率减去死亡率，所以当出生率不变、死亡率下降时，人口增长率就会维持较高的水平，因此才会在一些国家出现3%的人口增长率。

1.西欧的人口转折

一些学者根据欧洲发达国家的历史资料，将其人口的增长分为三个阶段，如图5-1所示。

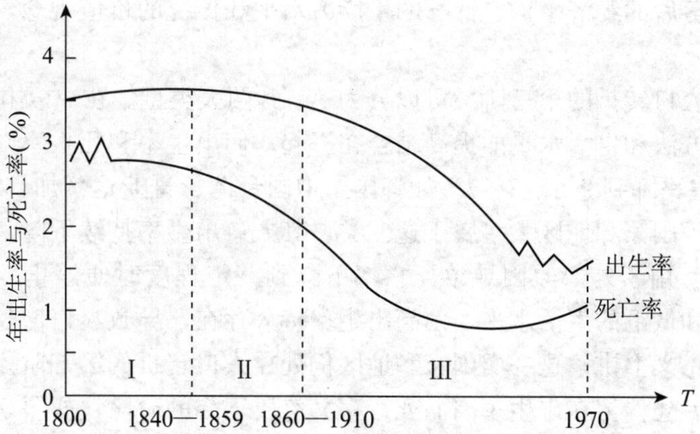

图5-1　西欧的人口转折

说明：19世纪前，西欧人口的出生率保持在3.5%左右，而死亡率在3%上下波动，年人口增长率为0.5%。到19世纪20年代，死亡率开始缓慢下降，西欧人口史上第二阶段开始。出生率的大幅度下降标志着第三阶段的开始，集中在20世纪进入“现代增长”后的数十年。由于晚婚和独身，西欧人口的出生率普遍较低，人口增长率很少超过1%。到了20世纪后半叶，出生率与死亡率的变动发生置换，出生率静止不动，死亡率却略有上升，这一现象与西欧现代人口老龄化的结构有关。

第一阶段：高出生率和高死亡率。在古代社会，人口出生率往往维持在生物学上的极限，通常比较高，而死亡率则随着饥荒、战乱和各种传染病而剧烈变动，也比较高，因而人口增长的幅度不大，人口数量大致不变，维持相对稳定的规模。例如，西欧发达国家一直到18、19世纪之交，出生率为3.5%，死亡率为3%，人口增长率很低。

第二阶段：死亡率开始下降，但是出生率并未下降，结果导致人口迅速增加。在这个阶段，由于这些国家经济的发展——国民收入增加、人民生活水平提高及医药卫生事业的进步，死亡率开始逐步下降。应该指出的是，西欧发达国家人口死亡率的下降是与经济发展和收入提高直接联系在一起的。但是出生率的下降开始得较晚，且速度缓慢。这是因为在发展的相当时期内，传统观念诸如多子多福、重男轻女、养儿防老等一时难以打破，加之生儿育女的成本很低、社会保障制度尚未建立健全等。

第三阶段：死亡率逐渐停止下降，同时出生率开始下降。在这一阶段，人口数量从略有增长到维持不变，甚至缓慢下降。这是因为经济发展到高度工业化阶段，大家庭制度逐渐解体，社会保障制度日臻完善，妇女教育水平提高，就业机会增多，子女受教育的费用也随之增加，养育孩子的成本增加，在诸多因素的作用下，养儿防老、多子多福、重男轻女的传统观念日渐淡薄以致被摈弃，从而使人口出生率逐步降低。

2. 发展中国家的人口转折

第二次世界大战后，情况发生了变化。许多发展中国家虽然经济上没有多大发展，人民生活水平依然很低，但是由于世界范围科学技术的进步、医药费用的降低和国际援助的支持，许多疾病特别是传染病得到了控制，甚至灭绝，从而导致了死亡率的急剧下降，造成了人口的大幅度增长。但与西欧不同的是，发展中国家死亡率的下降几乎完全是医药卫生与健康保健事业发展的结果，而不是由于当地的经济发展和收入水平的提高，而且是在一个比西欧国家短得多的时期内发生的。因此，在死亡率大幅下降的同时，在这些国家占主导地位的仍是落后的经济结构、低下的生产力水平和传统的价值观念，因此人口出生率一直居高不下。

发展中国家人口转折的第三阶段可以分为A、B两大类型。在A类国家和地区中，现代化控制死亡的方法和生活水平的提高结合在一起，使出生率和死亡率同时下降（死亡率降到1%，而出生率降到2%～3%）。如韩国、中国台湾、哥斯达黎加、古巴、斯里兰卡、多米尼加、泰国等国家和地区大多属于这一类，其人口出生率持续下降。但是大多数发展中国家属于B类，由于外部原因导致死亡率下降到一定程度时便停止。而经济发展的滞后、普遍的贫困和低下的生活水平，使高出生率持久存在，导致人口增长率停留在较高的水平上。从严格意义上讲，这一类国家和地区仍处在人口转折的第二阶段，如撒哈拉以南非洲及中东地区就还停留在出生率高而死亡率又有所下降的阶段，如图5－2所示。

人口转折模型从现象上描述了在经济发展的不同阶段，人口发展的趋势变化，并指出发展中国家人口增长率不断提高主要是由死亡率得到有效控制而出生率居高不下造成的。然而这一模型并没有从本质上阐明发展中国家的出生率为什么居高不下，以及应采取什么样的措施才能从根本上抑制人口的过度增长。

（二）人口出生率的微观理论模型

为了弥补人口转折模型的不足，近年来经济学家们试图从家庭人口出生率的微观决策

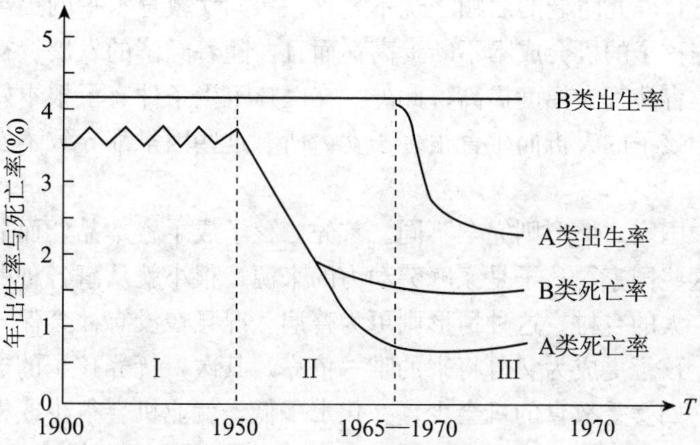

图 5－2　发展中国家的人口转折

角度来分析说明在人口转折第三阶段出生率下降的原因。他们将传统的新古典主义家庭和消费者行为理论作为模型分析的基础，并以经济学原理和最优化原则来解释家庭规模的抉择。

传统的消费者行为理论假定：对于一个根据个人偏好程度而构成的商品系列，每个合乎理性的人都试图根据自己的收入状况和商品的相关价格去满足自己的需求。当把这一理论应用于人口出生率的分析时，孩子被视为一种特殊的消费品（在发展中国家，则被视为特殊的投资品），从而使消费者（家庭）对于孩子的需求，就像对其他消费品的需求一样，成为一种经济的、理性的选择。在收入或替代财产一定的条件下，如果其他因素不变，所期望得到的孩子数目与家庭收入成正比（在非常贫穷的社会，往往不具有这种联系），与对其他商品的需求强度成反比，与孩子的价格成反比。在此可以用数学式来表达这些关系：

$$C_d = f\ (Y,\ P_c,\ P_x,\ t_x) \qquad (x=1,\cdots,n)$$

其中，C_d 是对存活儿童的需求（在低收入社会，应考虑到婴儿死亡率很高）。Y 是既定的家庭收入水平。P_c 是孩子的净价格（等于抚养孩子的预期成本减去孩子的预期收益）。培养孩子的成本包括：(1) 母亲时间的“机会成本”；(2) 孩子的教育费用。孩子的预期收益包括：(1) 孩子将来可获得的收入；(2) 孩子将来对老人的赡养。P_x 是所有其他商品的价格。t_x 是相对于孩子来讲，对其他商品的偏好程度。

在正常（新古典）条件下，可以预期：

(1) $\partial C_d/\partial Y>0$，家庭收入越高，对孩子的需求就越大。

(2) $\partial C_d/\partial P_c<0$，孩子的净价格越高，对孩子的需求就越小。

(3) $\partial C_d/\partial P_x>0$，相对于孩子，其他的商品价格越高，对孩子的需求就越大。

(4) $\partial C_d/\partial t_x<0$，相对于孩子，对其他商品的偏好越大，对孩子的需求就越小。

通过上述微观理论模型，我们就可以了解发达国家和发展中国家在人口出生率上存在差异的原因了。

在发达国家，伴随着现代化和工业化进程，传统的大家庭纷纷解体，在社会保障制度日趋完善的情况下，养儿防老的后顾之忧不复存在；妇女教育水平的提高、就业机会的增多，使生育、抚养孩子的机会成本不断提高；而且，随着经济的发展、社会的进步，孩子本身的扶养费和教育费都大幅度提高；此外，在医疗卫生条件有了根本好转的情况下，父母已不必因为担心孩子的夭折而生育很多子女。所有这些因素都导致了发达国家人口出生率的迅速下降。

但是在发展中国家，情形则完全不同。首先，孩子成了资本品，而非消费品，预期收益过高，因为在这些国家，孩子是家庭劳动力的来源，很小就从事各种劳动，为家庭增加收入，特别是在广大的乡村，这种情形则更为普遍。况且在没有社会保障制度或这一制度不健全的前提下，孩子更成为父母将来的唯一依靠。其次，抚养孩子的成本却非常低。因为在发展中国家，妇女受教育的机会少，文化水平低，就业机会很少或根本没有，这样母亲时间的机会成本就很低。同时，在落后的社会经济发展状况和低下的生活水平条件下，孩子的抚养费和教育费均很低，很多家庭根本不打算或没有能力送自己的孩子上学读书。这种高收益、低成本导致了孩子的净价格很低，甚至是负数。这造成了发展中国家人口出生率居高不下。

二、人口增长与经济发展

描述发展中国家的人口现状及人口增长的原因，主要是为了阐述人口增长与经济发展的关系，从而寻求控制人口过度增长的对策，使众多的发展中国家摆脱沉重的人口负担，促进经济的发展。

历史上，最早对人口增长与经济发展之间的关系做出描述的大概应属英国古典经济学家马尔萨斯。其全部经济理论的出发点是两个公理：(1) 食物为人类生存所必需。(2) 两性间的情欲是必然的，且几乎会保持现状。在此基础上，马尔萨斯认为人口的增殖力比土地的生产力要大无数倍。人口在食物供给充足的条件下按几何级数增长，而生活资料受土地收益递减规律的制约只能按算术级数增长，因而生活资料的增长远远赶不上人口的增长。除非采取某种强有力的措施抑制人口增长，否则就难以维持人类和自然界的平衡。

马尔萨斯把自己的基本思想概括为以下三点：(1) 人口增长必然受生活资料的限制；(2) 只要生活资料增长，人口就一定会增长，除非受到某种非常有力而又显著的抑制力量的阻止；(3) 这些抑制人口增长并使之与生活资料的增长保持一致的因素，可以归纳为道德的抑制、罪恶和贫困。马尔萨斯把这三点称为是自然的人口法则。

后来的经济学家把马尔萨斯的这种仅能维持生存的收入水平客观地制约着人口数量的思想称为“低水平均衡人口陷阱”，或者简称为马尔萨斯“人口陷阱”。所谓“人口陷阱论”(theory of population trap) 旨在说明：当人均收入提高时，人口增长速度也必然随之提高，结果人均收入又会退回到原来的水平，除非投资规模迅猛提高到超过人口增长的水平。由于人口增长有自然的极限，因此人均收入才能超过人口增长率而上升。因此，在最低人均收入和与人口增长率相等的人均收入水平之间，存在着一个“人口陷阱”。在这个陷阱中，任何超过最低水平的人均收入的增长，都将被人口增长所抵消，如图 5－3 所示。

在图 5－3 中，纵轴表示人口和总收入增长率，横轴表示人均收入水平的变化。

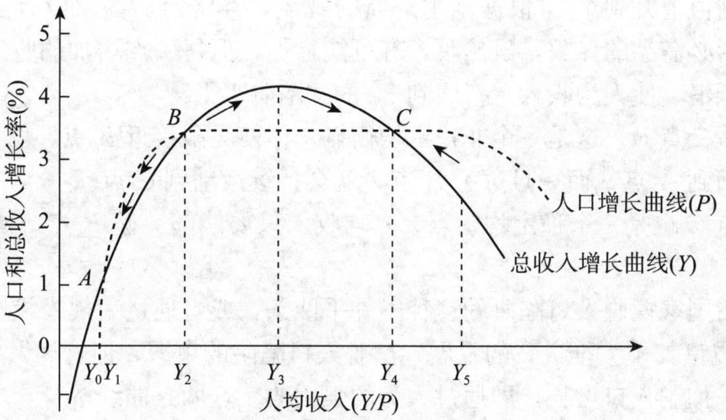

图 5-3 马尔萨斯“人口陷阱”模型

首先，我们来说明表示人口增长率（纵坐标）和人均收入水平（横坐标）之间关系的人口增长曲线 P。在人均收入水平很低的 Y_0 上，人口增长率为零，形成稳定的人口规模。因此，Y_0 描述的是“赤贫”的概念，出生率与死亡率大致相抵，人们仅能维持生存的最低水平，这相当于人口转折的第一阶段。在超过 Y_0（在右方）的人均收入水平上，人口规模在死亡率下降的作用下开始增大。此时，较高的收入意味着饥饿与疾病的减轻。由于出生率只是限定在生理的极限内，下跌的死亡率推动了人口的激增（相当于人口转折的第二阶段）。

在人均收入水平 Y_2 上，人口增长率达到最高值，约为 3.3%。假定保持这个水平，直到更高的人均收入水平（Y_5），那么根据人口转折论的第三阶段的说法，出生率将开始下降，人口增长曲线变成下倾曲线，并再次向横轴逼近。

其次，我们来说明表示总收入增长率与人均收入水平之间关系的总收入增长曲线 Y。总收入增长曲线与生产理论中的总产品曲线相似，它的变动趋势是先递增，到达一定点后开始递减。

第一阶段：总收入增长率与人均收入正相关，即人均收入水平越高，总收入增长率也越高。这是因为总收入增长曲线的变动是以总产出曲线的变动为依据的，当人均收入增加时，储蓄增加，从而使投资增加，最终使收入增加。

第二阶段：当人均收入超过既定点（Y_3）时，在土地与其他生产要素的数量不发生变化的情况下，由于更多的人寻求就业机会，使总收入增长曲线停止上升并开始下降。这是土地收益递减规律在陷阱模型中的体现。

最后，我们来说明这两条曲线的关系，它体现在三个交叉点上。

第一，来看交点 A，与 A 点相对应的人均收入水平为 Y_1。A 点为稳定均衡点，即任何一个偏离 A 点（向左或向右）的微小移动，都会使人均收入均衡退回到 Y_1。例如，当人均收入从 Y_1 向 Y_2 增长时，人口增长率将会超过总收入增长率（在图上表现为人口增长曲线 P 高于总收入增长曲线 Y），但是，无论何时，只要人口的增长快于收入的增长，人均收入就必然会下降。箭头从右方指向 A，表明不管人均收入处于 Y_1 和 Y_2 之间的什么位置，都会下降到初始水平 Y_1。同样，在 A 点的左方，收入的增长快于人口的增长，导致人均收入的均衡值上升到 Y_1。根据马尔萨斯的观点，经济落后国家没有能力使其人均收入水平突破生活必需品的界限，虽然收入有可能增加，但每一点增加的收入又被随之而来的人口增加所抵消，使人均收入重新回到 Y_1 的“陷阱水平”。

第二，来看交点 B。这是一个非稳定均衡点。即使无限接近 B 点，但只要没有突破 B 点，都会重新回到 A 点，而一旦过了 B 点，就会持续运动到 C 点。

第三，交点 C 也是一个稳定均衡点。人均收入只要能够突破 B 点，便会稳步向 C 点（Y_4）前进。

因此，落后国家摆脱人口陷阱的途径不外乎两条：或者通过大规模投资，一举突破 A 点到达 B 点，以诸如“大推进”的发展，摆脱人口陷阱的束缚。但这样做非常困难。或者通过有效措施来抑制人口增长，即通过人为的强力改变这两条曲线本身。

马尔萨斯“人口陷阱”模型在阐述人口增长与经济发展之间的关系方面，提供了一种简明而在某些方面又可取的理论。但是，由于这一理论的许多前提和假设过于简单，因而失去了对现实的指导性。对该模型的主要批评有以下两个方面。

首先，模型（包括马尔萨斯本人）忽视了技术进步的巨大力量，这种力量足以抵消人口迅速增长所带来的压力。马尔萨斯是以土地收益递减规律为基础来阐述其人口理论的，没有考虑技术进步的作用，因而对人类社会的发展前景做出了悲观的结论。从理论上讲，技术的不断进步和人类对自身繁衍的有效控制可能改变总收入增长曲线和人口增长曲线的形状，如图 5-4 所示，总收入增长曲线在人均收入的所有水平上，都在纵向上高于人口增长曲线，结果是，人均收入将随着时间的推移稳定增长，所有的国家都有可能避免人口陷阱。但实际上，只有发达国家摆脱了人口陷阱的阻力，进入了人口和经济发展的良性循环，而大多数发展中国家因停滞不前的技术、落后的经济结构、传统的耕作方式、陈旧的思想观念而经济发展十分困难，人口激增，陷入人口陷阱而不能自拔，从而被马尔萨斯不幸言中了。

图 5-4　技术（与社会进步）使一国避开人口陷阱

其次，马尔萨斯“人口陷阱”模型假定人口增长率和人均收入有直接的联系，认为收入的增加必然会导致人口的增加。但是实际中的情形则完全不同，世界上的不同国家或同一国家的不同地区，往往是收入高的国家和地区比较成功地控制了人口增长，妇女生育子女的数目大大下降。恰恰是那些收入低下的国家和地区，人口增长率过高，越穷越生，越生越穷，似乎已成为一种规律。在这种情况下，美国现代人口学家莱宾斯坦则运用成本—效益分析揭示了越穷越生的经济原因。在图 5－5 中，纵轴 *OY* 表示给定胎次（孩子）的效用和成本，横轴 *OX* 表示人均收入水平。图中的三条曲线表示孩子的基本效用：曲线 *a* 表示消费效用（父母从孩子那里获得欢愉、情感上满足的效用）；曲线 *b* 表示劳动—经济效用；曲线 *c* 表示保险效用（孩子对老人晚年的赡养）。从图中可以看到，除了消费效用同人均收入的变化之间的关系似乎难以确定外，孩子的劳动—经济效用和保险效用都与人均收入水平呈反方向运动，即收入水平越低，孩子的这两种效用就越大。莱宾斯坦后来又补充了孩子的其他三种效用——经济风险效用、长期维持家庭地位的效用和对扩展型家庭做贡献的效用，它们也都随收入的增加而递减。由此可知，收入水平越低，孩子的边际效用便越高。

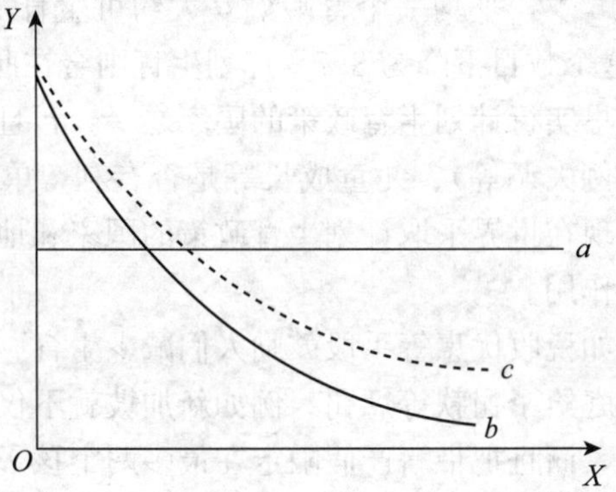

图 5－5　人均收入水平与对孩子的需求

尽管“人口陷阱”模型存在缺陷与不足，但它所揭示的人口过度增长对经济发展的制约却是对许多发展中国家实际状况的理论概括，从根本上纠正了不顾经济发展条件盲目鼓励人口增长的做法。而制定有效的控制人口政策则是发展中国家的一个重要选择。

三、发展中国家控制人口增长的措施

在一定时期内可以降低出生率的措施有以下几个方面：

第一，提高妇女的社会和经济地位，增加其受教育和就业的机会，这样不仅使母亲时间的机会成本大大提高，而且可以使妇女的婚育年龄大大延迟。前者使家庭对孩子的需求减少，后者则使妇女生育孩子的数目大大降低，从而使出生率下降。更重要的是妇女教育水平的提高会直接提高孩子的营养和医疗保健水平，从而有助于降低儿童死亡率。

第二，增加社会保障和福利措施，改变养儿防老的观念。从上面的分析中可以看出，在落后的国家，生养孩子的效用远远大于其成本，收入水平越低，孩子的效用就越大，而如果一个国家具有完善的社会保障和福利体系，孩子的保险效用就会下降，当父母不再需要孩子来养老时，对孩子的需求自然会下降。

第三，提高儿童健康水平，降低儿童死亡率，降低生育的愿望。据世界银行的数据，最贫困的几个国家的婴儿死亡率都非常高，例如，塞拉利昂 1996 年每千例活产婴儿的死

亡率为174，几内亚为133。相应地，这些国家的总和生育率（每位妇女的生育个数）也很高，塞拉利昂1996年为6.5个，几内亚为5.7个。而人口问题解决得较好的一些发展中国家，如斯里兰卡、韩国、哥斯达黎加和泰国，每千例活产婴儿中死亡的数目分别是15、9、12和34。这些国家妇女的生育个数则分别是2.3、1.7、2.7和1.8，大大低于具有高婴儿死亡率的国家。相关资料说明，在降低婴儿死亡率的基础上，改善儿童的营养健康状况，有助于使儿童死亡率下降，并降低一国居民生育孩子的愿望。

第四，提倡晚婚、计划生育，必要时采取立法的形式来执行。如果说妇女受教育水平的提高会使其结婚年龄增大是一种自愿行为的话，那么通过社会的宣传、提倡，同时配以各种经济的奖惩措施，甚至规定合法的婚龄，则带有一点强制成分。但是晚婚可以使育龄妇女生育孩子的个数下降，从而达到使人口出生率降低的目的。据美国经济学家贝克尔建立的模型，结婚年龄和生育孩子数目之间有一定的联系。根据他的推算，如果一个育龄妇女在20岁结婚，那么到45岁，平均一个育龄妇女大约可生育11个活产婴儿。但如果把结婚年龄推迟到23岁，这个数目下降为8.7。计划生育则会在此基础上使人口出生率进一步下降。中国是世界上较早实行计划生育政策的国家之一，暂且不论这一政策对未来人口构成（人口老化、男女比例失调等）、儿童成长等是否有利，单纯就其使中国少生4亿人来看，其成效可见一斑。现在世界采取计划生育政策的国家和地区越来越多，也表明了它在降低人口出生率方面的作用。

第五，采取经济刺激如税收优惠等手段鼓励人们减少生育。如对少生孩子的家庭给予奖励，对多生或超生的家庭给予罚款等惩罚。例如新加坡就不仅把家庭的规模作为分配稀缺的公共房屋的原则之一，而且把带薪产假限定在最多两个孩子的人群中，并鼓励受过高等教育的妇女多生孩子。中国也是采取严厉惩罚措施来抑制人口增长的国家，1982年以来，它推行一个家庭一个孩子的政策，其人口年均增长率在1990—1997年间为1.1%，实现了预定目标。

一些发展中国家也会随着社会经济发展等多方面条件的变化而对其人口政策进行调整，值得一提的是中国人口政策的调整和变化。虽然自20世纪80年代以来实施严格的控制人口的政策，也的确起到了控制人口增长的效果，但是随着人口出生率的下降，人口老龄化问题的出现，以及对人口红利消失的担忧，中国开始调整并改变其独生子女政策。事实上，中国多年前就在农村实施了适当放开一个孩子的政策，允许头胎是女孩的农村家庭在一定的时间后生育二胎。近年又在部分地区试点单独二孩政策，最终实施全面放开二孩政策。需要说明的是，放开二孩政策，并不是全面放开生育限制，更不意味着全面取消计划生育这一基本国策。但可以预见的是，中国人口政策的调整会在未来的一定时间对经济发展起到一定的积极作用。

总之，通过一定的人口政策，一些国家和地区的人口出生率得到了有效控制，但是很多国家由于缺乏有力的人口政策，人口增长率仍然居高不下，而一些人口大国如中国和印度，虽然较早采取了抑制人口增长的政策，但政策实施的阻力还是相当大的，仍存在许多问题亟待解决，而其庞大的人口基数，无疑使问题的解决更加困难。人口激增的最直接后果就是给经济带来巨大的就业压力。而在就业机会有限的情况下，劳动力不得其用或人浮于事的现象就会更加严重，关于这一问题，我们将在下一节进行详细论述。

第二节　就业与劳动力的充分利用

广大发展中国家的人口过度增长，必然导致就业负担沉重。从目前来看，几乎所有的发展中国家的劳动力失业和不得其用都是人口过快增长的结果。劳动作为生产力的要素之一，其大量闲置或不得其用不仅是对生产力的巨大浪费，而且会带来一系列社会和政治问题。因此，经济学家不仅要考察就业与劳动力是否闲置，而且要考察劳动力是否得到充分、有效的利用。

一、劳动力的充分利用问题

失业问题涉及社会与政治的稳定，因此发展中国家的政府往往只注重解决失业问题。但是，从经济的角度看，就业并不等于劳动力资源得到充分、合理的利用。下面将劳动力的使用状况加以分类，从中可以看出问题的严重性。

（一）劳动力的失业

劳动力的失业有自愿失业和非自愿失业两种。

1. 劳动力的自愿失业

劳动力的自愿失业有以下三种类型：

（1）提前退休（prematurely retired）。指劳动者还未到退休年龄，便自动提前退休，赋闲在家。这种情形，从表面上看可以增加就业，实际上却是使一部分经验丰富、有工作能力的人提前退休，是人才的一大浪费。

（2）沮丧的劳动者（discouraged worker）的失业。有些劳动者长时间找不到工作，因而十分沮丧，最后放弃了寻找工作的念头，退出劳动力市场，这也是一种被闲置的劳动力。

（3）隐蔽性失业（hidden unemployment）。许多就学于电视大学（开放大学）、函授学校的人口和家庭妇女均属于此类。他们从事家务劳动或上补习班仅仅是第二选择，而非第一选择，就业才是他们的第一选择，却找不到合适的机会。

2. 劳动力的非自愿失业

劳动力的非自愿失业也有三种类型：

（1）摩擦性失业（frictional unemployment）。指有些人因为工种变换，赋闲在家等待新的任命，而有些劳动力则因为工作地区的调动引起暂时闲置。

（2）周期性失业（cyclical unemployment）。这种失业是由商业循环引起的。每逢经济衰退，许多工人失业，而当经济复苏又会重新被雇用。

（3）结构性失业（structural unemployment）。指由于社会生产与消费结构的改变而引起的失业。例如，三轮车被汽车淘汰造成三轮车工人失业。

（二）劳动力的不充分利用

有些人虽然也有一份工作，可是没有充分发挥其作用。发展中国家官方发表的失业统计中没有反映这种情况。劳动力的不充分利用主要有以下几种类型：

1. 打零工（part-time worker）

这部分人并非每天都有工作，如在补习学校任课的教师只拿钟点费，没有全薪，也没有福利。

2. 季节性工人（seasonal worker）

有些工作是季节性的，全年只有一定的季节才有工作，如建筑工、锅炉工、糖厂工人等。

3. 可见的低度就业（visible underemployment）

如常常有人每日只做半天工作。

4. 不可见的低度就业（invisible underemployment）

名义上有一份全日工作，但实际上所承担的任务半天就可完成，不过是由几个人分担一个人就足以胜任的工作。这种现象在发展中国家的公营部门最为普遍，这成为工作效率低的主要原因。

（三）劳动力的低效利用

有些人不仅有一份全日工作，而且工作时间很长（早到、迟退），可是出工不出力，效率极低。

1. 多余劳动力（redundant labor）

这是劳动力与其他生产要素配合不当造成的。例如，发展中国家农村地少人多，又缺乏资本和其他就业机会，家庭的全部成员都聚集在有限的土地上耕作，实际上不少人都是多余的。这部分人即使离开土地，产量也不会减少，即他们的劳动边际生产率等于零。

2. 学非所用（mismatch）

许多人所学的专业知识和技术与其所从事的职业不对口，使这些人的聪明才智得不到发挥。这种情况主要是由发展中国家的教育体制方面的缺陷所致，也受到社会风气、人们的传统观念的影响。

二、发展中国家劳动力利用的特点

1. 发展中国家的公开失业率通常大大高于发达国家

根据各国官方发表的数据，发展中国家的失业率平均为8%～9%，而发达国家只有在经济衰退时才会有这样高的失业率。

2. 发展中国家各种隐蔽性失业和低度就业也比发达国家严重

若把这些与公开失业的劳动力合并计算，发展中国家闲置劳动力的比重不会低于30%。

3. 发展中国家的农村中一般存在着大量剩余劳动力

计算这种剩余劳动力的方法有两种：一是估计农村正常劳动力需要量，将正常劳动力供应量与其相比较之后得到的余额就是剩余劳动力；二是建立生产函数，劳动力是自变量，产出是因变量，由此推算出劳动的边际生产率。如果劳动的边际生产率是负值或等于零，则说明有剩余劳动力。

4. 发展中国家城市中的公开失业率有普遍提高的趋势

这是因为城乡收入差距悬殊，城市就业或升迁机会相对较多，生活条件比农村优越，导致大量农村人口涌入城市，使公开失业增加。

5.实际工资不断提高，甚至比劳动力的增长快

这一点与刘易斯“二元结构论”中假设的前提不同。因此，虽然存在着大量的剩余劳动力，工资却仍然提高，所以物价很难保持稳定。

6.人口增长率高，劳动力供应量迅速增加，而劳动力需求却不能同步增长，就业问题日益严重

农业部门的劳动力本来就大量过剩，而非农业部门的就业增长速度又远远低于该部门的生产增长速度。统计资料表明，发展中国家的非农业部门生产每增加1%，就业增加0.25%～0.33%。换言之，非农业部门的劳动力吸收率只有0.25%～0.33%。事实上，城市现代工业部门只容纳了10%～20%的总劳动力。如果制造业部门容纳了20%的总劳动力，那么仅仅为了吸收每年新增长的3%的劳动力，制造业就需要每年增加15%的就业，这在任何一个经济中都是不可能的。

7.受过教育的人失业问题日趋严重

原因在于发展中国家照搬西方的教育体制，教育的结构和速度不适合本国国情，专业训练与本国需要脱节。结果，受教育越多的人，越不容易找到工作，即使找到工作，也常常是学非所用。例如，在印度，1989年，没有受过教育的人的失业率是2%，受过中等教育的人的失业率是9%，而受过高等教育的人的失业率则达到了12%，关于这一问题，我们将在下一章“教育与发展”那一节中详细论述。

发展中国家的劳动力运用的特点决定了在这些国家存在的劳动力失业完全不同于发达国家。在发展中国家，公开与隐蔽的失业不仅是普遍的，而且是持久的。由于发展中国家经济发展水平低下，人口负担过重，大量失业的劳动力已成为经济发展的严重阻碍因素。特别是众多的失业人口中，15～24岁的人又占据了相当大的比重。例如，1986年，肯尼亚城市中15～24岁年龄段人口的失业率高达38.1%，25岁以上的失业率为8.2%。表5-2列举了几个在这方面比较典型的国家。

表5-2　　部分国家城市中各个年龄段的失业率

国家	总失业率（%）	15～24岁（%）	25岁以上（%）	年份
肯尼亚	14.1	38.1	8.2	1986
印度	7.1	19.4	3.4	1988
印度尼西亚	7.3	23.4	2.6	1986
斯里兰卡	19.5	40.2	11.5	1986
菲律宾	9.0	18.6	5.6	1983
玻利维亚	11.5	15.2	—	1988
哥伦比亚	9.3	14.2	5.1	1988
委内瑞拉	9.1	17.6	6.5	1987

资料来源：大卫·托恩汉姆.就业与发展：对一些证据的新总结.巴黎：经济合作与发展组织，1993，转引自迈克尔·P.托达罗.经济发展：第六版.北京：中国经济出版社，1999：240.

更为两难的是发展中国家政府解决失业的努力：政府试图在城市中创造更多的就业机会，非但没有缓解失业的状况，反而进一步地吸引了农村剩余劳动力涌入城市，使失业现象更加严重。这种劳动力闲置的持久化、年轻化、延续化构成了发展中国家失业问题的独特性质，形成了另一个失业阻碍经济发展、经济落后加剧失业态势的恶性循环。因此，发展中国家制定并推行适宜的城乡就业战略具有特别重要的意义。

三、发展中国家全面城乡就业战略

发展中国家的失业和隐蔽性失业问题有其深刻的历史、经济和政治原因，绝不是靠单纯提供就业机会就能解决的。而要有效地解决这一问题，必须制定并推行全面的城乡就业战略。

首先，由于人口过度增长是造成发展中国家劳动力闲置和不得其用的根本原因之一，就应采取严格的抑制人口增长的措施，有效地控制人口增长是这些国家突破人口陷阱、解决失业问题的关键所在。

其次，加快经济结构调整和发展步伐，提高国民收入水平。而经济发展水平的提高最终会从根本上降低人口出生率，从而解决失业问题。需要指出的是，在发展过程中，要重视农业和农村经济的发展，通过在农村发展工业（特别是农产品加工业）、商业、服务业，提高农村经济发展水平，这样既可以就地吸收一部分农村剩余劳动力，缓解城市就业的压力，同时农业和农村经济的发展会进一步缩小城乡差距，在某种程度上减少农村流入城市的人口数量。此外，还要选择和引进适宜技术，发展劳动密集型产业，使工业部门比以往提供更多的就业机会。

最后，推动教育体制改革，改变发展中国家不合理的教育结构。根据实际需要，提高初等教育的比重，加强职业教育、技术培训、识字脱盲，提高国民就业能力，从根本上改变学非所用、学用脱节以及毕业就失业的现象。

第三节　人口流动与经济发展

发展中国家存在如此高的失业率的一个重要原因是，农村人口不断向城市流动，超过了城市工业和服务业的劳动吸收能力，人口流动已不再是一个为城市增长提供劳动力的自然过程。第三世界国家农村人口不加限制地流入城市，给这些国家造成了严重后果，成为其不发达的一个重要标志。因此，了解人口流动的原因、决定因素及其后果，不仅有助于了解落后国家经济发展中人口流动的性质和特点，而且有助于制定正确的战略和对策。

西方经济学家关于人口流动的模型中，最有代表性、最著名的是刘易斯-费-拉尼斯模型、乔根森模型和托达罗人口流动模型。

一、乔根森模型

美国经济学家乔根森（D. W. Jorgenson）于 1961 年创立了一个新的人口流动模型。这一模型不同于刘易斯-费-拉尼斯模型，其假设前提是：（1）乔根森把发展中国家的经济划分为两个部门——以工业部门为代表的现代部门和以农业部门为代表的传统部门，这一点与刘易斯、费景汉和拉尼斯相同。但是他进一步假定，农业中没有资本积累，投入要素只有劳动和土地，而土地又被假设是固定的，因而农业产出只是劳动的函数。而在工业中，投入要素是资本和劳动，土地则不作为一个要素，这样，工业产出是资本和劳动的函数。(2) 假定技术进步是中性的。(3) 工业部门的工资水平不是固定的，而是不断上升的，农业工资也处于上升趋势，工业部门的工资水平高于农业部门，但两个部门工资差异的比率是固定的，这样农业工资就会与工业工资按同样的比例上升。

在上述假设前提的基础上，乔根森开始了他的论述。由于乔根森认为农业出现剩余是劳动力转移的前提，因此，他首先忽略工业部门，把分析重点放在农业部门。他认为农业的发展由于人口增长率的不同而有可能出现两种情况：第一种情况是当人口增长率低于生理极限所能达到的最大值时，乔根森根据其建立的农业生产函数和人口函数，认为人口将与农业总产出（粮食总产出）按相同的比率增长，使人均粮食产出保持不变，在这种情况下，农业中没有剩余，经济处于低水平均衡陷阱中，那么就不可能出现劳动力从农业向工业转移的问题，所有人口都必须从事农业生产活动，事实上就否定了农村中存在剩余劳动力。第二种情况则截然不同，只有当人口增长率达到最大限度时，粮食产出的增长率才有可能超过人口增长率，乔根森把人口增长率达到最大时的人均粮食产出称为临界水平，当人均粮食产出超过这一临界值时，农业出现剩余。这种农业剩余是农村劳动力向城市转移的充分必要条件，也是工业部门扩张的前提和基础。

农业剩余出现以后，农业劳动力开始了转移的过程。农业劳动力转移的规模必须与农业剩余的规模相一致：农业剩余占农业总产出的比重等于工业部门劳动力占总人口的比重。农业剩余越大，农业劳动力转移到城市工业部门的数量就越多。在农业剩余存在并不断增加的前提下，工业部门不断扩张，从而工业人口的增长速度快于总人口的增长速度，随着工业投资的增加，经济增长持续下去，从长期看，工业部门增长率与资本积累率趋于相等。关于工业部门的工资，乔根森认为它的增长率取决于技术进步和资本积累率，由于工业部门的扩张总是伴随着技术进步和资本积累的增加，工人的工资是不断上升的。

乔根森称他的模型是新古典模型，以区别于刘易斯、费景汉、拉尼斯的古典模型。通过比较这两个模型，可以看出乔根森模型具有以下特点：

第一，它以农业剩余为其理论基础，农业剩余是劳动力转移的充分和必要条件。在刘易斯-费-拉尼斯模型中，农村中大量存在的剩余劳动力是劳动力转移的前提。乔根森认为，农业出现剩余以后，农业中才会有一部分人口转移到工业部门，这种剩余越大，转移出的农村人口就越多。这里需要指出的是，尽管费景汉和拉尼斯也提出农业剩余是劳动力转移的关键，但二者是有区别的：费景汉和拉尼斯的农业剩余是与剩余劳动联系在一起的，而乔根森所说的农业剩余是以最大人口增长率为前提的。

第二，该模型认为人口增长是由经济增长决定的，乔根森把人口增长看作一个内生变量。他遵循马尔萨斯的人口论，认为经济增长必然会带来人口增长，但他又认为由于技术进步的力量，当人口增长达到最大时，经济增长就会超过人口增长，农业剩余也就会产生并扩大，使经济持续增长下去。

第三，该模型进而认为劳动力转移的意义在于消费结构的变化，而不是生产率的提高。刘易斯、费景汉、拉尼斯认为正是由于劳动力的转移，农村中大量的剩余劳动力被吸收到城市工业部门，这样会提高总的经济增长率。而乔根森认为经济发展过程中农村劳动力之所以源源不断地流向城市，是因为消费结构的改变，因为人们对粮食的需求是有限的，而对工业品的需求是无限的。因此，当人均粮食产出超过人口增长的最大值时，农业部门的进一步发展受到限制，农业人口就转向工业，以满足对工业品的不断增大的需求。

总之，乔根森模型强调农业的发展和技术进步，认为工资是在上升的，应该说这是比刘易斯-费-拉尼斯模型更现实的地方。然而它也存在着一些严重的缺陷，主要是忽视对农业进行投资的重要性，没有考虑城市失业的现实。更严重的是它关于粮食需求弹性的假定，乔根森认为，当没有农业剩余时，人们所有的收入都会用于粮食的消费，即粮食的需求弹性等于1，而当出现农业剩余后，人们就会把所有增加的收入用于工业产品的消费，即所谓的粮食需求弹性等于零，这与事实是不相吻合的。

二、托达罗人口流动模型

20世纪60年代末70年代初，美国著名发展经济学家托达罗根据发展中国家的现实，在对刘易斯-费-拉尼斯模型和乔根森模型进行批评的基础上，创建了他自己的人口流动模型。

托达罗认为，根据西欧和美国的经验，劳动力从农村流向城市，是经济发展的一个重要标志。劳动力从传统农业中释放出来，重新配置到城市生产部门，使城乡有了明显分工，促进了工业化，也促进了城市化。在这些国家中，工业化与城市化是同一过程。刘易斯、费景汉等人正是以这一历史经验为背景，建立起他们的模型，并试图以此来说明发展中国家的劳动力转移过程和经济发展状况。但是，20世纪60—70年代的事实表明：在当时的许多发展中国家里，尽管城市失业和就业不足水平不断上升，但农村失业人口仍然大规模地涌入城市。因此，以发达国家的历史经验为依据的刘易斯-费-拉尼斯模型，显然很难对此做出解释，对发展中国家的实用性是有限的。

托达罗强调，要建立符合发展中国家实际的人口流动模型，就必须对在城市失业不断加剧的情况下，农村人口仍不断涌入城市的原因做出合理的解释。他首先假定，人口流动主要是一种经济现象。对于一个迁移者来说，尽管城市存在着失业，但他做出向城市迁移的决策仍是合乎理性的。事实上，人口流动过程是人们对城乡预期收入的差异而不是实际收入差异做出的反应。无论是已经开始流动的人口，还是准备流动的人口，都是把农村的现得收入与如果进城找到工作的预期收入做比较，再做出是否迁移的决定。总之，影响他们预期的因素有两个：一是城乡实际工资差异的大小，二是在城市谋得工作机会可能性的大小。

强调预期是托达罗人口流动模型的主要特点。这是因为在发展中国家的城市中，还远未实现充分就业。农村劳动者如果只从现实的城乡差异出发，贸然决定向城市迁移，进入城市劳动力市场，可能的结果是，要么成为完全的失业者，要么在城市传统部门或非正规部门找一份临时的或非全日的工作。因此，在做出迁移决定时，不仅要比较城乡现实的工资差异，而且要权衡进入城市后失业或就业不足的风险到底有多大。例如，假设一个农村劳动者在农村的年收入为50元，而凭其文化水平和劳动熟练程度，到城市工作的年收入可为100元，那么城乡实际的收入差异是50元。但是，进入城市一年后找到工作的概率只有20%，则这个农村劳动者预期一年内的城市实际工资就只有20元，而不是100元。相反，如果在城市谋得工作的概率为60%，则一年内预期的城市实际工资是60元，高于他在农村的实际收入，正是也只有在后一种情况下，即预期收入高于农村收入时，尽管城市已存在严重的失业，但这个农村劳动者仍会做出流入城市的决定。总之，只要预期城市收入净现值超过预期农村收入净现值，人们从农村向城市的流动就会持续下去。

概括地说，托达罗的人口流动模型具有以下四个基本特征：

第一，促进人口流动的基本力量，是相对收益和成本的理性经济考虑，这种考虑还包括心理因素。

第二，迁移决策取决于预期的而不是现实的城乡实际工资差异。预期包括两个因素：一是工资水平；二是就业概率。如果城市工资是农村工资的两倍，只要城市失业率不超过50%，农村劳动力就会不断流入城市。

第三，获得城市就业机会的概率与城市就业率成正比，而与城市失业率成反比。

第四，人口流动率超过城市工作机会的增长率不仅是可能的，而且是合理的。即使是在城乡预期收入差异很大的条件下，情况也是如此。因此，在大多数不发达国家，城市的高失业率是城乡经济机会严重不平衡的必然结果。

托达罗人口流动模型不仅具有理论上的意义，而且具有重要的政策含义。在托达罗看来，发展中国家的人口流动政策牵涉到工资、收入、农村发展和工业化各方面的发展战略，具体来说，它包括以下内容：

第一，应尽量减轻城乡机会不均等的现象。由于迁移者是对预期收入差异做出反应，因此，尽可能地缩小城乡部门经济机会之间的不平衡是非常重要的。如果听任城市工资率的增长一直快于农村平均收入的增长速度，则尽管城市失业状况不断加剧，但农村劳动力流入城市的现象仍然会愈演愈烈。人口大量涌入城市，不仅会引起城市的许多社会问题，而且最终会造成农村地区劳动力的短缺，特别是在农忙季节就更是如此，这些社会成本可能会超过个人的迁移收益。

第二，如果仍然按照传统的解决城市失业的办法，即在创造更多的城市现代部门工作机会的同时，不努力提高农村收入和增加农村就业机会，就会出现一种奇怪的现象：更多的城市就业带来更高水平的城市失业。这也再一次说明了预期所得收入的机会不平衡是一个重要的概念。由于假定人口流动率和城市较高的工资与较多的就业机会成正比，因此，在任何既定的城乡工资差异为正的情况下（在大多数发展中国家，城市工资是农村收入的3～4倍），较高的城市就业率将会扩大预期的城乡收入差异，从而导致更高的农村人口流动率。一般来讲，对于每个新创造的就业机会，将会吸引2～3个农村劳动力流入城市。所以，这种旨在减少城市失业的政策，不仅可能会导致更高水平的城市失业，而且会因“诱发迁移”而造成更低水平的农业产出。

第三，不加区别地发展教育事业会进一步加剧人口流动和失业。特别是不宜扩大中、高等教育的投资。因为在城市中，雇主往往根据学历高低来遴选人员，原本小学或中学水平就可以胜任的工作，却雇用受过中等或高等教育的人来承担。于是，农村中受教育程度越高的人，他们所预期的城乡工资收入差异越大，就越要向城市流动。其结果是，很难找到工作，只好加入到城市中“知识失业”的行列，政府对中等和高等教育的过分投资，变成了对闲置人力资源的投资，导致严重的知识浪费和智力贬值。

第四，应适当控制工资补贴与政府直接雇用人员的数量。政府为创造就业机会一般采取的经济政策手段，是以工资补贴为主要形式来矫正价格扭曲，或增加政府雇用人员的数量。通常认为，这样做会有助于鼓励采用更加劳动密集型的生产方式，但如果考虑到这样会诱发劳动力转移，这种政策会导致城市失业率上升。

第五，应当鼓励制定一体化的农村发展规划。越来越多的发展经济学家认为，农业和农村经济的全面发展是解决城市失业的关键所在。只有实施农业和农村经济全面发展战略，提高农村收入水平，扩大就业，发展农村基础设施、医疗卫生事业，改革发展农村基础教育，减小城市对农村的吸引力，才能从根本上减少农村劳动力向城市的流动。

显然，托达罗的人口流动模型比刘易斯-费-拉尼斯模型和乔根森模型更贴近发展中国家的现实，它纠正了它们只注重农村劳动力流入城市对经济发展的积极作用，而忽视人口的盲目流动不仅加剧了城市已有的失业现象，而且会造成其他一系列经济、社会问题的消极影响的缺陷；并提出了诸如缩小城乡差距、减少城乡发展失衡、重视农村发展、从根本上转变人们流向城市的愿望、缓解城市就业压力等一系列重大理论问题和政策措施。

核心概念

人口转折	马尔萨斯“人口陷阱”	生育率
劳动力的自愿和非自愿失业	劳动力的不充分利用	乔根森模型
托达罗人口流动模型		

复习与思考

1.试比较发展中国家和西欧人口转折的不同。

2.阐述第二次世界大战后发展中国家人口过快增长的原因。

3.结合中国实际，讨论人口过快增长对经济发展的制约作用。

4.评价中国人口政策实施调整的背景及意义。

5.联系发展中国家的实际，概括并评价发展中国家政府可供选择的抑制人口增长的政策。

6.为什么要讨论劳动力的充分利用问题？解决这一问题有何重要意义？

7.结合中国农村人口问题，评述托达罗的人口流动模型。

第六章

人力资源与经济发展

本章重点

- 人力资本的形成途径
- 缩小发展中国家与发达国家之间的知识差距
- 教育的成本—收益分析
- 发展中国家教育的主要问题及对策
- 中国实施科教兴国与人才强国战略的措施

现代经济发展的实践表明，人口数量和人口质量对一个国家经济发展的速度和水平都具有重大影响。发展中国家在人口过度增长成为经济发展主要障碍的同时，人力资本的高度匮乏也成为经济增长的重大制约因素。随着 20 世纪末以知识为基础的经济即知识经济的迅速兴起，知识的生产、扩散、转移和应用已成为知识经济的重要环节，而这些环节都是围绕人力资源这一核心进行的。因此，发展中国家要摆脱贫困落后，实现经济发展，并跟上知识经济的潮流和步伐，就必须积极开发利用本国的人力资源，而人力资源的开发则主要依赖教育。中国在总结本国发展实践、借鉴国外发展经验并适应新时期新形势发展要求的基础上，制定和实施了科教兴国与人才强国战略。

第一节　人口素质与人力资本

人口素质是影响一国经济发展的重要因素。人力资本理论强调的就是人口素质与经济发展之间的关系。发展中国家在经济发展过程中，不仅面临着人口素质低下、人力资本匮乏的困扰，而且存在着严重的人才浪费和人才流失现象。

一、人口素质与现代人力资本理论的形成

人口素质是人口在质的方面的规定性，表现为身体素质和文化素质两个方面。身体素质是由先天遗传、后天营养、保健、医疗卫生条件等因素决定的；文化素质则取决于社会经济制度、历史文化传统、科学教育水平、价值观念取向、物质享受条件和家庭生活环境等。劳动力的异质性表明，在不同国家或不同地区，劳动力的素质从而劳动力的创造能力和产出水平是不同的。鉴于劳动力素质在经济活动中的决定作用，人力资本匮乏、劳动力素质低下就成为广大发展中国家仍然处于贫穷落后境地的重要原因之一。

现代人力资本理论是20世纪60年代在西方发展经济学中迅速发展起来的经济理论，它主要探讨人口素质或质量的提高及其对经济发展的作用问题。其主要代表人物是美国著名经济学家、1979年诺贝尔经济学奖得主舒尔茨。舒尔茨于20世纪50—60年代相继发表了几篇重要文章，它们成为现代人力资本理论的奠基之作。这些文章包括《关于农业生产、产出与供给的思考》（1958）、《教育与经济增长》（1961）、《人力资本投资》（1961）以及《对人的投资的思考》（1962）等。他在1960年美国经济学会年会上发表的题为《人力资本投资》的演讲，引起了美国经济学界的轰动。

舒尔茨在长期的农业经济问题研究中发现，从20世纪初到20世纪50年代，促使美国农业生产率迅速提高和农业产量迅速增加的重要原因，已经不再是土地、人口数量或资本投入的增加，而是人的能力和技术水平的提高。舒尔茨指出：传统的经济理论认为，经济增长必须依赖于物质资本和劳动力的增加，这种观点已不再符合今天的事实，对于现代经济来说，人的知识、能力和健康等人力资本的提高，对经济增长的贡献远比物质资本和劳动力数量的增加重要。舒尔茨曾用比较成熟的计算方法对1900—1957年间物质资本的收益和人力资本的收益进行了周密的研究，证明了美国人力资本投资的收益比物质资本投资所产生的收益要大得多。他指出：在1957年，美国物质资本的投资额增加了4.5倍，同期物质资本的收益值增加了3.5倍；而虽然人力资本的投资额仅增加了3.5倍，但其带来的收益却增加了17.5倍，极大地超过了物质资本投资的收益值。

因此，舒尔茨认为，完整的资本概念应该包括物质资本和人力资本两方面，前者体现在物质产品上，后者则附于劳动者身上，体现为凝聚在其身上的知识、技能等。正是基于这一认识，舒尔茨提出了人力资本的概念。所谓人力资本，就是体现在人力资源身上的、以人力资源的数量和质量表示的一种非物质资本。从数量看，人力资本大体相当于一个国家或地区在一定时点的劳动力人数；从质量看，它以劳动者的素质或工作能力、技术水准和熟练程度来衡量。舒尔茨同时还强调，人力资本和物质资本在投资收益率上是有差别的，人力资本的收益率高于物质资本的收益率，而教育则是人力资本形成的主要途径。这样，他的理论将经济学家的视线引向了“人力”，并使人们认识到，“人力”是经济发展中的主要因素，提高“人力”的质量成为经济发展的关键。鉴于他的贡献，瑞典皇家科学院称舒尔茨是“研究人力资本理论的先驱”。

在此期间，E.丹尼森（E. Denison）、J.明瑟（J. Mincer）等诸多经济学家也涉足该领

域的研究。丹尼森和美国劳工部对1948—1989年间美国经济增长的源泉的估算表明，教育和知识进步对经济增长的贡献率达到了42%，超过了物质资本的贡献率（37%），若把投入生产的劳动力的贡献也包括进去，则人力资本对经济增长的贡献率更是高达63%。但是，可能由于他们只是从具体问题的分析入手，因而缺乏对人力资本理论的更深层次的分析。最终完成人力资本理论从具体到抽象的理论发展过程的，应当是美国的另一位经济学家贝克尔。贝克尔分别于1962年和1964年发表、出版了《人力资本投资：一种理论分析》和《人力资本：特别是关于教育的理论与经验分析》，后者被人们视为“经济思想中的人力资本投资革命”，也就是现代人力资本理论最终确立的标志。贝克尔对人力资本理论的突出贡献主要表现在对人力资本的微观分析上。他从家庭生产和个人资源（特别是时间）分配的角度，系统地阐述了人力资本与人力资本投资问题。他提出孩子的直接成本、间接成本、家庭时间价值、时间配置、家庭中市场活动和非市场活动等概念，为人力资本的性质、人力资本投资行为提供了具有说服力的理论解释。因此，贝克尔和舒尔茨一起被公认为现代人力资本理论的创始人。

自此之后的20世纪60年代和70年代，人力资本理论在其自身理论体系不断深入完善的基础上，进一步向更广泛的研究领域扩展，并大大促进了相应领域研究的进展。进入80年代，特别是80年代后期，人力资本理论研究的势头更加猛烈。P. M. 罗默（P. M. Romer）于1986年提出了“收益递增的长期经济增长模式”，美国著名经济学家R. E. 卢卡斯（R. E. Lucas）1988年在《货币经济学杂志》（第22期）上发表了题为《关于经济发展机制》的文章，这标志着学者的研究视野进一步拓宽，尤其是开始注意研究发展中国家的经济发展，强调人力资本存量和人力资本投资在不发达经济向发达经济转变过程中的重要作用，确立了人力资本和人力资本投资在经济增长和经济发展中的重要作用。

二、人力资本投资

同物质资本一样，人力资本也是通过投资形成的。所谓人力资本投资，就是通过对人力资源一定的投入（货币、资本或实物），使人力资源质量及数量指标均有所改善，并且这种改善最终使劳动产出得到增加。贝克尔指出，用于增加人力资源、影响未来货币价值和消费的投资就是人力资本的投资。但是，鉴别和衡量对人力进行投资的结果，却不像物质资本形成那样简便直观。一方面，很难区分对人力的投资中哪些属于消费性投资（维持生存），哪些属于生产性投资（形成人力资本）；另一方面，对人的种种投资所形成的素质、科学技术水平、工作能力的提高总是潜在的，很难及时表现出来并给人以直观印象，更难以用数字准确表达。因此，舒尔茨主张在对人力资本进行计量时，应该“是用它的产量而不是用它的成本来进行计算”。对人力资本的投资，即人力资本的形成途径是多方面的，主要有：

第一，用于教育方面的投资。教育投资又被称为智力投资，是用于提高人的智力、知识、能力和技术水平的投资，具体包括用在儿童早期教育、正规学校教育（小学、中学和大学教育）、职业培训（就业前、在职、继续教育等形式的职业教育）和专门技能训练等方面的各种费用支出。教育投资一般分为宏观教育投资和微观教育投资，前者主要是指国家政府用于教育的投资，后者是指劳动者个人或家庭用于本人在职业培训和子女学校教育方面的费用支出。教育投资是人力资本投资中最主要的部分，也是推动经济发展的一个重要因素。

第二，用于保健方面的投资。保健投资包括穿衣、住房、医疗服务、营养卫生、自我调养等有关身体保健方面的费用支出。这种投资转化为健康资本存量，表现为健康或无病时间增多或寿命延长等。因此，从广义上讲，凡是用于影响人力资源的寿命、力量、耐久力、精力等方面的费用，都可以认为是对保健的投资。

第三，用于劳动力国内流动的费用。在一国劳动力供大于求的地区，存在着人力的浪费，人力资本的作用得不到充分发挥，这显然是人力资本的损失；而对那些学非所用、用非所长的人来说，人力资本也得不到有效利用。用于劳动力国内流动的各种费用支出，有助于调剂不同地区劳动力的余缺，并有利于发挥人才的作用，从而最大限度地提高人力资本的使用效率，因而也被视为一种对人力的投资。

第四，用于移民入境的支出。移民入境是指国外的人力迁移到本国。如果入境的是专业人才，那就省去了本国的教育费用支出；即使是普通劳动者，那也等于省去了生育、抚养和入境前的保健费用。因此，用于移民入境的支出是对人力的投资，是一国人力资本形成的又一途径。然而，下述两种情形却是例外：一是如果入境的是丧失劳动能力的人，则这类移民入境费用不能被视为对人力的投资，因为这不能增加一国的人力资本；二是如果入境的劳动者替代了国内的劳动者，从而使后者失去了工作岗位，但经济收益又并没有增加（假定二者的工作能力、技术水平、熟练程度相同，从而创造的国民收入一样多），则用于移民入境的费用也不能被视为对人力的投资，因为一国得以利用的人力资本绝对量并未增加。

与物质资本投资相比，人力资本投资具有以下三个特征：

第一，人力资本投资具有连续性、动态性。人力资本投资的连续性体现为在生命历程的各阶段上都需要进行人力资本投资：一个人在完成一定的正规教育之后，进入社会从事生产劳动，在这期间要接受各种在职培训；退出劳动过程后，还要参与多种继续教育。不能因为处于生命历程中的某个阶段而中断人力资本投资，中断即是人力资本的贬值。从时间跨度上讲，人力资本投资要贯穿人的一生，这就是人力资本投资的长期性。另外，纵观人生，不同时期人力资本投资的形式、内容、目的等都是不同的，人力资本投资并非一成不变，它是一个不断发展、不断升华的动态过程。在这个过程中，人力资源逐步地适应社会化大生产的要求，适应高科技发展的要求，适应各种环境变化的要求，最终带来生产的发展和社会的进步。

第二，人力资本投资的受益者与投资者不完全一致。投资者进行投资活动的目的之一就是获取收益，但是，由于人力资本是一种无形资本，它潜藏于人体之中，投资者无法将其拿出来单独投资，只有通过其载体即人力资源的活动才能获得。因此，对人力资本投资首先获益的往往是人力资源个体，即被投资者，而投资者则只有通过人力资源的各种活动才能受益。此外，对人力资本投资的成本可以由社会、企业或个人三方中的任何一方或几方承担，收益却三方都可获得。人力资本投资获益的顺序一般是：被投资者首先受益——各种技能提高；企业受益——企业效益提高；社会受益——社会政治、经济进步。

第三，人力资本投资收益的多方面性。人力资本投资的收益不同于物质资本投资的收益，它可以有多种表现形式，并且其具体内容繁多。除了经济收益外，人力资本投资还可以带来社会效益。用于教育、卫生保健等方面的投资，可以通过提高人的教育水平、素质和修养来提高人的社会经济地位，可以减少疾病对人类的危害，有利于人类社会的进步等。

三、发展中国家的人才浪费与人才流失

就人力资源的开发而言，制约广大发展中国家经济发展的还不仅仅是劳动力素质普遍低下，人力资本高度匮乏。更为严重的是，即使发展中国家通过种种努力，培养出本民族的精英人物和知识阶层，但由于思想、观念、体制、制度、政治和经济等各方面的原因，这些人才也得不到充分的利用。人才的浪费和流失同人才匮乏并存，是二元经济结构在发展中国家人力资源问题上的深刻映象。

所谓人才，是指那些能够运用系统的知识和技能在学术上有所研究，在实践中卓有贡献的专业人员，表现为社会阶层中具有学术造诣和实践经验的群体，如学者、教授、科学家、艺术家、作家、高级技术人才等。人才浪费，是指这些专业人员的专业特长得不到充分发挥和利用，或者大材小用，或者干脆英雄无用武之地。人才流失，则是指当人才形成后，不能为本国或本民族所用，通常是流向发达国家或发达地区。在这一场合下，尽管就整个人类而言，这部分流失人才依旧能够为推动科学发展与社会进步做出贡献，但对于人才流失国来说，这无疑是一项重大损失。发展中国家的人才浪费是导致人才流失的一个重要原因。由于教育结构同经济结构严重脱节，由于许多发展中国家的政府不是把提高科技水平、振兴民族经济作为最主要的发展目标，由于没有为这些学有专长的人创造良好的科研条件和工作环境，并在各方面给予应有的待遇，学非所用、用非所长的现象普遍存在，终使这些人在无法为自己的祖国尽责效力的情况下奔走异国他乡，到其他地方去开辟自己的事业和生活。

应当指出，从理论上讲，科学研究本身是没有国界的，国与国之间的人才流动完全是一种正常现象，也是世界经济发展的必然趋势。随着经济全球化进程的加快，各国经济之间的相互联系、彼此依赖日益加深，民族经济已发展成为开放经济，一国经济资源配置上的矛盾，完全可以通过生产要素在国与国之间的流动来解决，其中当然也包括人才的流动。国际人才交流不仅可以使各个国家在人才运用上互通有无、调剂余缺，解决一国人才供求不平衡的矛盾，而且更为重要的是，用相对较低的劳动成本从事开发和创新工作，无论是人才输出国还是输入国，都可以获得比较经济利益，这正是国际人才流动构成现代经济一个明显特征的根本原因。

然而，从现实来看，在旧的国际经济秩序没有得到根本变革、发达国家与发展中国家的经济发展程度和国民收入水平差距日益悬殊的情况下，广大发展中国家在同发达国家的人才竞争中，几乎处于绝对的劣势，正常的国际人才双向交流必然演变为发展中国家的单向人才流失，发达国家通过虹吸效应，吸引、争夺发展中国家大批宝贵的人才。在有些国家和地区，甚至出现了培养一个，流失一个，培养一批，流失一批，培养得越多，流失得越多的严重态势。一般而论，经济发展水平越低，为增加等量人力资本所支付的费用就越高。由于人才流失的大量发生，出现了发展中国家在人力资本形成上只投资、无效益，而

发达国家却无本万利的不正常局面。美国每年因人才流入获得的效益达 60 亿美元，而发展中国家因人才流失遭受的损失每年高达 80 亿美元。“让富有的更富有，让没有的更没有”，人才领域是马太效应表现得最为明显的领域之一。

当今世界，国际竞争日益表现为人才的竞争，谁不能有效地吸引人才、运用人才，谁就丧失现在、断送未来。因此，发展中国家要想在愈发激烈的人才竞争中战胜发达国家，避免人才流失，必须采取相应的对策措施：

第一，应当做到人尽其才，学以致用。如果每一个学有所长的人都能够在自己的祖国找到相应的工作岗位、应有的生活位置，看到事业的前景、奋斗方向，人才流失的现象就能从根本上杜绝。

第二，应当在政策上实行倾斜，为国外留学生的回国创业创造宽松的工作环境和提供良好的生活待遇，尽量缩小穷国知识分子的收入水平与富国的差距，做到事业留人、待遇留人和感情留人。同时要尊重他们的发明和创造，保护他们的知识产权，鼓励海外人才通过多种形式和多种途径为国效力。

第三，考虑到目前南北差距确实悬殊，并且在相当长的一个历史时期中难以发生根本性的变化，在国际范围内的人才竞争中发展中国家基本上处于劣势的状况，为了防止人才流失，在法律上做出相应的规定也是非常有必要的。例如，有些发展中国家规定，在本国接受高等教育后，必须为国家工作若干年限后方可出国；在国外留学学成后，必须先回国工作若干年限；若干国家急需、重要行业的人员不准出国以及对出国人员的职务、年限、出国期限和次数做出规定，以便既保证借用国外的科研条件进行研究，又保证将科研成果用于本国的建设与发展。所有这些规定，都是值得推广和借鉴的。

第二节　知识与发展

20 世纪末以来，世界经济发展的最大特点就是，以知识为基础的经济即知识经济正在迅速兴起和发展。在知识经济中，知识已成为占主导地位的重要资源和生产要素，社会经济的发展将越来越依赖于知识的创新。但是，发展中国家与发达国家相比，存在着巨大的知识差距。为此，发展中国家必须采取相应的对策措施，努力缩小这种知识差距，迎接知识经济的挑战。

一、知识与发展的关系

“知识就是力量”，17 世纪英国伟大哲学家培根提出的这一至理名言正是强调了知识的重要性。从一般的定义看，知识是指人类在社会实践中形成的对客观事物运动规律的认识达到理性高度的反映。1996 年，经济合作与发展组织（OECD）发布了一份名为《以知识为基础的经济》的报告，在这份报告中，首次正式使用了“知识经济”这个概念，并对知识经济和知识的内涵进行了界定。该报告指出：所谓知识，指包括人类迄今为止所创造的所有知识，知识经济是建立在知识的生产、分配和使用之上的经济。知识经济是相对于农业经济和工业经济而言的一种崭新的经济形态。在产品和服务的价值构成中，知识创造的价值将占最大的比重。知识经济的出现标志着人类社会正在步入一个以知识资源为主要依托的经济时代。知识对于发展的重要性主要体现在知识与经济增长和福利的关系上。

（一）知识与经济增长

由于知识的量化存在着一定的困难，因而人们往往通过间接方式评价知识对经济增长的影响，其中，计算余项是最常用的方法。余项方法是20世纪50年代由美国经济学家索洛最先提出和运用的，故又被称为索洛余项。它假定，经济增长中凡是不能由有形的、可认定的因素比如劳动或资本来解释的因素，都可以由知识来解释，即归因于生产率的增长。换句话说，生产率的增长是知识使得其他生产要素的利用效率得以提高的结果。索洛余项所要测算的就是一般意义上所称的总要素生产率（TFP）。尽管科学、准确地测算知识在经济增长中的作用不是一件容易的事情，但这并不会降低知识对于发展的重要性。

事实上，与知识相关的各种因素和经济增长率密切相关，这些因素除了人力资本外，还包括对研究与开发的投资、贸易和开放程度以及传播知识的基础设施等。首先，20世纪经济增长的一个主要特征是创新和发明发挥了巨大的作用，而创新和发明是同对研究与开发的投资的扩大相联系的，其主要表现是建立了大量的工业研究实验室以推动技术创新，设立了许多研究性的大学以推动基础科学和应用科学的发展。其次，贸易与开放程度关系到能否抓住获取国外知识的机会，这些知识包含于贸易的商品和服务中。贸易还可以使人学习到国际上的商业惯例。贸易带来的这些与知识相关的收益，是国际贸易收益的副产品。最后，传播知识的基础设施尤其是通信设施，则关系到当人们需要获得有益的信息时是否有能力得到信息。研究表明，一个国家通过增加对研究与开发的投资，提高对国际贸易的开放程度，以及扩大电信基础设施的供应，可大幅度提高经济增长率。如果一国在所有这些指标上都能从大大低于平均水平变为大大高于平均水平，那么，该国的经济增长率将提高4个百分点以上。

现代经济中知识与经济增长的密切关系，已为发达国家的现实所证明。一方面，在发达国家，知识与资源之间的对比关系已经发生了重大变化，知识已取代土地、劳动、资本等传统生产要素，成为经济增长中最重要的因素。目前，在经济合作与发展组织（简称经合组织）成员国内，投资已出现了向知识型开发流动的趋势，换言之，它们的投资正在迅速流向高技术商品和服务，尤其是信息和通信技术方向，而计算机及其相关设备是有形投资中发展最快的。1996年美国仅在信息产业的投资就达2 500亿美元，超过日本和欧洲的总和。在研究与开发、劳动力培训、计算机软件和专门技术等方面的无形投资也同样重要。经合组织投入到研究与开发的费用已占GDP的2.3%，教育经费平均占该组织成员国GDP的5.2%，占政府支出的12%，在职业培训方面的投入占GDP的比重估计高达2.5%，计算机软件的购置费用自20世纪80年代中期以来每年以12%的速度递增，现已超过了硬件的销售额。另一方面，与上述知识型开发投入相适应，发达国家的经济已发展成为以知识为基础的经济，即知识经济。近些年，经合组织成员国的高技术产业在制造业和出口方面所占份额已达20%～25%，知识密集的服务业部门（教育、通信、信息等）的高技术比重更大，据估计，该组织成员国以知识为基础的经济占其GDP约50%以上。知识经济的发展尤以美国为甚，20世纪90年代以来，美国经济增长的主要源泉是4万多家软件公司和300家芯片公司。1996年，美国全年新增产值的2/3是由微软这样的企业创造的。1994—1996年间，高新技术产业对美国国内生产总值的贡献率已达27%，远高于房地产业的14%和汽车产业的4%。

（二）知识与福利

知识与教育密不可分，因此，知识与福利的关系，在很大程度上表现为教育与福利的关系。

第一，知识可以提高生活水平。从家庭看，父母的教育水平越高，拥有的知识越多，家庭成员的生活水平就越高。根据世界银行1991年的一份统计资料，在秘鲁，家长受教育水平与家庭支出水平之间存在着明显的正相关关系，这就是说，家长所接受的教育程度越高，家庭人均支出水平就越高，如表6-1所示。

表6-1　　秘鲁根据教育程度区分的家庭人均支出

家长受到的最高教育程度	家庭人均支出（1991年，新索尔）
无/初步教育	430
完成小学教育	543
一些中学教育	633
完成中学教育	808
非大学高等教育	909
一些大学教育	1 160
完成大学教育	1 429
所有家庭平均数	874

资料来源：世界银行．1998/1999年世界发展报告：知识与发展．北京：中国财政经济出版社，1999：18.

在越南，如果家长没有受过教育，则该家庭的人口生活在贫困线以下的比率为68%；如果家长受过小学教育，该比率降为54%；如果家长受过中学教育，该比率为41%；如果家长受过大学教育，则该比率仅为12%。

第二，知识可以改善卫生健康状况。在过去几十年中，全世界的婴儿死亡率已大幅度下降，其原因除了收入水平提高外，医疗卫生知识的普及以及妇女儿童受教育程度的提高无疑是重要因素。20世纪30年代抗菌药物和疫苗的发明，以及随后在药物、疫苗和流行病等方面知识的推广普及，促进了大多数传染性疾病的根治。教育对于人们接受和有效利用医疗卫生知识极为重要，儿童和妇女所受的教育程度更是儿童健康的一个重要的决定因素。一项对45个发展中国家的研究发现，当母亲们没有接受任何教育时，5岁以下儿童的平均死亡率为144‰；当母亲们只接受了小学教育时，该比率就下降为106‰；而当母亲们接受了一些中学教育时，这一比率则进一步下降为68‰。与此同时，信息技术的进步加速了医疗知识和环境卫生信息的传播。更多的人可以通过电话接受医生或其他医务工作者的医疗咨询，而越来越多的国家已开展远程医疗服务，它使得遥远的地方可以通过电信设备接受指令进行某些外科手术。此外，在许多发展中国家，家庭中的烟尘是导致严重呼吸道感染疾病的一个主要因素，据估计，呼吸道疾病每年造成400万婴幼儿和儿童死亡，如果反复感染呼吸道疾病，在成人时期尤其是妇女就会发展成为慢性支气管炎和肺气肿，往往导致心脏病。因此，掌握关于节能型、危害少的家庭炉灶方面的知识及其应用，可以减少对环境的破坏并增进家庭成员的健康。

第三，知识可以促进计划生育。大量的理论研究和实践表明，知识与生育率有着密切的关系。较高受教育程度与较低生育率相关联，这是人口学分析中一个最确定的结论。受教育越多的妇女，就业的可能性越大，选择职业的机会也越多，生育过多的孩子就会使她们丧失许多这样的机会。同时，受教育期限的延长还会推迟她们的结婚年龄，这不仅是由于单纯的时间因素，而且是由于这样的妇女在择偶上往往也需要一个更长的过程。此外，妇女受到较多的教育对于开拓她们的视野、转变生活方式和价值观念，从而对降低生育水平具有更深远的作用。事实表明，已婚妇女受教育的年限越长，其子女数越少。受教育程度高的父母更加倾向于少生、优生和优育。发达国家的妇女由于受教育程度高，因而她们结婚年龄的实际起点往往比法定时间推迟更多，许多人晚婚晚育，使出生率下降。同时，在受教育水平与就业机会和收入水平成正比的社会中，父母亲愿意用子女的质量来代替子女的数量。发展中国家的情况则相反，由于发展中国家的总体受教育水平比较低下，因而导致了出生率长期居高不下的局面。但是，即使在发展中国家内部，在受教育程度与出生率之间也存在着明显的负向关系。根据世界银行的统计数据，在许多发展中国家或地区的已婚妇女中，受教育年数超过 7 年的或者接受过中等教育的妇女，她们的生育水平显著低于受教育年数不到 7 年的也就是只接受过初等教育的妇女。同时，根据在 14 个发展中国家的调查，在 10 个国家中，具有 7 年及以上受教育年数的妇女比从未受过教育的妇女的结婚时间至少要晚 3.5 年。

二、发展中国家缩小知识差距的对策措施

所谓知识差距，是指发展中国家与发达国家之间以及发展中国家内部的穷人与富人之间在知识方面的分配不平等。目前，世界上 80%的研究与开发以及类似比例的科学出版物来自发达国家，发达国家用于科研的经费约占国内生产总值的 2.9%，而发展中国家的这一比率还不到发达国家的 1/10，而且集中在少数发展中国家。缩小发展中国家与发达国家之间以及发展中国家内部的知识差距，能够促进发展中国家的经济增长，改善广大国民的生活质量。为此，发展中国家应当努力做到有效地获取知识，并把知识加以改造，使之符合本国国情以及有效地利用知识。

（一）从国外获取知识

没有哪个国家能够创造出它所需要的全部知识，因此，对于发展中国家而言，获取国外知识、发掘全球知识宝库是扩大其知识基础的最佳途径。从国外获取知识的手段主要有三个：国际贸易、外国直接投资和技术许可制。

1. 国际贸易

国际贸易可以使人们了解生产商品和提供服务的更好的新方法。出口商可以从买方和供货商那里获得很多技术信息，而进口商则可以从进口的新商品和服务中获得内在的知识。20 世纪 70 年代以来，国际贸易结构发生了重大变化。1976—1996 年，在世界商品出口中，仅高技术产品的比重就翻了一番，从 11%增至 22%，与此同时，初级产品的比重

则由45%降至25%以下。① 随着贸易越来越由知识来推动，获取知识的机会也将日益增多。同时为了扩大贸易，各国还必须具有良好的计量、检验和质量控制体系，也只有这样，国内产品和服务才能够在国际市场上参与竞争。因此，与不从事出口业务的企业相比，出口商对知识的投资往往更多。

2. 外国直接投资

跨国公司在创新方面是全球的领导者。1990—1996年，在美国颁布的全部公司专利中，发达国家在50家最大的跨国公司中占了26%，这足以反映跨国公司知识基础的规模之大。因而，跨国公司在发展中国家的经营活动，是向发展中国家传播知识的一项重要手段。通过培训当地职员，与国内供货商和分销商的接触，跨国投资者的行为将会带来可观的知识溢出效应。这种溢出效应不仅限于制造业，在一些技术含量相对较低的服务行业，比如食品服务和饭店行业中，也会产生溢出效应。至于发展中国家从外国直接投资中可获得多大的收益，这要取决于该国的贸易与投资政策。那些贸易体制较为开放的国家，更有可能吸引有竞争力的、外向型的外国投资，这些投资将会带来更为有效的技术与管理。为了吸引外国投资，发展中国家还需要具备适当的基础设施，这既包括“硬件”基础设施，如交通和通信等，也包括“软件”基础设施，如有效的法律、金融和教育制度等。

3. 技术许可制

外国技术许可制已成为发展中国家获取知识的一个重要机制。1976—1995年，国际许可制和专利费支出从68亿美元增至600多亿美元。技术许可制是获得某些新型专有技术的一种有效方式，其成本—收益比比尝试开发一项替代技术更高。在利用更为先进的技术的过程中积累知识，对于缩小知识差距可以发挥重要作用，因而能够促进长期发展。在一些国内企业有兴趣进一步去开发的领域，可以就获得许可技术、基本设计原则的条件，与提供这种技术的外国企业进行谈判，利用技术许可证来推动它们的技术开发。政府可以通过对获得技术许可或此类合同条款不加限制的方式来促进新技术的流入。此外，各国应鼓励国内信息中心的创设，本国企业可以从中获取有关外国技术的信息，并以此改善它们在技术许可谈判中的不利地位。②

（二）在国内创造知识

发展中国家除了利用巨大的世界知识宝库以外，还应发展自我创造知识的能力。它们除非具有足够的能力寻求到适用技术，并能够挑选、吸收和应用它们所发现的知识，否则，发展中国家是不可能利用如此大量的全球知识存量提供的优势的。实际上，农业知识必须适应本地的条件才会发生绿色革命。在制造业中，创造的知识也必须与不同的条件相适应，比如气候、消费者的爱好以及补充性投入物的供应情况等。同样，在教育、医疗保健和农业推广服务等方面，也需要有本地的知识，它是不可能从国外获得的。因此，要缩小知识差距，还必须培养在国内创造无法从国外获得的知识的能力。

政府对研究与开发工作的鼓励，既可以通过直接的方式，即举办公共研究与开发活动，也可以通过间接的方式，即鼓励私人进行研究与开发。政府直接参与的研究与开发活

① 世界银行. 1998/1999年世界发展报告：知识与发展. 北京：中国财政经济出版社，1999：27.
② 同①29.

动包括向大学、政府研究机构、科学院以及以研究为主的研究生院提供资金等；对研究与开发活动提供的间接支持包括优惠贷款、税收优惠、配套资金以及启动全国性的研究与开发项目等。发展中国家研究与开发方面的投资占国内生产总值的平均比率约为0.5%，比发达国家的约2.5%低得多，而且，在大多数发展中国家，这种研究与开发都是由政府资助的，私营部门对研究与开发的投资普遍不足，不仅如此，私营研究机构一般侧重于应用研究与开发工作。原因很简单，应用研究与开发，包括工程技术和产品开发工作，可以带来更为直接的经济收益，而基础研究虽然能推动知识的发展，却往往不能带来直接的经济收益。因此，发展中国家应当对私营部门的重大研究与开发提供正确的激励机制，同时应当允许依靠公共资金支持的研究与开发机构集中力量进行基础研究。

对于大多数发展中国家而言，国内研究应集中在基本需要上，而要使国内的研究与开发发挥作用，尤其是使农业和医药上的研究与开发发挥作用，就必须依赖本地的知识，因为这些知识可能具有巨大的价值，而且本地知识往往只需消耗很少的材料。发展中国家同时也必须保持基础科学和技术的核心优势，这不仅是为了维持一条走向全球知识库的通道，而且是为了把知识加以改造从而能够为国内所利用。

（三）提高国民吸收知识的能力

为缩小知识差距所采取的措施还必须包括那些旨在提高国民知识使用能力的举措。确保全民获得基础教育是至关重要的第一步，但这远远不够，发展中国家还必须确保它们拥有足够多的受过中高等教育的人才，尤其是工程师和科学家。这就要求有高质量的中学和大学，尤其是理工科大学，同时还意味着学生在完成正规教育后能够享有终身学习的机会，以便在知识爆炸、技术突飞猛进的时代不断适应和应用新知识。为达到这些目的，所有发展中国家尤其是最贫穷的国家，必须力求每一单位的教育投入都尽可能地获得最佳收益。为此，发展中国家的政府应当采取以下政策措施：

1.下放教育权限

把更多的权力下放给那些对教育需求以及如何满足需求拥有最多信息的人或机构：学生、家长、教师以及地方教育管理机构等。

2.把公共资金集中用于最需要帮助的学生身上

尽管教育能够给个人带来很高的回报，但许多人因为无法支付费用而得不到受教育的机会。接受教育需要大量的私人资源，即便是在不交纳费用即“免费”的情况下也是如此。因此，发展中国家政府应当向贫困地区的学校提供较多的补贴，向生活条件差的学生直接提供津贴（例如把贫困生和女童作为补贴对象），以及在高校发放学生贷款等。

3.采用新的教学手段，拓宽受教育面，改善教育质量

用于教育培训的新技术及远程教育大大增加了学习机会，降低了成人在传统的校园之外进行学习的成本。教育目标的实现，并不意味着要花费很多资金，而是要提高教学的质量和效果，即使是在现有的预算内，通过提高效率和改革教学方式，教育质量同样可以得到提高。

（四）培养人们相互交流知识的能力

通信技术的发展早已改变了社会：活字印刷术、照相机、电报机、电话机、电视机以及传真机等的发明都使人们在储存和传送知识的能力上的局限性得以突破。目前，计算机

技术和电信技术的趋同则似乎要使这些局限性荡然无存，它使得人们可以在几秒钟之内以前所未有的低成本将庞大的信息传送到世界上的任何地方。这一新技术极大地促进了知识的获取与吸收，为发展中国家强化教育体系、提高政策制定与执行的水平以及扩展商业机会和穷人的机遇提供了前所未有的机会。穷人及生活在最贫困国家的许多人所面临的一个极大的困难是他们的孤立感。新的通信技术将会减少这种孤立感，并将以人们难以想象的方式开放获取知识的通道。为此，一方面，发展中国家应当确保竞争和适当监管，充分发挥私人的首创精神，来提供通信基础设施和服务，扩大新技术的使用；另一方面，还应当确保这种服务能够延伸到偏远的地区和贫困的阶层，不再沿袭传统的交叉补贴方式，取而代之的是同私营部门或最终用户建立起伙伴式的工作关系，并以此确定所需要的政府支持。①

第三节　教育与发展

教育作为人力资本投资的重要途径，直接决定着一个国家劳动力知识存量的多少、国民素质的高低和人力资本的形成状况，从而决定着经济发展的水平和速度。当把教育作为提高未来收入的经济行为来考察时，就有必要分析教育的成本与收益。同时，鉴于目前发展中国家教育中存在的各种问题，必须采取相应的对策加以解决。

一、教育的成本—收益分析

（一）教育的成本

教育成本，是为了培养一定熟练程度的劳动后备力量和专门人才，以及提高现有劳动力素质而耗费的教育费用。教育成本是教育机构为了培养人才所耗费资源的尺度，是劳动力再生产费用的一个重要组成部分。教育成本按其来源不同，可以划分为个人成本和社会成本，而个人成本和社会成本都包括直接成本和间接成本两部分。由于社会是个人的总和，因此，广义的社会成本概念中，也包括了个人成本。

1. 教育的个人成本

教育的个人成本，是指学生为了就学由个人或家庭直接支付的各种费用和发生的机会成本。个人直接成本包括：学杂费、书本等学习用品费；学生往返学校的交通费；额外的吃、穿、住费用，即学生因就学在吃、穿方面多支出的费用和在校住宿学生的住宿费用；文娱体育费用，即学生因参加学校组织的文娱体育活动而支出的费用。个人间接成本，是指学生在达到法定就业年龄后因继续就学所放弃的劳动收入。学生上学所花费的时间并不是没有成本的。由于世界上很多国家的法律禁止 14 岁以下的儿童或少年就业，因此，计算所放弃的收入，一般从 14 岁以上的中学生开始。

2. 教育的社会成本

教育的社会成本，是指由社会支付的教育费用和间接成本。社会直接成本主要是用于教育的公共支出。社会间接成本包括社会所放弃的收入、免税成本、潜在的租金和折旧

① 世界银行. 1998/1999 年世界发展报告：知识与发展. 北京：中国财政经济出版社，1999：146－148.

费。社会所放弃的收入，是指由于需要和允许一部分学生在义务教育后继续上学，必然损失一部分劳动力资源，从而减少的所得税收入。免税成本，是指教育部门免交的税的价值。为了资助教育事业，许多国家都规定教育部门免交财产税、所得税和增值税。政府免除了学校的税，实际上等于间接增加了对教育的投入，因此，教育部门所免交的税的价值构成了教育间接成本的一部分。潜在的租金，是指所放弃的把学校的土地、建筑物和设备租给非教育部门使用而获得的租金，是教育的一种机会成本。折旧费反映的是学校系统所有固定资产因磨损或废旧过时而造成的价值损失。由于潜在的租金和折旧费两者都与学校的固定资产相联系，所以往往把它们放在一起进行估算。

（二）教育的收益

办教育虽然要花费一定的成本，但是教育可以培养和提高劳动者的知识和技能，从而给个人和社会带来巨大的收益。教育的收益是教育通过培养和提高劳动者的知识和技能给个人和社会带来的种种有益效果，也称教育的经济收益。教育的收益按其收益对象的不同，可以划分为个人收益和社会收益。同样，无论个人收益还是社会收益，它们都包括直接收益和间接收益两部分。由于社会是个人的总和，因此，广义的社会收益概念中，也包括个人收益。

1. 教育的个人收益

一个人通过受教育所形成或提高的劳动能力，可以使他在社会生产和生活中获得种种好处。受教育者个人通过受教育所获得的这些好处，就是教育的个人收益。教育的个人收益按其是否以货币的形式获得，又可以分为直接收益和间接收益。

从教育的直接个人收益看，受过较多教育的人和受过较少教育的人相比，在一生中可以获得更多的收入。不同受教育程度者之间的这种终生收入差别，就是教育给个人带来的直接收益。教育的这种直接收益可以通过如下年龄—收入曲线图来加以说明。

在图 6－1 中，横轴表示一个人的年龄，纵轴表示他的收入。从图中可以看出：第一，受教育越多的人，年龄—收入曲线越高，反之亦然。没有受过教育的人的收入是最低的，大学毕业生的收入是最高的。第二，每一条年龄—收入曲线都是先上升而后下降，到 50 岁左右，收入达到最大，这说明一个劳动者在不同时期有不同的收入水平。第三，文盲在年龄很小时就挣得收入，但起点收入很低。随着教育级别的提高，获得最初收入的年龄就

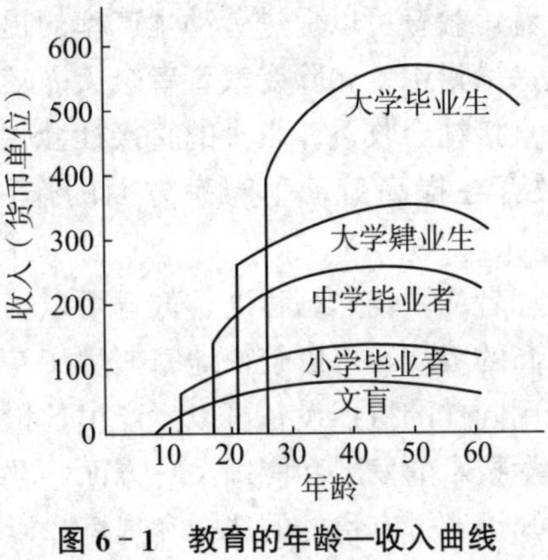

图 6－1 教育的年龄—收入曲线

说明：本图所表示的是年龄与收入之间的一般关系，并不代表某个特定国家或地区的具体统计数据。

不断变大，但起点收入也在增加。

教育的间接个人收益，既包括受教育者个人较高的职业适应性和更多的就业机会，也包括受教育者因个人较强的能力而实现的消费支出的节省等。具体地说，教育的间接个人收益主要表现在以下几个方面：

第一，较高的职业适应性和更多的就业机会。受过较多教育的人与受过较少教育的人相比，具有较高的职业适应性和更多的就业机会，这是教育给个人带来的另一种收益。由于这种收益并不直接表现为货币收入，所以它是教育的一种间接收益。

第二，由于较强的能力而实现的消费支出的节省。与受教育程度较低的劳动者相比，受教育程度较高的劳动者由于掌握了更多的市场知识和商品知识，因而就有可能在商品选购方面实现支出的节省，或者在支出相等的情况下得到更大的满足。同样，受教育较多的人由于具有更丰富的科学文化知识和更高的劳动技能，可以做更多的事情，从而就可以减少对他人劳务的依赖，在购买他人劳务方面实现支出的节省。

第三，较健康的身体。受教育程度和人的身体健康状况之间也存在着正相关关系。未受教育或受教育较少的人，由于缺乏保健知识、预防传染病的知识和安全知识，患病、受伤或致残的可能性相对较大。而受教育程度较高的人，由于具有必要的卫生常识、保健常识和安全常识，患病、受伤或致残的可能性就会小一些。此外，学校的体育课教给了他们体育锻炼的方法，使他们养成了进行体育锻炼的良好习惯，从而使他们的体魄更加健壮。这样，受教育程度较高的人就有可能节省医疗保健费用的支出。

第四，世代影响。所谓世代影响，是指一代人以后才能感觉到的潜在的教育收益，即由父母的受教育增量所引起的他们的子女的受教育增量。许多调查研究表明，父母的受教育程度越高，其子女完成较高教育水平的可能性就越大。这是因为，一方面，父母受教育程度高，对教育的重要性的认识更加明确，也能够掌握正确的教育方法，因此，时常教育自己的子女努力学习；另一方面，由于他们有较高的科学文化知识水平，可以对子女的文化学习给予具体指导和帮助。

2. 教育的社会收益

教育的社会收益，是指受教育者本人不能占有的、为社会其他成员所得到的收益。教育的社会收益也可以分为直接的和间接的两种收益。

从教育的直接社会收益看，教育可以促进劳动生产率的提高，从而导致国民收入的增长。在归因于教育的国民收入增量中，扣除受教育者个人因较高的受教育水平而多得的个人收入，余下的就是教育的直接社会收益。教育的直接社会收益集中体现为教育是提高劳动生产率的重要因素。而教育在提高劳动生产率方面的作用则具体地表现在以下几个方面：

第一，教育可以提高劳动者的平均熟练程度。教育可以培养或提高劳动者的生产知识和劳动技能。受教育程度较高的劳动者可以较快地掌握生产专业技术并达到高度熟练的程度，在同样长的时间内，使用同样的机器设备可以生产出数量更多、质量更好的产品。

第二，教育可以促进科学技术的发展和应用。一方面，教育是传播科学技术的最有效形式，它可以把浩如烟海的知识经过有目的的选择和提炼，以系统的、概括的形式传授给学生，使社会积累起来的科学技术得以保存和传播、继承和发展；另一方面，由于教育能为社会提供一支掌握和运用科学技术的劳动者队伍，所以，它必然成为把科学技术由潜在的生产力变成现实的生产力的桥梁。任何一门新兴的科学技术，都必须借助于教育，才能以较短的时间，在广阔的范围内为劳动者掌握和运用。

第三，教育可以加强生产过程的社会结合。加强生产过程的社会结合就是加强生产管理或企业管理。科学的生产管理可以协调生产过程中的分工协作，合理组织劳动，有效地配置生产资源，从而提高劳动生产率。要加强生产管理，就需要有管理人才，而教育则能够为社会提供一支适应于工业化水平的生产管理人员队伍。

第四，教育可以促进生产资料规模的扩大和效能的提高，同时也能够加强对自然资源的开发和自然力的应用。

从教育的间接社会收益看，主要表现为政治上的收益和道德上的收益。政治上的收益，是指国民教育水平的提高，可以增强全体国民的社会责任感和政治参与能力，使他们更自觉地运用社会政治民主所赋予每个人的权利；道德上的收益，是指使受教育者具有较高的道德风范，即通过教育可以提高人们的道德认识，激发人们的道德情感，树立人们的道德信念，坚定人们的道德意志，并不断校正人们的道德行为，养成良好的道德习惯。尽管教育的间接社会收益不能精确地计量，但是，它是可以观察到的、确实存在的。

通过上述从个人和社会两个方面对教育的成本和收益进行的分析可以看出，个人的教育成本和收益同社会的教育成本和收益相比较，两者往往是不一致的，甚至可能是矛盾的。

（三）教育的成本—收益分析

教育的成本—收益分析，主要是通过计算教育投资的净现值（*NPV*）和内部收益率（*IRR*）来进行的，从中可了解某一教育决策在经济上是否合理。教育的收益与成本都是预期的，因此，一个人或一个家庭在估算某级教育的成本与收益时，必须对该级教育的未来年份的收益与成本进行贴现，然后把收益的贴现值与成本的贴现值进行比较，得出该级教育的净现值。

如果某级教育 n 年的学生的全部预期收入和预期成本的贴现值可分别用公式表示为：

$$V=\frac{E_t}{(1+r)^t},G=\frac{C_t}{(1+r)^t}$$

式中，$V=n$ 年的全部预期收入，$G=n$ 年的全部预期成本，$E_t=t$ 年的收入，$C_t=t$ 年的成本，r=贴现率，一般用利率表示，即教育的机会成本，t=计算年份，那么，该级教育的净现值可用公式表示为：

$$NPV=\frac{E_t-C_t}{(1+r)^t}$$

一个家庭是否对子女进行教育投资和投资多少，取决于贴现收益与贴现成本之间的关系。如果贴现收益大于贴现成本，投资就是有利的；如果贴现成本大于贴现收益，投资就不值得进行。因此，用净现值衡量教育投资决策的判别标准是：如果某级教育投资的净现值 $NPV\geqslant 0$，说明该项目能取得大于或等于贴现率的良好的经济效益，证明其在经济上是可取的，即该项目可行。反之，如果 $NPV<0$，则项目不可取。在选择方案时，净现值最

大的方案为最优方案。

比较教育投资决策是否最优的另一个常用方法，是计算内部收益率，它是指贴现成本之和与贴现收益之和相等时的贴现率。内部收益率可以通过下列方程求出：

$$\frac{E_t}{(1+i)^t}=\frac{C_t}{(1+i)^t}$$

或
$$\frac{E_t-C_t}{(1+i)^t}=0$$

在此，i=内部收益率，即 *IRR*。

内部收益率的经济含义为：一项投资在这一贴现率下，当项目寿命周期结束时，其净收益（现值）恰好能将全部投资（现值）回收完毕。内部收益率反映了项目总投资支出的实际盈利率。在对教育投资项目进行评估时，将求出的内部收益率与预定的标准投资收益率进行比较（即与净现值中的 r 比较），根据其差额的大小，做出对项目的取舍判断。一般说来，当 $IRR \geqslant r$ 时，说明该项目能取得大于或等于标准投资收益率（或目标收益率）的良好的经济效益，可认为其在经济上是可取的；反之，当 $IRR < r$ 时，则认为该项目不可取。在选择方案时，*IRR* 最大的方案为最优方案。

应当指出的是，由于个人的教育成本和收益不同于社会的教育成本和收益，因而在进行教育的成本—收益分析时，从个人或家庭角度做出的最优教育投资决策，往往同从社会角度做出的最优教育投资决策是不一致的，甚至可能是完全矛盾的。

发展经济学通过对不同国家的教育投资进行成本—收益分析和比较，得出了以下大致相似的结论：

第一，发展中国家的教育投资收益率是高的。其不仅高于发达国家，而且一般比物质资本投资收益率高。因此，就大多数发展中国家来说，增加教育投资是合算的。

第二，在发展中国家，尤其是教育十分落后的国家，小学教育的投资收益率要比中学教育的投资收益率高得多；而中学教育的投资收益率又比大学教育的投资收益率高。与此相反，在发达国家，教育投资收益率的高低顺序为大学、中学和小学。因此，对于广大发展中国家来说，把重点放在初等教育普及上是最为有利的教育战略。

第三，无论是发展中国家还是发达国家，个人教育收益率都高于社会教育收益率。但是，在发展中国家，由于政府对大、中学教育尤其是大学教育实行免费或近似于免费就学，学历差距所导致的未来收入差距又很悬殊，因此，同发达国家相比，个人教育收益率比社会教育收益率要高得多。

二、发展中国家教育的主要问题及其对策

第二次世界大战以后，发展中国家的教育取得了很大成就，教育在推动经济发展中的作用也日渐突出。但是，发展中国家的教育也存在一系列问题，亟须发展中国家政府采取相应的应对措施加以解决。

（一）发展中国家教育的主要问题

1. 公共教育费用增长迅速，但人均占有水平仍然很低

过去几十年间，发展中国家的教育有了很大的发展。从教育投资方面来说，许多发展

中国家用于教育支出的比例都上升得很快。目前，发展中国家的教育经费占 GDP 的比率虽然还低于发达国家平均 5%～6%的水平，但已经达到了平均 4%的水平。然而，由于发展中国家 GDP 总量规模较小，而人口规模又极为庞大，因此，发展中国家的人均公共教育费用依然十分低下。目前，大多数发展中国家的人均公共教育费用都低于 100 美元，印度和中国的人均教育费用甚至分别只有 11.47 美元和 9.4 美元，而发达国家绝大多数却在 1 000 美元以上，中等发达国家也在 100 美元至 500 美元之间。这表明，发展中国家虽然对发展教育做出了很大的努力，但还是没有从根本上改变教育落后的基本状况。

2.教育结构不合理，基础教育被忽视

教育结构是指教育的不同层次的构成。一般说来，教育结构包括扫盲、基础教育、高等教育和非正规教育等内容。根据发展中国家的现实，这一结构应呈宝塔形，即上端小、底座大，把扫盲和基础教育作为国民教育的基础。然而，我们看到，发展中国家的投资偏好于高等教育。有人统计发现：所调查的 3 个发达国家每年支付给每个受中等教育和受初等教育的学生教学费用比是 6.6∶1，受高等教育和受初等教育的学生教学费用比为 17.6∶1；而在 7 个发展中国家，上述两类学生教学费用之比分别为 11.9∶1 和 87.9∶1。换言之，在发展中国家，一个大学生一年的教学费用可以让 80 多个适龄儿童入学。[①] 在各个层次内部，也应该有一个较为合理的结构，如在中等教育中普通高中和中专、职业高中的比例构成，在高等教育中大专、本科和研究生的比例构成。在发展中国家，普遍存在不顾实际、盲目攀高的情况，中等教育以发展普通高中、向大学输送人才为重点，而高等教育更为重视研究生的培养工作，结果，失去了大多数的教育对象。

3.教育内容不合理，教育与实际严重脱节

发展中国家的实际情况是：70%的儿童生活在农村，并在那里上学，由于中小学辍学率高，大概有 80%的入学者会在农村度过一生。根据这一特点，发展中国家的中小学教育应该与农村发展密切结合起来。但是，实际上，中小学的教育很少向学生传授农村发展所需要的知识、技能和思想，它们的目的和任务是为学生升学做准备，学习的主要内容是为升学打基础。在发达国家，中小学辍学率低，大部分学生都会升入更高级的学校继续学习。因此，发达国家的中小学把重点放在为升学打基础是恰当的。显然，把发达国家的教育体制全盘照搬到社会经济状况迥然不同的发展中国家，是不恰当的。

4.教育体制扩大了不平等

在许多发展中国家，一年的中等教育学费大体相当于人均国民收入，而接受高等教育的费用则更远远超过低收入家庭的经济承受能力。因此，许多低收入家庭对中高等教育不敢问津。这实际上是一种严格按照家庭收入水平而不是依据择优录取的原则选拔学生的制度。这种状况导致了发展中国家中高等学校的在校学生中，中上等收入家庭出生的学生占多数，而穷人因经济和其他方面的原因实际上被剥夺了接受中等和高等教育的机会。如果就某些发展中国家政府对于高等教育实行免费或近似免费的政策而言，由于大多数学生来自高收入家庭，因此，用公共基金建立的高补贴的大学教育，实际上是穷人对富人以“免费”高等教育的名义进行补贴或者救济的一种形式。据统计，在加纳，最富有的 20%的家

① 迈克尔·P.托达罗.经济发展：第六版.北京：中国经济出版社，1999：380.

庭占有高等教育补贴的45%，而最贫穷的20%的家庭只占有6%的补贴。这就表明，发展中国家的这种教育体制在事实上就保持甚至加剧了不平等。

5.教育的“过度”发展和知识失业

教育的需求是由收入和成本决定的，教育的供给是由公共部门的财力和个人财力决定的。但是，在发展中国家，教育的供给往往来自单一的政府财力支出，个人支出很少。这样，就会导致个人收益率高于社会收益率，公众个人对教育的需求大大地超过了政府人力计划所预测的人力需求量。面对无限的教育需求，发展中国家政府在财力许可的范围内不得不尽量使之得到满足。结果，发展中国家的教育尤其是高等教育的发展异常迅速。然而，在以二元结构为特征的发展中国家里，传统部门因收入太低无力吸纳知识劳动者，所以知识劳动者都挤在了现代部门寻找工作，但现代部门的就业机会是有限的，学校培养出来的知识劳动者人数越来越大于现代部门所提供的新的就业机会数量，结果，一部分受过教育的劳动者必定找不到工作，成为知识失业者，引起知识失业、人才浪费或大材小用。

（二）发展中国家的教育发展战略与政策

发展中国家的教育中存在的主要问题不是教育体制发展不足，而是教育投资效率不高。所以，发展中国家应当采取旨在以提高教育投资效率为中心的教育发展战略与政策。

1.调整教育投资方向

研究表明，大多数发展中国家的高等教育投资收益率低于中小学教育投资收益率，而且盲目地发展高等教育，势必造成人才浪费和智力外流。而事实是许多发展中国家把教育投资的重点放在了高等教育上。所以，在教育经费有限的情况下，为了提高教育的投资效率，必须放慢高等教育的发展速度，加快中小学尤其是乡村小学教育的步伐。同时，由于初等教育不仅是中等和高等教育的基础，而且是自学和农村应用技术学习与交流的基础，因此，发展中国家应当把大部分教育预算用于发展初等教育。

2.改变教育体制以外的刺激和增加教育投资的个人支出

导致发展中国家教育过度发展和知识失业的两个重要原因，就是城乡收入差距的不断扩大和教育投入基本上由国家财政部门负担。因此，缩小城乡收入差距和增加教育投入中的个人支出，有助于缓和教育体制特别是大学教育扩张的巨大压力。此外，在国家对教育进行补贴时，由于穷人比富人受教育的程度低，受教育的机会少，因此，高收入家庭从政府的教育补贴中得到的好处比穷困家庭更多。所以，由私人来负担更大部分的教育费用有利于坚持收入分配公平的原则。增加教育费用的个人投入有两个可行性方案：一是通过学生交纳学费和教材费的办法推行成本回收机制；二是在高等学校中推行学生信贷计划。

3.发展中国家不能只重视正规教育，而应当以同等的甚至更大的注意力去发展非正规教育

非正规教育的范围很广，包括在职训练、农业技术推广、成人识字、电视教学以及基本技能短期培训等。这些教育方式，周期短、投资少而效益高，对低收入和以种种原因失去正规教育机会的人群最为有利。根据非洲国家的经验，在农业技术推广和手工业技能训练中结合扫盲和补习基本数学知识，其经济效益高，能够以低于办正规小学的成本增进农村居民的福利。

4.实施适当的教育机会限额分配制度

为了纠正发展中国家大多数正规学校中存在的不平等状况，需要有某种形式的限额分配制度，来保证低收入家庭的学生在中等教育和高等教育中所占的比例至少应该接近他们占总人口的比例。在现有体制下，由收入地位决定的“间接”地分配限额的制度往往决定了学生所能接受的教育程度。通过改革现行教育机会限额分配制度，保证有能力的低收入家庭的教育，能够使教育充分发挥其作为经济和社会平等的媒介的作用。

第四节　中国的科教兴国与人才强国战略

当今国际竞争日益集中于科技与人才的竞争，而掌握科学技术的人才需要通过教育获得。教育、科技和人才，是国家强盛、民族振兴的基石，也是综合国力的核心。中国在总结本国发展实践、借鉴国外发展经验并适应新时期新形势发展要求的基础上，制定和实施了科教兴国与人才强国战略。

一、中国科教兴国与人才强国战略的形成及含义

中国的科教兴国与人才强国战略是在邓小平“科学技术是第一生产力”论断的基础上，通过党的三代领导集体的共同努力逐步形成的。1988年，邓小平在总结当代科技发展及其对经济社会发展的巨大推动作用时，第一次明确提出了“科学技术是第一生产力”的著名论断，深刻阐明了科学技术和生产力发展的内在规律和必然联系。这一论断也便成为中国实施科教兴国与人才强国战略的理论基础。

进入20世纪90年代以后，新一轮的世界科学技术的竞争异常激烈，科学技术突飞猛进，对生产发展的推动作用日益强大。在这一形势下，1993年，联合国教科文组织首次发布了《世界科学报告》，提出了知识经济的概念。为了适应世界新技术革命的浪潮，1995年5月，党中央、国务院正式发布了《中共中央、国务院关于加速科学技术进步的决定》，第一次明确提出了科教兴国战略。随后，江泽民在5月26日召开的全国科学技术大会上对科教兴国战略进行了总动员和总部署。这样，科教兴国战略作为一项治国方针，终于成为全国人民的共识。所谓科教兴国战略，就是指全面落实科学技术是第一生产力的思想，坚持以教育为本，要把科技和教育摆在经济、社会发展的重要位置，增强国家的科学、科技实力及其向现实生产力转化的能力，提高全民族的科技文化素质，把经济建设转移到领先科学技术进步和提高劳动者素质的轨道上来，加速实现国家的繁荣昌盛。科教兴国战略的实施，为造就一支高水平的科学技术队伍，提高全民科技、教育水平，建设社会主义现代化强国打下了坚实的基础。

进入21世纪以后，随着知识经济和经济全球化的迅速发展，人才在综合国力的竞争中越来越具有决定性意义。然而，从我国的人才队伍看，尽管我国是世界第一人口大国，但人才总量相对不足，人才占人口的比例远远低于发达国家，人才的专业、年龄结构和产业、区域分布不够合理。这种人才现状同新形势、新任务的要求不相适应。人才问题不解决，会直接影响科教兴国战略的贯彻落实，影响全面小康社会目标的实现。因此，党中

央、国务院提出要牢固树立人才资源是第一资源的观念，实施人才强国战略。

2002年5月，党中央在《2002—2005年全国人才队伍建设规划纲要》中提出了“人才强国战略”。2003年12月，在于北京召开的首次全国人才工作会议上，胡锦涛总书记发表了题为《实施人才强国战略、坚持党管人才原则》的重要讲话，会议通过了《中共中央、国务院关于进一步加强人才工作的决定》，对人才强国战略的实施作了全面部署。所谓人才强国战略，就是在建设中国特色社会主义事业中，把人才作为推进事业发展的关键因素，努力造就数以亿计的高素质劳动者、数以千万计的专门人才和一大批拔尖创新人才，建设规模宏大、结构合理、素质较高的人才队伍，充分发挥各类人才的积极性、主动性和创造性，开创人才辈出、人尽其才的新局面，大力提升国家核心竞争力和综合国力，为全面建设小康社会和实现中华民族的伟大复兴提供重要保证。

之后，在2006年和2011年开始分别实施的中国国民经济和社会发展的第十一个五年规划和第十二个五年规划中，又进一步提出了深入实施科教兴国与人才强国战略的总体原则及具体措施。

二、中国实施科教兴国与人才强国战略的措施

为了实施科教兴国与人才强国战略，中国将全面落实国家中长期教育、科技和人才规划纲要，加快教育改革发展，大力提高科技创新能力，发挥人才资源优势，推进创新型国家建设。

1. 优先发展教育事业

强国必先强教，只有一流的教育事业，才能培养出一流人才，建设一流国家。要全面落实《国家中长期教育改革和发展规划纲要（2010—2020年）》，按照优先发展、育人为本、改革创新、促进公平、提高质量的要求，推动教育事业科学发展，提高教育现代化水平。为此，要着重抓好以下五个方面工作：一是推进教育改革。要解放思想，大胆突破，勇于创新，鼓励试验，对办学体制、教育内容、教育方法、评价制度等进行系统改革。坚持育人为本，大力推进素质教育。探索适应不同类型教育和人才成长的学校管理体制和办学模式，提高办学和人才培养水平。鼓励社会力量兴办教育，满足群众多样化的教育需求。二是促进义务教育均衡发展。在合理布局的基础上，加快推进中西部地区初中校舍改造和全国中小学安全工程，尽快使所有学校的校舍、设备和师资达到规定标准。为农村中小学班级配备多媒体远程教学设备，让广大农村和边远地区的孩子共享优质教育资源。加强学前教育和特殊教育学校建设。加大对少数民族和民族地区教育的支持。三是继续加强职业教育。以就业为目标，整合教育资源，改进教学方式，着力培养学生的就业创业能力。四是推进高等学校管理体制和招生制度改革。进一步落实高等学校办学自主权，鼓励高等学校适应就业和经济社会发展需要，调整专业和课程设置，推动高等学校人才培养、科技创新和学术发展紧密结合，鼓励教师专注于教育，努力建设有特色、高水平的大学。创建若干一流大学，培养杰出人才。五是加强教师队伍建设。从多方面采取措施，吸引优秀人才投身教育事业，鼓励他们终身从教。重点加强农村义务教育学校教师和校长培训，鼓励优秀教师到农村贫困地区从教。加强师德教育，培育教师的责任感和使命感。

2. 大力发展科学技术

坚持自主创新、重点跨越、支撑发展、引领未来的方针，加快建设国家创新体系，着力提高企业创新能力，促进科技成果向现实生产力转化，推动经济发展更多依靠科技创新驱动。为此，要着重抓好以下四个方面工作：第一，推进重大科学技术突破。把握科技发展趋势，超前部署基础研究和前沿技术研究，推动重大科学发现和新学科产生，在物质科学、生命科学、空间科学、地球科学、纳米科技等领域抢占未来科技竞争制高点。促进科技进步与产业升级、民生改善紧密结合，面向经济社会发展重大需求，在现代农业、装备制造、生态环保、能源资源、信息网络、新型材料、公共安全和健康等领域取得新突破。加快实施国家重大科技专项，增强共性、核心技术突破能力。第二，加快建立以企业为主体的技术创新体系。深化科技体制改革，促进全社会科技资源高效配置和综合集成。重点引导和支持创新要素向企业集聚，加大政府科技资源对企业的支持力度，加快建立以企业为主体、以市场为导向、产学研相结合的技术创新体系，使企业真正成为研究开发投入、技术创新活动、创新成果应用的主体。增强科研院所和高校的创新动力，鼓励大型企业加大研发投入，激发中小企业的创新活力，推动建立企业、科研院所和高校共同参与的创新战略联盟，发挥企业家和科技领军人才在科技创新中的重要作用。加强军民科技资源集成融合，鼓励发展科技中介服务，提高服务企业能力。发挥国家创新型城市、自主创新示范区、高新区的集聚辐射带动作用，加快形成若干区域创新中心。第三，加强科技基础设施建设。围绕增强原始创新、集成创新和引进消化吸收再创新能力，强化基础性、前沿性技术和共性技术研究平台的建设，建设和完善国家重大科技基础设施，加强相互配套、开放共享和高效利用。深入实施全民科学素质行动计划，加强科普基础设施建设，强化面向公众的科学普及。第四，强化科技创新支持政策。强化支持企业创新和科研成果产业化的财税金融政策。建立健全技术产权交易市场。实施知识产权战略，完善知识产权法律制度，加强知识产权的创造、运用、保护和管理，加大知识产权执法力度。鼓励采用和推广具有自主知识产权的技术标准。完善科技成果评价奖励制度，加强科研诚信建设。

3. 加快人才资源开发

大力实施人才强国战略，坚持服务发展、人才优先、以用为本、创新机制、高端引领、整体开发的指导方针，加强现代化建设需要的各类人才队伍建设，为加快转变经济发展方式、实现科学发展提供人才保证。为此，要着重抓好以下三个方面工作：第一，突出培养造就创新型科技人才。围绕提高科技创新能力、建设创新型国家，以培养高层次创新型科技人才为重点，造就一批世界水平的科学家、科技领军人才、工程师和高水平创新团队。创新教育方式，突出培养学生的科学精神、创造性思维和创新能力。加强实践培养，依托国家重大科研项目和重大工程、重点学科和重点科研基地、国际学术交流合作项目，建设高层次创新型科技人才培养基地。注重培养一线创新人才和青年科技人才。积极引进和用好海外高层次创新创业人才。第二，促进各类人才队伍协调发展。大力培养装备制造、生物技术、新材料、航空航天、国际商务、能源资源、农业科技等经济领域和教育、文化、政法、医药卫生等社会领域急需紧缺的专门人才，统筹推进党政、企业经营管理、专业技术、高技能、农村实用、社会工作等各类人才队伍建设，实现人才数量充足、结构合理、整体素质和创新能力显著提升，满足经济社会发展对人才的多样化需求。第三，营造优秀人才脱颖而出的环境。坚持党管人才原则。建立健全政府宏观管理、市场有效配置、单位自主用人、人才自主择业的体制机制。建立人才工作目标责任制。推动人才管理部门职能转变，规范行政行为，扩大和落实单位用人自主权。深化国有企业和事业单位人事制度改革。创新人才管理体制和人才培养开发、评价发现、选拔任用、流动配置、激励保障机制，营造尊重人才、有利于优秀人才脱颖而出和充分发挥作用的社会环境。改进人才服务和管理方式，落实国家重大人才政策，抓好重大人才工程，推动人才事业全面发展，建设人力资源强国。

核心概念

人力资本	人力资本投资	人才流失
知识	知识差距	教育的个人成本
教育的社会成本	教育的个人收益	教育的社会收益
知识失业	科教兴国战略	人才强国战略

复习与思考

1. 人力资本理论的主要内容是什么？如何增加发展中国家的人力资本？
2. 发展中国家应该采取哪些措施来防止人才浪费与人才流失的现象发生？
3. 试述知识与发展的关系，并分析发展中国家在知识经济时代的机遇与挑战。
4. 发展中国家应该怎样缩小同发达国家的知识差距？
5. 试述教育的成本—收益分析理论对发展中国家发展教育的政策含义。
6. 结合中国实际，分析发展中国家教育体系存在的问题及其应对措施。
7. 讨论中国如何实施科教兴国与人才强国战略。

第七章

科学技术、创新与经济发展

本章重点

- 熊彼特的主题
- 创新过程的微观机制
- 创新的产业部门特征与宏观动态过程
- 国家创新体系
- 创新型国家与我国的创新驱动发展战略

创新是经济发展的核心驱动力，当代世界的竞争实质上是科技实力的竞争。科学技术是第一生产力，世界经济的演进已使科学技术成为经济发展的关键性因素。广大发展中国家之所以长期落后，主要是因为科技落后并缺乏行之有效的国家创新体系。

本章将扼要讨论科学技术、创新与经济发展之间的密切联系，概述"新熊彼特"与熊彼特理论的内在联系及其基本特点；分析知识、组织与技术变迁的微观机理；从产业和宏观动态角度阐明创新的特点及其过程；探讨国家创新体系的含义及其要素并扼要讨论我国创新型国家建设和创新驱动发展战略的理论基础问题。

第一节 熊彼特的主题

虽然科学技术是经济发展最重要的动力源，但在一个相当长的历史时期中，西方主流经济学文献对此并未给予应有的重视。从经济学说史的角度来看，一般认为，20 世纪 60

年代以前只有三位著名的经济学家对此进行了比较深入的探讨，他们是马克思、凡勃伦和熊彼特，而对技术创新的研究做出重大贡献的德国历史学派和英国经济学家巴贝奇等却视而不见。

然而，即使如此，许多经济学家认为，马克思、凡勃伦和熊彼特的著作虽然有趣，但与学术主流相悖，因而不应该被认真对待。造成这种状况的原因基本有三：首先，许多经济学家认为，科学技术进步问题是其专业能力所不能处理的，它是科学家和工程师的事情，这导致了西方主流经济学把科学技术看作外生的“神赐之物”，以至直到现在，科学技术对西方主流经济学来说仍是一个未经打开的黑箱。其次，许多经济学家认为几乎没有统计资料引导他们从事这方面的研究。最后，自 20 世纪 30 年代资本主义世界经济大危机以来，经济学家们忙于处理周期波动以及与此相关的失业问题，而未对科学技术给予更多的关注，以至熊彼特在经济学中的地位长期处于凯恩斯巨大声誉的遮蔽之下。

但是，自 20 世纪 80 年代以来，随着信息革命的兴起，上述状况已经得到了根本性的改变。到 20 世纪末，熊彼特已经成为信息革命最钟爱的思想家，几乎所有的管理大师都是他的追随者。硅谷的年轻人热衷于谈论熊彼特的“创造性毁灭过程”与“企业家精神”，并把自己想象为这个时代的英雄。在经济学领域中，随着演化经济学中“新熊彼特学派”的出现①，“熊彼特复兴”得到了很大的发展，以至形成了科学技术与创新经济学这种专门的研究领域和专业学科。

一、熊彼特“创新理论”的基本主旨

约瑟夫·熊彼特，美籍奥地利人，20 世纪西方著名经济学家。他一生勤于学业，建树颇丰，在其理论贡献中对后人启迪、影响最大的是“创新理论”（innovation theory）。这种理论是他在 1912 年出版的成名作《经济发展理论》中初创，而后在 1939 年的《经济周期》中系统完成，并通过他生前最后一部力作《资本主义、社会主义和民主主义》（1942）发挥到极致的。

熊彼特首先假设在完全竞争经济中存在着一种没有利润、利息、投资和非自愿失业的静止均衡状态，并称之为“循环流转”——就像血液在生物有机体中循环一样，年复一年地在相同的轨道上运行。随之而来的经济发展会打破这种静止均衡状态。在熊彼特看来，“仅仅是经济的增长，如人口和财富的增长所表明的，在这里也不能称作发展过程。因为它没有产生在质上是新的现象，而只有同一适应过程。”②“我们所指的‘发展’只是经济生活中并非从外部强加于它的，而是从内部自行发生的变化。”③ 在此，经济发展仅仅被定义为经济生活本身所发生的非连续变化与移动，是某种破坏均衡而又恢复均衡的力量作用的结果。这种推动经济发展的内在力量就是创新。

什么是创新呢？按照熊彼特的观点，所谓创新就是建立一种“新的生产函数”。生产函数即生产要素的一种组合比率［$P=f(a, b, c, \cdots, n)$］，也就是说，将一种从来没有

---

① 贾根良. 理解演化经济学. 中国社会科学，2004（2）；贾根良. 演化经济学：经济学革命的策源地. 太原：山西人民出版社，2004.

②③ 熊彼特. 经济发展理论. 北京：商务印书馆，1997：70、71.

过的生产要素和生产条件的“新组合”引入生产体系。

熊彼特列举了创新的五种存在形式：（1）引进新产品或提供一种产品的新质量；（2）采用新技术、新生产方法；（3）开辟新市场；（4）获得原材料的新来源；（5）实现企业组织的新形式。

熊彼特是在资本主义动态发展的广阔背景下运用创新概念的。他把资本主义理解为一个在破坏中创新、在创造中毁灭的生命过程，强调生产技术的创新和生产方法的变革在资本主义经济发展过程中至高无上的作用，把这种创新或生产要素的新组合视为资本主义最本质的特征，从而认为如果没有创新，资本主义就无从谈起，既没有资本主义的产生，也没有资本主义的发展。

显然，创新并不是某项单纯的技术或工艺发明，而是一种生生不息的运转机制；它是一个经济概念，而不是技术概念。熊彼特将“创新”和“发明”这两个概念严格区别开。他说，“发明”是新技术的发现，而“创新”则是将发明应用到经济活动中去。一种新发明只有当被应用到经济活动中去，为生产当事人带来利润时，才成为“创新”。单就科学技术发明而论，我们这个历史久远的东方古国确实不乏引以骄傲自豪之处。一部《中国科学技术史》煌煌千万言，即使李约瑟教授为之倾注了毕生的心血，也记不尽勤劳智慧的中国人民对人类科学技术进步的伟大贡献。然而，正如鲁迅先生在论及我国古代贡献给人类的四大发明时所感叹的：罗盘针并不是用于航海和开拓世界市场，而是用于看风水之类的迷信活动；火药的发明没有摧毁古老帝国的封建墙垣，而是用于除旧迎新、生丧嫁娶；活字印刷术的使用则不但没有启迪民智、活跃学术，反而成了思想禁锢和制造文字冤狱的有力工具。这个事实说明，单纯的科技与工艺发明并不等于就是创新机制。

强调企业家在创新过程中的决定性作用是熊彼特创新理论的一大特色。企业家是这样一种人：他寻找机会引入新的技术、新的产品；实行得到改善的组织管理形式，促进新开发资源的发展。他积累财富去创建新企业，集中生产要素、选择总经理、安排组织经营。在熊彼特看来，企业家并不需要成为一个资本家，不必提供任何属于他自己的财产，也不一定是某个托拉斯的总经理，通常他也不是一个天资聪颖的发明家或研究者，仅靠他自己去发明或发现不可能具有多大的经济效益。只有那些对新企业的发展具有远见卓识和捕捉能力，对发明或资源开发高瞻远瞩，对审度其经济潜力具有特殊天资并使其在投入使用后不断臻于完善的人，才堪称企业家。

是什么驱动着企业家去从事创新活动呢？熊彼特认为，尽管企业家也为谋取额外利润而进行冒险投资，但追求利润只构成其动机的一部分。企业家的创新活动受到三种力量的驱使：（1）发现一个私人商业王国的愿望；（2）征服困难和表明自己出类拔萃的意志；（3）创造和发挥自己才能带来的欢乐。在这三种力量的联合推动下，企业家具有一种“战斗的冲动”，一种非物质的精神力量，这就是所谓的“企业家精神”。强调企业家的素质、才干、预见性、首创性与敢冒风险的品格对社会生产的推进作用，构成熊彼特创新理论的又一特色。企业家从事创新活动需要具备两个条件：具备创新所必需的技术知识和以信贷形式支配生产要素的权力。当企业家克服了组织和经营一项新事业的困难，实行创新以后，他便在成本、质量、效益的竞争中占据优势，从而获得额外利润。当一个企业成功之后，其他企业为分享利益便纷纷模仿，甚至顽固采用旧的生产方式的企业为了维护自己的生存也不得不适应潮流。创新、模仿、适应的浪潮推动了经济的增长和发展。但与此同时，技术扩散和竞争又会导致价格下跌、盈利机会消失。当价格下跌到与生产费用相等时，利润又趋于零，出现一个新的均衡状态，从而提出凭借更高的技术基础开始新的创新活动的要求。

二、“新熊彼特”科学技术与创新经济学的兴起

自20世纪70年代以来，随着凯恩斯经济学的危机，经济学家的注意力重新转向供给方面，同时熊彼特对非线性动态系统的直觉推理契合了自然科学的变化，熊彼特的思想开始引起越来越多经济学家的注意。例如，罗杰斯（Everett Rogers）撰写《创新与扩散》一书时，在20世纪50年代只能查找到一篇关于创新扩散的论文，但到1986年他发现了数十篇，这些研究论文大多与企业行为、增长、发展经济学及国际贸易等领域相关。20世纪80年代，经济学家成立了“国际熊彼特学会”，每两年召开一次研究会，这大大有助于打开科学技术这个经济学的“黑箱”，研究在企业、产业、国家之内及它们相互之间的发明创新和扩散的过程和机制。

一般地，习惯上把在科学技术问题研究上遵循熊彼特思路的方法称作新熊彼特的或演化的方法。其代表人物包括纳尔逊、温特、弗里曼、多西和罗森伯格等。他们持有与熊彼特（和马克思）一样的假定：资本主义经济是一个由技术和制度创新所导致的内生演化过程。熊彼特将“创新”作为连接科学技术进步与经济发展的一个转换媒介，从经济运动的内部去寻找推动社会进步、历史发展的深厚基础和本质动因，使得熊彼特的创新理论既突出了科技进步在资本主义历史发展进程中的主导作用，又避免了陷入庸俗的“技术决定论”的旧辙。

同时，熊彼特强调作为一个社会阶层的企业家群体的存在，是促进创新发展、推动社会进步的先决条件。企业家作为现代创新者的典型代表，活跃在社会舞台的中心位置上，趋利避害、除旧布新，掀起创新大潮，富于冒险，勇于竞争，维系着资本主义的动态进程。在熊彼特看来，企业家便是创新活动的人格化，没有企业家，创新也就无从谈起。正是从这里，我们窥见许多发展中国家即使在获得了发展资金、引进了先进技术后，经济发展仍无从起步的一个重要原因。

然而，正如熊彼特自己所建议的，人们不应把他的著作看作一种教条，而是需要根据新的证据加以修正和引申的一套思想。这个建议是“新熊彼特学派”所乐于遵从的，他们毫不犹豫地批评了熊彼特的一些重要命题，并在新的经验研究基础之上，按照其精神对其著作展开了批评式的讨论，这主要集中于以下几个方面：

第一，熊彼特研究的重点不在于新知识如何产生，而是如何实现的过程，因此他明显低估了新知识及其创造过程。新知识如何产生？研究、发现、试验和采用之间是什么关系？所有这些并未被给予充分说明，实际上正如熊彼特自己在《经济发展理论》中所申明的，他并不是要探究是哪些变化实际上使得现代经济制度成为现在这个样子的，也不去问这种变化的条件是什么，而是要说明这种变化是怎样发生的，它们又将会引起什么样的经济现象。① 然而，正如怀特海所指出的，“19世纪最大的发明就是找到了发明的方法”②，

---

① 熊彼特. 经济发展理论. 北京：商务印书馆，1997：69.

② A. N. 怀特海. 科学与近代世界. 北京：商务印书馆，1959.

如果忽视制度变化对新知识产生的主要影响，它将无助于对经济发展内生积累过程的说明，从这种意义上说，创新对熊彼特来说仍是外生的。

第二，经济思想史的研究表明，尼采及其支持者的“超人”理论对熊彼特产生了强烈的影响。① 熊彼特把人区分为两类：作为社会精英的企业家和对其英雄行为进行模仿的芸芸众生，并用此解释资本主义经济周期，把创新高潮看作是企业家的集群。然而过分依赖人格化的企业家形象及其心理基础使之忽略了对更深刻原因的探讨。

第三，经济学家已区分出“两个熊彼特”：强调企业家与小企业的创新作用的第一次世界大战以前的青年经济学家“熊彼特”，强调大垄断公司优势及技术进步官僚化过程的“老年”熊彼特。在熊彼特论述经济发展的著作（1912）中，新企业的创新被看成是新组合的典型例子。1939 年在论述经济周期的著作中他直率地谈到了新企业的作用，其基本宗旨是：新生产函数通过新企业被引入到经济系统中来，只要有新思想，新企业就能建立。但在 1942 年《资本主义、社会主义和民主主义》一书中，他不再谈论新企业的建立或新企业家的进入，相反，他认为创新已成为官僚化和惯例式的工作，是大公司受训的专业人士的事情。实际上，熊彼特低估了小企业在重大创新中的重要性。实际上我们在 20 世纪已清楚地看到，尽管存在并不断出现大的垄断的常常是跨国的公司，技术变迁仍为小企业提供了丰富的机会，它在推动信息革命取得重大进展方面产生了不可低估的作用。

“新熊彼特学派”与熊彼特所做工作的一个重大区别是，他们对科学技术在经济发展中的作用做了大量经验研究，从中概括出了有关创新的一些典型化事实（stylized facts），理论工作的一个主要方面是对这些典型化事实的解释。这些典型化事实表现为以下五个方面：

第一，创新活动的不确定性特征是第一项典型化事实。创新所包括的一个基本要素是不确定性，这不仅仅是指缺乏有关已知事实是如何发生的信息，更根本的因素还包括存在着尚不知道如何解决的技术经济问题，准确地追踪行为结果是不可能的（“……假如我这样做，那将必然发生……”）等。

第二，“存在着某些尚未利用的机会”这样的直觉和信念并不总是令人失望的：现代经济中技术进步的历程，至少是自产业革命以来，在这个方面提供了引人瞩目的证据。事实上，技术创新一直可以从科学进步（从热力学到生物学、电子学、相对论和量子力学等）创造的机会中得来，21 世纪以来，这种趋势更加明显。因而主要的新技术机会越来越依赖于科学知识的进步是当代创新的第二项典型化事实。

第三，自 19 世纪末德国企业首创研究开发部门以来，新产品和新工艺的研究活动在本质上已发生了很大变化：研究与创新活动复杂性的增大使得正式组织（企业研究开发实验室、政府实验室、大学等）作为创新产生的最佳环境比个体创新者更为有利。另外，在或多或少的综合制造类企业中，工商企业部门的正式研究活动也趋向于一体化，这是创新活动的第三项典型化事实。

第四，除了前面各个方面对它的补充外，相当数目的创新和改进产生于“边干边学”

---

① 雨果·赖纳特，埃里克·赖纳特.经济学中的创造性毁灭：尼采、桑巴特与熊彼特//赖纳特，贾根良.穷国的国富论：演化发展经济学论文选：下卷.北京：高等教育出版社，2007.

和“边用边学”，即人和组织，主要是企业，可以通过各种实践过程，或通过解决生产问题的非正式活动，或通过满足特殊顾客的要求，克服各类“瓶颈”等学习如何使用、改进和生产，这是第四项典型化事实。

第五，似乎技术进步的模式还可能被描述成对市场条件变化的简单而灵活的反应：(1) 尽管对专门的创新来讲，变化的意义很大，但似乎技术进步的方向是由已在使用中的技术的发展水平决定的；(2) 决定产品和工艺适应变化的经济条件的范围正是技术本身的性质；(3) 在多数情况下，企业、组织甚至国家，实现技术进步的可能性由它们已经达到的技术水平决定。换句话说，技术进步的累积性特征是第五项典型化事实。

“新熊彼特学派”不仅对科学技术与创新的典型化事实进行了大量的理论研究，而且这种研究也几乎渗入经济学的所有领域。例如，在于 2006 年召开的以“创新、竞争与增长：熊彼特的观点”为主题的“国际熊彼特学会”第 11 次国际会议上，会议议程的安排就长达 56 页，应用研究的专题讨论就包括了如下内容：风险资本；专利与知识产权；专利、创新与经济组织；区域增长与学习；消费、闲暇与食品；惯例与组织能力；技术变迁与企业绩效；创新的案例研究；学术企业家；区域创新体系；知识生产与创新体系；部门创新体系研究；科学与产业关系；企业动力学；知识与公司治理；复杂性与企业战略；研发溢出；集群；创新网络；创新政策；劳动力市场与增长；增长与结构变迁；增长与贸易；等等。

第二节　创新过程的微观机制

20 世纪五六十年代，“新熊彼特学派”关于创新过程的微观机制的研究，主要从纯经济和市场结构角度入手研究技术创新问题。但自 20 世纪 80 年代以来，“新熊彼特学派”对微观创新机制的研究已与五六十年代有很大差距，其主要从企业内外部组织结构入手探讨科技创新在经济体系中是如何内生的。

一、传统理论

在“新熊彼特”技术创新微观机制传统理论的代表人物中，比较著名的有埃德温·曼斯菲尔德（Edwin Mansfield）和莫顿·卡曼（M. Kamien）等，他们对技术创新与模仿、技术创新与市场结构的关系进行了研究。

（一）技术创新与模仿

曼斯菲尔德是美国卡内基理工学院和耶鲁大学教授，他主要研究所谓“模仿”（imitation）和“维持”（maintenance）的关系，即影响新技术在同一部门的不同企业之间推广的经济因素问题。“模仿”是指某企业率先采用一项新技术后，其他企业以它为榜样跟着采用。“维持”是指某个企业率先采用一项新技术后，其他企业并不“模仿”——跟着采用，而是继续使用原来的技术。曼斯菲尔德提出了“技术推广模式”来说明新技术率先被某个企业采用后，需要隔多久才被同一部门的多数企业采用。为了说明这一过程，他提出了“模仿率”（imitation rate）和“模仿比例”（imitation ratio）的概念。“模仿率”是指以首先采用新技术的企业为榜样的后来企业跟着采用新技术的速度；“模仿比例”是采用某项新技术的企业数占同一部门企业总数的比例。他认为，影响一项新技术采用的有三个主要因素和四个补充因素。三个主要因素为：

第一，模仿比例。模仿比例越高，模仿率越高，模仿者冒风险的可能性就越小，即选择这项技术比较保险。

第二，相对盈利率。这是指“模仿”与“维持”二者盈利之间的比较。采用新技术的企业相对盈利率增大，模仿的可能性就越大，从而“模仿率”也会加大。这种技术的采用对企业有利，企业可以从相对盈利率的比较中确定自己的技术抉择。

第三，采用新技术要求的投资额。采用新技术所需要的投资越多，则资本供给来源越困难，模仿的可能性越小，从而“模仿率”也会越小。这一点也是决定技术决策的主要因素。

除了上述三个主要因素之外，还有以下四个补充因素有可能对模仿率施加一定影响：

第一，旧设备还可以继续使用的时间期限。从理论上讲，如果新技术所要代替的旧设备是耐用的，即当这些旧设备还可以继续使用时，那么模仿的可能性就会减小。即使此刻更新这些设备是有利可图的，但企业为了避免设备提前折旧而造成的损失，仍愿意继续使用它们。

但在实际工作中，如遇到如下情形，则旧设备的耐用程度不影响新技术的采用：(1) 新技术主要是旧设备的一种补充或附件。(2) 新技术具有不同于旧设备的用途。(3) 新技术只是替代劳动力，而不是替代旧设备。

第二，该部门销售量增长率的高低。如果某一部门产品销路扩大很快，为了适应市场需求的增长，就会建立新企业，而企业将会采用已经出现的新技术。如果市场扩大缓慢或没有扩大，则新技术的采用将同旧设备的更新结合起来被考虑。

第三，该项新技术初次被采用的年份。新技术初次被某一个企业采用与该技术后来被其他企业采用之间有一段时间间隔。在此期间内，有可能发生下列变化：(1) 通信手段已经改善，通信渠道有所发展，情报交流加强了。(2) 对设备更新的估算技术有了改进，估算得更精确了。(3) 人们对某项技术进步的态度发生了变化。(4) 模仿的企业不断增加。

因此，一个企业在采用某项新技术时，要注意该项新技术被初次采用的年份及时间间隔的大小对模仿率产生的影响。

第四，该项新技术被采用的时间在经济周期中所处的阶段。如果新技术初次被采用的时间是在经济高涨阶段，那么采用新技术的企业可能考虑到某些与经济高涨有关的特定条件。如果它初次被采用是在经济萧条阶段，那么采用新技术的企业也可能考虑到某些与萧条有关的特定条件。这种情况将被模仿者注意到，从而有可能对模仿率产生一定的影响。

(二) 技术创新与市场结构

熊彼特曾经探讨垄断、竞争与创新三者之间的关系，但没有进行深入的研究。卡曼等根据熊彼特在这方面的论述着重研究市场结构和技术创新的关系，解决什么样的市场结构对技术创新最为有利的问题。他们认为，影响技术创新的有三个变量：

第一，竞争程度。竞争程度引起技术创新的必要性。每个企业只有不断地进行技术创新，才能凭借其技术、组织管理上的优势在激烈的竞争中处于有利地位，击败对手，保存与发展自己，取得高额利润。因此，竞争越激烈，技术创新的必要性就越大。

第二，企业规模。企业规模的大小不仅直接影响着技术创新的能力，而且影响所开辟的市场前景的大小。一个企业规模越大，则它在技术上的创新所开辟的市场也就越大。

第三，垄断力量。垄断程度越高，对市场的控制越强，越不易被其他企业模仿，技术创新得到的利益就越能持久。

因此，他们得出的结论是：最有利于技术创新的市场结构是介于垄断和完全竞争之间的市场结构，即"中等程度竞争"的市场结构。

二、知识、组织与学习

（一）知识与组织

索尔特（Salter）1960 年在他关于技术变迁的经典研究中观察到如下现象：同一产业中不同企业之间在生产率上存在着巨大差异。对于这种现象，"新熊彼特学派"主要用企业专有知识积累的不同来解释。他们认为通过企业内外的交互学习，企业能力（特别是核心能力）的形成是企业专有的知识积累形态，这突出了知识与组织之间的内在联系。实际上，早在 1890 年，马歇尔就写道：资本的大部分是由知识和组织构成的，知识是生产最强大的发动机，组织则有助于知识的形成。受迈克尔·波拉尼（Michael Polanyi）对知识问题的开拓性研究的启发，"新熊彼特学派"对知识的特性做了如下三组区分：第一，普遍的对应于专门的知识。我们可以从观察大多数技术问题的解决（如设计一台具有特定性能特征的机器，开发一种具有某种特点的新化合物，提高生产投入的效率等）所包含的各类知识的使用开始。有些要素代表了广泛合适的理解：它可能直接是科学知识或者与广为人知和普遍适用原则有关的知识（如电学、机械学，更近的信息学等）；而某些其他的知识是具体的特定"做事方式"，是生产者和用户两者的经验。第二，可整理的对应于意会的知识。某些知识可以用语言符号表达且易于交流，如科学文献书本中和课堂上传授的知识，这被称作可整理的知识。而知识的绝大部分是无法言传的，如烹调技术和游泳等，它主要是通过实践和实例来学习，产业技术中相当部分的技能属于此类，它被称作意会的知识。第三，公开的对应于秘密的知识。涉及技术的应用与改进的某些知识是公开的：最明显的例子是科学和技术出版物。然而，其他一些方面是非公开的，或者是因为不可言传而"隐含"，或者是很明显地在某种程度上受到保密或专利之类的法律手段的保护。

知识特性的所有这三个方面在"什么是技术"的概念形成过程中是最基本的。技术进步通常利用了某些公开可得的知识的子集，这些知识由工程师、应用科学家和设计人员群体共享和改进。但是，在以技术创新为目标的活动中，这种高度选择的科学和技术知识（例如，与选择的物理或化学原理、材料、性能等有关的知识）的共享使用是专门或经常是部分地与个人的悟性和能力的应用和发展相匹配的。

因此，一方面，科技进步是通过某一活动参加者共享的普遍的、可整理的和公开的知识来进行的。另一方面，它是以知识所专有的意会的和秘密的形式积累的。这两个相互区别又相互联系的过程是以人类的分工为基础的。知识是分工的产物，由分工所产生的知识不仅发生于企业等组织内部，而且来自产业和社会，知识所有的这三方面特征是与组织结构密不可分的，这就是马歇尔组织有助于知识形成的含义。马歇尔区分了来自企业内分工的内部经济和来自企业间交互作用的外部经济。

马歇尔关于内部经济和外部经济区分的理论分别在彭罗斯（Edith Penrose）和里查德森（George Richardson）的著作中得到了发展。彭罗斯 1959 年出版了《企业成长论》一书，她从分析单个企业的成长过程入手，对企业拥有的能够拓展其生产机会的知识积累倾向给予高度重视，特别强调了企业成长过程中两种主要的内在机制：第一，企业积累“标准化操作规程”和“程序性决策”方面的知识的机制。第二，企业积累用于产生“非标准化操作规程”和“非程序性决策”新的知识的机制。企业管理就是一个连续产生新的非标准化操作规程和非程序性决策并不断把它们转化为标准化操作规程和程序性决策的过程，而这一过程依赖于企业内部的能力资源。

与彭罗斯致力于发展马歇尔的“内部经济”不同，里查德森主要集中于“外部经济”理论。里查德森的分析是基于对两对概念的区分：能力（capabilities）和活动（activities）、活动的类似性和互补性。企业的能力反映在由企业所积累的知识、经验与技能之中，而活动则是基于这些能力的生产、营销、研究与开发等。如果利用了同样的能力，则活动是类似的，当活动需要相互匹配时则是互补的。类似的活动组织于企业框架之内，互补的活动则需要企业之间的合作，而既非类似又不互补的活动则留给市场。里查德森以知识为基础的产业组织理论不仅指明了企业特定能力的形成是知识积累与学习过程的结果，而且为企业间的网络经济提供了一种正式的理论。

（二）组织学习

与彭罗斯和里查德森的思路相一致，20 世纪 80 年代以来，特别是在 90 年代，企业能力理论与网络理论有了很大的发展。企业能力理论认为，能力是指企业能做好什么，核心能力则是指哪些方面它能做得更好，它构成了企业甚至产业或国家竞争力的基础。企业能力理论的基本要素是知识、学习与能力，知识是能力的基础，在知识转化为能力时，发挥作用的是学习机制。能力由企业特有的意会知识构成，但为其他企业所难以模仿，它的形成是通过接收信息从而产生知识的学习过程来实现的，它是高度集体性的，对此有一个专门术语，称作“组织学习”。企业内学习的功能就在于把组织内个人所特有的意会知识转化为由企业成员分享，并在此基础上形成企业特有的新的意会知识，它是通过语言交流、观察、模仿和实践的结合来完成的，它与企业内部组织结构密切相关。

企业作为一个有机体，它在设计、开发、生产和营销等方面所实现的内部结合是创新成功的决定性条件之一，许多创新之所以失败就是因为缺乏企业内部这些功能之间的交流。研究与开发人员从未到过工厂，这种情况并非奇闻，中国科技创新体制长期存在、目前正在改变的一个严重问题就是科研与生产的脱节，在许多发展中国家这也是一个严重制约其创新能力的重大问题。在诸如汽车、电子、半导体等产业中，日本企业内部组织的学习机制是其在 20 世纪 70—80 年代取得世界霸主地位的主要原因。Yasunori Baba（1985）在他对日美电子企业的比较研究中，把日本的开发战略总结为整个工厂都为实验室。如果把日本企业比作打橄榄球，那么美国竞争者仍像跑接力赛，其依序从事研究与开发、生产和销售活动。相反，日本企业把这些环节的管理技术结合成一体，通过现场改革、岗位轮换制和全面质量管理等，不仅大大缩短了从产品设计到实际投产之间的时间，而且可以把工序创新与产品创新密切结合起来，这是日本企业在创新管理上的重要成就。日本企业内部组织学习机制的形成可以追踪到20世纪50—60年代引进国外技术时，不是简单地复制，而是加以吸收和改进，其基本做法是行之有效的反向工程（reverse engineering）。反向工程的“反”，指的是与一般技术创新过程相反。它不像传统理论那样，一项成果和技术先从基本原理开始，再到原理的应用，转而被物化为专利发明，进而开发工艺流程及生产方法，而是从生产第一线的技术应用开始，按如下相反的顺序进行技术创新，即操作技术—维修技术—现场操作技术管理—生产技术—研究开发。实施反向工程主要有两种方法：一是进行样机的引进、仿造；二是兴办生产性的外资企业。二战后日本根据不同产业和产品的技术特点选择适当的手段，改造了钢铁、化工、汽车等行业的生产技术，收到极其显著的效果。在兴办外资企业方面，日本注重外来企业的技术水平和行业特点，采取选择性引进策略，保证了外资企业反向技术的源头作用。虽然日本企业组织学习的优势与其文化有深刻的渊源，但日本的这种做法对发展中国家还是有重要的借鉴意义的，因为技术知识很少能从“搁板”上获取，如果要有效地使用，它几乎总是需要加工和修改，发展中国家的企业是否有能力，是否具有行之有效的内部组织机制是其技术引进成败的关键。

但是到了20世纪末，日本在高新技术上的竞争优势明显落后于美国。造成这种状况的重要原因可能是日本的企业内部组织学习机制对创新风险和不确定性都很高的创新技术并不太适应。一般说来，对于发展中国家的追赶型经济来说，在引进、吸收和赶超相对定型的技术上，企业内部组织学习机制是行之有效的，而在独立自主开发处于前沿的高新技术上，企业外部学习机制更为重要。实际上，任何组织如果想在新思想的产生、传输和使用上成功，必须在内部意会知识与可整理知识的交互作用中来实现。这是因为组织间的专业化分工并非固定不变的，组织内及组织间专业化的多维性和知识形态的多样性，使组织在动态环境中对信息、知识和诀窍等多方面的理解是以产业网络为基础的，这种网络是由客户、供应商、主要生产厂家、研究机构及其他有关人员所组成的动态适应系统，这种系统甚至还可以把资金提供者、行业协会、政府和非政府机构等包括在内。大量经验研究表明，企业与科学界的接触是非常重要的，它日益依赖企业外生的科学技术。帕维特（Pavitt，1993）在《企业从基础研究中学习什么》一文中指出，基础研究对工业发展的贡献不是直接的，它主要是通过具有新知识和有价值的技能的新雇员对企业产生间接影响。耶鲁大学对650家工业企业研发部门主管调研的结果表明，大多数学科的基本科学技能和技巧比学术研究成果对企业更有价值。帕维特的调研很可能并非针对高新技术产业以及激进创新（radical innovations），对于知识产业来说，基础研究的直接作用程度要大得多；它在开发阶段起着关键作用，如果没有科学知识的积累，20世纪的重大创新是不可能发生的。所以广泛利用外部科研机构、专家和顾问是创新成功的主要因素之一。此外，与使用者交互作用的性质和强度也是外部学习使创新成功的重要因素。企业外部学习的形式是多种多样的，目前在高新技术的研究与开发上，分包制（由企业外部来做）和共同研发比在企业内来做有其独特的降低风险和避免软预算约束的优势。外部学习的其他重要形式包括非正式接触、非正式贸易、各种各样的合作、建立合资企业、招募人员、兼并乃至技术间谍活动等。

20世纪90年代对创新成败的一些研究一般也证实了上述结论，同时也展示了公司战略和政府政策在网络关系发展中的作用。许多研究表明，在20世纪70—80年代，信息与通信技术（ICT）、生物技术和新材料技术的迅速扩散已强化了科学与技术的相互作用，提高了外部网络对创新成功的重要性。值得注意的是，所有这些研究都展示了一个非常重要的特点，即这种交互学习与作用的性质、深度和频率等在不同的产业部门呈现出不同的特征，并随着创新的性质或类型而变化。

第三节　创新的产业部门特征与宏观动态过程

我们在上一节从微观角度分析了创新活动的机制，本节的焦点将转向以下四个方面：第一，创新活动的类型划分，这些类型特征也许为不同的厂商和处于不同发展阶段的国家所共有；第二，创新的产业部门特征，企业或发展中国家可据此制定不同的科技发展战略；第三，六次技术革命浪潮和三次工业革命；第四，从系统动力学入手，考察创新起源的宏观动态过程。

一、创新分类

创新实质上是新奇事物的出现，虽然对新奇的定义和分类是非常困难的，正如专利审查时所呈现的，然而，研究科学技术创新的经济学家仍试图对此加以划分。弗里曼于1971年区分了系统的（systematic）、较大的（major）、较小的（minor）、渐近的（incremental）和未被记录的（unrecorded）五种创新类型，但后来的大多数经济学家采用了一种简单的两分法：激进的或较大的创新（radical or major innovation）和渐近的或较小的创新（incremental or minor innovation）。为了能从历史的和长镜头的角度对创新加以透视，1988年，弗里曼和佩蕾丝根据英国萨塞克斯大学科技政策研究中心所进行的经验研究，给出了关于创新的四种划分：增量创新、基本创新、技术体系的变革和技术经济范式的变革。

（一）增量创新

尽管在不同产业和不同国家所呈现的程度不同，但这一类创新或多或少连续不断地出现在任何一个产业和服务活动中，它是需求压力、社会文化要素、技术机会与轨道相结合的产物。这一类创新的发生经常不是深思熟虑的研究与开发活动的结果，而是工程师和其他直接参与生产活动人员的发明和提出改进意见的结果，或者是用户首创或建议的结果（“边干边学”和“边用边学”）。很多经验研究证实，这一类创新对于各种生产要素的效率提高是非常重要的，例如，霍兰德（1965）对杜邦人造纤维厂生产率的研究，或者汤森（1976）对英国煤矿工业中采煤机的研究。

由于种种特殊的应用，这种增量创新常常伴随着工厂和设备规模的扩大以及产品和服务质量的改进而产生。尽管它们的综合效果对于生产率的增长极为重要，但是，单独的增量创新并不具有戏剧性的效果，而且有时它们也许被忽略，没有留下痕迹。虽然增量创新只表现为现存投入产出表上系数的变化，是产出范围及其效率的改进，但它们对生产率稳定增长的作用是显而易见的。

（二）基本创新

基本创新是不连续的事件，目前通常是企业和大学以及政府实验室中深思熟虑的研发活动的结果。正如熊彼特所指出的，汽车不可能从马车技术的改进中产生。同样，尼龙也不可能通过对人造纤维厂或毛纺行业生产工艺的改进生产出来。当然，通过对烧煤或烧油的火力发电厂进行增量改进更不可能建成核电站。

基本创新在各个部门和各个时期的分布是不均匀的。门施认为基本创新显然特别集中发生在与已建立的市场价格暴跌有关的极度衰退时期，弗里曼等虽然不赞成门施的观点，但他们同意门施关于“无论基本创新什么时候发生，它们作为推进新市场成长和伴随繁荣的新投资高涨的潜在跳板，是很重要的”的观点。它们可能常常包括一种联合的产品、工艺或组织创新。有长达10年之久的基本创新，例如尼龙或“避孕药”，颇有戏剧效果，也就是说，它们的确带来了结构变革，然而就它们的综合经济影响而论，则是相对较小和较为局部的，除非在出现新产业和新的服务时，一连串基本创新联结在一起，就像合成材料工业和半导体工业那样。

（三）技术体系的变革

“技术体系”的变革是对若干经济领域产生影响，同时导致全新部门出现的影响深远的技术进步。它们依据增量创新和基本创新的一种组合，伴随着对数个厂商产生影响的制度创新和管理创新。基尔斯特德（1948）在阐述熊彼特经济发展理论时，引入了在技术上和经济上相互联系的创新的“星座”概念。在铸模和挤压成型中的一连串合成材料创新、石油化工创新和机械创新，以及在20世纪20—50年代所采用的无数适用性创新就是明显的例子。

（四）技术经济范式的变革（技术革命）

当若干个新技术体系聚集在一起出现时，就构成了技术革命的浪潮。按照演化经济学家佩蕾丝的看法，自18世纪末以来，世界经济已经爆发了五次技术革命的浪潮，它们是：1771年开始的英国工业革命；1829年开始的蒸汽动力、煤炭、铁和铁路的时代；1875年开始的以钢、重型机械制造业和电力等为标志的时代，它产生了第一次经济全球化；第四次则是从1908年开始，这是一个石油、汽车、石化产品和大规模生产的时代；第五次技术革命浪潮开始于1971年英特尔微处理器的诞生，这被称为信息和通信技术革命的时代；第六次技术革命浪潮是以解决资源、能源和生态问题为核心的技术革命，它正以目前的智能化作为其开端，并将与新能源、新材料、纳米和生物技术等技术革命汇成新技术革命浪潮的洪流。

每次技术革命都会带来一种或若干种通用技术（generic technologies），带来新的组织、制度实践，这些实践明显地提高了大多数已有活动的潜在生产力。这种新的组织、制度实践逐渐地汇聚成一种最佳的行为模式，演化经济学家佩蕾丝称之为“技术经济范式”。所谓技术经济范式是指建立在新的通用技术基础之上的新组织、新制度和新的行为模式，它为经济行为者提供了一系列新的“共识性”原理，这些原理指导着企业家、创新者、经理、行政管理者、工程师和投资者的决策，使他们的决策无论是在老的活动还是在新的活动中都能取得最大的效率。对于那些使用先前的技术经济范式获得满意结果的人来说，采用新范式的过程可能是毁灭性的，因为这要求他们放弃过去通过很大努力才取得的大量经验，从而让人们感到整个世界似乎被颠倒过来了，过去快半个世纪的信息革命充分体现了技术经济范式的革命性影响。

二、产业部门特定的创新

创新分类与产业部门的特征有一定的关系，经济学家已对产业部门特定的创新做了大量研究，大多数集中于研发密集的产业，如电子工业，他们还特别调查了这些产业中的基本创新。20 世纪 80 年代以来，经济学家对诸如汽车、机械工业等在科学研究上不是特别密集的产业也进行了经验研究。进入 90 年代后，科学研究所占比重很低的产业部门如纺织、建筑和服装业开始成为更系统的研究的主题。对服务业创新的研究则相对落后，但随着某些学者对金融业研究的进展，这种状况已有很大改变，目前，知识密集型服务业得到了很大的重视。在这方面，帕维特对产业部门的创新特性进行了系统研究，这种研究在“新熊彼特”文献中得到了广泛应用。帕维特把产业分为四类，参见表 7-1，每一种类型反映了经济学中的一种技术变迁形态。在这里有必要对它们进行详细的描述，因为每一种类型都有着自己独特的获取技术的方法，同时伴随着特定的政策含义。

在供给者控制的产业中，技术变迁来自机器设备和其他产品投入的供给者。技术选择反映了相关要素成本，技术积累的机会主要是生产方法和相关投入的改进和修改，偶尔也有产品设计。大部分技术转移采用了资本品和其他投入品的形式。供给者控制的产业与传统的新古典生产函数有某些相似之处。

在规模密集产业中，技术变迁产生于复杂的生产系统或产品的设计和操作，或二者兼而有之。规模密集的产业具有规模经济优势，即随着规模的不断扩大，单位产出成本递减，但由于产品和生产系统的复杂性，在与激进创新的失败相关的风险上，它又具有潜在的高成本。因此，加工与生产技术的发展是以零件、机器与子系统中的操作经验和改进为基础的。技术积累随着设计与建造零部件、机器与子系统的能力的提高而提高，以及最终伴随着设计和建造大规模复杂体系的能力的提高而进行。除了设备和其他投入以外，技术转移是伴随着产业的生产和设计诀窍、许可证及相关的培训进行的。

在基于科学的产业中，技术主要产生于共同的研发活动，并在很大程度上依靠学术研究。基本的发现打开了新的产品市场并找到潜在应用的广泛范围，还包括一个平行的对相关产品市场的研究。技术进口不仅需要对投入品的购买和生产技能的许可，还需要具有反向工程的吸收能力，这种能力本身就需要研发与设计活动，并培训与国外接触的研究人员和工程师。大型的创新型企业是这种类型技术变迁的最佳例证，正如熊彼特所描述的。

专门的供给企业（专门化的供给者）以零件、仪器和软件的形式为先进的使用企业提供高性能设备，技术积累在这些生产投入的设计、构造和使用过程中发生。这些企业的收益来自其与先进的使用者的交互作用，它们不断地积累技术以在设计中满足使用者的要求。特别地，由于生产过程的复杂性与相互依存性，购买者更重视其可靠性而不是价格。

表 7-1 依据技术的产业划分

特征	供给者控制的产业	规模密集产业	基于科学的产业	专门化的供给者
典型核心部门	传统的制造业（例如，纺织、服装、皮革、鞋类及木制品）	原材料（钢铁、玻璃）、耐用消费品、汽车	电力电子产品、化学制品	资本品、工具、软件
企业规模	小	大	大	小/中
使用者类型	价格敏感	价格敏感	价格与性能敏感	性能敏感
技术活动的主要集中点	成本缩减、合适的市场设计	成本缩减和产品改良	成本缩减、产品创新与改良	产品创新与改良
技术变迁的主要直接来源	供给者	加工、生产和设计工程	共同的研究与开发	设计与开发
模仿与技术传递的主要渠道	生产知识、咨询服务	生产知识、供给者、设计	基础研究、生产工程、设计	先进的使用者
技术积累的主要方向	加工工序与相关设备、产品设计、生产、组织 [可变]	加工技术和相关设备 [上游]	技术相关的产品 [集中]	产品开发 [集中]
避免模仿的主要方法	非技术的（营销、商标）	加工工序保密、模仿和知识曲线	研发诀窍、专利、模仿和知识曲线滞后	设计诀窍、专利、使用者需要的知识

三、六次技术革命浪潮和三次工业革命

2012 年 5 月，杰里米·里夫金《第三次工业革命》的中文版出版。里夫金认为，人类社会目前已经经历了两次工业革命。第一次工业革命诞生在英国，在 19 世纪开辟了蒸汽、铁路和工厂化生产的时代，煤炭是其占主导地位的能源形式；20 世纪是第二次工业革命的时代，这是一个以电气化、重化工业和大批量生产方式为特征的时代，石油等不可再生能源是其基本能源来源。现在，曾经支撑起工业化生活方式的石油和其他化石能源正日益枯竭；更糟糕的是，以这种能源开展的工业活动产生了严重的气候变化，大量二氧化碳的排放有可能影响到人类在 21 世纪的生存。可再生能源革命与信息通信技术革命的结合产生了“能源互联网”，这就是第三次工业革命。第三次工业革命具有五大特征：（1）社会能源需求向可再生能源转型。（2）将每一大洲的建筑转化为微型发电厂，以便就地收集可再生能源。（3）在每一栋建筑物以及基础设施中使用氢和其他存储技术，以存储间歇式能源。（4）利用互联网技术将每一大洲的电力网络转化为能源共享网络，这一共享网络的工作原理类似于互联网。（5）将运输工具转向插电式以及燃料电池动力车，这种电动车所需要的电可以通过洲际共享的电网平台进行买卖。

英国《经济学家》杂志编辑保罗·麦基里在 2012 年 4 月发表的名为《制造和创新：第三次工业革命》的“特别报告”中提出了以机器人、3D 打印机和新材料为核心的“第三次工业革命”，这可以被称为“制造业数字化革命的版本”。

而德国工业 4.0 小组除了提出了第一次和第二次工业革命的概念外，还提出了第三次和第四次工业革命的概念：第一次工业革命开始于 1784 年第一架机械纺织机，结束于 19 世纪末，是以蒸汽机为动力的机械生产设备所导致的工业革命。第二次工业革命开始于 1870 年美国辛辛那提屠宰场的第一条生产线，是以电力为动力的大规模生产带来的工业革命。第三次工业革命开始于 20 世纪 70 年代初，以 1969 年 Modicon 公司第一个可编程逻辑控制器 084 为标志，这是通过使用电子和信息技术提高自动化程度的工业革命。第四次工业革命开始于 21 世纪头 10 年，这是基于信息物理融合系统（物联网和互联网融合）的工业革命。①

但是，上述有关第三次或第四次工业革命的研究都没有参考经济学中已有的研究成果。实际上，早在 20 世纪初，许多经济学家就发现，科技革命与世界经济长期运动是有规律的，这就是自英国工业革命以来，它就经历着每半个世纪左右一次的长波运动，这种发现最后以俄国的一位学者的名字命名为“康德拉季耶夫长波”，并因熊彼特在 1939 年把科学技术创新看作是长波运动的主要原因而在学术界广为传播。演化经济学家佩蕾丝在 2002 年以每次诱发技术革命浪潮的重大技术突破（大爆炸）作为起点，划分了人类社会已经发生的五次技术革命浪潮，形成了与康德拉季耶夫五次长波相类似的说明。经济史学家图泽尔曼和钱德勒发现，第一次和第二次康德拉季耶夫长波组成了“第一次工业革命”。按照图泽尔曼和钱德勒的这种研究传统和方法，我们可以认为，“第二次工业革命”是由第三次和第四次长波构成的，第五次长波（即信息技术革命的长波）或第五次技术革命浪潮与目前正在兴起的第六次技术革命浪潮（第六次长波）合并在一起可以被称作“第三次工业革命”，参见表 7-2。②

表 7-2　　三次工业革命与六次技术革命浪潮

工业革命	技术革命浪潮	核心及关键性投入	诱发技术革命的大爆炸	交通运输和信息通信基础设施	该时期的流行名称	核心国家（地区）
第一次工业革命	第一次技术革命浪潮	生铁、棉花	阿克莱特在克隆福德设厂（1771）	运河、收费公路、轮船	产业革命	英国
	第二次技术革命浪潮	铁、煤	蒸汽动力机车“火箭号”在利物浦到曼彻斯特的铁路上试验成功（1829）	铁路、电报、蒸汽船	蒸汽和铁路时代	英国（扩散到欧洲大陆和美国）

① 乌尔里希·森德勒. 工业 4.0：即将来袭的第四次工业革命. 北京：机械工业出版社，2014：9.

② 有关第三次工业革命问题的相关讨论请参见贾根良. 第三次工业革命与工业智能化. 中国社会科学，2016（6）。

续前表

工业革命	技术革命浪潮	核心及关键性投入	诱发技术革命的大爆炸	交通运输和信息通信基础设施	该时期的流行名称	核心国家（地区）
第二次工业革命	第三次技术革命浪潮	钢铁、电力	卡内基酸性转炉钢厂在宾夕法尼亚的匹兹堡开工（1875）	钢轨、钢制舰船	钢铁、电力和重化工业时代	美国和德国追赶并超越英国
	第四次技术革命浪潮	石油、天然气合成材料	第一辆T型车从底特律的福特工厂出产（1908）	高速公路、机场、无线电	石油、汽车和大规模生产的时代	由美国扩散到欧洲
第三次工业革命	第五次技术革命浪潮	芯片、信息	在加利福尼亚州的圣克拉拉，英特尔的微处理器问世（1971）	信息高速公路（互联网）	信息和远程通信时代	由美国扩散到欧洲和亚洲
	第六次技术革命浪潮	信息、数据、可再生能源、纳米技术、生物技术	人工智能、云计算、大数据（2008 年之后）、3D打印、可再生能源、新材料、纳米技术、生物技术	新一代无线网络（5G、WiFi）、物联网和云计算（云网络）、智能电网等	绿色与智能化时代	美国、日本、欧洲和中国

资料来源：第一次至第五次技术革命浪潮的内容参见克利斯·弗里曼，弗朗西斯科·卢桑. 光阴似箭：从工业革命到信息革命. 北京：中国人民大学出版社，2007：145-146；卡萝塔·佩蕾丝. 技术革命与金融资本. 泡沫与黄金时代的动力学. 北京：中国人民大学出版社，2007：18-19。第六次技术革命浪潮为作者补充。

四、创新：需求拉动还是科技推动

在第二节讨论技术学习时，我们已指出了企业内与企业间信息与知识流动的重要性，这种流动的源泉不仅来自科技发明，而且来自产品和工序的使用者。但这两种源泉的相对重要性如何？或用更明确的术语来说，科技推动与需求拉动在产生并使之成为持续不断的知识流和信息流上哪一个更重要？这种争论源自熊彼特和施穆克勒（Schmookler）关于创新起源的不同假设。

在熊彼特看来，科学技术，不论它是在经济系统之外产生的，还是在大企业的研发实验室中产生的，都是增长的发动机。科学技术发明作为崭新的思想，只有通过企业家“创造性毁灭过程”的职能，才能在经济中催生崭新的产业部门，并形成经济发展的新势头。因此，提供新的科学发明和新技术要比适应现存的需求模式重要得多。因为只有产品创新才能导致新兴产业的出现，而工序创新只是提高现有工业的效率，因此产品创新比工序创新更为重要。这就是在熊彼特经济发展理论中作为创新起源的科技推动说。

然而，施穆克勒[①]对此却提出了异议，他不否认基础科学研究的独立作用，但他认为如果把新的投资和新的经济活力完全归于科学技术则是片面的。施穆克勒研究了19世纪上半叶到20世纪50年代美国的铁路、炼油、农业和造纸工业等行业的投资、存量、就业和发明活动。就发明活动和需要来说，他采用的时间序列是资本品的专利和投资。施穆克勒发现，投资和专利的时间序列表现出高度的同步效应，投资序列往往趋向于领先专利序列，相反的可能性则较少。据此他得出结论，发明和创新的主要推动力来自各个产业中用新资本品所表示的投资所衡量的需求变化。

从第二次世界大战结束一直到20世纪60年代末，创新起源的科技推动说对经济决策者起着支配作用，许多决策者认为，只有纯科学才能产生一个自立的经济增长过程，这对二战后研究和开发基金的增长起了不小的作用，但上述信念到20世纪60年代末和70年代初开始遇到挑战，除了受到施穆克勒更理论化著作的影响外，经济增长的减速（特别是在美国）也产生了作用。如迈尔（Myer）和马奎斯（Marquis）1969年通过对500种创新进行调研，为创新起源的需求拉动说提供了证据。此外，支持需求拉动的经验研究还得出如下重要的结论：创新的成功与了解用户需要、良好的信息沟通以及有效的合作这些因素密切相关。在20世纪60年代初到70年代末，需求拉动说对经济决策者产生了相当大的影响。

但是，是否上述支持需求拉动说的经验研究就足以证明需求是导致创新及其成功的主要因素这一普遍结论呢？实际上，早在20世纪70年代后期，创新起源的纯需求拉动说就已受到强烈的批评。莫厄里和罗森伯格在1979年的一篇论文[②]中指出，上述研究使用了“需要”这个不严谨的概念而非关于需求的严格限定的狭义概念，并经常将其作为独立变量来运用，使得“需求拉动”的结论似乎很有根据。

莫厄里和罗森伯格的批评得到了沃尔什等人运用专利统计和施穆克勒用自己的方法所做的经验研究的支持。他们发现，施穆克勒所分析的大部分专利以及其他支持需求拉动的所谓创新实际上是沿着既有技术轨道的增量或微小创新，这不足以支持需求拉动是创新的主要起源这一普遍结论。莫厄里和罗森伯格根据自己对各种研究的批判性分析，得出了供给和需求都是创新成功的重要决定因素这一结论。他们还指出，如果要使创新成功，技术和市场的配合也是基本的。这些结论及其大量经验材料的积累最终在20世纪80年代初导致了创新起源争论的终结。

对于创新起源的争论，我们可以简要地总结出重要的结论：科技推动与需求拉动既是相对独立，又是互为补充、交互作用的两个方面，它们中的每一个都不可能在创新的长景观中长期占主导地位，但是其中之一可以在某产业的不同发展阶段引导另一个。一般说来，在某产业发展的早期阶段，科技推动要相对重要一些；而在产品周期的成熟阶段，需求拉动则更为重要。

然而，不论是需求拉动说还是科技推动说，都把创新看作是一系列的阶段，它始于研

① J. Schmookler. Invention and Economic Growth. Cambridge，Mass.：Harward University Press，1966.

② D. C. Mowery and N. Rosenberg. The Influence of Market Demand upon Innovation：A Ritical Review of Some Recent Empirical Studies. Research Policy，1979，8：102－153.

究与开发或对需求的预感，终于产品在市场上的销售，在其最为简单的形式上，这种线性模型表示每一阶段都是由前一阶段的产出引发的，更复杂的交互作用或反馈过程并没有得到系统的讨论。在这方面，20 世纪 80 年代末期以来，关于创新研究的一个重大进展就是从系统论角度考察创新过程，从而开辟了国家创新体系这一专门的研究领域。

第四节 国家创新体系

国家创新体系（national systems of innovation）这一概念的出现，说明人们对科技创新在经济发展中作用的认识已发生了质的变化，它从系统论角度深入地考察了创新的动态交互反馈过程，这一概念或研究范式的确立与知识经济的出现在本质上是一致的，它为提高发展中国家的创新能力、改革科技创新体制提供了重要的理论基础。

一、国家创新体系的概念与分析框架

目前，由于信息革命和知识经济的快速发展，世界经济正在经历着第三次工业革命的重大经济转变，创新已经成为国民财富的生产和分配的关键以及国家竞争力的基础。由于西方主流经济学从没有对创新问题进行过深入研究，因此，为了适应这种重大转变的需要，国家创新体系的分析方法就应运而生了，它把经济学研究的视角从主流经济学的资源配置转移到了资源创造（创新），从决策转移到了学习，并把制度分析与创新研究紧密地结合在一起，从而为分析知识经济中学习、知识创造和创新的制度决定因素提供了理论研究和政策制定的框架。

创新体系的概念是由本特-阿克·伦德威尔 1985 年在一本讨论使用者与生产者交互作用和产品创新的小册子中首先提出的，但他并没有涉及国家的问题。国家创新体系的概念是由英国学者弗里曼在其 1987 年的专著中明确提出的。1988 年，多西等在他们主编的书中把国家创新体系的概念介绍给了国际学术界。在这个概念被普遍接受之后，弗里曼等人才把它追溯到了德国经济学家李斯特在 1840 年所提出的“政治经济学的国民体系”（national systems of political economy）的概念。2003 年，埃里克·赖纳特又把它追溯到那不勒斯的重商主义者舍拉在其 1613 年出版的《简论》（*Breve Trattato*），在这本被熊彼特称为经济学中第一篇科学论文的著作中，舍拉就已经系统地提出了国家创新体系的核心思想：报酬递增和协同效应。①

国家创新体系分析的焦点是国民经济，分析框架是系统论的。本特-阿克·伦德威尔总结了创新体系分析方法的共同特点：第一，国家体系在生产、贸易和知识的专业化程度上是不同的；第二，知识重要；第三，知识要素是当地化的，不容易从一个地方转移到另一个地方；第四，知识嵌入于行为者的行为和企业的惯例中；第五，创新体系方法的核心思想是集中在关系和交互作用上。这种假定反映了这种事实：创新是集体行为，在解释变

---

① 埃里克·赖纳特，索菲斯·赖纳特.早期的国家创新体系：以舍拉 1613 年的《简论》为例//赖纳特，贾根良.穷国的国富论：演化发展经济学论文选：下卷.北京：高等教育出版社，2007：283.

化时必须考虑到要素之间的关系。

保罗·塞维提（Paolo Saviotti）和巴特·努特布姆（Bart Nooteboom）所主编的著作《技术与知识：从企业到创新体系》（2001）就充分地体现了这种系统论的观点。彭罗斯在其名著《企业成长理论》中提出的观点曾经影响很大：企业的成长率受到企业内部知识增长的限制。现在，按照系统论的观点，企业的成长率在更大程度上取决于企业之间、企业与科学技术研究机构之间等交互作用所导致的学习和知识创造，简言之，取决于国家、地方和产业的创新体系。不同层级的创新体系是产业、地区和国家竞争力的基础。

国家创新体系的分析不仅是系统论的，而且是以制度分析为基础的。与新制度经济学对制度问题的研究不同，国家创新体系的研究方法具有以下三个特征：第一，它把制度分析与创新研究紧密结合起来了。由于新制度经济学的内在缺陷，它无法处理创新问题。第二，国家创新体系分析框架继承了古典经济学把研究重点放在生产或资源创造上的传统，它所研究的制度也主要是围绕生产问题展开的。这与新制度经济学以交换为核心的理论是不同的。第三，与新制度经济学以新古典经济学为理论基础不同，国家创新体系的分析是以演化经济学为基础的，换言之，它是演化经济学的一种应用。

在过去的二十多年中，国家创新体系的概念对经济政策的制定产生了深远的影响。芬兰能够把一种以资源为基础的经济转变成以知识为基础的经济就得益于这种思想在实际政策制定上的应用。20 世纪 90 年代以来，国家创新体系的研究框架和政策工具主导了欧盟在经济政策和社会政策方面的研究。进入 21 世纪，国家创新体系的概念也进入了世界银行等国际机构的政策研究部门的视野。此外，在 20 世纪 90 年代，在国家创新体系的概念基础之上，演化经济学中研究科学技术与创新经济学的学者还提出了区域创新体系和部门创新体系的概念，并进行了大量的经验研究，不仅丰富了创新体系分析的方法和框架，而且对各国经济政策的制定产生了重要的影响。

目前，国家创新体系的分析框架有狭义和广义之分。狭义的国家创新体系分析集中在企业的研发活动、科学技术组织和公共政策之间的交互作用上。这种分析有时包括了对知识产权和风险资本制度的研究，但很少涉及对大众教育、产业关系和劳动力市场等的广泛的制度安排的研究。在很多情况下，狭义的国家创新体系概念主要是被美国的一些学者所使用，并与专门的科学技术政策研究文献密切相关。

广义的国家创新体系有两个特点。第一，对“创新”的定义是广泛的。创新不仅包括渐进的和激进的创新，而且包括创新的扩散、吸收和使用，它是一种持续的积累过程。第二，它考虑到了更广泛的创新来源。除了科学和研发活动外，创新也体现在与不断发生的生产和销售活动相联系的交互学习过程中，涉及劳动力市场和人力资本开发等更广泛的制度安排。对于发展中国家来说，虽然科学和研发体系也很重要，但关键性的创新来源体现在人们的技能和组织内外关系的能力基础上，因而，广义的国家创新体系概念具有更广泛的适用性。下面我们就较为详细地讨论一下广义的国家创新体系概念。

二、国家创新体系的系统观

从创新理论发展史的角度来看，以往人们对创新的认识持有一种静态的观念，这对于分析一些具体的、微观层次的简单创新活动可能是有效的，但它并不适合于理解复杂的创新活动，它是长期以来受自然科学中的还原论和经济学的均衡分析方法影响所形成的范式。创新活动的静态观点具有以下三个特征：第一，认为创新遵循从研究到试验开发，再到生产，最后到销售这样一种线性过程，从而把科学研究、技术发明与创新割裂开了。第二，创新与扩散的误导性区分：第一步是重要创新的开发及初步商业化；第二步是这些创新的广泛应用（即扩散）。前者集中于工业化国家，而在发展中国家技术发展只有达到国际前沿时才变得重要，在此之前，因为发展中国家被认为只与技术的扩散或已有技术的选择有关，创造性的革新和技术变迁似乎是相关的。第三，把企业视作创新的唯一主体或场所。如“青年”熊彼特倾向于把个人视为创新主体；“老年”熊彼特则强调了垄断性大公司的主体地位。尽管有这种变化，熊彼特仍倾向于从总体上把企业视为创新的唯一主体或场所。创新活动的静态观点在二战后相当长的时间内产生了广泛的影响，如上节所提到的对创新来源是科技推动还是需求推动的讨论就是明显的例证。

然而，随着演化经济学在20世纪80年代的兴起，创新体系的系统观逐渐形成。这首先表现在对传统创新观的突破上。第一，从一般系统论角度对科技进步进行分析，把它看作是一种累积的和不可逆的长期变化的“组织复杂性”的过程。系统论的观点强调了互为因果的交互作用，它注意到复杂的反馈环的作用，着重分析了在正反馈情况下多重均衡的存在，以及动态反应中突变式非连续的非线性过程。第二，创新不是一蹴而就的，如果把基本创新视作传统的创新概念，那么在扩散过程中仍有大量的增量创新。换言之，扩散不仅包括机器设备、生产设计和相关技能的获得，而且包括不断的、经常是渐进的技术变迁，这些技术变迁或为满足特定的条件，或为达到更高的标准。对于发展中国家来说，创新应采用较广泛的定义，即创新并不一定是全世界最先进的技术、工艺，最领先的产品，而是指在产品设计和生产过程中对一个国家和地区的企业、研究与开发机构等来说是“新”的内容——这些内容对于其他国家和地区也许已经不是新的了。第三，创新主体或场所的多元化。20世纪70年代之后，人们逐渐注意到创新主体的复合性，开始对创新主体的理解不仅仅局限于企业。如冯·希普尔（Von Hippel）在1976年通过实证研究发现了用户（消费者）在创新过程中的作用，提出了“使用者即创新者”的观点。在创新主体或场所的认识上的实质性变化，始于把创新看作一个系统之时，经济合作与发展组织1997年在《国家创新体系报告》中指出，创新是不同主体和机构间复杂的相互作用的结果，它是系统内部各要素之间的相互作用和反馈的结果。据此我们可把创新主体看作是由企业、科研机构、学校、中介机构和使用者等所组成的复合体。

目前国际上对国家创新体系的研究比较有代表性的是伦德瓦尔和纳尔逊。伦德瓦尔认为，国家创新体系是由一些要素及其相互作用构成的复合体，这些要素在生产、扩散和使用新的、经济上有用的知识的过程中相互作用，形成一个网络系统。他还认为，国家创新体系是一个社会系统，创新体系中的中心活动是学习，学习是一种社会活动，它包含生产厂商与用户之间的相互作用；国家创新体系也是一个动态系统，以知识积极的反馈和再生产为特征。伦德瓦尔所分析的侧重点在于生产厂商与用户之间的相互作用。纳尔逊认为国家创新体系是一组制度，因此制度的设定和功能是决定创新体系效率的关键。在纳尔逊主编的著作中，一共讨论了15个国家的案例，并对不同国家的创新体系做了比较。

在国家创新体系这个概念的定义上，目前引用比较多的是经济合作与发展组织的定义。经济合作与发展组织认为，国家创新体系由参加技术发展和扩散的企业、大学和研究机构组成，是一个为创造、储备和转让知识、技能和新产品而相互作用的网络系统，政府对创新政策的制定着眼于创造、应用和扩散知识的相互作用过程以及各类机构间的相互影响和作用。值得注意的是，经济合作与发展组织对国家创新体系的定义是与对知识经济的探讨内在一致的。实际上，1996 年发表的著名报告《以知识为基础的经济》是该组织"国家创新体系项目"系列研究报告之一。该报告明确指出，经济合作与发展组织制定科学、技术和产业政策的目的是使"以知识为基础的经济"充分健康地运行，这种经济直接建立在知识和信息的生产、分配和使用上。在知识经济中，生产者在可整理知识与意会知识的相互作用下推动了创新活动，国家创新体系是其重要的制度维度，它是由产业界、政府和学术界在发展科学和技术上所形成的相互关系构成的。

三、国家创新体系的构成要素

国家创新体系作为一种经济分析和政策制定的框架是由哪些要素构成的？许多学者对此进行了研究，提出了各种各样的建议，本教材在对此进行归纳的基础上，提出了企业、公共部门、研究与开发机构、教育和培训系统、金融系统和作为基础设施的信息网络六大要素，现分述如下。

1. 企业

经济合作与发展组织在《国家创新体系报告》中指出："这一系统的核心是企业，是企业组织生产和创新、获取外部知识的方式。"首先我们认为企业的内部组织是创新体系的一个重要方面，大多数的创新由企业进行，本章第二节已讨论了知识、组织与学习过程如何影响企业的创新能力，特别强调了企业内部的研究与开发、生产和销售等部门间的相互作用对企业提高创新能力的重要性。同时，我们也认为企业间的联系在构建创新体系时也很重要，在传统经济学中，这些联系被认为是以竞争和纯粹市场为特征的。对创新的经验研究业已证明，企业之间的合作是竞争的必要补充，在知识经济时代的大量知识密集型产业中，企业之间的合作倾向越来越明显，也越来越重要。

2. 公共部门

在大多数国家，技术政策以技术推动为主，目的是直接支持高新技术生产者，这种政策往往较少强调使用者。然而，在国家创新体系的研究中，因为公共部门本身是支持生产和满足基本人类需要的各种产品的一个重要用户，特别是当技术不确定性和市场不确定性一起限制了产品创新或工序创新时，国家作为用户在创新体系中起着明显的作用。在创新的产业政策讨论中，公共部门的角色是创造一种国内企业可以在其中发展的"动态产业环境"，这种动态产业政策环境的实际内容是多方面的，包括税收、直接补贴、公共教育和培训设施、公共 R&D 机构、基础设施、财政支持、管制和公共采购等。公共部门在私人部门面对的极端不稳定的环境中，发挥了稳定和激励的重要作用。第一，成功的公共部门需要维持和更新公共部门内的学习过程，这意味着公共部门内的资源必须持续地推动用户对质量的需求提高到一个较高水平。第二，成功的公共部门需要维持和更新公共部门与私人部门之间相互作用的学习内容。公共需求在质和量上的提高，特别是高水平的技术对学习过程有很大的促进作用。

3.研究与开发机构

研究与开发实验室的建立是19世纪末最重要的制度创新之一，这种创新大大扩大了产品范围并加速了产业中的创新过程。当今，研究与开发机构已成为科学研发的主要部门和大多数产业部门开发新产品的主要基地。研究与开发机构作用的加强不仅仅体现在研究活动量的增加上，还表现为研发水平经常被选为国际统计及其比较的重要依据。当创新过程进入到渐进革新阶段时，使用者的经验经常成为创新思想的一个主要来源，但是在创新的早期阶段，创新主要由科学和技术机构（当今，尤其是研发组织）进行，它在创新过程中起着主导作用。这样就得出了一个重要结论：当技术变迁的主要方向是改进和扩散相似的技术时，使用者之间的相互作用显得重要，但当技术体系或社会经济范式出现转变时，研发就会变得尤其重要。

4.教育和培训系统

教育和培训系统是国家创新体系中极为重要的因素。国家之间正式与非正式教育和培训系统的差异影响了它们的创新能力。这些差异表现在对教育的投资量、科学和工程研究机构的数量、对工作技能培训的投资等方面。事实证明，哪个国家具有大量能维持竞争和创新能力的企业，哪个国家就具有高水平的教育和培训系统，来为这些企业不断地提供具有必要知识和技能的劳动力。19世纪另一个重要的制度创新是为工程师的职业培训所设立的“技术协会”，它的出现同样加速了工业中的创新过程，对科学家和工程师培训的结果是他们能完成培训前不能很好完成甚至根本不能完成的工作。狭义定义的“国家创新体系”是由大学实验室、R&D实验室、国家标准机构、国家研究机构和图书馆、国家科学和技术团体以及出版物网络等组成，它需要教育和培训系统为之提供高质量人才，才能得以发挥作用。如果一个国家没有高水平的教育和培训系统对此加以支持，即使有大量的技术进口，它也不会对整个国民经济产生扩散性影响。

5.金融系统

金融系统可定义为把储蓄或借贷转化为投资及为企业提供指导的制度安排。它分为以信贷为基础的金融系统和以资本市场为基础的金融系统。这两种系统在支持技术变迁方面各有优缺点。以信贷为基础的金融系统更容易积累知识和培养选择项目的能力，学习能力强，但是它很难利用迅速改变的技术并建立新的标准和惯例，所以，它在增量创新中有利于对技术的选择。以资本市场为基础的金融系统则不需要这种事先确定的规则和惯例，这在一个易变的环境中可能是有利的，因为惯例化的行为可能对创新不利，因为它阻止了新思想的开发。一国的金融系统都是由这两种金融系统共同构成的，但在一些国家，某种金融系统可能发挥的作用更大。一般认为，以资本市场为基础的金融系统在英国特别是美国所占的比例更大，而以信贷为基础的金融系统则是日本和德国金融制度的特征。因此，学术界认为在英美和日德之间存在着金融制度的不同。

6.作为基础设施的信息网络

基于计算机系统的创新是以软件设计和开发为基础的。这并不能归类为正式研究与开发，这些创新像在通信业的其他创新一样，一般包括硬件供给者、使用者和其他机构的网络。信息革命使我们步入了一个网络经济的新时代。目前，“网络”对于有效率的创新变得尤其重要。它不仅被应用于科学和技术机构之间的合作，还被应用于企业间的合作、企业和用户之间的合作。网络不仅是一种技术，而且是一种组织结构。在网络经济时代，技术变迁决定新的制度环境，同时又为制度环境所决定，这种互为因果、交互作用的过程已成为网络经济的明显特征。

第五节　创新型国家与我国的创新驱动发展战略

自 2005 年 6 月以来，党中央和国务院曾经多次提出要把我国建设成创新型国家。2006 年 1 月 9 日，在于新世纪召开的第一次全国科学技术大会上，党中央明确地提出在 2020 年将我国建设成创新型国家的战略构想和宏伟目标。2012 年年底，党的十八大报告进一步强调要实施创新驱动发展战略，强调科技创新是提高社会生产力和综合国力的战略支撑，必须摆在国家发展全局的核心位置。2015 年 3 月，党中央和国务院出台了《中共中央、国务院关于深化体制机制改革　加快实施创新驱动发展战略的若干意见》，该意见指出，到 2020 年，基本形成适应创新驱动发展要求的制度环境和政策法律体系，为进入创新型国家行列提供有力保障。

一、创新型国家的理论基础

创新型国家的概念、创新驱动发展战略的思想都是在演化经济学有关国家创新体系这个概念的基础之上发展起来的，而演化经济学则是经济思想史中一种源远流长的经济学研究传统在当代的发展。挪威著名经济学家埃里克·S. 赖纳特和本章作者贾根良主编的《穷国的国富论：演化发展经济学论文选》（上、下卷）说明，自文艺复兴以来，在经济学中就形成了一种通过重商主义、美国学派、德国历史学派、马克思经济学、美国制度主义、熊彼特经济学等一直延续到现代演化经济学的思想传统。这是一种把生产、知识、创新、协同、报酬递增和由此所引致的制度变迁看作是经济发展核心机制的“以知识和生产为基础的替代性教规经济学”。英国、德国、美国、日本和韩国等之所以相继崛起，就是因为当它们处于穷国地位时就接受了这种被称为演化发展经济学的基本法则，它同样为我国自主创新、创新型国家建设和创新驱动发展战略提供了重要的理论基础。

按照演化发展经济学的基本看法，与西方主流经济学把物质资源看作是财富的起源不同，文化即人类的知识和创造力才是财富的真正起源。分工最重要的作用就是知识积累，而创新则是经济发展最主要的驱动力。在现代社会中，知识分工而非劳动分工已经居于支配地位，知识不仅在以科学为基础的产业中而且在整个经济中都已经成为最重要的战略性资源。知识积累（在生产中直接表现为技术创新能力的发展）和制度创新交互作用，导致了产业结构演进的不断高级化。知识含量越高，学习和创新的机会窗口就越大，进入壁垒就越高，产品的附加值也就越大，报酬递增程度也就越高，产业也就越高级。因此，不同的经济活动具有不同的“质量”，一国的产业结构越高级，其在国际竞争中的地位就越有利。古典经济学家已经观察到，工业是报酬递增的产业，而农业则是报酬递减的产业。但实际上，正如赖纳特所指出的，今天存在着许多具有不变报酬、没有进入壁垒和几乎处于完全竞争地位的制造业部门和服务类型。此外，存在着知识密集的服务业，在农业中也存在着某些类似于高技术制造业的产业部门。因此，我们这里所说的产业结构高级化是就其知识含量而言的。

但是，技术创新并不必然导致国民财富的增进。在这里，我们所说的国民财富的增进主要包括三个方面：利润增加、实际工资收入增加和就业增加。不同的创新形式对就业的影响是不同的，创新经济学已经告诉我们，产品创新通过使新技术具体化的新产业创造可以增加就业，但工艺创新在特定产业和地方则会减少就业。同样，产品创新比工艺创新对一国国民收入（利润和工资）的影响也要大得多。按照赖纳特的看法，携带新技术经济范式的产品创新由于具有高度进入壁垒和动态不完全竞争的特点，因而技术进步的收益就不会全部被外国的购买者所占有，而是大部分以利润或工资收入的形式作为动态熊彼特租金归生产国国内的生产者所占有，这种技术进步的收益扩散方式被称作“共谋型”分配方式。但是，由这种新技术经济范式所产生的工艺创新或者是没有产生动态不完全竞争，或者是因为激烈的竞争导致了使消费者受益而使生产者受损的价格下降，这种价格下降使生产其产品的产业的利润和工资都有可能下降，这种技术进步的收益扩散方式就被称作“古典型”分配方式。我们可以设想，如果一国专业化于产品创新，而另一国专业化于工艺创新，那么，前者的生活标准将比后者提高得更快，而后者的生活标准甚至因为技术进步反而下降。①

上述讨论的理论和政策含义是非常清楚的。那种创造国家财富的经济成就存在于有效的熊彼特主义动态不完全竞争之中，竞争战略的核心就在于选择那些具有动态熊彼特租金的产业，也就是要选择那些技术进步的收益扩散方式具有“共谋型”分配方式的产业。制度创新和经济政策的目的就是创造动态不完全竞争和获取动态熊彼特租金，专利制度和战略性关税保护就是用于这种目的的两种制度，产业政策也是一个国家特别是落后国家创造这种动态比较优势所必须采用的措施。从历史经验来看，目前的发达国家在从贫困走向富强的过程中都采取了关税保护之类的制度和干预性的产业政策。例如，在 15 世纪下半叶，英国还是一个身负意大利银行家的巨额债务的穷国，其主要产品是羊毛。英国在相当短的时期内从一个欧洲边缘穷国在 100 多年前一跃成为我们今天所说的世界强国，其关键性的一步就始于都铎王朝时期对落后的羊毛纺织业进行保护的经济发展战略。

1485 年上台的亨利七世是在法国勃艮第度过其童年的，在那里，他发现当地的普遍富裕状况来源于运用英国原材料的羊毛纺织业。亨利七世即位后就开始鼓励本国的羊毛制造业，并且逐渐提高羊毛的出口关税和成品布的进口关税，并暗地里招来大批极其熟练的外国制造业技师，让他们在发展初期指导自己的国民进行生产，还对企业家进行奖励。到了伊丽莎白一世时期，当具备了充足的制造能力之后，羊毛出口就被禁止了。英国在早期工业化时期为什么对落后的羊毛纺织业进行保护呢？道理非常明显，羊毛纺织业比羊毛生产具有更大的知识吸收和创新的机会窗口，在当时其进入壁垒很高，产品的附加值也高，而英国在羊毛纺织业上很落后，如果不采取上述措施，它就无法通过创造动态比较优势超

① Erik S. Reinert. Evolutionary Economics, Classical Development Economics, and the History of Economic Policy: A Plea for Theorizing by Inclusion. Working Papers in Technology Governance and Economic Dynamics no. 1, 2005.

过当时技术先进的法国等。正是通过这种方式并不断地发展新工业，英国构建起了第一个现代意义上的国家创新体系。①

英国的经验在我们今天所谓的全球化时代仍是有效的。根据演化发展经济学的基本理论，我们可以从国际专业化形态入手，按照两种基本不同的发展战略把所有的国家划分为两种类型：一类是从丰富的“自然”禀赋如廉价劳动力或自然资源中抽取租金；另一类则集中于通过“人为”的禀赋即创新或研发密集的知识积累来创造租金。由于报酬的递减与递增，这两类国家之间的贫富差距已经越拉越大。因此，对落后国家来说，选择创新机会窗口大的产业，通过政府干预对新知识的生产和创新进行保护和鼓励，就成为国家创新体系最基本的作用，这不仅是从 15 世纪的英国到 19 世纪的美国再到日本的基本经验，而且是二战后韩国等落后国家飞跃成为创新型国家的必经之路。相反，拉美地区的许多国家由于新自由主义的改革，国家创新体系被破坏，结构升级停滞不前，陷入了“低技术、低附加值、低工资”的恶性循环之中。通过对照拉美和韩国的各项指标，可以看到这种巨大差异是触目惊心的，详见表 7 - 3。

表 7 - 3　　1970—2000 年拉美和韩国的产业结构变迁

国家（地区）	部门	1970 年所占比例（%）	2000 年所占比例（%）	国家（地区）	部门	1970 年所占比例（%）	2000 年所占比例（%）
拉美	自然资源	50.3	51.0	韩国	自然资源	59.3	28.5
	劳动密集	28.6	20.6		劳动密集	29.9	8.6
	研发密集	21.1	28.3		研发密集	10.7	60.0

资料来源：Mario Cimoli，Marcio Holland，et al. Growth，Structural Change and Technological Capabilities. Latin America in a Comparative Perspective. LEM Working Paper Series，May 2006：29 - 30.

二、建设创新型国家的意义、历史经验与我国的战略选择

一般认为，创新型国家就是那些把科技创新作为经济发展基本战略的国家。创新型国家可以从定量和定性两个方面加以定义。从定量角度，学术界把创新投入高、科技进步贡献率高、自主创新能力强和创新产出高的国家定义为创新型国家。从创新投入的单项指标来看，在 20 世纪 90 年代，R&D 投资占国内生产总值的比例超过 2%的国家共有六个，日本、美国、韩国和芬兰分别位居第一到第四位。然而，这并不意味着创新型国家可以简单地按照这些数量指标来加以解释，因为科技创新只有靠国家制度、组织和文化的创新才能实现。因此，从定性的角度来定义，创新型国家就是那些把科技创新作为发展的核心驱动力，通过制度和组织的创新不断地把国民经济推向高知识密集型经济活动的国家。

历史经验告诉我们，只有创新型国家才能使“高知识密集型生产活动”得到保证，建设创新型国家是发展中国家经济发展的必由之路。建设创新型国家的重要意义就在于：

首先，国家创新体系一旦形成，它就能够持续地催化出知识创造、知识利用和适应变

① 赖纳特. 竞争力概念及其思想先驱：五百年跨国比较的视角//赖纳特，贾根良. 穷国的国富论：演化发展经济学论文选：下卷. 北京：高等教育出版社，2007.

革的能力，经济史中，在追赶与跨越研究中，经典的分析是荷兰如何在18世纪被英国所超越，而英国又如何因美国和德国的崛起而走向衰落，但是荷兰和英国从来没有真正落伍过，此后的重大技术创新尽管与它们无缘，但是它们仍然能够分享创新的收益，并且现在仍然处于最富有竞争力和高收入的国家行列。

其次，创新型国家能够经受住经济动荡。尽管20世纪30年代的大萧条冲击了几乎当时整个的西方世界，但是并没有从根本上破坏它们的技术和创新能力，它们很快恢复过来，并重新引领世界经济发展，而在两次世界大战中被摧毁了所有工业的德国能在战后很快恢复并飞速发展则是一个正统经济学根本无法解释的奇迹。在东南亚和拉美金融动荡中也是如此，韩国、新加坡和中国台湾地区不仅受到的冲击远不如墨西哥、巴西和阿根廷等拉美国家大，而且不像拉美国家那样至今仍然受困于低增长和经济不稳定。

最后，也是最为重要的，今天所有的创新型国家并非一开始就处于领先地位，它们甚至是从相当落后的状况出发来实现发展的。15世纪的英国当时只是为荷兰、比利时的纺织业提供棉花的"依附国"。18世纪的德国和美国只能通过派遣人员去法国、英国等"发达国家"的工厂参观学习，从这些国家招揽技术工人和偷运机器的方式来了解和掌握现代生产所需的技术和运作模式。或许谁也不会想到芬兰这个以森林工业为主导的北欧小国能快速成长为以信息技术、制药等高科技产业为基础的国家，并且在过去一段时间的世界竞争力排名中始终处于第一位。因此，但凡所谓的国家迅速崛起的经济奇迹，恰恰正是落后国家在激进的技术变迁时期得到飞速发展的必经道路。

格什克隆在对19世纪欧洲国家的工业化进行研究时，得出了这种结论：一国经济越落后，特殊制度因素在工业化中起的作用就越大；一国经济越落后，这种因素的强制性和内容的广泛性就越显著。我们可以说，这个基本原理同样适用于创新型国家的建设，只不过是我们必须强调格什克隆所没有研究的创新的重要作用。总结历史经验，我们可以看到，一国经济越落后，特殊的思想意识、制度建设和政策措施对创新型国家的建设就越重要。为了建设创新型国家，我们必须抓住新技术革命的机会，紧密围绕技术创新进行制度改革，并制定各种经济政策。

第一，思想意识革命与路径创造。一国经济发展新路径的创造是社会经济压力、关键性的变化事件和内生变化过程交互作用的结果；但是，新的技术机会、总的经济趋势和重大的变化事件也只不过是机会而已，我们不能只依靠这些客观因素来解释新路径的创造，关键在于发挥主观能动性来抓住这些机会，这就需要思想意识的革命，它通常是由富有想象力和不按常规思路行事的社会精英们所发动的，他们不顾来自现存结构的短视压力，通过一种有意的偏离过程，创造新的未来。在日本、韩国和芬兰，这种力量对推动创新型国家的建设曾起到了巨大的作用。

弗里曼指出，二战后初期的日本曾就经济发展道路问题爆发过激烈的争论，日本银行的经济学家根据比较优势理论，主张走劳动密集型产业的发展道路，这遭到了通商产业省并不是经济学家的官僚和顾问们的反对，后者的胜利促使二战后的日本在技术上很快就到达了国际技术前沿。我们可以设想，如果日本银行的经济学家在产业发展战略的争论中战胜了通商产业省，哪有日本今天第二大技术大国的地位。劳动密集型产业很少有提升技术的"干中学"机会，建设创新型国家就要集中在创新的机会窗口大、存在动态不完全竞争和进入壁垒的活动中，这一点作为明确的战略必须坚定不移地执行下去。2000 年，在人类刚刚跨入新世纪的门槛之时，美国国家科学基金会和美国商务部共同资助了一个研究计划，目的是要弄清楚哪些学科是新世纪的带头学科。其研究结果认为，未来科学技术的发展将出现四大技术的聚合：信息技术、认知技术、生物技术和纳米技术的跨学科“会聚”。① 目前，智能化的发展是信息技术和认知技术的“会聚”，第六次技术革命浪潮的发展将导致其与生物技术和纳米技术的进一步“会聚”，对人类社会将产生更深远和重大的影响。新的技术革命不仅具有很强的附加值创造能力，而且将对传统产业产生革命性的影响，我国必须抓住这种新的技术经济范式所带来的重大发展机遇。

第二，合理利用外资。外资是一把双刃剑，利用得好会对创新型国家的建设起到助益作用；利用不好，在极端的情况下反而会使一国陷入依附型经济中。一个国家只有在步入发达国家的行列后，“自由化”的外资政策才不会产生严重的后果。按照张夏准的研究，芬兰直到 1993 年在为进入欧盟做准备时才对外资采取了自由化的政策，而在此之前则对外资采取了严格的限制政策；日本对外资限制的态度则是众所周知的，在 20 世纪 90 年代末购并高潮之前的 15 年（也就是 1981—1995 年），从外国直接投资占总固定资本形成的比例来看，发达国家的平均数为 3.5%，而在 1971 年到 1990 年期间，这个比例在日本只有 0.1%。这说明芬兰和日本的经济奇迹是在对外资进行严格限制的情况下发生的。②

当然，由于国际生产网络的发展，发展中国家比过去有更多的机会通过进入跨国公司网络进行技术学习，因此，日本、芬兰和韩国过去那种对外资进行严格限制的做法可能不适用了。而且，日本、芬兰和韩国的经验也不是唯一的，存在着爱尔兰和新加坡大量利用外资取得成功发展的情况，但在这些情况下，这些国家也没有对外资采取任其发展的政策，而是都使用了“胡萝卜”加“大棒”的政策，使其服务于本土技术能力形成的目标。因此，我们需要加强对外资的管理，限制外资进入某些领域，特别是要对外资并购保持高度的警惕。我们尤其要禁止外资并购我国的技术龙头企业、骨干企业和大型企业，即使这些企业是没有什么效率的国有企业，我们也要保留，否则，再新建这样的技术开发平台谈何容易。

第三，紧密围绕技术能力的形成和技术创新进行制度改革并制定各种经济政策。虽然创新是经济发展的核心驱动力，但创新收益在国家之间的分配是不均等的，特别是发展中国家在创新机会窗口大、存在动态不完全竞争和进入壁垒的产业上处于劣势，这就需要通过国家创新体系的建设推动自主创新。在这里我们必须注意到，在国家创新体系的分析框架中，所谓的制度实际上是一个强调生产和创新的制度概念，按照弗里曼的看法，“激发或者促成创新，并在新思想产生之后充分利用该思想所产生的社会经济效益，就是该制度的目的”。

国家创新体系的核心思想就是按照技术创新和生产进行制度建设或制度改革，这与新制度经济学和新自由主义完全忽视技术创新和生产，只是致力于建立交换的制度或零和博

---

① 米黑尔·罗科，威廉·班布里奇. 聚合四大科技提高人类能力：纳米技术、生物技术、信息技术和认知科学. 北京：清华大学出版社，2010.

② Rajneesh Narula and Sanjaya Lall. Understanding FDI-Assisted Economic Development. London: Routledge, 2003: 251-254.

弈的制度根本不同。由于受到新制度经济学的影响，我们过去的产权改革和资本运营严重地忽视了企业能力的培养和技术创新，特别是在国企改革中，调动广大职工的积极性进行技术创新并对职工进行培训的问题几乎不存在了。所谓劳动密集型产业发展战略考虑的主要是解决就业问题和静态的比较优势，技术创新在经济发展中的核心作用也被忽视了。因此，我们今后在制度改革的方向和制定经济政策的方针上需要一种以“技术创新为核心的转向”。

核心概念

创新	“边干边学”和“边用边学”	知识
内部经济和外部经济	能力和核心能力	组织学习
反向工程	增量创新和基本创新	技术经济范式
六次技术革命浪潮	创新起源的需求拉动说与科技推动说	线性模型
国家创新体系	创新型国家	演化发展经济学

复习与思考

1. 试述“新熊彼特学派”对熊彼特创新理论的批评和创新的典型化事实。

2. 系统创新观与传统创新观有何区别?

3. 从知识经济、信息革命、人类社会经济史演进的角度出发，结合广大发展中国家经济落后的现实，说明为什么科学技术在经济发展过程中占据着核心地位。

4. 从国家创新体系的角度对发达国家与欠发达国家的经济特征进行比较，并讨论它们之间贫富差距不断拉大的原因。

5. 经济全球化给发展中国家的科技发展提供了哪些机遇和挑战？为什么说经济全球化使发展中国家技术经济追赶的环境比以前恶化了？应该如何应对这种不利的环境?

6. 结合企业理论和网络经济理论等，讨论发展中国家如何建立自己的组织学习机制。

7. 结合中国和广大发展中国家的实际，对“市场换技术”、劳动密集型产业和“依赖外资”这种“三位一体”的发展战略所存在的缺陷进行讨论。

8. 建设创新型国家的意义何在？历史经验可以为我们提供哪些启示？结合我国创新型国家建设中所存在的问题和挑战，讨论如何改进我国国家创新体系。

9. 简述有关三次工业革命的不同定义以及三次工业革命与六次技术革命浪潮之间的关系。

第八章

资源环境与经济发展

本章重点

- 环境问题产生的原因和对经济发展的影响
- 外部不经济性与市场失灵
- 产权界定对环境保护的作用
- 环境库兹涅茨曲线

在经济发展的初级阶段，大多数发展中国家的中心目标是追求工业化和解决贫困问题。然而随着工业化进程的加快，人口急剧增加，工业技术落后，对资源过度的开采和使用引发了一系列诸如水质污染、森林减少、土地沙漠化等环境问题。这些问题不仅有损于发展中国家人民的健康，降低了他们的生活福利水平，而且妨碍了经济的进一步发展。正因为如此，众多的发展中国家开始重新审视自己的发展战略和目标，越来越重视环境问题，并把它摆在与过去就存在的人口问题、贫困问题、债务问题等同样重要的地位，保持与环境相适应的可持续的经济发展已经成为发展中国家的重要目标。

第一节　经济发展过程中环境恶化的诸现象及其影响

一、环境问题的产生过程

环境污染和环境破坏作为一种重大的社会问题，几乎是与以工业化为特征的经济发展相伴而来的。无论是率先工业化的发达国家还是后起的发展中国家，情况都是如此。在18

世纪末最早开始产业革命的英国，纺织工业、煤炭工业、钢铁工业等相继建立，作为主要原料的煤的使用量猛增，到 20 世纪 30 年代，英国的煤的生产量已从过去的 500 多万吨增加到 3 000 万吨。在当时，工厂的烟囱冒出的滚滚黑烟被看作工业繁荣和经济发展的标志。煤炭的大规模使用产生大量烟尘、二氧化硫和其他有害物质。伦敦从 1870 年至 1965 年就先后发生了 12 次严重的大气污染事件。其中 1952 年的伦敦烟雾事件中 5 天内就有 4 000 人死亡，随后 2 个月内又有 8 000 人死亡。不仅英国，而且其他发达国家在工业化的过程中都发生了各种各样的环境污染事件，如 19 世纪末期的美国田纳西州的戈斯特镇的炼铜业和日本的足尾地区的炼铜业，由于冶炼过程中排出了大量的有害气体和有毒物质，周围山林树木被毁坏，河流受到污染而鱼虾绝迹，方圆数十里变成了不毛之地，受害居民不得不迁走。第二次世界大战以后，随着石油化学工业的兴起和扩张，以及各国为恢复和发展本国经济而不断扩大各种工业规模，公害达到了泛滥成灾的地步，工业排出的有害物质对环境的污染问题变得十分突出。在 20 世纪 60 年代，石油和煤炭的生产量剧增，每年因燃油和燃煤而排放到大气中的二氧化硫的量超过了 1 亿吨。在日本发生的三大公害病，即水俣病、气喘病和骨痛病，都是由于工业中排出的废气废水而引起的。严重的环境问题引起了世界各国的关注，自 20 世纪 70 年代以来，许多发达国家开始重视经济发展中的环境问题，并采取各种措施对环境污染进行治理。

发展中国家的环境问题，由于经济发展阶段的差异，与发达国家相比发生得要晚一些。然而尽管目睹了发达国家过去经济发展过程中环境污染带来的种种不良后果，许多发展中国家在人口增加和贫穷的压力下，仍不得不选择优先发展经济的道路。在许多发展中国家中，绝大多数人仍然处在极端贫困之中，缺衣少食，连最基本的生存需求都不能得到满足，正因为如此，在经济发展战略中，政府往往把经济发展摆在第一位，并未给予环境问题以足够的认识和重视。然而二战后数十年的发展经验表明：绝大多数发展中国家在取得一定经济发展成就的同时，如同发达国家过去曾经历过的一样，也付出了巨大的环境污染和环境退化的代价。随着工业迅速发展，工业生产排放的有害废弃物进入环境，致使各种疾病蔓延，危害人们的身心健康，同时也使许多生物资源急剧减少。除此之外，许多发展中国家还因为人口增长的压力而面临着森林资源减少、土地质量下降、沙漠化不断扩大等生态环境恶化的问题。而且与发达国家相比，发展中国家由于人口压力大、工业技术落后以及资金短缺等原因，它们的环境问题相对地更加严重，甚至危及未来的生存问题。

二、发展中国家的环境问题的诸现象

关于发展中国家环境状况恶化的各种现象和具体事例，在当今的各种资料和环境报告中都得到了广泛的论述。为了系统地、准确地把握发展中国家环境恶化的状况和特点，我们在此把发展中国家的环境问题概括为两大类：一类是由于工业化和城市化而引起的环境污染，其中主要是空气污染和水污染；另一类是由于人口增加和粮食需求增大而引起的森林砍伐、水土流失、土地掠夺性使用，进而破坏了发展中国家的生态环境。前者主要发生在发展中国家的城市中，而后者则集中反映在广大的农村地区。下面对这两种类型的环境问题进行更为详细的论述。

（一）工业化、城市化引起的环境污染

在发展中国家经济发展的初级阶段，许多国家的经济发展战略都是仿效发达国家的工业化模式，在摆脱贫穷落后的强力刺激下，大规模地新建各种工业。在工业化推进的过程中，政府作为工业布局指导者和工业企业的行为监督管理者，并未对工业企业对环境造成的影响给予重视，因此许多对环境污染影响较大的制造工业和化学工业建立起来了，甚至一些在发达国家因严重危害环境而被关闭的工业也被转移到了发展中国家。伴随着工业部门的扩张，各种企业在生产过程中排出的大量有害物质，如工业废水、有害气体、工业垃圾等，严重地污染了空气、河流、湖泊。

与工业化相伴而来的是越来越扩大的城市化趋势。由于在工业化推进过程中，工业布局缺乏长远的、科学的规划，也未将环境的因素考虑进去，因此大部分工业，包括污染环境严重的冶炼及重化学工业，都设立在一些中心城市里。随着工业企业的扩张，越来越多的农村劳动力向城市流动，城市人口急剧膨胀。而且在非洲和中南美洲的一些国家中，由于土地兼并和农村贫困等原因，更多的农村人口涌向城市，造成了城市畸形膨胀。据统计，在 20 世纪初，发展中国家的城市人口还不到 1%，而在 80 年代末期，差不多每 3 人中就有 1 人住在城市里。城市人口比例在城市化问题严重的中南美洲是 65%，在东亚是 33%，在非洲是 32%。100 万人口的大型城市中有三分之二位于发展中国家。① 由于缺乏诸如垃圾污水处理系统这样的基础设施，急剧膨胀的城市远远超出了自身承载能力，引发了一系列严重的环境问题。

正是上述的工业化和过度膨胀的城市化造成了发展中国家的城市里最主要的两大污染，即空气污染和水质污染。

关于发展中国家的空气污染情况，世界银行在《1998/1999 年世界发展报告：知识与发展》中曾这样描述：在发展中国家的工业繁荣的背后出现了一个可怕的阴影，就是机动车、大烟囱和高炉产生出致命的空气污染。所有这些污染源和其他一些污染源排放出来的飘浮在空中的微小颗粒进入人们肺部深处，导致严重的、有时甚至是致命的呼吸系统疾病。仅在中国的重庆、北京、上海和沈阳这四个城市中，每年就有 1 万人因接触这些悬浮颗粒而过早死亡。在整个发展中国家，这样的污染夺走了成千上万人的生命，严重影响了数百万人的健康。呼吸系统疾病造成了高达数亿个工作日的损失，与此相关的经济损失达数十亿美元。②

与空气污染同样严重的是发展中国家的水污染。水污染的一个重要原因就是大量未经处理的或稍加处理的工业废水和城市污水直接排入河流、湖泊。据《1992—1993 年世界资源报告》，在发展中国家，95%的污水未经处理就排入地表。许多发展中国家的城市甚至没有排污水系统，更不用说污水处理设施了。在印度，70%的地表水受到了污染。在马来西亚，170 座棕榈油加工厂和 375 座橡胶厂所排出的污水不加处理就直接排入了河流。在东非，工业污水使大部分河流和湖泊受到严重污染，以致坦桑尼亚、赞比亚、肯尼亚、布隆迪、苏丹等国的内陆渔业遭到威胁。

---

① 石弘之．地球环境报告．北京：中国环境科学出版社，1991：31.

② 世界银行．1998/99 年世界发展报告：知识与发展．北京：中国财政经济出版社，1999：99.

在中国，随着工业扩张和城市人口急剧增加，水质污染已经相当严重。中国科学院1996年对中国532条河流的污染状况进行的调查表明，已有436条河流受到不同程度的污染。中国湖泊达到富营养水平的已超过63.6%。在中国人口密集的地区，湖泊、水库已全部受到了污染，并且有进一步恶化的趋势。国家环保总局副局长潘岳在“2006年中国企业高峰会”上说，自2005年松花江水污染事故以来，中国共发生130多起与水有关的污染事故，达到平均每两至三天一起。当前中国水污染事故频发和相关产业企业布局不合理有关。以石油石化企业为例，中国2万多家石化企业大部分设在水边，其中1万家在长江流域，4 000家在黄河流域，还有2 000家在饮水源地和人口稠密地区。为此，全国大部分城市的地下水也都受到了不同程度的污染。①

根据2009年的《中国环境状况公报》，2009年，长江、黄河、珠江、松花江、淮河、海河和辽河七大水系总体为轻度污染。在203条河流408个地表水国控监测断面中，人类可直接接触的Ⅰ～Ⅲ类、人类不可直接接触而只能作为工农业和娱乐或景观使用的Ⅳ～Ⅴ类以及劣Ⅴ类水质的断面比例分别为57.3%、24.3%和18.4%。90%流经城市的河段受到严重污染；大部分湖泊中氮、磷含量严重超过地面水水质标准。在东部和西南地区被调查的200多个湖泊中，有80%不同程度地出现了富营养化，生态系统全面退化。工农业和生活污染是造成水环境污染的主要原因，主要污染指标为高锰酸盐指数、五日生化需氧量和氨氮含量。其中，珠江、长江水质良好，松花江、淮河为轻度污染，黄河、辽河为中度污染，海河为重度污染。水资源匮乏的北方河流比水资源丰沛的南方河流污染严重，七大水系按水污染严重程度排序，劣Ⅴ类水质比例最高者为海河（56.7%），其后是辽河（37.9%）、淮河（32.6%）、黄河（29.5%）、松花江（24.4%）、长江（9.6%）和珠江（6.1%）。

（二）人口增长与粮食需求压力引发的生态环境恶化

由于卫生条件改善、营养水平提高以及居住环境好转等原因，许多发展中国家都经历了高速的人口增长。人口增长的结果意味着对粮食需求的增加。为了向越来越多的人口提供足够的粮食，人们不得不通过砍伐森林来开垦新耕地，或是在干旱和半干旱地区、在坡地、在其他一些生态系统脆弱的地区开垦新耕地，土地的使用是掠夺式的粗放经营。众所周知，地力的恢复主要靠长时期的休耕期。然而随着人口增长的压力加大，休耕期不得不缩短，从而引起地力下降、水土流失等一系列问题。土地生产能力下降又迫使人们去开垦新耕地，或对原本已经贫瘠的土地进一步掠夺性使用，最终造成了人口增长与生态环境破坏之间的恶性循环。这一问题在发展中国家是相当普遍的。

引起世界广泛关注的热带雨林被破坏的一个重要原因就是人口压力迫使人们开垦新土地。由于缺乏足够的土地来养活新增人口，人们被迫进入热带雨林，烧荒垦田，依靠掠夺性农耕和放牧来维持生活。新开垦土地在最初的1～2年还可以收获粮食，到第3年，土地养分耗尽，无法再继续耕种和放牧，于是人们又去开垦其他的森林。联合国环境规划署和联合国粮农组织在2017年发布的《全球森林资源评估报告》表明，全球热带雨林的消失速度从20世纪90年代的每年600万公顷上升到了21世纪初的每年700万公顷。具体

① 参见曲格平，尚忆初．世界环境问题的发展．北京：中国环境科学出版社，1987：188.

而言，1990—2010年亚洲和非洲的热带雨林以每年180万公顷的速度消失，南美洲的热带雨林的消失速度高达每年300万公顷。①

严重的土壤流失是发展中国家生态环境遭到破坏的又一典型现象，在印度、非洲等干燥地区尤为突出。扩大耕地的需求使人们不得不在坡地上进行耕种，而在失掉植被的坡地上，暴雨往往把表层土冲刷掉，露出贫瘠的底层土和岩石。休耕期缩短也是土壤流失的重要原因。休耕使土壤中的养分和水分得以恢复，是保持地力的重要手段，然而增产的要求迫使人们缩短休耕时间，其结果使得本来土层就很薄的热带和干燥地带的土壤进一步失掉有机物和水分，变得更加干燥疏松，一旦遇到暴雨则土壤大量流失。

森林毁坏、水土流失、土质破坏最终将导致土地沙漠化。正是由于人口增加压力下的过度垦殖，发展中国家的土地沙漠化在不断扩大，严重威胁到人类社会的生存。根据联合国环境规划署的推测，全世界每年有600万公顷的土地发生沙漠化，每年因此所造成的直接经济损失高达423亿美元，其中主要集中在非洲、亚洲等发展中国家。撒哈拉沙漠南部每年向外扩展150万公顷。

中国是世界荒漠化面积最大、受危害人口最多、危害程度最严重的国家之一。2006年10月在于北京召开的“荒漠化控制科学技术国际大会”上，最新公布的荒漠化面积为263.62万平方公里，占我国陆地面积的27.46%。危害涉及18个省（自治区、直辖市）31个少数民族4亿人口及周边地区。

三、环境问题对经济发展的影响

经济发展的目标是提高国民人均收入水平，改善人们的生活状况，然而经济发展过程中各种经济活动对环境的影响反过来又阻碍了经济发展目标的实现。由于环境污染和生态环境恶化具有多样性，涉及各个领域和部门，因此环境问题对经济发展的制约也是多方面的。目前各个国家就环境问题对经济发展的影响和其内在联系还在不断总结和探讨之中，虽然缺乏系统的结论，但至少以下几方面的影响是不可忽视的：（1）水质污染和空气污染引发的各种疾病，损害了人们的健康，从而降低了劳动力的工作能力和接受教育的能力。对于原本缺少资金和技术而只能依赖丰富劳动力资源的发展中国家来说，劳动力素质下降是影响经济发展水平的重要因素。（2）治疗各种疾病还迫使人们不得不支付大量的医疗费用，特别是在一些极度贫困的国家，遭受疾病侵袭的家庭往往是变卖所有资产或到处借债来为治病筹款的，资金短缺和债务压力无疑妨碍了他们开展正常的生产活动。（3）水土流失和土地沙漠化引起的生态环境恶化，降低了土地的产出量和人口承载能力，进而影响到农业发展水平。（4）资源过度开采和不合理使用引起资源枯竭的危险，使得依靠资源出口的发展中国家面临经济收入不断减少的问题。（5）作为经济发展主要投资者和启动者的政府，为了治理环境恶化问题而不得不投入大量财政资金，这将减少政府对其他经济领域和行业的投资，从而影响整体经济的发展速度。

为了更加准确地反映和说明环境问题对经济发展的影响，一些经济学家还积极开发货币化的分析手段，试图对资源退化和环境污染的经济损失进行具体数量评估。尽管这一努

① Global Forest Land-use Change from 1990—2010. FAO Forest Resources Assessment Working Paper 187，2017.

力还处在不成熟的初始阶段，而且许多发展中国家缺乏详细准确的数据和资料，使得这项工作难以全面开展，但是目前对一些发展中国家的水土流失、过度砍伐引起的经济损失的计量和推测仍然是非常有价值的。这些评估的结果表明，发展中国家的环境损害所造成的经济损失要比发达国家高得多，每年的损失价值大约占其全年的国民生产总值的5%，而且有些国家的损失比例还要超过这一数字，比如，过度砍伐使埃塞俄比亚的国民生产总值至少损失了6%。①

第二节　合理的资源利用与市场机制的局限

在了解了发展中国家的环境问题的现状及其对经济发展的不良影响之后，我们还必须进一步从理论上追究环境问题背后的原因和内在机制。环境问题本身是同资源利用扭曲和管理不善联系在一起的，而资源配置中市场机制屡屡失败则为我们探讨环境问题的原因提供了最好的线索。

一、资源与环境

关于资源的定义有各种说法，一般来说，资源是天然存在的、未经任何加工处理的自然物，同时它对人类社会的生活和福利有益。在传统的观念中，人们普遍认为，资源就是诸如矿山、土地、森林等这样的具有稀缺性的物质，而像水、空气以及自然景观等与环境相关的则不包括在资源范围内，水和空气是大自然赏赐的，是取之不尽、用之不竭的物质。这种狭隘的资源观对于环境保护显然是不利的。长期以来，人类社会对水和空气的肆无忌惮的使用造成了严重的水质污染和空气污染，这无疑与这种资源认识上的偏见是相关的。应该说，人类社会发展到现今这种状况，各种社会经济活动规模如此巨大，水和空气这样的物质同样也会因污染而出现稀缺，因此它们也是一种资源。

资源的合理利用是环境保护的前提条件。就像大气、河流、森林、土壤等与环境密切相关的资源，它们自身都有再生能力和自我净化能力，如果使用的速度和手段都合理，那么可以恢复原状；相反，如果过度使用或者污染物流入的数量超过了可容纳的程度，它们的生态功能就会发生本质的变化，从而最终导致环境破坏这样的结果。比如，污水被排放到河流中，如果排放污水的数量和有害物质都在河水的自净能力范围内，那么这种污水可以消解并转化为无害物质；但是如果工业活动扩大使得排放的污水量超过了河水的自净能力，这种净化功能就会衰退，从而引起水质污染。

在市场经济体系下，资源的利用程度和方式与价格是密切相关的。价格是配置资源的重要手段，改变一种资源的价格就同时会改变这种资源的消费，还会改变对该资源的替代品和互补品的需求，因此价格的任何变化都会影响到环境。如果某种资源价格过低，就有可能发生这种资源被过度使用的结果，进而引起环境污染和环境退化的问题。如果像空气这样的环境资源，利用起来也是有代价的，工业企业就不会像现在这样肆无忌惮地向空气

① 戴维·皮尔斯，杰瑞米·沃福德. 世界无末日. 北京：中国财政经济出版社，1996：34.

中排放废气。因此形成一套合理的价格体系同样也是环境保护的重要条件。

二、外部不经济性与市场失灵

在现代经济学中，经济外部性是广泛用于解释经济活动和环境问题的相关性的重要理论，它是由早期的经济学家马歇尔提出来的，后由福利经济学家庇古（Arthur Pigou）加以发展和充实。所谓经济外部性是指个人或企业在其经济活动中给其他人带来意外的收获，或造成不良的影响，而当事人并不能由此获益或承担责任。就如庇古在其福利经济学著作中所说："经济外部性的存在，是因为当A对B提供劳务时，往往使其他人获得利益或受到损害，可是A并未从受益者那里取得报酬，也不必向受损者支付任何补偿。"①

经济外部性又分为积极的和消极的。积极的通常被称为外部经济性，即个人和企业的经济活动给周围其他人造成良好的影响，而作为当事人的个人和企业并不能由此取得额外的收益。比如政府对某块原本荒凉的土地进行投资，建造道路、上下水道、电、煤气、学校、医院等各种社会设施，使其变为环境良好的居住区；政府的这种行为也给周围其他拥有土地的人带来了意外的收益，他们的土地因此得到升值，不需任何努力就能从出卖土地中得到额外的利益，而政府并不能从中获得任何好处。

经济外部性的消极的一面被称为外部不经济性，即个人和企业的经济活动给周围其他人造成不良的影响，而作为当事人的个人和企业并不为此付出任何代价，也不提供任何补偿费。比如一家在河流上游建立的造纸厂或化工厂，在其日常生产中排放大量废水和有害物质，使河流的水质受到严重污染，从而给下游的人带来种种损害，在下游的居民因水污染而患上各种疾病，周围的农民也因灌溉水质受到污染的水而不能获得正常的产量，而造成这种损害的企业却往往不承担任何责任。

在现代社会经济活动中，外部不经济性是广泛存在的，大量的工业企业带来的环境污染就是一种典型的外部不经济的表现。由于环境污染引起各种疾病，人们因健康受损害而丧失了工作能力，减少了工资收入，还不得不为此付出大量的医疗费用；同样，环境污染还致使各种生物资源减少，农产品产量下降，造成直接经济损失。为了消除环境污染带来的不良影响，政府、受害企业以及个人还得支出大量资金用于治理环境。所有这些损失和费用都是由受害者承担的，是造成环境污染的企业强加于他人的，加害者并不承担这些费用。因此这些费用被称为外部费用或外部成本。

在以价格为中心的市场经济体制中，外部不经济现象或者说外部成本的存在，本身也说明了资源没有得到合理配置。企业是以追求利润最大化为目标的，对其产品的定价是按照私人边际成本与边际收益相等的原则。在没有外部不经济，即企业没有对周围环境造成污染的情况之下，这种价格不仅对企业自身是合理的，而且就是对于整个社会的资源配置同样是最有效的。然而一旦存在环境污染，而企业又不承担由此造成的外部成本，那么由经济中所有个人承担的社会边际成本将大于由单个企业所承担的私人边际成本，企业按私人边际成本所形成的价格来生产的产量，也将大于按社会边际成本定价时的生产量。对于单个企业来说，它获得了最大收益，然而对于全社会来说却是生产量过大，是一种资源浪

---

① 李克国. 环境经济学. 北京：科学技术文献出版社，1993：52.

费，资源没有得到合理配置。在现代经济学中，这种现象被归结为市场失灵。

为什么会出现市场失灵的现象？或者说为什么企业在其经济活动中不考虑对环境造成损害这样的外部不经济问题？这主要是市场机制与环境资源利用的不协调性造成的，在市场经济条件下，环境资源不可能得到合理利用，对此可以具体分析如下：

第一，市场机制要正常、有效地发挥作用，就必须要求在市场中参与交易的物品和服务具有明确的产权，它包括所有权、使用权和处置权。换言之，明确的产权关系是所有市场经济的前提条件。产权必须是在法律上明确定义的，否则就会引起产权上的纠纷，任何物品或资源如果产权关系含糊不清，都会出现不合理使用甚至被破坏的问题。产权还必须是专一的，多个人对某一物品或资源拥有所属关系，同样也会妨碍该物品或资源的正常使用和管理。从这些市场经济运行的基本要求来看，环境资源很难进入市场，也不可能在市场经济中得到合理利用和管理，因为对于各种环境资源，要设定明确的产权是很困难的。像海洋、河流、湖泊以及地下水这样的环境资源，长期以来都是一种公共资源，要将这些资源划归为某个利益集团所有，显然是很难让人接受的；而像空气这样的环境资源，要确定它的产权，从生态学上来看，几乎是不可能的。另外，在一些发展中国家，即使是像土地、草地和森林这样的资源也具有公共性质，没有明确的所属。由于缺乏明确的产权关系，人们对这些资源的使用就会是无节制的、无所顾忌的，最终导致环境破坏大量发生；也正是由于缺乏明确的产权，即使某个企业排出的废水废气污染了水源和空气，也不会有人向企业提出赔偿损失。作为追求自身利益最大化的企业，尽管它的生产活动造成了环境污染这样的外部成本，但在没有约束和监督的情况下，企业是不会将这种外部成本纳入自己的成本体系里去的。

第二，市场机制要公平合理地发挥作用，还必须要求在市场中参加交易的经济主体之间具有相对平等的经济能力，从而能够按照自身的意志进行自由交涉。如果交易各主体中仅有部分具有较强的交涉能力，就有可能出现一部分主体得益，而其他主体的利益受到损害的结果。从这种意义上来说，即使对于一些环境资源设定了明确的产权，也往往会因为交易主体之间的交涉能力的差异，使利用环境资源的经济主体和受到环境污染影响的经济主体之间不可能按照自发的交易确定某种环境资源的使用标准和承担的费用。更具体地来说，对于河流、湖泊和其他一些环境资源，即使将所有权给予了周围的居民，由于这些环境资源的利用者（或者说是环境污染者）都是大企业，周围居民与企业之间的交涉能力也会有很大的差异，企业总是拥有较大的交涉能力。而且企业对环境造成的污染程度具有很难计测的不确定因素，没有专业知识的普通居民也不易掌握足够的关于环境污染的信息，并且有些污染所造成的不良影响具有时滞性，就像核污染对人体的影响那样，是在多年以后才显露出来的。环境污染的这些特点，使得造成环境污染的大企业在与周围居民的讨价还价的交涉中居于有利地位。

第三，前两点都是对于成熟的市场经济而言的市场失灵的原因，然而我们必须指出，发展中国家的经济社会具有多样性，有些国家已经建立了成熟完善的市场经济体系，而有些国家仍然处在自然经济向市场经济过渡（或者计划的命令式经济向市场经济过渡）之中，市场和价格尚未支配一切经济活动。对于后者而言，市场失灵往往表现为市场发育不健全，许多环境资源尚无市场可言，即使存在某种初级市场，也会由于传统习惯、信息不通畅以及政府对经济活动的强制性干预等原因，资源的价格不能正常地反映生产成本。在这种情况下，价格不仅不能指望接近包括外部成本在内的社会边际成本，而且通常是低于私人边际成本的。过低的价格必然会引起资源的滥用和环境破坏。比如在一些发展中国家，农药的价格只占成本的20%～80%，由低价格引起的过度使用农药又导致大量人畜农药中毒和水源污染等环境问题。灌溉水资源也同农药一样存在价格偏低的现象，因价格低廉而产生的过度灌溉导致了水灾、土壤盐碱化这样的环境退化问题。

第三节　环境治理的对策与展望

越来越多的事实表明，环境污染和生态环境恶化严重地影响了经济发展的水平，如果不给予环境问题以足够的重视并采取相应的措施，经济发展的目标是不可能实现的。正因为如此，许多发展中国家开始积极探索各种治理环境的对策。本节中将介绍的各种环境治理的方法和政策思路，对于发展中国家今后的环境政策的形成是有意义的。

一、产权界定对环境保护的作用

关于解决像环境污染这样的外部不经济性问题的对策，目前有一种较为盛行的观点，就是通过明确的产权界定方式来达到消除外部不经济的目的，同时还能使资源利用的经济效率最大化。这一观点是现代产权理论的代表人物科斯（Ronald Coase）提出来的，得到了理论界的广泛关注和重视，无论对于发达国家还是发展中国家的环境政策的形成都产生了较大的影响。

产权解决方式的重要特点就是强调设定明确的产权，通过产权拥有方与另一方的协商或者讨价还价来解决环境污染问题，其中，政府不需要对经济活动直接进行干预，政府所应做的仅仅是重新确定各种资源的产权所属，有了明确的产权关系之后，市场机制就会发挥作用，从而消除各种外部影响，使资源利用达到效益最大化。

为了正确认识产权界定方式对解决环境问题的作用，下面以一个化工厂向河中排放污水的具体事例来进行说明。① 在这个事例中，假设在河中游泳具有一年2万美元的经济价值，把使用河流的产权分配给周围的居民，那么周围居民在得到化工厂的2万美元的补偿之后可以放弃河流的使用权，化工厂也就可以污染河流。又假设防止有害物质污染河水的设备费用是1.5万美元，那么化工厂会选择引进该设备，这对化工厂来说是有效率的。如果该设备费用是2.5万美元，那么化工厂会选择支付给居民2万美元的赔偿而继续污染河流。无论哪一种选择，化工厂和周围居民都会满足，在不损害对方利益的同时又可以使自身的利益达到最大化。相反，如果把使用河流的产权分配给化工厂，效果同前面是一样的。假设防止河流污染的设备费用是1.5万美元，拥有河流产权的化工厂会声称，如果周围居民支付1.5万美元设备费用，化工厂可以停止河流的污染。居民考虑到在河中游泳的经济价值是2万美元，会选择支付1.5万美元而让化工厂停止污染。如果设备费用是2.5

① 斯蒂格利茨.经济学：上册.北京：中国人民大学出版社，1997：496.

万美元，那么居民就会放弃在此游泳，而化工厂会继续污染该河流。

上面的事例表明，无论如何进行产权分配，通过化工厂和周围居民之间的协商和交涉，最终结果都是资源配置的效率达到最大化。明确的产权关系不会影响资源配置的效率，而只会影响收入分配关系。如果产权被分配给居民，则是化工厂向居民支付费用，而如果产权被分配给化工厂，那么就是居民向化工厂支付费用。

然而必须指出的是，通过产权界定方式解决环境污染这样的外部不经济问题，在实际运用中存在一些局限性。

第一，部分产权难以明确界定。许多自然资源如山林、农地、牲畜等的产权容易界定，而还有一些资源的产权则不易界定，比如生物多样性、臭氧层、大气、公海等，是属于人类的共有资源，不可能将这些资源分配给某些人。

第二，双方协商和讨价还价的交易成本太高，难以达成共同满意的结果。比如说，河流污染涉及众多的周围居民，而要将所有受影响的居民召集到一起，共同协商一个工厂应该赔偿的金额，这样做的代价太大，以至整个交易可能是无利可图的。

第三，信息不充分导致交易不能达成。由于缺乏足够的信息，拥有产权的居民难以准确知道清洁的河流价值是多少，以及污染河流的工厂应赔偿多少，往往会提出过分的要求，而工厂也会尽量贬低河流的价值。不同的判断标准使得交易难以达成。

综上所述，产权界定方式为解决环境问题提供了一个非常有意义的思路，明确的产权确实能起到保护环境的作用，但是由于存在种种局限性，它难以成为一种广泛的政策手段。

二、政府干预下的环境政策与评价

市场失灵是政府对环境资源管理进行干预的主要理由。依靠市场机制不能解决环境污染这样的外部不经济问题，即使对于强调市场机制作用的产权理论，像产权设定这样的事也不可能完全交给民间的企业和个人，而必须由具有中立性质的政府出面协调。政府管理环境资源的政策手段主要有直接管制、征税制度、补贴制度和排污权制度四种。表 8-1 列举了这四种政策手段的效果和优缺点。

表 8-1　　环境治理各种政策手段的效果比较

	直接管制	征税制度	补贴制度	排污权制度
短期效果	抑制污染物的排放	● 抑制污染物的排放 ● 社会成本最小化	● 抑制污染物的排放 ● 社会成本最小化	● 抑制污染物的排放 ● 社会成本最小化
长期效果		● 有助于污染物排放抑制技术的开发 ● 迫使污染企业退出该行业，从而相应减少污染排放量	● 有助于污染物排放抑制技术的开发 ● 污染企业数量扩张，结果导致污染排放量增加	● 有助于污染物排放抑制技术的开发 ● 迫使污染企业退出该行业，从而相应减少污染排放量

续前表

	直接管制	征税制度	补贴制度	排污权制度
政策手段的优点	能够短期内迅速控制污染物的排放	能够确保政府实施对策的经费来源		● 能够确保政府实施对策的经费来源 ● 可同时进行收入的再分配
政策手段的缺陷	● 向各企业分配污染排放许可量，有可能导致生产效益差的企业扩张，而生产效益好的企业反而缩小生产规模 ● 激励抑制污染排放技术开发的效果很小	● 需要推算出准确的征税率 ● 制度实施过程中需要各种费用	● 需要推算准确的补贴率 ● 需要有补贴的资金来源	

资料来源：大来佐武郎. 地球环境与经济. 北京：中央法规出版社，1990.

下面根据表 8－1 中的内容再对各种政策手段做进一步说明和评价。直接管制作为政策手段之一，是指由政府环境部门制定统一的污染物排放最高限度的排污标准，并由政府强制实施。排污标准和惩罚是连在一起的，超过排污标准的企业和个人将受到政府环境部门的处罚。目前，直接管制是世界上较为广泛使用的政策手段。但需要明确的是，直接管制经常导致效率缺乏，因为：

第一，为了确定最优的排污标准，政府必须花费很大代价来收集各种信息，同样，为了实施这些标准，政府还必须制定大量的规章制度和设立监督部门。

第二，政府只能制定统一的排污标准，而不能考虑每个企业在减少污染上的成本差异，这就导致了企业只想如何达到排污标准，妨碍了削减污染成本低的企业进一步降低排污量和寻找进一步减少污染的方法。

征税和补贴都是一种基于市场刺激的手段，目的是缩小私人成本和社会成本之间的差距。征税是一种惩罚，而补贴是一种鼓励，从结果上看，前者具有逐渐促使企业退出环境污染型产业的效果，而后者则有利于企业进入环境污染型产业。与前述政府直接管制手段相比，税收是一种动态的政策手段。直接管制只针对超过排污标准的企业，对于排污标准以下的企业则没有任何惩罚，而征收污染税是一种污染减少越多则所支付的税越少的方式，这就有利于激励治污成本低的企业更加积极地去治理污染。但是征税也有一些局限性，因为确定最优征税标准需要较为详细的企业成本信息，而这一点很不容易做到，企业也不愿主动配合。

排污权制度是指政府环境部门制定总的排污量上限，按照该上限向各种企业发放排污许可证，允许其污染到标准所规定的水平。排污许可证可以在企业之间交换和买卖，这就促使减少污染成本高的企业去市场购买排污许可证，同样也给予减少污染成本低的企业出售许可证的机会。由于环境部门发放的许可证是在环境质量标准许可范围内的，因此企业之间的许可证买卖不会影响到环境质量总体标准。而污染企业之间的许可证相互调配则可以使达到环境质量标准的费用最小化。排污权制度的这一优点使得许多经济学家对它大加推崇。但是排污权制度也有一些难以克服的困难，比如排污权的总量设定在什么样的水平，排污许可证如何在企业之间公平合理地分配等。

三、环境与发展

无论是产权界定方式还是政府干预下的政策手段，无论这些方式和手段背后的理论多么完美，我们都不能忽视这样一个事实：发展中国家的环境问题是和贫困联系在一起的，消除贫困才能真正解决环境恶化的问题。直到现在，贫困仍然困扰着众多的发展中国家，根据世界银行的《世界发展指标》，有的国家如埃塞俄比亚的人均收入在 2016 年只有 260 美元，大部分国家在经济发展过程中都背上了沉重的债务，非洲的一些国家还面临着人均收入负增长的困境。贫困意味着饥饿、营养不良、缺医少药、失去教育机会。由于贫困和由此而来的生存的威胁，大多数发展中国家不能在思想上给予环境足够的认识，强调的只是眼前利益，而不能顾及资源利用的长期性。为了提供维持生存所必需的粮食，它们不得不去开垦生态脆弱的边际土地，从而引起了生态环境退化；为了出口木材以获取外汇或偿还债务，它们不得不过度地砍伐对环境保护至关重要的热带雨林。贫困还迫使发展中国家不得不接受发达国家转嫁而来的环境污染，一些发达国家将环境污染严重的工业迁移到贫穷国家就是典型的例子。

贫困导致了环境的不断恶化，退化的环境反过来又引起更进一步的贫困，这是因为发展中国家人民的生活比其他地区更加依赖对自然资源的直接利用，生态环境破坏造成的草地退化意味着牲畜质量和数量下降，从而导致收入减少，而森林破坏和土壤侵蚀则意味着土地的产出量减少。种种事实表明：消除贫困，打破贫困和环境恶化之间的恶性循环，才是发展中国家真正从根本上解决环境问题的重要途径。消除贫困要依赖于发展中国家自身的经济发展，由此看来，保持一定的经济发展水平，是发展中国家根治环境问题不可缺少的前提条件。

发展中国家由于强调环境保护中经济发展的作用，因此在“环境优先还是发展优先”的问题上，与发达国家之间存在着分歧。发达国家认为，人类社会的大规模经济活动导致了环境破坏，无论是发达国家的过去，还是发展中国家现在的工业化，都有不可推卸的责任；为了今后世代的长远利益，所有国家都应改变目前的增长方式和速度，以保持一个良好的环境。而发展中国家认为，发达国家目前的生产和生活方式消耗了世界的大部分资源，对于世界性的环境恶化应负有主要责任；发达国家不能在享受高标准、高消耗生活的同时，又以环境问题为借口，限制发展中国家对自然资源的开发和利用；发展中国家面对生存危机，应优先考虑发展。

在环境与经济发展的关系上还存在一种观点，认为环境污染和经济发展（人均收入）水平之间存在一种倒 U 形关系，即随着经济发展向前推进，环境状况由先恶化逐渐转向改善，即所谓环境库兹涅茨曲线。具体说来，在经济发展的初始阶段，由于经济活动水平低且规模小，环境问题不突出。随着以工业化为主的经济发展的推进，人口膨胀和经济活动规模扩大，资源的消耗超过了资源再生，从而引起严重的环境问题。而在经济发展的更高阶段，经济结构由低水平的制造业转向节能的高技术产业和服务业，收入水平提高使人们追求环境优美的高质量生活，经济发展中积累的财富也有助于环境治理，因此环境逐渐改善。这种观点强调环境应与经济发展水平相适应，比起那些所谓“零增长”的单纯的环境保护主义观点要客观一些，但是这种观点容易让人产生错觉，似乎环境破坏是不可避免的，容易误导发展中国家放弃治理环境的努力。另外，这种观点显然是从发达国家的经验和事实中推断出来的，未必适合于发展中国家。因为大部分发展中国家都地处生态脆弱的热带和干旱地区，环境一旦遭到破坏就难以恢复，因此即使达到较高的经济发展阶段，能否像地处温带的发达国家那样重新治理环境，是有疑问的，即使可能，代价也会很大。应当说，发展中国家可以不必走发达国家走过的老路，应该把环境和经济发展结合起来，避免重蹈发达国家的覆辙。

在环境和经济发展的关系上，应当消除一种偏见，不能把环境和发展完全对立起来。经济发展的目标不仅仅是人均收入提高，还应包括身心健康、优美的生活环境和社会福利的增进，同样，优良的环境也是经济发展不可缺少的条件。在现实经济活动中，环境改善促进了经济发展的事例很多，比如保持稳定的生态环境，防止水土流失，有助于土地生产力提高，增加粮食产量，从而消除饥饿和营养不良问题。再比如在环境污染治理过程中，开发与环境相适应的新技术，依托这些技术建立新型产业，同样有利于经济的发展。

最后，总结过去和现在所有的经验教训，我们应当指出，环境问题还在不断地扩大，从其受害程度和波及范围来看，已不是某一个国家单独能解决的了。像热带雨林破坏、大气污染、臭氧层破坏、气候异常等，是人类社会共同面临的问题，因而解决这些问题需要广泛的国际合作。面对地球的环境问题，每个国家都不应只考虑本国的环境治理，像一些发达国家所表现的那样，只顾自己享受优美的环境，却很吝啬向发展中国家传授有关技术，这是不明智的。这就如人们经常所比喻的，整个地球犹如宇宙中飘荡的一条船，非洲等地的热带雨林的破坏好比是在船底开了个洞，坐在三等舱的发展中国家正拼命排水，而坐在一等舱的发达国家却无动于衷，结果或许是大家同归于尽。这个比喻说明，即使是在发展中国家的环境治理问题上，发达国家也不应当坐视贫穷的发展中国家的努力，应该发挥雄厚的资金和技术优势，与发展中国家建立广泛的合作，这也是最终解决环境问题所必需的。

四、建立完善的循环经济发展体系

所谓循环经济，本质上是一种生态经济，它要求运用生态学规律而不是机械论规律来指导人类社会的经济活动。循环经济倡导的是一种与环境和谐的经济发展模式，它要求把经济活动组织成一个“资源—产品—再生产”的反馈式流程，其特征是低开采、高利用、低排放。所有的物质和能源要能在这个不断进行的经济循环中得到合理和持久的利用，以把经济活动对自然环境的影响降低到尽可能小的程度。循环经济不同于传统经济的“资源—产品—污染排放”单向流动的线性经济，因此从根本上消除了以往环境与发展之间的尖锐冲突。“减量化、再利用、再循环”是循环经济最重要的实际操作原则和经济行为准则，简称“3R 原则”。

循环经济的思想萌芽可以追溯到环境保护兴起的20世纪60年代。1962年，美国生态学家卡尔逊出版了《寂寞的春天》，指出生物界及其中的人类所面临的危险。“循环经济”一词首先由美国经济学家K.鲍尔丁提出，他从当时发射的宇宙飞船受到启发来分析地球经济的发展。他认为，宇宙飞船是一个孤立无援、与世隔绝的独立系统，靠不断消耗自身资源存在，最终它将因资源耗尽而毁灭。唯一使之延长寿命的方法就是实现宇宙飞船内的资源循环，如分解呼出的二氧化碳为氧气，分解尚存营养成分的排泄物为营养物再利用，尽可能少地排出废物。当然，最终宇宙飞船仍会因资源耗尽而毁灭。同理，地球经济系统如同一艘宇宙飞船。尽管地球资源系统大得多，地球寿命也长得多，但是，只有实现对资源循环利用的循环经济，地球才能得以长存。这就是其所谓的“宇宙飞船理论”，意思就是说如果人类不合理地开发资源，破坏环境，将会使地球走向毁灭。

面对我国经济发展中如影随形的高消耗、高污染和资源环境约束问题，中国开始寻求经济增长模式的全面转变，走节约型发展道路。20世纪90年代末，循环经济概念开始引入我国。2004年9月29日，国家发展和改革委员会召开全国循环经济工作会议，提出用循环经济理念指导“十一五”规划的编制。这说明，缓解我国资源全面紧张的状况刻不容缓；同时，如同“知识经济”一样，“循环经济”已经融入中国主流经济概念当中，将对中国未来经济发展产生深远的影响。

“十二五”规划提出，要深入贯彻节约资源和保护环境的基本国策，发展循环经济，推广低碳技术，积极应对气候变化，走可持续发展之路。“十二五”规划用了一个章节的篇幅对未来五年发展循环经济提出了新的要求。具体做法是：

第一，推行循环型生产方式。加快推行清洁生产，降低资源消耗，提高资源综合利用水平，实现土地集约利用、废物交换利用、能量梯级利用、废水循环利用和污染物集中处理，从而推动产业循环式组合，构筑链接循环的产业体系，使资源产出率提高15%。

第二，健全资源循环利用回收体系。要完善再生资源和旧件回收体系，推进再生资源的规模化利用和再制造产业的发展，并建立健全垃圾分类回收制度，对垃圾进行资源化利用和无害化处理。

第三，推广绿色消费模式。倡导文明、节约、绿色、低碳的消费理念，推动形成与我国国情相适应的绿色生活方式和消费模式，限制过度包装，减少一次性用品，鼓励消费者绿色消费，推行政府绿色采购。

第四，强化政策和技术支撑。加强对循环经济的规划指导和政策支持，建立、完善循环经济统计评价制度，健全相关的市场环境和法律环境。推广循环经济典型模式，深入推进国家循环经济示范和综合配套改革试验区建设。

通过这些具体措施，“十二五”规划预计通过五年的努力，按照减量化、再利用、资源化的原则，减量化优先，以提高资源产出效率为目标，推进生产、流通、消费各环节循环经济发展，加快构建起覆盖全社会的资源循环利用体系，最终实现社会、经济和生态的可持续发展。

五、低碳经济与可持续发展

伴随着生物质能、风能、太阳能、水能、化石能、核能等新能源的出现，人类社会逐步从原始文明走向农业文明和工业文明。同时由于全球人口的不断膨胀和经济规模的不断扩张，能源使用带来的环境问题及其他诱发问题不断出现，如大气中二氧化碳浓度升高导致全球气候变暖，对人类的生存和发展提出了严峻挑战。在这样的背景下，“碳足迹”“低碳经济”“低碳技术”“低碳发展”“低碳生活方式”“低碳社会”“低碳城市”“低碳世界”等一系列新概念、新技术、新经济社会发展政策应运而生，低碳经济日益受到关注，被认为是应对气候变化的必由之路，是保持人类可持续发展的有效方法之一，甚至有些国家提出要发展“零碳经济”。

作为一个前沿的经济理念，低碳经济还处于初级发展阶段，没有约定俗成的定义。1992 年的《联合国气候变化框架公约》和 1997 年的《京都议定书》对低碳经济进行了讨论。2003 年英国能源白皮书《我们能源的未来：创建低碳经济》指出，低碳经济是指依靠技术创新和政策措施来实施一场能源革命、建立一种较少排放温室气体的经济发展模式，从而减缓气候变化。

总结起来，所谓低碳经济是指在可持续发展理念的指导下，以技术创新、制度创新、产业转型、新能源开发等为手段，以低能耗、低排放、低污染为基础，实现经济社会发展与生态环境保护双赢的一种经济模式，是人类社会继原始文明、农业文明、工业文明之后的又一大进步。低碳经济的实质在于提高能源利用效率和创建清洁能源结构，核心是根本性转变技术创新、制度创新和人类生存发展观。特别地，从中国能源结构来看，低碳意味着节能，低碳经济就是以低能耗、低污染为基础的经济。低碳经济的发展涉及全球生产模式、生活方式、价值观念和国家权益的全面性改革，其理想形态是充分发展“阳光经济”“风能经济”“氢能经济”“生物质能经济”。在“碳素燃料文明时代”向“太阳能文明时代”过渡的未来几十年里，“低碳经济”“低碳生活”的重要含义之一，就是节约化石能源的消耗，为新能源的普及利用提供时间保障。低碳经济几乎涵盖了所有产业领域，被称作“第五次全球产业浪潮”。随着低碳内涵的进一步延伸，低碳社会、低碳经济、低碳生产、低碳消费、低碳生活、低碳城市、低碳社区、低碳家庭、低碳旅游、低碳文化、低碳哲学、低碳艺术、低碳音乐、低碳人生、低碳生存主义、低碳生活方式等概念随之出现。

发展低碳经济实质上是对现代经济社会运行与发展进行的一场深刻的能源经济革命，是构建一种温室气体排放量最低限度的新能源经济发展模式。如前所述，实施可持续发展战略必须发展循环经济和绿色经济，那么它们与低碳经济之间的关系如何呢？低碳经济是发展循环经济的必然选择、最佳体现与首选途径，同时又向循环经济发展提出了新的要求。在发展循环经济的目标中，“最少的废物排放”首先应该是碳排放量最小化与无碳化。低碳经济是绿色经济发展的理想模式，发展绿色经济要求经济活动从高耗资源能源、高污染环境与高损生态的非持续发展经济向资源能源消耗最少化、环境污染最轻化与生态损害最小化的可持续发展经济的根本转变。因此，低碳经济与循环经济和绿色经济的核心是完全一致的，都是要求高利用、低排放。低碳经济在本质上就是可持续发展经济，发展低碳经济的根本方向是可持续发展，是生态经济可持续发展的新发展。可以这样说，低碳经济是目前最可行的、可量化的可持续发展模式的最佳形态。

低碳经济引领未来可持续发展的新方向，将引发全球能源与经济乃至价值观的大变革，将为逐步迈向生态文明走出一条新路，即摒弃传统增长模式，直接应用创新技术与创新机制，通过低碳经济模式与低碳生活方式，实现社会可持续发展。在全球应对气候变化的大背景下，发展低碳经济已成为世界经济社会变革的潮流，欧美发达国家大力推进以高能效、低排放为核心的“低碳革命”，着力发展“低碳技术”，并对产业、能源、技术、贸易等政策进行重大调整，以抢占先机和产业制高点。特别是全球金融危机迫使世界各国积极进行经济结构调整，培育新的经济增长点，可以说，全球金融危机已成为促进低碳经济发展的催化剂。

作为全球最大的发展中国家，发展低碳经济也是中国在可持续发展框架下应对气候变化的必然选择。改革开放以来，虽然中国经济以年均9.3%的速度高速增长，各项经济建设取得了显著成就，但也付出了巨大的资源和环境代价，经济发展与资源环境的矛盾日趋尖锐，如果不加快结构调整、转变发展模式，就会出现资源难以支撑、环境难以容纳、社会难以承受、发展难以为继的被动局面。此外，由于在全球经济复苏进程中，围绕碳排放交易标准和体系的博弈是主要经济大国关注的焦点之一，发展低碳经济有利于中国获得一定的相对优势及避免未来出口贸易受阻。因此，探索低碳经济发展之路，不但符合世界能源“低碳化”发展趋势，而且是中国转变经济发展方式、调整产业结构、落实节能减排目标和实现可持续发展的内在要求。因此，中国加快发展低碳经济，既是顺乎世界潮流之举，更是全面贯彻落实科学发展观、实现可持续发展的内在要求和必由之路。2007年十七大报告首次提出了“建设生态文明，基本形成节约能源资源和保护生态环境的产业结构、增长方式、消费模式”的理念，为可持续发展指明了方向，也使得人们更加关注低碳经济。在中国未来的可持续发展过程中，有必要把“低碳”提升到第一生产力的高度，全面实施应对气候变化的国家方案，以长远的眼光、务实的脚步，规划和建设低碳城市、低碳社区、低碳新农村；以合作共赢的模式，以发展低碳产业、开展低碳贸易、促进碳循环、降低碳排放、大力推进低碳经济发展等多重路径，降低国内资源过度消耗和减少环境污染，积极应对全球气候变化。

步入工业文明以来，由于全球人口的膨胀和经济规模的扩张，能源使用带来的环境问题及其诱发问题不断出现，如大气中二氧化碳浓度升高导致全球气候变暖等，都对人类的生存和发展提出了严峻挑战。在这样的背景下，“低碳”的概念应运而生，并迅速衍生出了一系列与之相关的新概念、新技术和新的社会经济发展政策，其中“低碳经济”则被认为是应对气候变化的必由之路，是保证人类可持续发展的有效方法之一，甚至有些国家提出要发展“零碳经济”。

发展中国家的经济发展远远滞后于发达国家，在化石能源日渐短缺的今天，走发达国家高消耗的工业化道路已经不现实了，这就要求发展中国家抓住低碳经济的机遇，利用后发优势，在新的变革中实现自身的高速发展。

核心概念

资源	外部成本	经济外部性
排污权制度	环境库兹涅茨曲线	循环经济

复习与思考

1. 简述环境破坏对经济发展的影响。
2. 环境问题的本质和产生的原因是什么？
3. 试论发展中国家的环境问题和贫困之间的关系。
4. 什么是循环经济？应如何建立完善的循环经济发展体系？

第九章

国际贸易与经济发展

本章重点

- 对外贸易在经济发展中的地位和作用
- 对外贸易的乘数作用
- 传统贸易理论与现代贸易理论
- 新贸易理论
- 贸易保护与贸易自由
- 中国外贸体制的改革及其演变

发展中国家开展对外贸易的作用，不仅表现在国民经济通过世界市场的媒介被纳入国际分工和交换体系之中，政府通过调节进出口贸易流量，可调节国内经济运行，达成综合平衡，而且对外贸易可以成为刺激经济增长和发展的“引擎”。因此，无论是古典学派的比较优势理论还是现代的要素禀赋学说，都主张积极参加以比较优势为基础的国际分工和贸易，采取外向型的经济发展战略。新贸易理论则强调科学技术、研究开发对比较优势形成的作用，把技术进步本身看成是一种独立的经济变量，是突破要素禀赋静态格局的生产力基础，从而裂变出新的比较优势和比较利益。竞争优势论则把培植国家竞争优势看作开展对外贸易的关键。在国际贸易理论发展中，对传统的国际贸易理论应用于发展中国家对外贸易局限性的批评，集中在发展中国家出口产品的贸易条件长期以来呈恶化的趋势上。努力改善出口商品结构，降低初级产品出口的比重，增加技术含量高的工业制成品的出口份额，成为越来越多的发展中国家改善贸易条件的选择。在发展中国家开展对外贸易的过程中，自由贸易与贸易保护这两种贸易理论和政策的对立运动贯穿于国际贸易学说史的全过程，也是当代国际贸易的实践活动在理论上的总结和反映。中国外贸体制历经改革和演变，逐步建立起了与中国特色社会主义市场经济体制相适应的外贸体制。中国对外贸易的迅速发展，极大地促进了中国乃至世界经济的增长与发展。

第一节　对外贸易在经济发展中的地位和作用

当今世界几乎所有国家的经济发展都在不同程度上通过世界市场与其他国家发生联系。尽管各类发展中国家开放的程度有别，然而，从长期来看，都不能采取闭关自守的政策。因此，一个开放的经济体必然与国际资本、人力、技术，特别是商品的流动有关，总需求与总供给的平衡也必然与国际收支，尤其是和对外贸易条件有关。

一、对外贸易的调节作用

在封闭条件下，一个国家的国民经济流量仅在国内循环流动，表现为：

总需求＝国内居民对消费品的需求＋国内企业对投资品的需求＋本国政府的需求
　　　＝消费＋投资＋政府支出
总供给＝国内生产要素供给＋政府“劳务”的供给
　　　＝国内生产要素供给的报酬＋政府“劳务”的报酬
　　　＝工资＋利息＋地租＋利润＋各种租金

考虑到各种报酬在社会经济生活中的具体去向、用途，则有：

总供给＝消费＋储蓄＋政府收入

因此，封闭条件下宏观经济的平衡公式可表述为：

总需求＝总供给

即：

消费＋投资＋政府支出＝消费＋储蓄＋政府收入

它从供给和需求两个方面反映了国内经济部门的循环运行。

随着国际分工的发展，各民族陆续被卷入世界市场，并在世界网络中形成日益密切的经济联系。在存在对外贸易的条件下，一国的国民经济流量不仅包括国内经济部门的循环运行，而且包含开放部门通过进出口贸易与世界市场相联系的循环运行。在这里，世界市场发挥着以下三个方面的作用：第一，作为供给者提供商品、劳务，弥补国内供给的不足。对发展中国家来说，这意味着商品、劳务的进口和国际支出的增加。第二，作为需求者，向国内购买商品、劳务。对发展中国家来说，这意味着出口和收入的增加。第三，关税的支付。因此，将对外贸易考虑进去，该国的国民经济流量表现为：

总需求＝国内居民对消费品的需求＋国内企业对投资品的需求
　　　　＋本国政府的需求＋世界市场(国外企业和消费者)的需求

=消费+投资+政府支出+出口

总供给=国内生产要素供给+政府"劳务"的供给

+国外生产要素供给

=国内生产要素供给的报酬+政府"劳务"的报酬

+国外生产要素供给的报酬

=工资+利息+地租+各种租金+国外企业从该国得到的收入

=消费+储蓄+政府收入(包括关税)+进口

因此，开放条件下宏观经济的平衡公式可表述为：

总需求=总供给

即：

消费+投资+政府支出+出口=消费+储蓄+政府收入+进口

由于加入了进出口，所以在总需求和总供给不平衡时，可以采用增减进出口的办法来调节。

当总需求大于总供给，即消费+投资+政府支出+出口>消费+储蓄+政府收入+进口时，就会出现过度需求，导致通货膨胀。在这种情况下，可以减少出口，增加进口，或双管齐下，既减少出口又增加进口，以减少总需求或增加总供给，使总需求和总供给恢复均衡。

当总需求小于总供给，即消费+投资+政府支出+出口<消费+储蓄+政府收入+进口时，总需求不足，就会出现失业，引起萧条。在这种场合可以增加出口，减少进口，增加总需求，减少总供给，使总供给和总需求恢复平衡，消除失业和萧条。

将开放条件下宏观经济平衡公式移项合并，(储蓄-投资)=(出口-进口)+(政府支出-政府收入)。

上式三个差额中，任何一个差额都可以通过另外两个差额来调整。例如，一国储蓄较多而投资较少，出现了储蓄大于投资的情形，这说明供给大于需求。这时如果出口很难扩大而进口也很难减少，就可以用增加政府支出或减少政府收入（税收）的办法来使公式两端相等。假如这时政府支出很难增加，而税收也很难减少，但对外贸易还有调整余地，就可以用增加出口或减少进口的办法来使供求均衡。或者，假定进出口贸易额和政府收支额都有伸缩余地，也可以同时调整。

由此看来，在开放经济条件下，发展中国家的国民经济通过世界市场的媒介被纳入国际分工和交换体系之中，政府通过调节进出口贸易流量便可调节国内经济，达成综合平衡。但是，对外贸易的作用不仅仅局限于调节均衡、填补缺口，更重要的是，它还可以带动一国的经济发展，成为经济增长的"引擎"。

二、对外贸易的传导作用

许多发展中国家国内市场狭小，对世界市场依附性大，国民经济的变动很可能首先来自外部世界发展的冲击力，于是就产生了"传导"（transmission）的问题。一般来说，一个开放型经济，其国内市场越小，与世界市场联系越密切，则国内经济受其他国家的影响越大。世界经济、政治与文化，通过对外贸易，逐步在发展中国家扩散，最终影响到整个国民经济。如果发达国家经济繁荣，通过贸易渠道传导给发展中国家的大多数是经济稳定和持续增长；如果世界经济不景气，传导的则是通货膨胀或经济衰退，发展中国家经济将受到冲击。

从单个发展中国家的角度来看，世界市场供求及价格出现较大幅度波动时，该国国内与世界市场有直接联系的部门或地区自然会首当其冲，其产品价格将上涨或下跌，产量将增加或减少，增长将加速或停滞。而后，上述变化又通过这些开放部门或地区与国内那些同世界市场没有直接联系的非开放部门或地区的联系，传递给国民经济的其他部门，影响其他产品的价格和产量，从而使整个国民经济都受到世界市场的影响。

（一）影响传导作用的因素

第一，本国进出口额占世界进出口额的比重，以及本国对某些“世界性商品”（如粮食、石油、钢材等）的供求占特定商品总供求量的比重。当考虑两国贸易的相互影响程度时，则要看各自同对方国家的贸易额在该国对外贸易总额中所占的比重，以及对对方产品的需求强度，即对对方产品需求迫切程度的大小。

第二，本国的贸易依存度，即国民经济中与世界市场有直接联系的部门所占的比重，以及该国对“世界性商品”的供求状况，即这类产品的进口量、出口量、国内生产量、消费量，以及在该国国民经济中的重要性及其近期变动趋势。

第三，各国政府采取的利用世界市场形式以促使本国经济发展或防止本国经济遭受世界市场冲击的政策。

对外贸易刺激带动发展中国家的经济发展，归根结底，还需通过国内一定的具体传导机制发挥作用。这种传导机制的起点固然是出口贸易的扩大和外来需求的上升，但是，这种需求变化必须具有相当的强度和速率，足以引起国内供给方面的迅速反应，进而引起生产要素供给扩大、资源配置效率提高和实际生产率增长等方面的积极变化，只有这样，才能带来社会就业量和收入量的相应变动，促进本国的经济增长和发展。

（二）对外贸易的传导作用

当代发展中国家的外贸实践告诉人们，外贸带动发展的有效传导机制首先取决于一国国内原有的经济发展条件。如果基础设施比较完善，产业结构比较合理，人力资源比较丰富，影响资源配置的价格扭曲比较小，那么，国内经济部门就有灵活的反应能力和较高的出口供给弹性，贸易扩张对经济增长的刺激作用也就比较强。

出口产品生产过程中的技术特点、加工程度、生产函数性质及要素投入比例，对其他经济部门的扩张具有十分明显的影响。使用的技术越先进，加工程度越高，就越能通过新技术的传递和示范、劳动力的培训及管理经验的积累给其他经济部门带来利益；反之，如果出口部门的生产技术早已在其他部门使用，或者出口部门只是简单地扩大生产规模而不变更生产函数，则其传导作用就较弱。因此，使用技术劳动所生产的出口产品对经济发展产生的促进作用要比使用非技术劳动生产的大得多。

此外，出口部门必须和国内的其他经济部门保持有机的联系与合理的结构，一旦出口部门出现扩张，便能为与之相联系的上、下游产业部门的投入、供给等扩张提供强烈的刺激，产生所谓的“连锁效应”。一般来说，原料性初级产品传导作用较弱，因为其产业关联度较低，产业上、下游的“连锁”环节有限；而资本密集型或劳动密集型制成品需求的扩大具有强烈的刺激作用，因为其产业关联度高，上、下游产业联系网络广泛。

出口商品的要素密集度（即要素投入的组合比例）影响着出口收入在不同社会阶层、集团的分配，进而影响着国内需求结构和就业状况。出口产品生产过程中劳动密集度、资本密集度不同，工资、利润、利息和地租的相对比例也就不同。如果出口收入的国内分配有助于提高国内商品的消费倾向，那么，就会增加国内商品的需求，尤其当这些国内商品属于劳动密集型产品时，就会增加就业，对经济增长产生积极作用；反之，如果出口收入的分配有助于提高进口商品的消费倾向，那么，这部分有效需求就会因进口而漏损到国外，对本国经济没有明显的影响。如果出口收入的分配有助于提高储蓄倾向，则出口贸易可为其他部门的资本积累做出贡献。

出口收入的稳定性也是影响经济增长的一个关键因素。出口收入的波动幅度越大，对一国的实际收入、政府税收、资本形成、资源配置以及进口能力的振动影响也就越大，这会使经济的发展缺乏持续性和稳定性，在极端的情况下，甚至可能造成发展过程的中断。

三、外贸乘数作用

在开放经济中，对外贸易的增加可以使国民收入成倍增长，这是外贸乘数（foreign trade multiplier）原理研究的主要课题。外贸乘数原理是在凯恩斯的投资乘数理论基础上扩展而来的，它侧重于分析一国对外贸易与国民收入、充分就业之间的相互影响、相互制约的关系，描述了开放经济体系内部出口促进（或制约）经济增长传导机制的动态过程。

外贸乘数是指，一国的出口增长代表一种有效需求的增加，它将一轮接一轮地引起与这一出口增量直接或间接相关的国内其他产业发生连锁反应，从而对该国的国民收入产生成倍扩大效果（进口增长的效果则相反）。外贸乘数原理主要是说明：在边际储蓄倾向和边际进口倾向之和小于1的条件下，增加出口有利于提高总需求水平并增加国内就业量（增加进口的作用则相反）。它分析的是：每增加1元出口额使国民收入增加多少元，从而又可以使国内增加多少就业（每增加1元进口额使国民收入减少多少元，从而使国内减少多少就业）。

假设：C 代表消费；
S 代表储蓄；
I 代表投资；
G 代表政府支出；
T 代表政府收入；
X 代表出口；
M 代表进口；
Y 代表国民收入。

在开放经济中，一国国民经济的均衡条件是：

$$C+I+G+X=C+S+T+M$$

如果$G=T$，或$G-T=0$，即政府的支出与收入相当，政府干预的因素可予以排除，则有：$I+X=S+M$。

再设：ΔI 为投资增量；

ΔS 为储蓄增量；

ΔX 为出口增量；

ΔM 为进口增量；

ΔY 为收入增量。

为保持国民经济动态平衡，需有：

$$\Delta I+\Delta X=\Delta S+\Delta M$$

变形可得到：

$$\Delta I+\Delta X=\left(\frac{\Delta S}{\Delta Y}+\frac{\Delta M}{\Delta Y}\right)\Delta Y$$

$$\Delta Y=\frac{1}{\dfrac{\Delta S}{\Delta Y}+\dfrac{\Delta M}{\Delta Y}}(\Delta I+\Delta X)$$

其中，$\Delta S/\Delta Y$ 表示增加的收入中用于储蓄的比例，称为“边际储蓄倾向”（marginal propensity to saving）；$\Delta M/\Delta Y$ 表示增加的收入中用于进口的比例，称为“边际进口倾向”（marginal propensity to import）。

令 $\Delta I=0$，即不考虑国内投资的因素，只考虑出口贸易的作用，则上式可改写为：

$$\Delta Y=\frac{1}{\dfrac{\Delta S}{\Delta Y}+\dfrac{\Delta M}{\Delta Y}}\Delta X$$

这时，外贸乘数为：

$$K_F=\frac{1}{\dfrac{\Delta S}{\Delta Y}+\dfrac{\Delta M}{\Delta Y}}=\frac{\Delta Y}{\Delta S+\Delta M}$$

即外贸乘数是边际储蓄倾向与边际进口倾向之和的倒数。

例如，设$\dfrac{\Delta S}{\Delta Y}=0.3$，$\dfrac{\Delta M}{\Delta Y}=0.2$，则 $K_F=\dfrac{1}{0.3+0.2}=2$。在这种情况下，若出口值增加 30 元，则国民收入增加 $30\times2=60$ 元。由此可见，边际储蓄倾向和边际进口倾向越小，国民收入最终增加的倍数就越大；反之，国民收入最终增加的倍数就越小。

由于边际储蓄倾向、边际进口倾向与边际消费倾向$\left(\dfrac{\Delta C}{\Delta Y}\right)$之和为 1，而其中的 $\Delta S/\Delta Y$ 经常大于零，故有：

$$0<\frac{\Delta S}{\Delta Y}+\frac{\Delta M}{\Delta Y}\leqslant 1\text{，即 }K_F\geqslant 1$$

正因为边际储蓄倾向和边际进口倾向之和不会大于1，而且经常小于1，所以，扩大出口所增加的收入中总有一部分是用于购买本国产品的，从而可以一轮又一轮地连续推动，使国民收入和就业量不断增加。

不过，上述外贸乘数公式没有考虑出口产品中包含着原料、燃料和其他诸如中间产品的进口，这在现实生产中是不可能的，因此必须从国民收入总增加额中扣除生产中所用的进口品 M'，从而外贸乘数公式也需相应地修改为：

$$\Delta Y=\frac{1}{\frac{\Delta S}{\Delta Y}+\frac{\Delta M'}{\Delta Y}}(\Delta X-M')$$

根据上述分析，外贸乘数原理的政策含义是：

第一，发展中国家应该积极扩大出口。

第二，应该使扩大出口所增加的收入中有较大的部分用于购买本国的产品，努力实现最终产品和中间产品的替代，防止有效需求过多地漏损到国外去。只有这样，才能提高总需求水平并增加就业量。

第三，扩大出口所增加的收入只有在能引起投资、生产能力和供给增加的情况下，才能推动经济持续增长。假定国内处于充分就业下的均衡状态，出口的增加意味着总需求进一步增加，而生产能力不会扩大，供给并不增长，它只能造成过度需求，推动生产要素价格上升，进而触发通货膨胀。

第四，即使在边际储蓄倾向和边际进口倾向之和小于1，且国内尚未达到充分就业的均衡状态的情况下，如果世界市场上主要发达国家经济发生衰退，世界进口总值不变，发展中国家想通过扩大出口来刺激国内总需求扩大，进而促进生产扩大也是很困难的，外贸乘数的作用也就难以发挥出来。在这种情况下，发展中国家只有求助于降低出口产品价格来扩大销路，但出口数量的扩大并不一定就能增加收入和就业量。可见世界进口总值增加的前提条件是外贸乘数发挥作用。

将外贸乘数的作用与传导作用联系起来看，扩大出口是促进发展中国家经济增长的重要途径之一，而出口的扩大则主要需要发达国家的经济增长速度加快，从而进口增长速度加快。因此，国际贸易便成了发达国家控制发展中国家经济增长速度的主要环节之一。从这一点来讲，发展中国家，特别是外向型发展中小国的对外贸易和经济增长依赖于发达国家的繁荣，那种认为发展中国家单纯利用自己劳动力多而廉的优势就可扩大出口、带动发展的观点显然是片面的。

第二节 比较优势与贸易条件

传统贸易理论强调贸易是刺激各国经济增长和发展的“引擎”，自由贸易可以为各国带来最大的经济利益，主张各国积极参加以比较优势为基础的国际分工和贸易，采取外向型经济发展战略。一些发展经济学家在批评传统贸易理论的同时，提出了新贸易理论，并指出了发展中国家贸易条件恶化的现实，提出了一系列改善贸易条件、提高对外贸易收益的政策主张。

一、比较优势

比较优势是传统的国际贸易理论的核心内容，传统的国际贸易理论主要包括古典学派李嘉图的“比较优势理论”以及现代学派赫克歇尔（E. E. Heckscher）和俄林（B. Ohlin）的“要素禀赋学说”。

（一）比较优势理论

1817年，李嘉图对斯密的绝对优势理论进行改造、补充，提出比较优势理论（comparative advantage theory，亦称比较利益学说或比较成本学说）。200年来，这一理论一直是西方国际贸易理论的基础。

李嘉图的比较优势理论认为：

第一，每个国家都应按照两利相权取其重、两弊相衡择其轻的原则进行国际分工，各自专业化从事成本相对来说比较低的商品和劳务的生产。也就是说，在两种商品的生产成本上都有绝对优势的国家，可专门生产自身优势程度相对较大的商品，而在两种商品的生产成本上都处于绝对劣势的国家，可专门生产自身劣势程度相对较小的商品。

第二，两国生产并出口各自享有比较优势的产品，双方都可以突破本国资源条件的限制，更多地消费自己不能生产的产品，增进自己的福利水平，因此，贸易的结果是惠及双方，均谋其利。

第三，通过自由贸易，两国的生产资源得到了最充分、最有效的利用，世界的产出（即经济增长）将达到最高限度。

李嘉图的比较优势理论是以各国的劳动生产率的差异为分析基础的，是劳动价值论在国际贸易中的推广应用。长期以来，这一学说成为西方国际贸易理论的基石和主线，也是推行自由贸易的理论基础和政策依据。

（二）要素禀赋学说

到了20世纪初叶，瑞典经济学家赫克歇尔和俄林对比较优势理论进行了补充，提出了要素禀赋学说（factor endowment theory）。他们从新古典学派的基本观点出发，认为比较优势理论本质上是静态的，且只涉及了单一的劳动要素，否认了生产过程中要素组合比例具有可变性，忽视了需求变化对国际贸易的影响。他们认为，国际贸易产生的原因，不是各国在商品的劳动生产率上存在着固有的技术差异，而在于各国生产要素供给禀赋条件的不同。

要素禀赋学说认为，任何一个国家在给定的时间里，所有商品的价格和生产要素都是由它们各自的供求关系决定的。在需求方面，一种决定因素是消费者的欲望和偏好；另一种则是生产要素拥有者的个人收入分配状况。在供给方面，一种决定因素是生产要素的供给，即资源禀赋状况；另一种则是生产的物质条件，这些物质条件决定了商品生产中投入要素的组合比例，即生产要素的相对密集程度。由这四种基本因素所决定的价格机制，在同一时间内决定了该国所有商品和生产要素的定价。

在假定商品和要素需求不变以及各国生产的物质条件相同的情况下，如果两国生产要素的供给不一致，它们的相对价格就不相同，生产要素的组合比例和商品的相对价格也就不相同。劳动力丰富而资本稀缺的发展中国家，劳动力要素的价格必然比较便宜，它们就能够便宜地生产大量使用这类廉价要素的商品，从而在劳动密集型产品（如初级产品和某些制成品）的生产上拥有成本和价格的相对优势。因此，发展中国家应集中力量生产并出口劳动密集型产品，同时进口资本密集型产品。对资本丰裕而劳动力匮乏的发达国家来说，由于在资本密集型产品（如中间产品和最终耐用消费品）的生产上享有成本和价格的相对优势，故应集中力量生产并出口资本密集型产品，进口劳动密集型产品。总之，每个国家将出口那些在生产中密集地使用本国相对丰裕的生产要素的商品，同时进口那些在生产中密集地使用本国相对稀缺的生产要素的商品，利用国际贸易的转换机制，发挥自己在某些生产要素上的优势和充裕条件，缓解自己在某些生产要素上的劣势和匮乏状况。

这样，要素禀赋学说就解释了比较优势的基础、来源以及由此引致的国际分工和贸易格局。和古典学派的比较优势理论一样，要素禀赋学说的基本结论仍然是：自由贸易可以使全世界的产出量达到最高水平，可以使各国分享国际分工和贸易的利益。所不同的是，赫克歇尔和俄林更强调，外贸促进经济发展的原因是参与外贸的国家能更有效地配置和更充分地利用本国的生产资源。

无论是古典学派的比较优势理论还是现代的要素禀赋学说，对国际贸易都有着共同的观点：贸易是刺激各国经济增长和发展的“引擎”，自由贸易可以为各国带来最大的经济利益；各国应当积极参加以比较优势为基础的国际分工和贸易，采取外向型经济发展战略。然而，这些结论是否适合发展中国家的国情呢？不少发展经济学家的回答是否定的。他们认为，传统贸易模式与许多发展中国家历史的和当代的实践相左，他们集中抨击传统贸易理论的基本假定，认为这些假定与现实严重背离，纯属向壁虚构。

二、新贸易理论

传统贸易理论并非贸易理论的全部，也不能解释所有的国际贸易行为和贸易模式。第二次世界大战以后，一些发展经济学家在批评传统贸易理论的同时，提出了新贸易理论。与传统贸易理论相比，新贸易理论强调科学技术、研究开发对比较优势形成的作用，即把技术进步本身看成一种崭新的生产要素和独立的经济变量，是突破要素禀赋静态格局的生产力基础，它能够突破物质要素组合的局限性，使之在新的技术基础上形成新的结构比例，裂变出新的比较优势和比较利益。20 世纪 90 年代，迈克尔·波特（Michael Porter）在整合、修正比较优势理论的基础上，提出了竞争优势论，突出强调竞争优势在国际贸易形成和发展中的作用，成为引人瞩目的国际贸易新理论。

（一）产品生命周期论

20 世纪 60 年代，美国经济学家雷蒙德·弗农（Raymond Vernon）所概括的产品生命周期论认为，每种技术或产品的进化要经历三个阶段，即引进创新阶段、逐渐成熟或工艺发展阶段、标准化完全成熟阶段。在各个阶段上，不同类型的经济在制造产品和零部件方面拥有各自的比较优势。技术优势的变化和转移可以说明国际贸易的格局和国际生产的配置状况。发展中国家在产品生命进入成熟期后将拥有后发性的比较优势（后发优势），生产地点可能从发达国家向发展中国家转移。

（二）国际垄断竞争论

传统的比较优势理论并不能解释当今国际贸易中为什么许多国家在进口某种商品的同时，又出口同样的一些商品。自 20 世纪 70—80 年代以来，以色列经济学家埃尔赫南·赫尔普曼（Elhanan Helpman）和美国经济学家克鲁格曼等人将不完全竞争、规模经济、产品差异等引入了比较优势的理论模型中，对这一问题进行了解释。这就是国际垄断竞争论。

这一理论确认，相互出口的产业内贸易产品是同类而又有差异的产品，产品差异吸引了具有各种不同偏好的消费者。这类贸易不是完全竞争条件下的贸易，而是垄断性竞争贸易。能够制造差异产品是公司的一种无形资本，是公司比较优势的来源。贸易国各公司拥有自己的优势，可以相互出口同类产品以满足不同的市场需求，这就为进一步扩大生产以实现规模经济创造了条件。即使没有劳动生产率和要素禀赋的国际差异，生产中的规模经济也能为一国的专业化分工和对外贸易提供动力。随着国际市场的拓展，生产规模的扩大，资本设备分工的进一步深化，出口企业的平均生产成本（包括平均固定资本和研究开发费用）将随产品的增加发生递减，从而表现为规模收益递增。这种递增规模收益已成为贸易利益的重要源泉之一，故贸易利益比用传统方法计算要大出许多。

（三）新生产要素学说

随着科学技术的迅速发展，知识在经济发展中的作用越来越重要。科学技术、知识的创新推动着世界经济高速增长，同时也对国际贸易格局产生了重大影响。新生产要素学说试图对国际贸易所产生的这种重大变化给予解释。

新生产要素学说对传统的生产要素禀赋学说进行了一些改良，给予生产要素以新的含义。它认为传统的国际贸易理论往往将一个国家的比较优势界定在国家的自然禀赋上，这种由自然条件决定比较优势的地理决定论已经落伍了。在当今技术飞速发展的条件下，许多国家可以通过努力获得比较优势，而不必只考虑自然赋予的比较优势。因为一个国家的禀赋不仅局限于这个国家的地理位置，人力资本的禀赋状况及其变化也构成影响比较优势的极其重要的因素。

人力资本是相对于物质资本而言的，指人们所拥有的能够取得收入的技术和能力。如果通过正式的或非正式的教育和培训，人们获得新的技术和技能，就是创造了人力资本。一个国家可以通过教育等途径，增加对劳动者的智力投资，改善劳动者素质，带动科学的进步和技术的创新，提高生产效率和资源配置效率，从而取得那些需要有技术、有知识的劳动力的产品生产上的比较优势，促进贸易的开展。

根据新生产要素学说，比较优势与专业技术知识的积累密切相关。在现代经济中，不仅对资源进行加工非常重要，而且更重要的是，具有有效利用那些资源的知识。日本成为国际贸易大国并不是因为它是资源大国，而是因为它取得了利用资源的知识上的优势；瑞士在钟表生产上的比较优势也不是因为它拥有更多生产钟表的物质资本，或在生产钟表的材料上有自然条件方面的优势，而是因为它长期积累了更多的更好地生产钟表的专业知识和技术。发展中国家通过建立或增加在某些特定领域的技术知识来取得比较优势，可以超越自然禀赋的局限，改变旧的国际贸易格局。

（四）竞争优势论

20 世纪 90 年代，哈佛大学教授迈克尔·波特提出了国家竞争优势论，在整合、补充和完善比较优势理论的基础上，重新诠释了国际贸易产生的动因，探讨了竞争优势的来源，并提出了培植竞争优势的政策主张。① 竞争优势论日益成为发展中国家关注的新贸易理论。

波特对竞争优势的研究经历了从企业和产业层面向国家层面、从参与国内竞争向参加国际竞争演进的过程。20 世纪 80 年代，波特在分析产业结构的基础上，提出了竞争优势的概念，并逐步认识到，虽然劳动力、自然资源、金融资本等要素禀赋对于一国竞争力仍然具有重要意义，但是，在经济全球化的条件下，其作用正在下降。创造一个良好的竞争与创新环境，建立并完善相关的支持系统，形成产业集群、产业竞争力和国家竞争力，拥有竞争优势，才具有更加重要的意义。

波特认为，企业要想在国际竞争中获胜，它的竞争优势不外乎以较低的生产成本或与众不同的产品特性来取得最佳价格。企业在国际上的竞争优势来源于其所在国的国家竞争优势。国家竞争优势表现为一个国家在某个或数个产业领域中的竞争优势，而产业竞争优势的建立取决于四个关键因素：

第一，要素条件。生产要素分为初级生产要素和高级生产要素。初级生产要素包括天然资源、气候、地理位置、非技术工人和半技术工人等，这些要素是被动继承的，或仅需要简单的投资就能拥有。高级生产要素包括现代化通信基础设施、知识、科学技术以及大学研究所等，它们是被创造出来的。除了主要依赖自然资源的产业以及对技术要求不高或技术已经普及的产业外，初级生产要素的重要性已经越来越低。初级生产要素的数量与素质是创造高级生产要素不可或缺的基础。但一个国家想要通过生产要素建立起产业的持久竞争优势，必须发展高级生产要素。高级生产要素的标准是持续发展。政府、企业、行业协会和个人应共同对高级生产要素进行持续性的投资，刺激其发展。

第二，需求条件。国内市场的需求会刺激企业的改进和创新，是产业发展的动力，同时，内需市场的大小对企业能否形成规模经济有着重要的影响。即便是需求结构相似的国家，仍然存在着各自的需求特点。正是这些需求的差异使不同国家在不同产品或产业上具备了竞争优势。

第三，供应商及相关的支持产业。一个产业若要形成竞争优势，就不能缺少世界一流的供应商，而且彼此之间必须维持紧密的合作关系。如果在一个国家的一定区域内能为某个产业聚集起健全而且具备国际竞争力的支持性产业，形成强大的产业集群，就有利于降低交易成本，改进激励方式，创造出信息、专业化制度、名声等集体财富，更能改善创新的条件，形成产业的竞争优势。

第四，企业战略和同业竞争。企业的目标、战略和组织结构往往因产业和国情的差异而有所不同，各种差异条件的最佳组合便形成了国家竞争优势。来自本国竞争者的压力会使企业时时有害怕落后的忧患意识和超前的欲望，这是推动企业创新的动力。强劲的良性国内市场竞争和随之而来的长期竞争优势是外国竞争者无法复制的。

上述四个关键因素不是相互独立的，而是相互依赖、相互强化的一个系统，每个要素的效果都建立在其与其他要素的配合之上。

---

① 迈克尔·波特. 国家竞争优势. 北京：华夏出版社，2002.

三、贸易条件

对传统的国际贸易理论应用于发展中国家对外贸易局限性的批评，还集中在发展中国家出口产品的贸易条件长期以来呈恶化的趋势上。

贸易条件（terms of trade）是一种指数，是一国出口商品价格对进口商品价格的比率，简言之即单位出口所能换回的进口，或单位进口所需要的出口量。

假设：P_x 代表出口商品价格指数；

P_m 代表进口商品价格指数。

贸易条件用公式表示为：

$$贸易条件=(P_x/P_m)\times 100\%$$

其中，P_x 与 P_m 的基期相同。

如果出口商品价格比进口商品价格相对上涨，即 P_x/P_m 变大，称为贸易条件改善；反之，如果出口商品价格比进口商品价格相对下跌，即 P_x/P_m 变小，称为贸易条件恶化。

关于发展中国家的贸易条件，普雷维什和辛格于 1950 年在“中心—外围”学说的基础上提出了闻名遐迩的“贸易条件恶化论”。阿根廷经济学家普雷维什对 1876—1938 年英国贸易条件的历史统计资料所做的分析表明：发展中国家的初级产品与发达国家的工业制成品进行贸易时，初级产品的价格比制成品的价格下降幅度大得多，换言之，发展中国家必须出口越来越多的产品才能换回既定数量的进口品，其相对贸易条件呈现恶化趋势。

普雷维什和辛格认为，作为世界经济“中心”的发达国家和处于“外围”地位的发展中国家，在影响劳动力的供求和价格等因素方面，情况是各不相同的；在初级产品和制成品的供求条件方面，情况也是各不相同的。其结果是引起发展中国家贸易条件的日益恶化。他们的主要论据是：

第一，初级产品和制成品的需求弹性不同，因而需求增长率不同。作为投入物，农矿初级产品需求的价格弹性较低，在价格降低的情况下，扩大出口量并不会带来出口收入的同比例增加，不仅如此，在恩格尔定律的作用下，农产品需求的收入弹性也较低，这意味着实际收入的增量中用于购买农产品的支出部分所占比例趋于降低，农产品需求扩大的余地小于制成品需求。初级产品需求的这种低弹性与供给的低弹性结合在一起，更加剧了初级产品的价格不稳定性和贸易条件的极大波动。

第二，初级产品的节约和替代技术的发展进一步减少了原料性初级产品的世界性需求。技术进步降低了工业生产中原料的消耗系数，使对发展中国家原料的出口需求并不随工业国生产规模同步扩大；人工合成代用品的开发则直接替代了相当部分的原料需求。

第三，工业国的企业（特别是大型跨国公司）拥有技术优势，工业制成品的技术含量较高且复杂，因而制成品的出口价格中包含着技术创新租金；由于跨国公司的规模和实力，工业制成品的出口价格中还含有垄断利润。

第四，“中心”国家和“外围”国家的商品市场及劳动市场结构不同，技术进步所产生的利益分配方式也就不同。位于世界经济“中心”的发达国家，由于工会的强大压力和产品市场上垄断势力的存在，技术进步和生产率提高的成果会带来工资和利润的增加，即转化为生产要素拥有者的收入增加，而不是通过降低价格的形式馈赠给消费者。而发展中的“外围”国家，由于劳工的组织程度低，工会的压力相对较小，加之剩余人口所造成的劳动力的无限供给，工资遂被压到最低生存水平。此外，生产初级产品的厂商亦无良好组织，彼此竞相供给，因而将产品价格压到平均成本水平。在这种情况下，即使存在技术进步和劳动生产率提高，由此取得的利益也会以价格下降的形式全部或部分地转移到“中心”国家的买主手里。这一价值跨国转移的过程就是发展中国家贸易条件日益恶化的过程。正是循着上述思路，普雷维什将实行“进口替代工业化”作为“贸易条件恶化论”的逻辑推论和主要政策建议，并将“贸易条件恶化”作为发展中国家要求国际社会进行收入再分配、稳定和提高初级产品价格的重要理论依据。自 20 世纪 50 年代以来，普雷维什和辛格的命题在发展中国家（尤其是拉美国家）颇受青睐，曾得到广泛的应用和推行。

初级产品的贸易条件是否长期恶化，此乃外贸究竟是经济增长的“引擎”抑或“棘轮”之争的一大焦点，其矛头直指传统的自由贸易理论和政策赖以建立的基石。以瓦伊纳（J. Viner）和哈勃勒（G. Haberler）为代表的经济学家竭力反对普雷维什的观点，从 20 世纪 50 年代初起便与之展开了激烈的论战。而支持并发展普雷维什观点的经济学家也大有人在，如提出“要素贸易条件论”的刘易斯，提出“贫困化增长论”的巴格瓦蒂（J. Bhagwati），以“依附论”和“不平等交换论”著称的激进主义学者伊曼纽尔（A. Emmanuel），阿明（S. Amin）和弗兰克（A. G. Frank）等。在长达数十年的论战中，发展经济学家关于贸易对经济发展影响的认识逐步深化。

20 世纪 70 年代以来，随着世界经济形势的变化，初级产品的价格一度反弹，发展经济学家在“发展中国家贸易条件是否恶化”的问题上产生了新的争论。但进入 20 世纪 80 年代以来，发展中国家的贸易条件仍在继续恶化，到了 20 世纪 90 年代，初级产品的价格处于历史最低水平。事实表明，发达国家在国际贸易中仍处于有利地位，而发展中国家则处于越来越不利的境地。然而，由于各种条件使然，发展中国家却仍在不利的环境中主动地扩大出口，希望以此带动经济发展。

发展中国家贸易条件的日益恶化，无疑是其对外贸易乃至经济发展的一大障碍。迄今为止，发展中国家初级产品出口所占的比重仍较大。所以，提高或稳定初级产品的价格，成为改善发展中国家经济和贸易地位的关键环节，这也是发展中国家强烈呼吁建立国际经济新秩序的一项主要内容。在构想的国际经济新秩序中，发展中国家试图通过初级产品生产国和消费国互订国际商品协定来提高初级产品价格，或制订国际缓冲存货计划来稳定初级产品价格。这两者都要求对现行的自由贸易体制和自由市场机制进行全面干预，以实现有利于发展中国家的收入再分配。但是，发展中国家的这些要求始终未能得到发达国家的积极响应。在 20 世纪 70 年代，石油输出国组织（OPEC）提价一举成功，曾使发展中国家受到鼓舞和启发。石油这种初级产品之所以提价成功，一是因为石油需求量迅速增大，需求弹性小；二是因为 OPEC 以外的生产石油的国家虽然不少，但出口供给弹性低，不会因为石油提价而大幅度增加出口量，因此，OPEC 得以控制石油市场供给，提高出口价格。但由于北海油田的发现，替代能源的开发，以及 OPEC 内部的矛盾，OPEC 提价计划也曾遭受挫折。至于发展中国家生产的其他初级产品，其地位既不如石油那么重要，供求弹性也不具备石油那样的特点，故以初级产品为武器、争取改善贸易条件、提高出口商品价格的作用仍是有限的。尽管发展中国家也曾仿效 OPEC 建立其他初级产品的国际生产者卡特尔，然而，成功者寥寥无几。此外，努力改善出口商品结构，降低初级产品出口的比重，增加技术含量高的工业制成品的出口份额，成为越来越多的发展中国家改善贸易条件的选择。

第三节　贸易保护与自由贸易

从世界资本主义发展史看，大凡经济增长迅速、发展顺利的阶段，自由贸易理论就占统治地位，相反，当世界经济转入萧条、停滞时，贸易保护的主张便甚嚣尘上。从一个国家看，在经济上占优势、向外扩张时期，其就主张自由贸易和门户开放，而处于落后阶段、经济居劣势的国家必然要加强保护或闭关自守。自由与保护这两种贸易理论和政策的对立运动既是贯穿于国际贸易学说发展史的主要矛盾，也是当代国际贸易的实践活动在理论上的总结和反映。

所谓自由贸易，就是排除贸易的行政干预，放任厂商自由从事进出口活动。马克思指出："在现代的社会条件下，到底什么是自由贸易呢？这就是资本的自由。排除一些仍然阻碍着资本前进的民族障碍，只不过是让资本能充分地自由活动罢了"[①]。他还说过："保护关税制度把一个国家的资本武装起来和别国的资本作斗争，加强一个国家的资本反对外国资本的力量"[②]。当然，加强一个国家的资本反对外国资本的力量的保护措施，不限于关税保护，还有非关税壁垒。因此，人们把国家通过关税、限制进口数量、发放出口补贴以及更广泛的产业政策等，即一方面防止外国的竞争，另一方面扶植、保护和发展本国产业的政策，称为贸易保护或保护贸易政策。

一、贸易保护

（一）发展中国家实行贸易保护政策的理论

1."幼稚工业论"（Infant Industry Argument）

这一理论最早是由美国的汉密尔顿（A. Hamilton）和德国的李斯特（F. List）提出来的，并成为当时处于发展进程中的美国、德国抵御和抗衡强大的英国工业资本海外扩张的理论武器。他们认为，一国应选择某些具有潜在比较优势和发展前途的幼稚工业，给予适当的、暂时的关税保护，以便逐步增强其国际竞争能力。在这种保护初期，由于缺乏有经验和训练有素的熟练劳动力，加之资本市场不完善，初始的投资必然昂贵，生产成本很高，消费者不得不支付较高的价格。然而，一旦这些幼稚工业成长起来，降低生产成本，达到与外国同类产品生产者相同的效率水准，消费者就会从今后的价格下降中得到利益，届时贸易保护便宣告取消。相反，如果国家在新兴工业创建初期不对其予以保护，脆弱的幼稚工业在强大的外国竞争压力下必遭夭折，本国的民族工业体系便永无建树之日。

后来，一些经济学家如巴斯塔布尔（C. F. Bastable）、肯普（M. C. Kemp）等进一步

① 马克思恩格斯全集：第4卷.北京：人民出版社，1958：456.

② 同①284.

发展了“幼稚工业论”的观点。他们认为，某些新兴产业虽然对整个社会经济具有积极的外部经济或“外部效应”（externalities），但率先引进这类新兴产业的先行企业在学习过程中常常要花费巨额成本，承担巨大风险，也就是说，存在着先行企业收益难抵成本，即私人成本和社会宏观效益相偏离的扭曲现象。为了克服先行企业投资于新兴产业时遭遇到的“外部因素”障碍，政府有必要采用关税保护或补贴的形式给予其相应的补偿。

“幼稚工业论”的主张有助于发展中国家幼稚工业的独立发展和生产多样化，有助于实现最终产品不同程度的自给和产业结构的优化，故对处于沉睡状态的发展中国家极富吸引力。不过，在实际运用该理论时必须注意以下几点：第一，正确选择确实具有发展潜力的保护对象；第二，保护是临时的，谨防某些既得利益集团企图将保护永久化；第三，即使同样是保护，采用补贴形式也要比关税保护更好些，因为补贴在财政上比较公开透明，也便于随时取消；第四，在较大的发展中国家，发展幼稚工业有可能形成适度的规模经济，而较小的发展中国家在多数产品的生产上很难达到最低限度的规模经济，这是它们建立幼稚工业时所必须考虑的制约因素；第五，各国均想发展别国已拥有比较优势的新工业，但促使比较优势转移的更有效的途径是国际技术转让和国际资本流动，而不是关税保护。

2.“萌芽经济论”（Young Economy Argument）

与“幼稚工业论”既有联系也有区别，“萌芽经济论”认为，在发展中国家或地区，新兴工业最初之所以缺少竞争力，并不是因为某个工业部门缺乏效率，而是因为国民经济总体发展水平滞后。由于熟练劳动力普遍缺乏，电力及其他基础设施不足，消费者的购买力低下，大多数工业品的市场扩大受到限制；由于资本市场缺乏或不健全，借款利息过高，因而现有可供投资的资本不足，企业家对工业投资缺乏信心，加上资源配置机制的运行缺乏效率，工业生产效率降低。可见，这些问题并非由哪一个工业部门单独造成，而是与整个社会有关。因此，只有众多工业部门同时成长，这种状况才能有所改变。“萌芽经济论”主张提高一般关税的水准，对所有工业进行贸易保护，而不是仅仅对少数幼稚工业部门实施关税保护；主张只有百业俱兴，平衡增长，才能消除工业化发展的阻力。在这一意义上，关税提高是推动经济发展所必须付出的代价，直至新兴工业的盈利能力提高到人们愿意投资的水平。

然而，对所有工业的贸易保护意味着对任何工业都不实行特殊的保护，对整个新兴经济（包括教育部门）的保护只能降低新兴工业的未来成本。而且，关税也不是直接解决国内生产扭曲问题的最佳工具，更可取的做法应是实行国内税收或补贴的改革。

3.“未利用资源论”（Unused Resources Argument）

“未利用资源论”又称“剩余出路论”（vent for surplus）。这种观点认为，发展中国家普遍存在着资源闲置、就业不足和大量人力资源不得其用的状况。人力资源——劳动力——的闲置问题尤为突出，即使劳动力并不完全闲置，多数也是用在并非真正需要的地方，即存在所谓的“隐性失业”，其边际生产率几近于零。由于闲置的资源不能增加一国的国民生产总值，因此通常被人们看作“不必付出代价”的资源。如何解决这些剩余、闲置资源的出路问题呢？关税保护可以被视为一种充分利用资源的手段。由于关税实际上是消费者对生产者的一种间接补贴，而生产中又可以大量使用不必付出或很少付出成本的资源，只要本国受保护的产品成本与同类进口产品的到岸成本之差不高于启用闲置资源于生产的成本，那么，本国厂商自然会觉得有利可图，从而有兴趣投资于新兴工业。结果，以前闲置的劳动力和其他尚未利用的资源将得到充分利用，国民收入和就业将迅速扩大，国内生产水平和消费水平也将同时得到提高。

“未利用资源论”以一种新的观点解释了发展中国家的资源配置状况和利用方式。它突破了传统贸易理论有关充分就业的假定，打破了以资源禀赋为基础的国际分工和专业化生产对发展中国家工业发展的限制。同时，这种理论主张本国应选择和生产不利程度较低的产品，并以关税保护作为使本国产品的不利程度趋于最低的措施。因此，“未利用资源论”也可以说是“比较优势理论”的一种变形。二者都可以解释国际贸易问题，但侧重点有所不同：前者说明的是国际贸易的原始基础，而后者说明的是国际贸易的形式。

4.“有效保护论”（Effective Protection Argument）

“有效保护论”也称“关税结构论”。发展中国家普遍采用关税保护政策，来促进本国进口替代工业的发展。其作用方式有两种：第一，通过提高竞争性制成品的进口关税来影响该产品的国内价格，从而影响消费者的决策；第二，通过降低中间投入品（原材料、中间产品和资本品）的进口关税来降低国内生产者的成本，扩大生产加工过程中的增加价值，从而影响生产者的选择。无论对最终产品本身加征关税，还是对中间投入品减免关税，或者两者并用，都会增加本国生产者的收入，有效地起到保护本国工业的作用，关税结构的这种双重影响被称作“有效保护”。有效保护论认为，与名义关税税率（对进口商品征收的从价税）相比，有效保护率能更精确、更全面地测算出关税的实际保护作用，因为它反映的是商品的产出价值与投入价值的差额，即行业单位产品附加值的增加率不仅可以较准确地衡量商品的受保护程度，而且可以衡量关税对投入要素价值与收益的影响。

假设：t 代表对某种最终产品所征收的名义关税；

a_i 为无关税进口的投入要素 I 的价值占该最终产品的价值的比重；

t_i 代表对进口投入物 I（要素或中间产品）征收的名义关税；

P 为自由贸易时单位产品的名义价格；

V 为自由贸易时国内单位产品的价值增加额；

V' 为征收关税后单位产品的价值增加额；

g 为有效保护率。

我们有：

$$V=P(1-a_i) \tag{9.1}$$

$$V'=P[(1+t)-a_i(1+t)] \tag{9.2}$$

有效保护率公式为：

$$g=\frac{V'-V}{V} \tag{9.3}$$

一般有效保护率公式为：

$$g=\frac{t-\sum_{i=1}^{n}a_it_i}{1-\sum_{i=1}^{n}a_i}\qquad(i=1,\cdots,n) \tag{9.4}$$

从公式（9.4）可以看出，当最终产品的名义关税一定时，对生产该产品所需的原材料或中间产品征收的关税越高，国产商品的生产成本提高得越多，其增加价值就越少，该商品生产受保护的程度就越低；反之，对原材料和中间产品征收的关税越低，国产商品的成本降低得越多，增加价值就越大，保护就越奏效。

有效保护论对发展中国家的政策含义是：

第一，发达国家对从发展中国家进口的初级产品征收较低的关税，对进口的最终产品征收较高的关税，从表面上看这种视产品加工程度而逐步升级的关税结构具有较低的名义保护率，但实际上有效保护率很高，这不利于发展中国家出口那些加工程度和附加价值较高的产品。因此，发展中国家应在优化出口的产品结构和产业结构的同时，调整关税谈判的策略和重点。

第二，发展中国家应根据自身的国情和工业化发展战略来选择关税政策，调整关税结构。这是因为，发展中国家若对中间产品和资本品的进口征收低关税，增加对最终消费品的有效保护，那么，资本将偏向于消费的进口替代生产，这会阻碍中间产品和资本品行业的发展，从而影响高级的进口替代工业化进程；反之，若对中间产品和资本品的进口征收高关税，减少对国内最终消费品生产者的有效保护，就会削弱其出口能力，从而影响出口替代工业化进程，甚至鼓励消费品的进口。

第三，发展中国家往往对不同部门、不同产品实行不同的有效保护率，这种差别过大的实际保护率会人为地造成不同行业生产者的苦乐不均，带来错误的价格信号，进而引起投资的失误和整个社会经济效率的下降，故应调节并减小行业有效保护率之间的差别。

第四，如果将对生产者的补贴看成是负关税，上述有效保护率公式也可用来衡量对竞争性的产出物和投入物进行补贴的影响。

5.“战略性贸易政策”（Strategic Trade Policy）

这是20世纪80年代出现的一种新保护主义的贸易政策理论。这种理论认为，假如两国要素禀赋及各方面条件完全相同，本无贸易发生，但在不完全竞争和存在规模经济的条件下，本国政府通过对国内高技术企业进行生产补贴和出口补贴，仍可引发贸易。更有甚者，实行这种扭曲性贸易政策的国家的福利水平不但不会像传统理论所断言的那样有所降低，反而会有所提高。这是因为，该国企业在政府补贴的支持下，不但有力量挤占更多的国际市场份额，赢得大规模生产的经济效益，而且可以趁机分割别国企业原先享有的经济利润，在高新技术领域捷足先登，独占鳌头。日本当年补贴其汽车、半导体厂商获得成功，堪称这方面的典型事例。完全竞争的古典贸易模式所没有涉及的战略性决策行为已成为当今理论界讨论的焦点之一，而主张从不受约束的自由贸易中获利的传统观念已鲜有人提。直到近年来有的经济学家才提出质疑：各国实际上都在推行某种战略性贸易政策，彼此的作用理应相互抵消。在这种情况下，仍有少数国家脱颖而出，但这绝不能归功于战略性贸易政策，而是战略性增长政策（strategic growth policy）起了作用。后者注重技术进步、教育和观念交流等动态增长因素，无须实行扭曲性政策，故优于前者。

总之，发展中国家为了摆脱贫困、落后和依附的地位，实现经济增长和稳定的目标，必然要推动工业化。而为使新兴的幼稚工业免遭已有稳固工业基础的发达国家的竞争，就需要适当地给予保护。适当的工业保护可以使受保护的厂商在保护期间逐步发展相对优势，从而奠定自力更生的基础。对整个经济而言，可借助于贸易条件的改善促进工业化，进而使全国的生产、收入与就业增加。

（二）贸易保护对经济的不利影响

不论是采取关税保护、进口配额、禁止进口、管制进口，还是其他保护措施（给予生产补贴、出口补贴等），从短期效应来看，总是会提高被保护产品的国内市场价格，增加消费者的负担。更重要的是，贸易保护会给整个经济长期发展造成以下几个方面的不利影响。

1.浪费经济资源

对国内生产者加以保护的结果是被保护产品价格提高，本国产品进而形成一统天下的垄断局面。若该产品需求弹性小，属于必需的生活消费品，消费者将不得不支付较高的价格，这无异于对生产者进行一种间接的补贴。不管生产效率如何，受保护的生产者因产品提价而获得超额利润，因而有能力以较高的价格浪费性地购进所需的生产要素，这就必然会与其他未受保护的高效部门争土地、资本、原料、人力、电力和其他能源以及交通运输等基本设施的使用权，从而影响后者的发展。

2.转移收入分配

如果消费者的收入保持不变，而受保护产品又是需求弹性小的重要必需品，价格提高的结果必然使对其他未受保护产品的需求减少，高效率部门的产品市场将因此萎缩。这意味着高效率部门的收入转移到低效率部门。未受保护的高效率部门的发展一旦受阻，整个经济增长都将受到不利影响。

3.加大国际收支的不平衡

一国传统的出口工业部门往往具备比较优势且有较高的效率。保护新兴部门，不但有可能挤占这些出口创汇部门所需的生产资源，与之争电力、运输等基础设施的使用权，而且会提高这些部门的生产成本和物价水平。从国际收支的角度看，受保护的低效率部门的存在，有提高生产成本并使进口更有利、出口更为困难的倾向。其结果是，一方面提高了进口需求，使外汇支出增加，另一方面也降低了借助于扩大出口增加外汇收入的可能性。结果，发展中国家的国际收支失衡总是将更趋严重，经济发展必将受到阻碍。

4.阻碍生产力提高

实行保护政策，由于国内市场规模狭小以及其他不利因素的存在，往往会使受保护产品的成本增加。而且，在垄断的局面下，厂商也往往不追求提高生产效率和改进产品质量，在这种情况下，厂商为谋求自身的生存，对政府保护的依赖程度会越来越大，保护的期限也会一延再延。在长期的保护下，应用现代生产技术的诱因必然减少，从而将阻碍生产力的提高。结果，整个工厂乃至国民经济长期处于停滞、落后的状态。

5.导致生产效率下降

受保护的部门必然是生产效率低下的部门。然而，在整个国民经济体系中，各部门之间存在着广泛密切的联系，一种受保护部门的产出很可能就是另一种部门的投入。因此，通过投入产出连锁反应，受保护部门的低效率可能延伸到其他部门。

所以，进入20世纪80年代以来，发展中国家相继采取放宽或取消进口许可证制度、改革关税制度、减少乃至取消出口补贴等措施，降低保护程度，以扩大对外贸易，促进经济全面发展。

二、自由贸易

贸易保护主义犹如一柄双刃剑，它不仅损害了贸易伙伴国的利益，而且，任何保护措施过度或保护时间过长都会对本国的经济发展、经济效率造成不利影响。更何况在双边贸易中，对方国家也可能施以相同程度的报复性保护措施，使原先的保护政策变得毫无意义。不但如此，各国相继采取保护措施引起连锁反应的结果会不断缩小世界贸易额，现实的和潜在的贸易利益将受到严重侵蚀，原本十分紧张的世界市场竞争将更加激烈。

20世纪70年代初爆发石油危机后，世界资本主义经济陷入停滞，市场萧条，保护主义重新抬头，发展中国家在贸易条件恶化、债务危机深重、国际收支逆差扩大的不利形势下，极力设法调整产业结构，推行工业升级和经济转型。发达国家政府和各国际经济组织则在大力鼓吹“贸易自由化”。然而，自由竞争的完全放任不过是一厢情愿，其实现的条件在现实世界中并不存在，相反，保护主义却仍在当今世界中广为蔓延。在这种情况下，传统的自由贸易理论显然已不足以应付新形势，于是“修正的自由贸易（modified free trade）理论”便应运而生。

所谓“修正的自由贸易”是英国经济学家米德（J. E. Meade，1997年度诺贝尔经济学奖获得者）提出的。他认为，贸易限制包括对生产要素在国际自由流动的限制，在经济理论上是不足取的。因为保护主义政策不能真正使一国的国内经济和对外收支都平衡，也不能使世界资源得到充分有效的利用，以创造最高的国民收入，并在各国间实现合理的分配。米德认为，“在现代世界中恢复一个自由的经济秩序，并不意味着仅仅是自由放任的一种消极行动，它需要国际经济组织（如果没有超国家的组织）的大大发展”①，即要有国际机构的协调与监督。可见，米德所主张的并不是无条件的自由放任，而是一种有监督的、自由的国际经济秩序。在旧的南北关系下，国际经济仍然维持弱肉强食的森林秩序。然而，近年来许多国际会议和机构特别是世界贸易组织研究并强调对外政策的协调，都反映了米德当年的论证正在成为西方发达国家乃至更广泛的国际社会的迫切需要。

第四节　中国对外贸易的发展

对外贸易是经济增长的引擎，也是中国对外开放的重要组成部分。自中华人民共和国成立以来，特别是改革开放以来，中国外贸体制历经改革和演变，逐步建立起了与中国特色社会主义市场经济体制相适应的外贸体制。同时，中国对外贸易迅速发展，并成为全球第一贸易大国，对中国乃至世界经济的增长与发展发挥了极大的推动作用。

一、中国外贸体制的改革及其演变

外贸体制也称贸易体制，是指对外贸易的组织形式、机构设置、管理权限、经营分工

---

① J. E. Meade. The Theory of International Economic Policy（vol Ⅱ）. London：Oxford University Press，1995：270.

和利益分配等方面的制度。它是经济体制的重要组成部分，同国民经济的其他组成部分有着密切的联系。中华人民共和国成立后，随着中国由计划经济体制向市场经济体制转变，外贸体制也发生了深刻的变革，逐步由计划外贸体制向市场外贸体制过渡，贸易自由化程度日益提高。中国外贸体制的改革及其演变大致可以分为五个阶段。

第一阶段：计划经济下的传统外贸体制时期（1949—1978 年）。从中华人民共和国成立至 1978 年近 30 年的时间里，中国实行的是以“互通有无，调剂余缺”为原则的高度中央集权的外贸管制政策。在这一时期，中国的外贸体制是整个计划经济体制的一个重要组成部分。贸易对象主要是一些社会主义国家，贸易形式比较单一，以全民所有制的对外贸易占主导地位，由多种经济成分共同经营，进出口按照国家的计划进行，出口实行收购制，进口实行拨交制，由国家统一经营、统负盈亏，对外贸易由国家高度垄断。

第二阶段：改革开放后的放权过渡时期（1979—1987 年）。这一时期是中国以调动外贸部门经营积极性为主要目标、以放权让利为主要特征的外贸体制改革探索时期。1984 年，国务院提出了外贸体制改革的指导思想和原则：政企职责分开，工贸结合，推行代理制。1987 年，党的十三大明确了外贸体制改革的方向：统一政策，自负盈亏，放开经营，平等竞争，工贸结合，推行代理制。这一阶段采取的主要改革措施包括：一是增加对外贸易口岸，下放外贸经营权，广开贸易渠道，改革高度集中的贸易体制，探索促进工贸结合的途径。二是改革单一的指令性计划，实行指令性计划、指导性计划和市场调节相结合，取消外贸出口收购和调拨计划。三是建立和完善外贸宏观管理，在弱化计划手段的同时，恢复进出口许可证和配额管理，加强对关税的管理等行政手段。四是采取鼓励出口政策措施，运用汇率、外汇留成和出口补贴等方式鼓励出口贸易的发展。

第三阶段：外贸承包责任制改革时期（1988—1993 年）。1988—1990 年的改革是在保持国家垄断外贸的前提下进行的，是对外贸微观经营体制方面的改革，主要措施就是推行外贸承包责任制。主要内容包括：一是由各地方政府以及全国性外贸总公司向国家承包出口收汇，上缴中央外汇补贴额度，承包基数三年不变。二是取消原有外汇使用限制，凡地方、部门和企业按规定所取得的留成外汇，允许自由使用，并开放外汇调剂市场。三是进一步改革外贸计划体制，除统一经营、联合经营的 21 种出口商品保留双轨制外，其他出口商品改为单轨制，即由各地直接向中央承担计划，大部分商品均由有进出口经营权的企业按国家有关规定自行进出口。四是在轻工、工艺、服装三个行业进行外贸企业自负盈亏的改革试点。1991—1993 年则主要是对外贸承包责任制的进一步发展和完善，取消了国家对外贸企业的出口补贴，实行全行业自负盈亏的改革，采取一系列措施以建立新型外贸体制。主要的措施有：一是取消国家财政对出口的补贴，按国际通行的做法由外贸企业综合运筹，自负盈亏。二是改变按地方实行不同外汇比例留成的做法，实行按商品大类统一外汇比例留成的制度。

第四阶段：市场经济下的外贸体制确立时期（1994—2001 年）。这一时期是以与国际市场接轨为导向的外贸体制改革深化和稳定发展时期，中国开始了以汇率并轨为核心的新一轮外贸体制改革。改革主要是围绕恢复中国在关贸总协定中的缔约国地位和加入 WTO 两项目标进行的。改革的主要内容包括：一是实行人民币汇率并轨，建立以市场供求为基础的、单一的、有管理的浮动汇率制度，实行人民币项目下的有条件的可兑换。二是改革外汇管理体制，发挥汇率对外贸的重要调节作用。三是取消进出口指令性计划，外贸全部放开。四是改进和完善出口退税制度，从 1994 年开始逐步过渡到由中央财政统一退税。五是保持外贸政策在全国范围的统一性，提高透明度，并于 1994 年 7 月 1 日正式实施《中华人民共和国对外贸易法》。

第五阶段：以 WTO 规则为基础的全面改革时期（2001 年至今）。2001 年 12 月 11 日，中国正式加入 WTO。加入 WTO 后，对中国现有的对外贸易制度创新提出了新的要求。为此，中国根据 WTO 主张的基本原则，即非歧视的贸易、通过谈判渐进地实现自由贸易、通过约束承诺和透明性来实现的可预测性、促进公平竞争、鼓励发展与经济改革，对外贸体制进行了进一步的自由化改革。改革的主要措施有：一是调整和修改不符合 WTO 规定的政策法规。二是加快外贸主体多元化步伐，根据入世承诺进一步开放经营权，允许私营外贸企业迅速发展，并提前赋予外资企业出口权和在服务贸易领域的若干开放性承诺。三是转变外经贸主管部门的政府职能，从以行政领导为主转变为以服务为主，采用国际惯例来分配外贸资源，并通过法规改善竞争环境。2006 年 12 月 11 日之后，中国入世进入了后过渡期。中国从入世承诺约束下的开放，转向了 WTO 框架协议约束下的整体开放。进入新世纪后，中国加快实施了自由贸易区建设，到 2015 年年底，中国已同 22 个国家或地区建立了 14 个自由贸易协定。2013 年习近平主席提出了共建“丝绸之路经济带”和“21 世纪海上丝绸之路”的重大倡议，“一带一路”倡议为中国对外贸易发展提供了新的重大机遇。至此，中国的对外开放开始在更高层次、更大范围和更宽领域内进行，相应地，中国的外贸体制也进入了以全面开放和与国际接轨为目标的深层次的贸易自由化改革新阶段。

二、中国对外贸易的迅速发展及其作用

随着中国贸易体制改革的深入和中国贸易自由化进程的加快，中国对外贸易迅速发展。中国货物进出口总额从中国改革开放初期 1978 年的 206.4 亿美元快速增长到 2001 年中国加入 WTO 时的 5 096.5 亿美元。到 2009 年，中国货物出口 1.2 万亿美元，一跃成为全球第一货物出口大国。[①] 到 2013 年，中国货物进出口进一步上升到 4.16 万亿美元，跃居世界第一货物贸易大国，也是首个货物贸易总额超过 4 万亿美元的国家，创造了世界贸易发展史的奇迹。2015 年，在国际市场不景气、世界贸易深度下滑的背景下，中国货物贸易进出口和出口额稳居世界第一，中国货物进出口总额为 3.95 万亿美元，其中，出口 2.27 万亿美元，进口 1.68 万亿美元，贸易顺差为 5 900 亿美元。从出口商品结构看，中国出口商品的技术含量和附加值不断提高，出口制造业在产业链中的位置逐渐上升。2015 年，中国机电产品出口 1.31 万亿美元，占总出口额的 57.7%。纺织品、服装、箱包、鞋类、玩具、家具、塑料制品 7 大类劳动密集型产品出口 4 718 亿美元，占中国出口总额的比重为 20.8%。与此同时，中国贸易条件日益改善，2015 年中国贸易条件指数为 112.1，表明中国出口一定数量的商品可以多换回 12.1%的进口商品。从商品出口方式看，中国一般贸易与加工贸易的商品出口结构进一步改善。2015 年，中国一般贸易出口 12 157 亿美

① 中国国家统计局. 中国统计年鉴（2014). 北京：中国统计出版社，2014：329.

元，占出口总额的53.6%；加工贸易出口7 977.9亿美元，占出口总额的35.1%。值得注意的是，跨境电子商务、市场采购贸易等新型商业模式发展迅速，逐步成为外贸发展的新热点。2015年，跨境电子商务增长30%以上，市场采购贸易方式出口增长60%左右。此外，中国对外贸易的市场多元化成效也日益显著，中国主要贸易伙伴由以往主要集中于美国、欧盟和日本等少数发达国家和地区发展成为发达国家和发展中国家及地区的多元化伙伴格局。2015年，中国大陆前十大贸易伙伴及其贸易额占比分别是：欧盟（14.3%）、美国（14.1%）、东盟（11.9%）、中国香港（8.7%）、日本（7.0%）、韩国（7.0%）、中国台湾（4.8%）、澳大利亚（2.9%）、印度（1.8%）和巴西（1.8%）。[①]

中国对外贸易已成为推动中国经济社会发展最活跃的力量之一。目前，中国对外贸易对经济增长的贡献率平均达到18%左右，直接和间接带动了国内1.8亿人就业，有效地缓解了国内就业和再就业压力，对保持社会稳定至关重要。同时，外贸发展对国家税收的贡献也十分显著，关税和进口环节税占全国税收总额的比重高达18%，这些税收用于社会，用于建立社会保障制度，对于改善低收入人群的生活，实现共同富裕，功不可没。[②] 此外，对外贸易发展极大地改善了我国的国际收支。2015年，我国外汇储备达3.33万亿美元，居世界第一。国家外汇储备的增加和国际收支的不断改善，为保持人民币汇率稳定、维护国家经济安全和人民的长远利益提供了重要的可靠保证。

不仅如此，随着中国成为外贸大国，中国与世界各国以及世界经济形成了相互联系、相互依赖的密切关系。中国对外贸易的快速发展，不仅为国际市场提供了更多质优价廉的产品，而且在全球许多国家，“中国需求”带动了当地经济繁荣，创造了大量就业岗位和投资机会，为贸易伙伴国带来了实实在在的利益和好处。中国通过对外贸易参与国际分工和竞争，与贸易伙伴在经济上相互融合，共同推动了全球化深入发展，为全球经济增长做出了积极贡献，实现了中国与贸易伙伴国的互利共赢。特别是在2008年全球金融危机后，中国对外贸易的强劲增长势头不仅拉动了贸易伙伴国的经济增长，而且对整个世界经济避免陷入衰退并实现复苏发挥了巨大的作用。2015年，中国货物贸易在全球贸易中的份额超过13%，有效支撑和拉动了世界经济的增长。

核心概念

外贸乘数	比较优势理论	要素禀赋学说
国际垄断竞争论	新生产要素学说	竞争优势论
贸易条件	贸易依存度	贸易保护
自由贸易	幼稚工业论	萌芽经济论
未利用资源论	有效保护论	战略性贸易政策

① 中国商务部. 中国对外贸易形势报告（2016年春季）. http://www.mofcom.gov.cn，2016-05-25.

② 中国商务部. 国别贸易投资环境报告2014. http://www.mofcom.gov.cn，2016-05-25.

复习与思考

1. 联系对外贸易在经济发展中的作用，说明我国实行对外开放政策的意义。

2. 试述外贸乘数理论。

3. 评述发展中国家贸易条件恶化理论的基本内容。

4. 结合新贸易理论，分析发展中国家在开展对外贸易中如何获得竞争优势。

5. 结合贸易保护主义的各种理论内容，探讨发展中国家采取保护贸易政策的利弊。

6. 叙述比较优势理论的内容及该理论的发展，结合发展中国家的实际情况探讨该理论的应用。

7. 简述中国外贸体制改革及其演变过程。

第十章

外援、外国投资与发展中国家债务

本章重点

- 两缺口分析
- 跨国公司
- 外国直接投资
- 发展援助
- 发展中国家债务
- 经济特区

发展中国家在经济发展过程中，因国情不同，可能会受到国内资源不足的限制，通过引进外部资源可以在一定程度上缓解国内资源不足的矛盾，从而促进经济发展。发展中国家引进外部资源的主要途径包括获得发展援助、吸引外国投资以及举借外债、引进技术、引进外部专门人才等。本章将介绍引进外部资源，尤其是外部资金的不同理论，并论述外部资金的利用与本国经济发展的关系。

第一节　两缺口分析

一个国家的发展资源可以有国内和国外两个来源，国内来源是基础，国外来源则是补充。许多发展中国家的实践经验表明，当国内资源不足以支持人们理想的经济增长速度时，可以引进外部资源（国外资源）来弥补国内资源的不足。1966 年，美国经济学家钱纳里和斯特劳特（A. Strout）提出的两缺口分析或称两缺口模型（two-gap model），对引进外部资源的必要性、外部资源与一国经济发展的关系等，给予了理论说明。两缺口分析的核心内容是：当发展中国家实现其经济发展目标所需要的资源数量，与国内资源最大有效供给之间存在缺口时（如在储蓄、外汇、政府收入、技术等方面），引进外部资源是弥补这些缺口的必要条件。

一、两缺口分析的基本模型

两缺口分析是由钱纳里和斯特劳特在 1966 年发表的论文《外援与经济发展》中提出来的。它主要从经济理论方面说明了发展中国家引进外部资源的重要性。两缺口分析的基本观点认为：大多数发展中国家要么存在着储蓄缺口，从而无法满足投资需求；要么存在着外汇缺口，不能为进口急需的资本品和中间商品提供资金。为了便于分析，他们假定储蓄缺口和外汇缺口在数量上是不相等的，而且它们相互独立，即储蓄和外汇不能相互替代。

两缺口模型的简单代数描述如下：

1. 储蓄约束或缺口

资本流入 F（进口减出口的差额）加上可以投资的国内资源 sY（即国内储蓄）为总储蓄，投资—储蓄约束为：

$$I<F+sY \tag{10.1}$$

如果资本流入 F 加上国内储蓄 sY 超过国内投资 I，且经济处于充分就业，则表明存在储蓄缺口。

2. 外汇约束或缺口

如果发展中国家的投资的边际进口比率为 m_1（大多数发展中国家通常为 30%～60%），每单位国民生产总值的边际进口倾向为 m_2（通常为 10%～15%），外汇约束可以写成：

$$(m_1-m_2)I+m_2Y-E<F \tag{10.2}$$

其中，E 是外生变量出口水平，两个不等式中均出现的 F 为分析中的关键因素。如果 F、E 和 Y 为既定的变量，那么上述公式中只有一个是约束条件，即投资受外汇缺口的约束，处于较低水平。外汇缺口占支配地位的国家，资本流入的作用更大。但这并不意味着存在储蓄缺口的国家不需要外援。两缺口分析只不过为决定发展中国家对外援的相对需求程度及有效地利用外援的能力方面提供一个大概的分析。

两缺口分析的简单代数式，从国民经济的基本恒等式总需求等于总供给中也可以得出：

总供给为：$Y=C+S+T+M$

总需求为：$Y=C+I+G+X$

其中，C 代表消费；

S 代表储蓄；

T 代表税收；

M 代表进口；

X 代表出口；

I 代表投资。

若税收等于政府支出，即 $T=G$，则有：

$$S+M=I+X$$

或变形为：

$$I-S=M-X$$

这就是两缺口模型的标准表达式。公式左边 $I-S$ 是投资与储蓄的差额，为储蓄缺口；右边 $M-X$ 是进口与出口的差额，是外汇缺口。由于有投资、储蓄、进口、出口四个独立的变量，进行调节的目的是使上述公式平衡。

储蓄缺口和外汇缺口不可替代是两缺口模型的一个重要假设前提。但这仅仅是为了分析上的需要。因为实际上引进外资在一定条件下可以同时对两个缺口发生作用。例如，当外资以机器设备的形式流入时，一方面代表了进口的增加，却无须以出口来支付，另一方面又代表了新的投资，但它又无须用国内储蓄来提供，因而，这样的外资引进能够同时对外汇和储蓄缺口产生作用。但出于方便分析的考虑，这样的假设还是必要的，这一点我们可以通过图 10-1 给予说明。

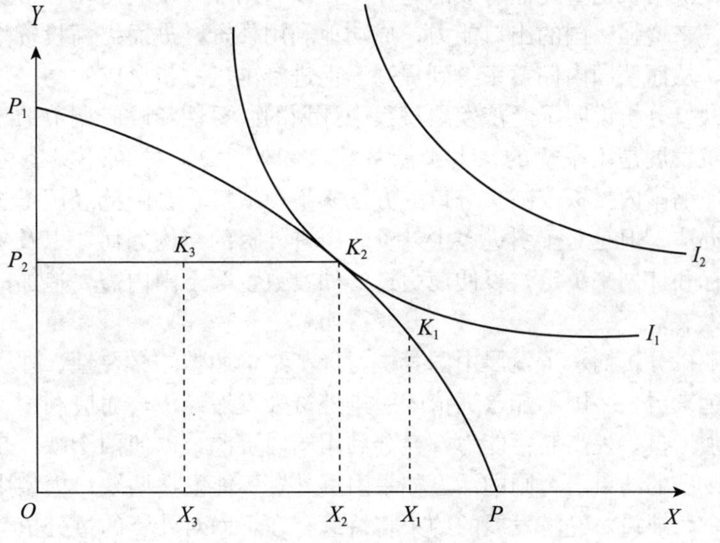

图 10-1　两缺口分析模型

图中 P_1P 是一个开放经济条件下的生产可能性边界，横轴表示消费品的生产，纵轴表示资本品的生产。假设 OX_1 和 X_1K_1 为初始消费和投资水平，为了促进经济发展，现将消费压缩到 OX_2（同时储蓄增加）。如果此时 P_1P 与无差异曲线相切于 K_2，于是如果再进一步压缩消费以增加储蓄，就会使经济偏离帕累托最优，出现储蓄约束，即储蓄水平可能低于实现发展速度的计划投资水平。在图 10-1 中的 P_2P 生产可能性边界上，P_2K_2 一段表明外汇约束，P_2K_2 反映出 X 与 Y 之间几乎是不可替代的，储蓄约束在 OX_2 之前起作用。但消费在 P_2P 上即使假设可以压缩到 OX_3，投资也不能提高。在 K_2 点上，外汇和储蓄缺口同时起作用，在 K_2 的右端储蓄约束起作用，在 K_2 的左端外汇约束起作用。而在 P_1P 上，外汇约束是不存在的，现实中发展中国家的生产可能性边界大多是 P_2P 而不是 P_1P，因而就有可能存在不能相互替代的两种缺口。

从图中可以看出，在既定时期内，只要不是在 K_2 点，发展中国家大多处于一种缺口的控制下。当储蓄缺口居主导地位时，经济达到充分就业状态。这时即使有充足的外汇可以从外国进口追加的生产资料，也缺乏充足的劳动力或其他劳动资料去实现追加的投资项目，结果是外汇被用于进口消费品。这种缺口曾经存在于阿拉伯产油国，它们解决这种缺口的办法是在进口生产资料时大批雇用外籍劳动力。当外汇缺口居主导地位时，一国劳动力和其他生产资料未达到充分就业状态。如果能从国外获得资金来进口所需的生产资料、技术和管理经验，国内外的资源可以结合，产生良好的效果。目前大多数发展中国家的外汇约束严重地制约着经济的发展，引进外资并用它们进口追加的生产资料、技术等，与国内过剩的劳动力和资源相结合，开创新的投资项目，是克服外汇约束的主要途径。

二、两缺口分析的理论和政策意义

第一，两缺口分析强调了大多数发展中国家在经济发展过程中存在着国内资源不足、经济结构不平衡等问题，揭示了在开放经济条件下，积极地利用外部资源是克服储蓄和外汇约束、促进经济增长的重要而有效的途径。可以利用外资发展出口项目及相关的基础设施与配套工程，来增强一国的出口能力；成功地利用外资，进而提高投资率，促进经济发展，增加收入，从而使国内储蓄率得到提高，促进资本进一步形成。

第二，两缺口分析说明了经济发展过程中计划的必要性和政府调节的重要性。大多数发展中国家经济发展是不平衡的，由于储蓄缺口和外汇缺口之间不具有可替代性和互补性，如果采取压缩国内投资或减少进口的方法来平衡缺口，会降低经济增长率，因此应采取引进外资的办法。但是对于引进多少外资、引进外资的结构如何，以及外资的投向，都应根据发展目标和计划来决定，以便使引进的外资数量等于国内需要追加的资源量，使经济均衡协调地发展。

第三，两缺口分析揭示了发展中国家进行经济结构调整的必要性。外资可以促进经济发展，但从长远来看，一国不能永远依赖引进外资来发展经济，而应利用外部资源来发展国内生产，增加出口，提高储蓄能力，充分利用国内资源，以使两个缺口自然地平衡，消除它们对经济发展的约束。否则的话，如果引进外资不能发挥两缺口模型中隐含的推动经济变革的作用，两缺口对经济发展的约束将持续存在，而对外资的过分依赖有可能导致国际收支失衡，债务负担过重，使经济停滞。

第四，两缺口分析的政策含义表明：发展中国家应积极实行对外开放，充分利用外部资源；国家应调节引进外资的活动，制订相应的引进外资计划，并采取适当的措施来调节外资的流向、结构，以使其得到有效利用；应当尽快进行经济改革，改变现有的经济结构。

三、两缺口分析的不足及补充

第一，两缺口分析使用总量分析方法，虽然可以从量的方面说明从国外引进资源的总量问题，但对国内所需追加资源的结构缺乏具体分析，因而无法说明所需的特殊资源量。对外资的流向结构也没有做更多说明，因为外资既可以投向生产部门，也可以投向消费部门，而如果投向后者，则可能使引进外资的意义被削弱。

第二，两缺口分析较为强调资本形成在经济发展中的作用，而忽略其他发展要素的作用。只有人力资源、科学技术、自然资源和资本等要素相互协调、共同发挥作用，经济才能持续、均衡地发展。

第三，两缺口分析过分强调引进外资的积极作用，而忽视了诸如跨国公司以及外债负担过重对经济可能产生的消极影响。

在钱纳里和斯特劳特两缺口分析的基础上，后来的一些发展经济学家对其进行了补充，将两缺口分析扩展为三缺口分析和四缺口分析，即增加了技术、管理和企业家方面的缺口，以及政府税收的缺口。

“三缺口”分析认为，对于发展中国家来讲，资本稀缺固然十分重要，但有时这可能并不是关键的约束，技术、管理和企业家的缺乏才是最重要的约束。从现实来看，发展中国家的国内资源尚无能力填补这一缺口，因此也应利用外部资源来填补。具体的做法是：在引进外资的同时引进国外的适用技术、管理知识和人才等软件，并配套引进，使进口的资源得到有效而充分的利用。四缺口分析认为，大多数发展中国家还存在着税收缺口，即政府税收计划目标与实际税收之间存在着差距。而这会影响到这些发展中国家的经济发展计划和目标的实施，因此，主张向外资企业征税，从金融上积极参与外资企业的经营，以筹措到的资金来填补税收缺口，增强政府管理经济的能力，推动国家的经济发展计划和目标的实现。

第二节　跨国公司与外国直接投资

外国投资主要有两种形式：外国私人直接投资（总部设在发达国家的大型跨国公司的外国直接投资）和证券投资（银行、互助基金、公司等私人机构在发展中国家的新兴的信贷和股票市场上的股票、债券等证券组合投资）。

一、外国私人直接投资和跨国公司

资本的跨国流动是当前世界经济发展的一个重要趋势。尤其是发达国家向发展中国家的直接投资，更是随着跨国公司的迅猛发展而日益扩大，构成了当今南北经济关系的一个重要内容，并对广大发展中国家的经济发展发挥着重要作用。但随着发展中国家经济实力的增强，发展中国家相互之间，乃至发展中国家向发达国家的私人直接投资也开始引起人们的关注。

（一）基本概况

外国直接投资（foreign direct investment，FDI）主要是由跨国公司进行的。在发展中国家纷纷独立和经济起飞的最初几十年中，流入的 FDI 大幅度增加，从 1962 年的 24 亿美元猛增至 1993 年的 800 亿美元。表 10－1 表明了 2003—2005 年 FDI 的增长情况和主要投向。

表 10-1 2003—2005 年 FDI 的基本情况

分类	国家或地区	接受 FDI 量（亿美元）			外投 FDI 量（亿美元）		
		2003	2004	2005	2003	2004	2005
国家类型	世界	5 578.7	7 107.6	9 162.3	5 611.0	8 130.7	7 787.3
	发达国家总计	3 585.4	3 961.5	5 423.1	5 148.1	6 862.6	6 462.1
	发展中国家总计	1 751.4	2 750.3	3 342.9	355.7	1 128.3	1 174.6
地区	非洲	185.1	172.0	306.7	11.6	18.9	10.5
	拉美和加勒比	461.7	1 005.1	1 036.6	154.1	275.0	328.3
	亚洲	1 101.4	1 566.2	1 995.5	190.0	834.3	835.6
发展中世界（国家与地区）	中国大陆	535.1	606.3	724.1	—1.5	18.1	113.1
	中国香港	136.2	340.3	359.0	54.9	457.2	325.2
	新加坡	103.8	148.2	200.8	31.4	85.1	55.2
	中国台湾	4.5	19.0	16.3	56.8	71.5	60.3
	泰国	19.5	14.1	36.9	4.9	1.3	2.5
	印度尼西亚	—6.0	19.0	52.6	0.2	34.1	30.7
	马来西亚	24.7	46.2	39.7	13.7	20.6	29.7
	越南	14.5	16.1	20.2	—	—	—
	印度	45.9	54.7	66.0	13.3	20.2	13.6
	巴西	101.4	181.5	150.7	2.5	98.1	25.2
	墨西哥	141.8	186.7	180.6	12.5	44.3	61.7
	阿根廷	16.5	42.7	46.6	7.7	4.4	1.6
	南非	7.3	8.0	63.8	5.7	13.5	0.7
	俄罗斯	79.6	154.4	146.0	97.3	137.8	131.3

资料来源：联合国贸发会议. 世界投资报告（2006）.

从表中可以看出私人投资主要流向了经济增长较快的国家和地区，即所谓的新兴工业化国家和地区。据统计计算，上述这些国家和地区获得了流向发展中国家和地区的直接投资的 90%以上，而其中非洲接受的直接投资不到总数的 10%。在债务问题严重、政府不稳定及经济改革刚刚开始的国家和地区，由于投资风险很大，无法吸引较多的跨国公司的投资，因此外国直接投资的分布是不均衡的，最不发达地区获得的外国直接投资额最少。

据联合国贸发会议统计，2000 年 FDI 总流入量达到了 13 880 亿美元，是 1980 年的 23 倍，2002 年世界人均利用 FDI 平均水平为 107 美元，发达国家为 534 美元，发展中国家为 33 美元，其中中国为 41 美元。进入 21 世纪后，FDI 情况有所变化，流入发达国家的直接投资大约占每年直接投资流入量的 2/3。2005 年流入发达国家的约为 5 423 亿美元，而流入发展中国家的约为 3 343 亿美元。2005 年世界 FDI 总额达到 9 162 亿美元，其中流入东亚地区的直接投资达 1 181 亿美元。2006 年世界 FDI 达到 12 000 亿美元，其中 2/3 进入了发展中国家，另外 4%左右进入了转轨国家。2015 年世界 FDI 总额达 1.76 万亿美元（同比上升 38%）。其中，跨国并购交易金额达 7 210 亿美元，绿地投资宣布金额达 7 660 亿美元。2015 年发达经济体吸收的直接投资为 9 620 亿美元，占全球的份额从 2014 年的 41%上升至 55%（居世界之首，之前五年一直是发展中经济体占主导地位）。亚洲地区 2015 年吸收 FDI 超过 5 000 亿美元，维持了全球最大吸收外资区域的地位。但同期流向非洲、拉美和加勒比地区的 FDI 并不稳定，而流向转型经济体的 FDI 进一步减少。

跨国公司是 FDI 和生产全球化的主要载体，它通过全球化生产、全球化销售、全球化采购和全球化研发活动，把世界各国经济联结为一个紧密的整体。目前，全球约 6.1 万家跨国公司，占据着全球生产总量的 40%、全球贸易总量的 65%、全球技术交易总量的 80%、全球跨国投资的 90%和全球高新技术的 95%以上。

跨国公司的投资目的是自身利益最大化，在一定程度上却缓和了发展中国家的贫困和失业等问题，它的特点是：

第一，跨国公司的投资活动由设在发达国家的母公司集中控制，其投资活动主要在发达国家之间进行。跨国公司 3/4 的子公司设在发达的北美、欧共体等地区，发达国家之间的相互直接投资占全球直接投资资金流动的 55%以上。20 世纪 60—70 年代，即发展中国家经济起飞最为重要的时期，美国全部对外投资中，只有 14%投向了发展中国家，英国的这一比例是 19%，德国和法国为 30%。

第二，过去跨国公司流向发展中国家的资本大都集中于开采和加工自然资源，这些部门多为资本密集型，对解决这些国家严重的失业问题作用不大，今天则大多集中于发展中国家的加工部门，利用发展中国家的比较优势从事生产和出口加工。

第三，跨国公司的投资不均匀地分布在发展中国家和地区，在那一时期，拉美和加勒比地区获得一半左右的投资，东南亚和东亚获得大约 1/4 的投资，而非洲只得到 12%的投资。进入 21 世纪，中国和东南亚的新兴工业化国家和地区则获得了外国直接投资的最大部分（五个新兴市场经济体——中国、巴西、墨西哥、俄罗斯和印度——占外国直接投资的 60%），其中，中国自 2004 年起年引进外资均超过 600 亿美元，在发展中国家中名列第一。

第四，发展中国家的跨国公司在世界直接投资中也开始崭露头角，并逐渐在发达国家展开投资，并购发达国家的企业，印度塔塔集团的海外投资，以及 2016 年中国企业并购德国的机器人公司库卡引发了世人的关注。

（二）对外国私人直接投资的评价

对外国私人直接投资的看法也有两种不同的意见。赞成的意见认为，外国私人直接投资弥补了发展中国家的储蓄、外汇、税收和管理缺口。

第一，关于储蓄缺口。根据新古典经济学和新经济增长理论，为达到一定的增长率，必须要有一定的储蓄率来支持，而不发达国家由于收入水平较低，国内储蓄水平相应也较低，从而无法满足投资需求，外国的直接投资则可以弥补这个缺口，使之保持一定的增长率。

第二，关于外汇缺口。外国资本的流入可以使发展中国家国际收支出现赤字的状况得到缓解，甚至可能慢慢消除赤字。

第三，关于税收缺口。发展中国家可以通过向跨国公司征税并参与其经营来获得更多的资金弥补税收缺口，从而更好地发挥政府控制经济、动员国内资源的能力。

第四，关于管理缺口。跨国公司的投资不仅仅是提供金融资源，或建立一个新工厂，同时还提供包括管理经验、技术及企业家能力在内的其他资源。并且，跨国公司还可以培训当地管理人员拓宽国际市场，熟悉国际贸易和营销规则。

反对的意见与上述赞成的理由刚好相反，认为：

第一，跨国公司尽管提供一定的资金，但也可能存在挤出效应，降低本地储蓄率和投资率。这是因为，跨国公司可能通过与当地签订排他的生产协定来阻碍竞争，没有将利润用于再投资，从海外进口中间产品可能会阻碍当地企业的发展等。

第二，国际收支的经常项目可能由于中间品和资本品的大量进口而恶化，资本项目则由于利润、利息的汇出，管理费用及母国税收而恶化，因此从长远来看，可能会减少外汇收入。

第三，虽然跨国公司向当地政府提供了一定的税收，但是为了吸引外资，发展中国家大都提供税收减免、财政补贴及其他的优惠政策，所以可能使征得的税收微不足道。

第四，跨国公司对市场的垄断可能会阻碍当地企业的发展，从而抑制国内企业的形成和发展。

发展中国家则从实际情况提出了更进一步的批评：

第一，它们批评跨国公司的活动加剧了发展中国家经济发展的不均衡，使二元结构现象更为严重，因为跨国公司的投资主要集中在城市的现代部门，特别是资本密集的部门，产品或为出口，或为少数人的消费利益服务，并没有使社会不平等、失业、贫困问题得到根本改观。

第二，跨国公司可能利用其经济势力向发展中国家政府施加影响，获取更多的经济和政治特权。它们通过要求更多的保护、税收减免、投资补贴等超国民待遇来获取更多的利益。跨国公司还可以通过转移定价的方法来转移利润、逃避税收，即在高税率的国家人为地抬高从低税率国进口的中间产品的价格，使当地应纳税的利润水平降低，从而达到避税转移财富的目的。

第三，跨国公司还可能利用其先进的技术、广泛的国际联系挤压当地中小企业的发展。同时，发展中国家往往还担心跨国公司利用其经济实力渗透到其他社会领域，特别是对东道国的政治决策形成某些影响。

20 世纪 90 年代后期，由于发展中国家大都采取市场取向的改革、开放本国经济、国有企业私有化等做法，跨国公司在贯彻其全球化战略的同时，客观上也促进了发展状况较好的亚洲和拉美当地经济的发展。

二、证券投资

证券投资包括外国投资者购买发展中国家的股票（股权）、债券、存单和商业票据。随着发展中国家市场的自由化及对外资的开放，1985 年以来，证券投资成为流入发展中国家的私人资本中增长最快的力量。1989—1993 年，其流入量增长了近 7 倍，1993 年达到 558 亿美元。具体数字见表 10－2。

表 10-2 **1989—1993 年流入发展中国家的证券投资** 单位：十亿美元

流入资本的类型	1989	1990	1991	1992	1993	1989—1993 年总计
债券、商业票据和大额存单	4.0	5.5	12.7	23.7	42.6	88.5
股权	3.5	3.8	7.6	13.0	13.2	41.1
新国家基金美国和全球存款	2.2	2.9	1.2	1.3	2.7	10.3
收据	0	0.1	4.9	5.9	7.3	18.2
直接股权	1.3	0.8	1.5	5.8	3.2	12.6
总计	7.5	9.3	20.3	36.7	55.8	129.6

资料来源：迈克尔·P. 托达罗．经济发展：第六版．北京：中国经济出版社，1999：533.

对投资者而言，投资于新兴国家的股票市场，可以使其在分散风险的同时获得回报，20 世纪 90 年代初，这种回报是非常高的，如在拉美，1988—1993 年间为 39%。但是，这种高收益是十分不稳定的，如果这些国家的股市发生暴跌，就可能被套牢。1994 年 11 月和 1995 年 2 月，墨西哥的股票市场在比索贬值后崩溃，使一些投资者的损失高达 60%，因此，20 世纪 90 年代初投在这些国家的资本大量撤出。但是，根据世界银行《2006 年全球发展金融报告》，2000—2004 年，股票投资流入发展中国家的净额分别为 141 亿美元、64 亿美元、58 亿美元、252 亿美元和 373 亿美元，逐步得到恢复。据中国日报网（2016 年 2 月 23 日）报道，2009—2014 年发展中国家共接收 2.2 万亿美元资本净流入，并创新高。但 2015 年出现逆转，从发展中国家流出资本达 6 000 亿美元。

对于接受证券投资的国家而言，这不失为国内筹集资本的一条途径。但是，一个关键的问题是：数量巨大且极不稳定的私人证券资本流入国内股票市场，极有可能破坏国内金融体系，进而影响国民经济的稳定。特别是在那些接受私人证券投资的国家本身的经济和金融存在许多问题的前提下，国际投机者会乘虚而入，在其股票市场上兴风作浪。1997 年东南亚爆发的金融危机就是一个证明。这些国家在经济发展和国内的改革还存在许多问题的情况下，完全开放国内金融市场，既无健全的制度，又没有足够的外汇储备作为保证，使国际投资者有机可乘，在这种冲击下，本国货币大大贬值，从而使金融市场崩溃，这场危机对这一地区甚至全球经济的破坏是非常大的，至今许多国家还遗留着那次浩劫的痕迹。

因此，对于私人证券投资，发展中国家要极其慎重。证券投资的目的是获取高额利润，受国际市场利率波动的影响，资金的大量涌入和撤出一样迅速，因此对经济的冲击也很大。但在市场开放的情况下，私人证券投资的流入是不可避免的，在短期内利用这些投资可以帮助国内企业筹措资本，私人证券投资还在一定程度上刺激国内股票市场的发展，从而提高金融部门的经营效率。但是其不稳定性可能会对国内金融市场造成冲击，所以，发展中国家不能把它们作为长期发展的基础。同时，发展中国家要发展自己的证券市场。据 2016 年 2 月 3 日全球交易所的行业协会世界交易所联合会（World Federation of Exchanges）发布的年度数据，2015 年全球股票交易总额上涨 41%，至 114 万亿美元。其中，中国的股票成交量增至 43 万亿美元，占世界的 1/3。

此外，1997 年爆发东南亚金融危机后，几乎东亚主要经济体都成为净贷款国，资本输出具有典型的“卢卡斯悖论”特点，这一局面今后不太会有大的改变。长期以来，中国大陆、日本、中国香港和中国台湾等经济体积累了巨额的经常账户盈余，这些盈余又回补了美欧的经常账户赤字，以至整个东亚地区成为净贷款经济体，这一趋势在研究发展中国家的金融进展时应予以关注。

第三节　发展援助与发展中国家的债务危机

发展中国家为了打破经济发展的资金瓶颈约束，想方设法开辟融资渠道。第二次世界大战后大多数发展中国家的发展实践表明，谋求国际金融组织、国际社会和发达国家的发展援助以及对外举债，都不失为拓宽融资渠道、扩大投资规模的有效途径。

一、发展援助

（一）发展援助的含义

官方发展援助（official development aid，ODA）指外国政府（双边）或国际机构（多边），通过货币或实物形式，将资源转移到发展中国家以促进受援国经济发展的拨款和优惠贷款。它具有以下特征：

1. 非营利性（非商业性）

发展援助不同于一般商业银行贷款，捐助者多为发达国家的政府或多边国际援助机构，而接受援助的为发展中国家。

2. 一般都包含让与成分

援助应该具有一些优惠条款，包含一定的让与成分。所谓“让与成分”是指借贷或赠与的金额与需要偿还部分金额的当时的贴现值之间的差额。让与成分的大小取决于下述几个方面：

第一，利息率的高低。援助贷款多以低于国际金融市场的利率计息，因此就包含了让与成分，贷款数额越大，所包含的让与成分就越大。

第二，偿还期限的长短。援助贷款的偿还期限比一般商业银行贷款要长，往往可达20～30年，有些甚至长达50年。贷款的偿还期限越长，让与成分就越大。

第三，宽限期。援助贷款一般都有一定的宽限期，即只需付息不需还本的时期。一般宽限期为5～10年，宽限期越长，让与成分就越大。

3. 援助是为了受援国的经济发展

有些援助虽然具有上述两个特征，如军事援助，但不能算作发展援助。

（二）发展援助的形式与对其作用的评价

发展援助的形式是多种多样的，根据不同的角度可做如下划分：

第一，从是否需要偿还的角度可以划分为“赠与”和“贷款”。

第二，从援助的使用来看，分为“项目援助”和“规划贷款”，前者属于专款专用，如欧共体对我国的奶制品援助便属此类，而后者在使用上比较自由。

第三，从是否附加条件来看，分为有条件援助和无条件援助，现在大多数贷款都附带一定的条件，如规定必须购买捐助国的技术、设备等，甚至更苛刻的条件。

第四，从赠与方来看，又可分为政府援助和非政府援助，近年来，各种非政府组织的援助有不断增加的趋势。

对外援助始于第二次世界大战之后，20 世纪 40—50 年代，为了欧洲复兴和日本战后重建而实施的马歇尔计划取得了成功，即通过向这些地区提供大量的经济援助，从而使西方资本主义国家的经济得到恢复，整体实力不断加强。随着战后广大发展中国家的出现，特别是在当时冷战的国际环境下，出于经济和政治利益的动机，美国、西欧和日本开始把援助逐渐投向这些国家和地区。因此，援助从一开始就带有为援助国利益服务的特征，援助通常都附带一定的条件。

官方发展援助包括双边赠与、贷款和技术援助，以及多国援助，联合国千年大会要求发达国家每年拿出 GNP 的 0.7%援助发展中国家。然而，除了极少数西欧、北欧国家外，大多数西方发达国家都没有达到联合国的要求。美国是最大的援助国，1992 年提供的援助额达到 108 亿美元。但是，它所提供的援助只占其 GNP 的 0.18%，不仅低于联合国规定的目标 0.7%，而且低于所有工业化国家 0.32%的平均水平。只有北欧的国家，如丹麦和瑞典超过了联合国规定的目标，达到 1%。1999 年和 2004 年的具体数据参见表 10－3。据经合组织网站 2015 年 4 月 8 日报道，根据经合组织发展援助委员会（DAC）收集的官方数据，发展援助资金在 2013 年达到历史最高水平后，2014 年基本保持稳定，但对最不发达国家的援助继续下跌。DAC 成员国官方发展援助总额达 1 352 亿美元，占国民收入总值的 0.29%。

表 10－3　1999 年和 2004 年主要援助国的官方发展援助的数量和占 GNP 的百分比

国家	官方发展援助（百万美元）		官方发展援助占 GNP 的百分比（%）		援助额年均变化（%）1998—1999 年到 2003—2004 年
	1999	2004	1999	2004	
澳大利亚	982	1 160	0.26	0.25	1.7
奥地利	942	678	0.24	0.23	1.0
比利时	760	1 463	0.30	0.41	11.4
加拿大	1 706	2 599	0.28	0.27	1.7
丹麦	1 733	2 037	1.01	0.85	−2.0
芬兰	416	655	0.33	0.35	5.0
法国	5 639	8 473	0.38	0.41	3.3
德国	5 515	7 534	0.26	0.28	2.5
爱尔兰	245	607	0.31	0.39	13.5
意大利	1 806	2 462	0.15	0.15	−0.6
日本	12 163	8 906	0.27	0.19	−4.7
卢森堡	119	236	0.66	0.83	8.8
荷兰	3 134	4 204	0.79	0.73	0.7

续前表

国家	官方发展援助（百万美元）		官方发展援助占 GNP 的百分比（%）		援助额年均变化（%）1998—1999 年到 2003—2004 年
	1999	2004	1999	2004	
新西兰	134	212	0.27	0.23	1.7
挪威	1 370	2 199	0.88	0.87	2.5
葡萄牙	276	1 031	0.26	0.63	−13.8
西班牙	1 363	2 437	0.23	0.24	4.0
瑞典	1 630	2 722	0.70	0.78	7.0
瑞士	984	1 545	0.35	0.41	4.7
英国	3 426	7 883	0.24	0.36	10.2
美国	9 145	19 705	0.10	0.17	12.7
总计或平均	53 233	79 512	0.22	0.26	4.3

资料来源：世界银行. 2006 年世界发展指标. 北京：中国财政经济出版社，2006：346.

据《欧盟商业》网站 2015 年 5 月 19 日报道，欧盟官方发展援助报告显示，2013 年欧盟 28 个成员国共提供官方发展援助资金 565 亿欧元，占国民总收入的 0.43%。

近年来，对外援助具有了一些新的特点，具体表现为以下几个方面：

第一，不再是为了援助而援助，而是将援助纳入受援国的发展计划。这主要是因为过去许多发展中国家把援助投在了低效率的项目上，如规模过大的机场，或者被官僚阶层挥霍掉。因此，援助方要求受援国制定详细的发展计划和目标，要求受援国减少浪费和贪污腐败，以此为提供援助的标准和要求。

第二，援助附加的条件更多，与以往相比也更为苛刻。援助国不仅要求受援国购买其产品和服务，而且指定贷款只能用于某个项目。例如，援助可能被限制在购买某些资本密集型设备上，而这可能使受援国实际资源成本支出增加。

第三，援助总量虽然在不断增加，但发达国家援助金额占其 GDP 的百分比在逐年下降，从而使发展中国家获得援助日益困难。发展中国家对援助使用不当、挥霍浪费严重是其中的主要原因之一，而冷战结束后发达国家援助重点发生转移也是一个重要原因。

第四，经济援助与直接投资捆绑进行，形成具有商业含义的发展资金（见图 10－2）。

关于对外援助的效果，存在着两种截然不同的看法。一种观点认为发展援助向发展中国家投入了一定的资金，从而缓解了它们在经济发展过程中资金不足的矛盾，因此，促进了这些国家的经济结构变革和经济发展。另一种针锋相对的观点则认为，援助没有促进更快的增长，甚至可能在实际中阻碍了经济发展。因为援助实际上替代而不是补充了国内储蓄和投资，特别是将援助与捐助国的出口联系在一起，使受援国的国际收支状况进一步恶化。

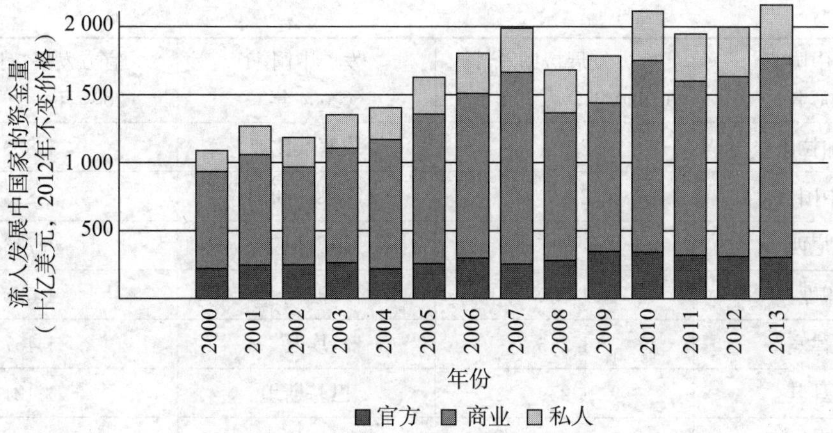

图 10-2　流入发展中国家的资金量

目前官方发展援助被认为存在一定的问题。首先，官方发展援助的分配是极其不平衡的，从地区的角度来看，在生活着将近 50%世界上最穷的人的南亚地区，人均接受的援助只有 5 美元（详细数字见表 10-4）；而人均收入是南亚国家 3 倍的中东地区，人均得到的援助却是 55 美元，后者是前者的 11 倍。从不同的国家接受的援助来看，结果也是十分不同的。1990 年，在发展中国家中，埃及得到的官方发展援助最多，为 55.84 亿美元，占其国民生产总值的 17%，而中国和印度得到的援助只占它们国民生产总值的 0.5%（具体数据见表 10-5）。如果进一步观察援助分配和贫穷的关系，我们会发现：拥有 66%的世界上最贫困人口的 10 个欠发达国家，只得到 31%的官方援助。

表 10-4　　1990 年官方发展援助的地区分布

地区	人均官方发展援助（美元）	人均 GNP（美元）	人均官方发展援助占人均 GNP 的百分比（%）
阿拉伯国家	43	1 887	2.3
非洲撒哈拉沙漠以南地区	32	475	6.7
拉丁美洲和加勒比	10	1 962	0.5
东亚和东南亚	5	625	0.8
南亚	5	458	1.1

资料来源：UNDP. Human Development Report 1992. 1992.

根据《2015 年人类发展报告》，2013 年，发展中国家官方发展援助的净流入占 GNI 的比重为 0.4%，最不发达国家则为 5.6%。

表 10-5　　1990 年、2004 年接受官方发展援助较多的欠发达国家

发展中国家（1990 年）	官方发展援助总计（1990 年，百万美元）	发展中国家（2004 年）	官方发展援助总计（2004 年，百万美元）
埃及	5 584	越南	1 830

续前表

发展中国家（1990年）	官方发展援助总计（1990年，百万美元）	发展中国家（2004年）	官方发展援助总计（2004年，百万美元）
孟加拉国	2 081	埃塞俄比亚	1 823
中国	2 064	刚果共和国	1 815
印度尼西亚	1 717	坦桑尼亚	1 746
印度	1 550	波兰	1 525
菲律宾	1 266	埃及	1 457
土耳其	1 259	巴基斯坦	1 421
坦桑尼亚	1 155	孟加拉国	1 404
巴基斯坦	1 108	加纳	1 357
肯尼亚	989	巴西	1 285
摩洛哥	965	马达加斯加	1 235
莫桑比克	923	尼加拉瓜	1 232
约旦	884	莫桑比克	1 228
埃塞俄比亚	871	安哥拉	1 144
扎伊尔	816	巴勒斯坦	1 136
泰国	787	赞比亚	1 081
苏丹	768	塞内加尔	1 051
塞内加尔	724	苏丹	882
科特迪瓦	674	中国	1 661
斯里兰卡	659	俄罗斯	1 313

资料来源：UNDP. Human Development Report 1992. 1992；UNDP. Human Development Report 2006. 2006.

首先，外国援助较少取决于发展中国家的需要，相对富裕的国家、具有发展前景或势头的国家（如印度，2004 年获得近 7 亿美元的援助）得到的援助比最穷的国家要多得多，例如以色列获得的官方发展援助（2004 年为 14.8 亿美元，主要为军援）就较多，因此，援助对促进这些贫困国家的经济发展确实有作用，但援助数量与它们发展所需的资金来比，很可能是杯水车薪。

其次，援助大都集中在城市、现代部门，进一步拉大了城市和农村的差距，使二元结构更加严重。甚至有些激进的反对意见认为，援助是阻碍经济发展的因素，因为援助并没有减缓经济中存在的瓶颈，弥补缺口，反而扩大了现有的储蓄和外汇缺口。而且援助有可能抑制发展中国家的主动精神，在受援国产生依赖及享福的消极情绪。

最后，目前发达国家对官方发展援助的统计内容进行了调整，如欧盟将难民安置救助费用、发放的各种奖学金、对发展中国家的各种人员培训均计入官方发展援助。

此外，援助大都出于援助国自身利益的考虑，特别是在经济竞争日益激烈的前提下，大多数援助都和一定的政治、军事以及经济利益联系在一起，通过援助，更多受益的是援助国，而不是受援国。我们可以从一位美国前政府援助官员的话语中窥见一斑：

> 对外国援助计划的一个最大的错误理解就是我们送钱给外国人。我们不是这样的。对于美国由设备、原材料、专家服务和食品组成的外国援助——所有东西都是提供给经过我们自己审核和批准的特定的发展项目，国际发展署（AID）90%以上的资金直接在美国购买这些援助品。仅仅去年（1967 年）50 个州就有大约 4000 个美国公司收到 13 亿美元的订单，用于购买它们提供的产品，作为外国援助计划的一部分。

英国的一位前海外开发部长也曾经说过类似的话：我们的援助中大约有 2/3 是用来购买英国产品和服务的……贸易跟随着援助。我们在国外组建一个工厂，之后我们就会收到购买零部件和更新部件的订单……（援助）对我们有长远的利益。

而通过援助，发达国家还有可能干预受援国的经济和政治事务，一旦接受了援助，就很难摆脱这种来自富国的干预，从而不利于发展中国家的经济发展。另外，官方发展援助使用的效率和结果，一直是具有争议甚至是被诟病的，提高发展援助的实效，甚至避免援助成为贪腐的对象，已经成为必须重视的情况。

近年来随着对官方发展援助的批评越来越多，捐助国国内民众的日益反对，以及捐助国战略的变化，发展中国家获得官方发展援助日益困难。尽管 2005 年 OECD 发展援助委员会成员的官方发展援助净支付额大幅度增加，占捐助国的 GNI 的比重从 2001 年的 0.22%增加到 0.33%，仅次于 20 世纪 90 年代的 0.34%的最高值，但截至 2005 年的连续 4 年，全球官方赠款和贷款净流量却在减少，连续 3 年出现发展中国家资金净流出的情况。但作为援助中的另一种重要力量，非官方组织的援助作用越来越大。非政府组织是志愿组织，包括宗教团体、私人基金、慈善组织、志愿医生等。许多人直接在最基层的农村从事项目工作。著名的非政府组织如儿童救助组织、美国援外合作署、计划生育组织、牛津饥荒救济委员会、世界野生动物基金、福特基金、基督教援助组织、世界观察等，与发展中国家的大多数当地基层群众组织合作，对各种各样的情况提供紧急救济，在保护儿童健康、提高妇女权益、减轻贫困、保护环境、扶持当地的小企业等方面提供帮助。在 1970—1990 年，非政府组织投在发展中国家的项目和计划资金从不到 10 亿美元增加到 50 亿美元以上。更重要的是，大多数非政府组织的援助是出于人道主义动机，与官方发展援助不同，它较少受到政治力量的控制；而且，这些非政府组织的工作人员常常深入基层，直接与当地人合作，并提供经济、技术、教育等方面的援助，因此，这种合作和帮助容易得到当地人的理解。另外，一些发展中国家对其他发展中国家的援助也在逐渐增加，中国自 1956 年起对非洲国家进行的援助，起到了促进当地经济发展的作用。

二、举借外债，弥补缺口

由于发展中国家获得援助，特别是没有附加条件或较少附加条件的外国援助越来越困难，因此它们逐渐将注意力转移到吸引外资及举借外债上来。举借外债，可以弥补资金缺口，但是，借债总是要还的，不仅要还本，而且要付息。如果没有一定的偿债能力，又不能有效地利用所借外债资金的话，就有可能陷入债务危机的困境而无法自拔。截至 2015 年，发展中国家总体债务高达 8 万亿美元，沉重的债务长期困扰着发展中国家尤其是最不发达国家，成为制约经济发展的严重障碍。

（一）20 世纪 80 年代发展中国家的债务状况及债务危机产生的原因

发展中国家大量举借外债始于 20 世纪 70 年代，1970—1993 年，总外债额从 684 亿美元增加到 15 590 亿美元（如表 10－6 所示）。到 20 世纪 90 年代中期，还本付息增长了 2 118%，超过了 2 200 亿美元。从表 10－6 中我们可以看出，发展中国家的债务负担是十分沉重的，其出口债务率，即外债额与商品和服务出口收入的比率，在 1985 年高达 154.5%，进入 20 世纪 90 年代，虽然有所下降，但仍超过 100%。其偿债能力（经济债务率），即外债占国内生产总值的比重，1985 年为 36.4%，90 年代的前 5 年中，一直在 30%以上。2015 年 5 月 7 日西班牙《起义报》报道，从 1985 年到 2012 年，发展中国家的公共管理机构向北方的工业化国家转移的资金相当于第二次世界大战以后重建欧洲的马歇尔计划资金的 2.5 倍。世界银行认定了 16 个重债国（如表 10－7 所示）。

1985—2000 年北非、撒哈拉以南非洲和中东国家的公共管理机构偿还了 610 亿美元，超过同期它们收到的贷款。这些国家的总外债额从 1970 年到 2012 年增加了 73 倍，同时它们支付的资金是 1970 年欠款开始数量的 145 倍。2012 年债务国向债权国偿还了 1 820 亿美元，大大超过它们“收到”的作为官方发展援助的 1 330 亿美元。

发展中国家的外债问题在 20 世纪 80 年代初开始显露出来，当时拉丁美洲国家尤为严重，空前的危机已在所难免。例如，1982 年，商品和服务出口收入中需要用于支付外债的比例巴西为 89%，阿根廷为 68%，厄瓜多尔为 69%，智利为 65%，墨西哥为 57%。1982 年，墨西哥率先宣布无力偿债，标志着世界范围内债务危机的爆发。

表 10－6　　1970—2005 年若干发展中国家债务状况摘编

	1970	1975	1980	1985	1990	1991	1992	1993	1998	2000	2005
总外债额[a]（十亿美元）	68.4	180.0	635.8	949.0	1 298.7	1 371.6	1 447.0	1 559.0	2 407.5	2 366.9	3 012.3
其中：非洲外债（十亿美元）		14.9	55.6	64.7	225.9	235.5	234.2	239.6	283.1	271.6	289.4
总偿债支付（十亿美元）	11.0	25.8	102.4	128.0	155.0	178.8	175.1	180.0	370.8	455.4	597.8
其中：非洲偿债支付（十亿美元）		1.3	4.1	27.6	26.4	26.4	27.1	22.8	26.1	27.0	34.3
出口债务率[b]（%）	99.4	76.4	81.9	154.5	132.6	132.5	127.1	127.8	164.7	125.6	76.9
其中：非洲出口债务率（%）			92.5	189.0	227.1	246.3	246.2	258.9	236.6	172.4	92.4

续前表

	1970	1975	1980	1985	1990	1991	1992	1993	1998	2000	2005
偿债率[c]（%）	13.5	9.5	13.2	20.9	7.1	7.5	6.3	6.6	9.7	7.6	4.4
其中：非洲偿债率（%）	5.7		14.4	27.6	10.5	10.4	9.3	8.7	10.4	7.2	3.1
经济债务率[d]（%）	13.3	15.4	24.4	36.4	34.8	35.2	33.7	33.0	40.5	37.4	28.9
其中：非洲经济债务率（%）	20.9		28.3	46.6	60.7	64.2	60.6	63.5	65.5	60.8	35.9

说明：a. 为全部债务的实际利息支付加上长期债务的实际分期支付；

b. 为外债额与商品和服务出口收入的比率；

c. 为偿债额在商品和服务出口收入中的百分比，扣除对国际货币基金组织的服务支付；

d. 为外债额与 GDP 的比率。

资料来源：国际货币基金组织 1988 年、1995 年和 2006 年的《世界经济概览》。

表 10－7　　1990 年重债国的债务及其增长

国家	未偿债务，1990 年*		还本付息（1990 年，十亿美元）*		债务指数（1990 年，%）		平均年增长率（1982—1990 年，%）				
	总额（十亿美元）	总私人来源（%）	总额	利息	经济债务率	利息出口率	GNP	出口	进口	投资	人均消费
阿尔及利亚	26.8	71.6	8.3	2.1	52.9	15.1	1.9	－0.7	－2.2	－1.2	－0.6
阿根廷	61.1	76.9	5.1	2.8	61.7	18.4	—	5.6	1.2	－8.3	－1.1
玻利维亚	4.3	15.3	0.4	0.2	101.0	15.9	1.0	1.0	2.2	－10.5	－1.7
巴西	116.2	76.3	7.4	2.9	2.28	8.6	2.5	5.3	－0.1	1.3	0.5
保加利亚	10.9	99.1	1.3	0.5	56.9	6.4	1.0	－1.8	－0.2	3.0	3.8
刚果	5.1	37.2	0.3	0.2	203.6	9.3	1.1	2.3	0.7	－18.9	－0.7
科特迪瓦	18.0	59.5	1.4	0.5	203.9	13.3	－0.4	3.3	2.8	－12.4	－4.7
厄瓜多尔	12.1	64.2	1.1	0.5	120.6	14.5	2.0	2.2	－1.5	－4.1	－0.5
墨西哥	96.8	69.8	12.1	7.3	42.1	16.7	1.6	5.3	5.0	－2.6	－1.1
摩洛哥	23.5	25.1	1.9	0.9	97.1	11.7	4.0	10.0	5.4	1.4	0.9
尼加拉瓜	20.5	36.8	0.0	0.0	—	3.0	－3.8	－2.1	－0.8	－7.5	－6.5
秘鲁	21.1	62.7	0.5	0.2	60.1	5.2	－1.4	0.6	－1.8	－9.3	－3.5

续前表

国家	未偿债务，1990 年*		还本付息（1990 年，十亿美元）*		债务指数（1990 年，%）		平均年增长率（1982—1990 年，%）				
	总额（十亿美元）	总私人来源（%）	总额	利息	经济债务率	利息出口率	GNP	出口	进口	投资	人均消费
波兰	49.4	42.8	1.0	0.3	82.4	1.6	1.8	6.3	2.5	4.8	2.6
叙利亚	16.4	14.0	1.5	0.2	118.1	3.9	1.8	9.2	−2.6	−9.1	−1.7
委内瑞拉	33.3	85.1	4.3	3.2	71.0	15.6	1.1	0.5	−7.7	−11.0	−1.2
尼日利亚	36.1	47.4	3.0	1.8	117.9	12.1	1.9	1.8	−8.4	−9.6	−2.3

说明：* 为预测值。

资料来源：迈克尔·P. 托达罗. 经济发展：第六版. 北京：中国经济出版社，1999：502.

2010—2015 年的资本流入放缓并没有像过去那样伴随着外部危机的大量出现。图 10－3 为新兴市场的净资本流入情况。

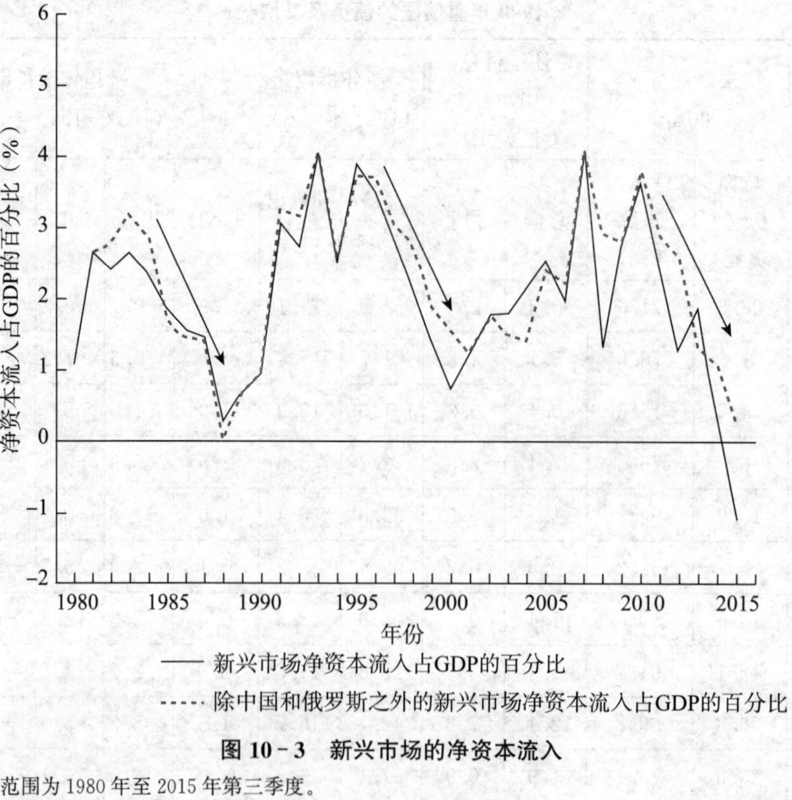

图 10－3　新兴市场的净资本流入

说明：数据范围为 1980 年至 2015 年第三季度。

资料来源：《世界经济展望》。

造成发展中国家债务危机的原因是很复杂的，概括起来，主要有以下几个方面：

第一，发展中国家片面追求发展速度，实行扩张的财政和货币政策，盲目扩大投资，不仅使财政赤字扩大，而且使外债额激增。发展中国家在1967年到1973年间，经济年均增长率达到了6.6%，一些新兴工业化国家，特别是拉美的墨西哥、巴西、委内瑞拉和阿根廷，增长率更高一些。因此，为了满足进一步增长的需要，这些国家大量举借外债来弥补国内资金的不足。而且，由于比较优惠的官方贷款很难得到，这些国家开始纷纷转向商业银行及其他私人贷款者。20世纪70年代的第一次石油提价，使商业银行手中持有了大量的美元，从而使贷款成为可能。发展中国家的外债从1975年的1 800亿美元翻番成为1979年的4 160亿美元，年增长率超过了20%。更为严重的是，债务中增长的大部分为没有优惠条件、以市场利率来计息的短期债务。例如，1971年没有优惠条件的外债的比重为40%，1975年增至68%，1979年则超过了77%。债务规模的扩大及没有优惠条件的借款的增加，使债务国的偿债支出大大增加，从1975年的250亿美元增至1979年的750亿美元。

第二，20世纪80年代初，世界经济衰退，发达国家纷纷采取紧缩的财政和货币政策，致使国际货币市场上的利率大幅度上扬、汇率激烈波动，从而使发展中国家的债务支付额增加。因此，债务危机在一定程度上是发达国家转嫁危机的结果。

第三，贸易条件恶化是发展中国家债务危机的又一个重要原因。两次石油危机使发达国家经济增长缓慢，大多数发展中国家又是石油进口国，石油价格上涨，损失最大的就是这些非产油的不发达国家。初级产品价格陡降了20%以上，使发展中国家的出口收入大大减少，影响了它们的偿债能力。

第四，本国资本大量外逃也是一个原因。据估计，在1975年到1985年间，重债国大约有2 000亿美元资本外逃，这等于同期发展中国家总借贷额的50%。据推测，阿根廷债务增长中的62%、墨西哥债务增长中的71%，是资本外逃所致。

据美国穆迪投资者服务公司2016年7月的研究报告，截至2015年年底，新兴与前沿市场83个国家外部债务总额（即一国居民对非该国居民的欠款）达到了8.2万亿美元，该水平已接近2005年3万亿美元的3倍。上述国家中多数国家的当前债务增速高于GDP增速，同时也高于其外汇储备增速。这些国家的对外债务的增长主要由私营部门债务增长而非公共债务增长拉动。自2005年以来，私营部门外部债务年增长率高达14.3%，而公共部门债务年增长率为5.9%。2015年中国的外部债务与GDP之比为13%，仍为全球第二低，而2015年整个亚洲地区的平均外部债务与GDP之比已从2008年的31%攀升至47%，虽然该比率仍远低于欧洲新兴市场的78%，但与拉美的48%和非洲与中东地区的43%已处于同一水平。根据国际公认的外债安全指标初步计算，2015年年末中国负债率为13%，债务率为58%，偿债率为5%，短期外债与外汇储备比为28%，各项指标均在安全线以内。

（二）发展中国家外债问题的解决

债务危机不仅损害了发展中国家的经济，而且危及发达国家的利益，因此，发展中国家的债务问题成了全球性的经济问题。从长远来看，债务问题的解决寄希望于发展中国家对经济结构的调整以及与发达国家的政策协调，同时也需要发达国家真正对发展中国家开放市场，制止日益抬头的贸易保护主义。出于对自身利益的考虑，发达国家陆续提出了一些解决债务问题的一揽子计划，具体如下。

1. 贝克计划

由美国前财政部长詹姆斯·贝克于1985年提出，要求发展中国家实行全面的经济调整，并以此为前提由国际货币基金组织等国际金融机构（世界银行、美洲开发银行）以及国际商业银行贷款300亿美元以缓和债务危机。

2. 宫泽计划

由日本前大藏大臣宫泽喜一提出。具体内容是：（1）债务国将部分债务债券化，以外汇储备出售国有资产作为还本的担保；（2）剩下的未债券化部分，减免利息，延长宽限期，最长可达5年；（3）发达国家和国际机构对实施该计划的国家增发贷款。

3. 布雷迪计划

由美国前财政部长布雷迪于1989年3月提出。该计划将部分债务的免除与国际货币基金组织或世界银行的财政支持联系起来，以保证现有贷款的支付。但该计划同时要求发展中国家根据国际货币基金组织的要求，采取严格的调整计划，促进经济增长；推动市场进一步自由化，改善投资环境，吸引外资，并严格控制本国资金外逃。在此基础上，国际金融机构应向债务国提供资金，并通过一定的方式减免债务，即债务回购，用已做了一定减免的旧债换取以资产为担保的新债券，或以旧债交换面值不变但利率降低的新债券。布雷迪计划不同于上述计划之处在于债务本息的减免，而不是借新债还旧债，故而受到债务国的欢迎。

近年来，国际社会为使债务危机问题得到缓解，做出了许多努力。具体做法是，债务转换股权交易。其内容是：在二级市场上，向私人投资者（主要是外国公司）折价（有时超过50%）出售一些存在债务问题的发展中国家的商业银行债务，这些公司继而用债务国的借据来购买该国的国有资产，如钢铁厂和电话公司等。这种办法受到双方的欢迎。对债务国来讲，可以通过债务转换股权交易鼓励外国及本国居民私人投资于国内，同时可以减轻债务负担；商业银行也愿意进行这样的交易。例如根据美国银行的新规定，允许从事这样交易的银行在贷款互换中承受损失，同时对债务国其他贷款的账面价值不变，而且还可以获得对债务国一些资产的控股权。巴西、墨西哥、智利已采用这种办法清偿了部分债务，据估计，在1982年至1985年间，这种形式的交易占全部债务转换的36%。但是在债务得到一定减免的同时，一些债务国因外国投资者控制其部分国有资产而担心发达国家可能控制其经济并使二元结构加剧。

另一种是以债务换取自然环境的交易。这种办法在近年比较有号召力，但缺少实际的意义。这种交易大多由非政府组织努力倡导，如野生动物基金或自然保护协会等。它们以折扣价从本地银行购入债务国的债务，然后将其转换为债务国货币，继而用它来从事保护自然资源和环境的活动。这种交易的目的在于使发展中国家政府对保护环境的资产做出承诺。但实行起来却有一些困难，因为发展中国家认为发达国家是环境污染的主要制造者，发展中国家的人民也有发展的权利，因此不能单纯要求发展中国家保护环境，特别是以牺牲增长为代价的环境保护，所以，1985年到1992年间，这种以债务换取自然环境的交易只占全部债务转换的2%。

虽然发展中国家要对债务危机负一定的责任，但是问题的解决已超出了它们的经济能力，而发达国家的经济稳定计划也应对此负责，因为该计划导致了国内、国际金融市场利率的上扬，并且世界范围内的经济衰退使发展中国家的出口需求下降。因此，债务危机的代价应由全球负担。目前，发展中国家已经或正在经历着痛苦的调整期，作为回应，发达国家应放宽对发展中国家的出口限制。债务问题不可能一下子得到解决，从长远来看，全球利率的下降，债务的减免，以不牺牲增长为前提的发展中国家的调整，国际贸易与金融体系的重建，必将对这一问题的解决起到促进作用。

可以说债务问题曾经是困扰世界经济和发展中国家的一个严重问题，国际社会一直在为寻求解决方案而努力，国际货币基金组织和世界银行通过出售其拥有的黄金，筹措资金来帮助重债国削减债务。1999 年 6 月在科隆召开的八国首脑会议也达成并通过协议，一致同意启动减免发展中国家债务的 1999 科隆债务计划，计划减免债务达到 730 亿美元。与此同时，国际社会也呼吁债务国和债权国之间的谈判，以求单独解决个别重债国的危机。例如，1999 年 9 月 26 日，厄瓜多尔总统马瓦德宣布将拖欠美国担保的数百万美元的债务（布雷迪债券）。消息传出后，国际货币基金组织立即敦促厄瓜多尔与其债权国谈判。

1997—1998 年的东南亚金融危机使得一度得到缓解的发展中国家债务问题又浮出水面。为了缓解新出现的问题，在联合国的千年发展规划中，各国一致同意，到 2015 年，将发展中国家所欠外债减少至 GDP 的 13%，并为此做出了积极的努力，发达国家开始认真减免最不发达国家的债务。到 2005 年，由于国际经济环境的改善，发展中国家的外债问题已经得到极好的缓解，重债穷国的经济债务率从 1998 年的 103.0%降至 2005 年的 71.6%，同一时期的偿债率也从 15.4%降为 5.5%。国际货币基金组织甚至认为，发展中国家的债务已经不是困扰世界经济的主要问题了。作为发展中国家，中国在落实千年发展规划方面也做出了积极举措，截至 2006 年中期，中国已免除了 31 个国家欠华到期债务 105 亿元人民币，2006 年秋季在于北京召开的中非首脑会议上，中国减免了非洲欠发达国家对华的几乎全部中长期债务，到 2009 年免除了非洲 189 亿美元的外债。

（三）东南亚金融危机

20 世纪 90 年代以来，东南亚国家的经济出现了高速增长，但同时也出现了严重的“泡沫”现象。由于经济奇迹，各国的资金大量流入东南亚地区，为了能够更好地引进外资，甚至出现了印度尼西亚的国际收支经常账户还没有开放，却先将资本账户开放的反常做法。大量外资涌入东南亚地区，而在加工产业吸收能力不足、回报率较低的情况下，资金过度向房地产投入。泰国在金融危机前，私人外债的大部分、外国直接投资的 1/3、银行贷款的 31%，流入了房地产开发项目。与此同时，资金还盲目流入资本市场追求高回报，一时东南亚地区股市飙升、房地产价格暴涨、投机之风盛行。然而，房地产价格超过本地中产阶级的购买力而销售不力，股市投机的盛行最终造成银行的巨额呆账，金融机构陷入困境。金融的困境动摇了外资对于东南亚经济前景的信心，外资便大量撤出，而东南亚经济在很大程度上要靠外资来运转，外资的撤出使得东南亚经济困境进一步加深，最终形成了严重的金融危机。

（四）国际货币基金组织的稳定性计划及对其的批评

20 世纪 80 年代，许多重债国已耗尽了外汇储备，而为了获取更多的外汇来缓解危机，它们不得不转向国际货币基金组织，而后者要求债务国采纳其严格的稳定性计划，才可以得到国际货币基金组织的贷款支持。私人商业银行也以这些债务国接受国际货币基金组织的稳定性计划作为获得进一步贷款的前提条件。国际货币基金组织的稳定性计划主要包括以下几个方面：

一是取消或放松外汇管制。

二是官方汇率贬值。

三是严格的国内反通货膨胀计划。

其中包括：(1) 控制银行信贷以提高利息率和准备金率；(2) 削减像给予穷人的大宗食品补贴之类的开支以降低政府赤字，并提高税率和公共产品的价格；(3) 控制工资增长；(4) 取消各种形式的价格控制，并推动市场自由化的发展。

四是对外国投资者给予更大的优惠，进一步开放经济。

到 1992 年，包括阿根廷、巴西、菲律宾等在内的 10 个国家通过国际货币基金组织安排借入了 372 亿的特别提款权（大约相当于 270 亿美元）。所有这些国家都被要求全部或部分地接受上述稳定性计划。虽然这些稳定政策在降低发展中国家的通货膨胀、改善国际收支状况方面是成功的，但在政治上很难被广大的发展中债务国所接受。许多人认为，稳定性计划是强加于发展中国家身上的，带有明显的维护工业化国家的利益及现存的贸易格局和市场结构的标志。许多国家按照国际货币基金组织的规定进行调整，获得了一定的贷款，却失去了增长，甚至陷入停滞的困境。拉美和非洲的大多数国家的经历就充分说明了这一点。因此，进入 20 世纪 90 年代以来，国际货币基金组织试图推行更为灵活的政策，也许会对全球经济的发展产生积极的影响。

三、一国外债的数量界限及结构

一般来讲，一国可以借入和利用的外债水平（界限）主要应该从以下几个方面进行考虑：该国经济发展对外汇资金的需求；经济对外债的承受能力；国际资本市场的资金供求情况；该国外债使用的经济效益；等等。

（一）外债的规模

1992 年发展中国家发生严重的债务危机之后，国际社会根据发展中国家的经验教训，并结合过去的研究成果，提出了外债适度规模的问题。从理论上讲，外债的引入数量不能只从供给与需求的角度考虑，更重要的是要考虑外债使用的经济效益。其最佳理论规模是使外债的边际收益等于外债的边际成本时的外债使用量（外债的边际收益是指每新增一个单位外债使用所能产生的国民收入增量，外债的边际成本则是每新增一个单位外债使用时使贷出者移交的国民收入增量）。外债最佳规模总是一种理论推演，生活中只能力求达到次优债务规模，目前世界上通常使用的三个重要的衡量指标如下：

1. 偿债率

它的经济含义是：当年还本付息额占当年出口总收入的比重，即每年出口收入中有多少被用于偿付到期的本息。

偿债率＝当年还本付息额/当年出口总收入

一般认为这一比率（安全线）不应超过 20%，超过 30%则是危险的。

2. 出口债务率

它的经济含义是：当年外债余额与当年出口总收入之比，表示所欠外债额与出口收入之间的关系。

出口债务率＝当年外债余额/当年出口总收入

一般认为这一比率（安全线）不应超过100％。

3.经济债务率

它的经济含义是：当年外债余额占当年国民生产总值的比重，表示所欠外债额与整体经济的关系。这一比率的安全线为30％。

除了上述指标外，还有一些其他适度债务规模的衡量指标：外债余额与国民生产总值的比率（安全值为8％）、一国当年外债还本付息额占当年GNP的比率（安全值为5％）、外债总额与本国黄金外汇储备额的比率（一般控制在3倍以内）等。此外，为了更好地衡量外债的使用界限，还存在着一系列辅助性的结构指标，如内外债还本付息占财政开支的比重、贸易差额占国民生产总值的比重、短期债务占全部债务的比重、外汇储备持有额，等等。

从1995年起，世界银行变更了对于外债规模的衡量办法，在绝大多数国家外债承受能力有所增强的情况下，开始采用现值法，即用债务的现值代替债务名义值来衡量债务水平。经济现值债务率：未偿还债务现值／国民生产总值，80％为临界值。出口现值债务率：未偿还债务现值／出口，220％为临界值；超过临界值的60％为中等债务国家，60％以下则为轻度债务国家。这种衡量外债的方法可以使负债国家在新标准的规定下，进一步提高负债额。

（二）外债结构

外债结构管理是在外债规模基本确定的前提下，根据经济建设对外汇资金的实际需要和具体要求、国际资本市场行情及其发展趋势等，对外债结构的各个要素的构成比例进行合理配置、优化组合，以达到降低成本、减小风险、保证偿还的目的。

利率和币种结构管理在外债结构管理中占有相当重要的地位。利率和币种结构的优化源于对利率和汇率风险的认识。利率风险是指从外债借入到偿还期间，由于借款利率波动而造成外债增加或减少的可能性。汇率风险又称外汇风险，是指在外债借、用、还过程中，因有关货币汇率波动而使债务人蒙受损失或获利的可能性。

1.利率结构管理

不同类型的外债具有不同的利率水平。利率是影响借款项目成本和国家外债总体成本的重要因素。进行利率结构管理就是要合理安排、适时调整债务利率结构，以降低或稳定外债成本，规避风险。

第一，争夺优惠性利率，降低外债成本。具体来讲，应尽量争取外国政府贷款、国际金融组织贷款和出口信贷等利率水平较低、贷款条件较为优惠的国际贷款。

第二，根据市场总体利率水平选择固定利率或浮动利率。一般来讲，当国际金融市场利率普遍较低时，可选择固定利率贷款，或增加固定利率债务在国家总体外债中的比重。在市场利率水平较高时，则选择浮动利率，或增加浮动利率债务在总体外债中的比重，以获得利率可能下浮的好处。

2.币种结构管理

一般根据利用外资中对各种货币的实际需要、国际货币的汇率走势、国家外汇收支和外汇储备的状况等来安排和调整外债币种结构。进行币种结构管理的目的就是通过合理搭配、适时调换币种来防范和减小汇率风险。应力争做到：

第一，债务币种多样化。

第二，合理安排币种结构的比例。

第三，币种结构的调整要及时、有效。

第四，外债币种在借、用、还三个环节要相互衔接和适应，原则上使所借货币和所用货币以及所还货币相一致。

一般而言，一个国家出口收入主要是什么货币，在借入外债时可以考虑尽量借入该种货币，以便于将来偿还。

3. 期限结构管理

外债有短期和中长期之分，前者指负债期限为一年或一年以下的债务，后者指一年期以上的债务。期限结构管理的目的在于合理安排短期债务和中长期债务的比例，以保证到期如数还本付息。期限结构管理应把握以下三个原则：

第一，保持以中长期债务为主，力争将短期债务控制在债务总额的 20%以下。

第二，保持短期债务的增长在总体上低于中长期债务的增长。

第三，保证债务偿还期限的均衡分布，尽量避免同期借入大量期限相同的外债，防止还本付息过于集中，加重国家和企业的偿债压力。同时在借入外债的使用上，短期外债应主要用于能够尽快收回本息的项目，而长期外债则可以考虑安排用于基础建设。

4. 借款市场与国别地区分布

市场与国别结构的优化在于筹资场所多元化。由于各资金市场的资金来源、金融工具和币种不同，各资金提供国的外汇管制程度不同，政治意向时有变化，为防范筹资中的国家风险和政治风险，保证借款来源的稳定，要分散筹资市场和国家。这对于更好地利用外部资金是最为有利的。

第四节 发展中国家的经济特区

经济特区是一个国家或地区通过立法、法令等划出一定的范围，在对外经济活动中采取较其他地方更为开放、更为灵活的政策的地区。建立经济特区是发展中国家普遍采用的利用外资、引进技术以促进经济发展的一种做法。

一、发展中国家经济特区的类型

世界上最早的经济特区是 1547 年在意大利热那亚湾里窝建立的自由港，目的是促进出口贸易。此后世界上有一系列的特区出现，分别被称为“自由贸易区”“自由港”“自由边境区”“自由关税区”“出口加工区”“客户工业区”“免税区”“免税仓库”“科学工业园区”“投资促进区”等。经济特区是我国使用的名称，目前中国的经济特区随着中国对外开放的深入，已经基本完成了它们的历史使命。

发展中国家经济特区的历史可以追溯到殖民地时代。当西方殖民者征服了亚、非、拉的广大地区进入帝国主义后，一些西方国家开始在殖民地和附属国建立自由港、自由贸易区。例如，当时英国、法国、西班牙、葡萄牙等国，先后在亚洲的新加坡（1819年）、中国香港（1842年）、槟城、果阿、亚丁以及非洲的吉布提、丹吉尔等地开辟了这样的开放区。第二次世界大战后，尤其是20世纪60年代以来，随着发展中国家经济的发展，不少国家和地区建立了经济性质的特区，成为发展中国家促进经济发展的重要措施之一。

发展中国家的经济特区尽管存在着诸多的名称和形式，但在实行更为特殊、优惠的政策，比国内其他地区更为开放这一点上是共同的。从它们设立的目的和营运的特点和基本功能来看，可以大致分为以下几种类型。

1.以自由港、自由贸易区为主的贸易型经济特区

这类特区的目的在于开展和促进贸易，以转口贸易和过境贸易为主，商品转运、仓储、分类、转口是其营运内容。进入这类特区的商品不交关税，也不用办理报关手续（可能只有少数几种商品需报关缴税）。进入特区的商品可以自由拆散、储存、分级、分类、修理、再加工、再包装、销毁、清洗、出售等。但进入特区的商品如要运入国内其他地区，则需履行报关手续，按章缴纳进口税，巴拿马的科隆自由贸易区即是这类经济特区的典型。

2.以出口加工区为主的经济特区

这是发展中国家吸收利用外国直接投资的一种渠道。世界上第一个出口加工区是爱尔兰共和国1958年在爱尔兰西部滨海的小镇香农机场建立的。较早建立出口加工区的国家和地区还有我国的台湾（高雄）、韩国、新加坡和菲律宾。20世纪70年代以来，越来越多的国家和地区建立了出口加工区。这类特区主要是利用外资、技术在区内设厂，进口原料、零部件或从区外其他地区买入，利用当地的廉价劳动力优势进行加工制造，其产品主要用于外销或部分内销。一般情况下，发展中国家会向在特区内投资的外商提供各种优惠条件，如在进出口、所得税、资金汇出和汇入及土地使用等方面给予优惠，来吸引外资进入。我国广东省深圳市的蛇口工业区、墨西哥的客户工业区就属于这类经济特区。

3.综合型经济特区

这类特区具有上述两种类型特区的特点。我国广东省深圳市就是典型的综合型经济特区。根据要求，深圳最终将发展建设成一个以吸引外资为主，以中外合资、合作、外商独资为主要经济形式，产品主要用于外销的工、农、牧、渔业相结合的外向型生产基地，以及吸引各国游客的现代化城市，同时成为向内地输送现代化设备、技术和管理方法的基地和窗口。香港广泛发展工业、贸易、仓储、转运、金融、通信、旅游等行业，也应属于综合型经济特区。

4.地区开发型经济特区

这种经济特区的特点是利用外资来开发当地资源，同时注意区内产业的关联效应，从而促进经济的全面发展。但是建设这样的特区开始时投资成本较高，收效较慢。菲律宾的巴丹和我国的海南省均属于这一类经济特区。

5.以科学技术为主的科学工业园区

这是一种以发展高科技产业等技术知识密集型产业为主的经济特区，是发展中国家主要仿照美国“硅谷”，在20世纪80年代末建立的。如我国台湾的新竹科学园区、新加坡的肯特岗科学园区、北京新技术开发区都属于这一类。建立这种类型的经济特区主要是通

过发展技术知识密集型产业，推动本国（地区）科学技术的发展和产业结构的升级，并最终带动经济的发展。

除了上述几种类型的经济特区以外，发展中国家还有一些以经营货币金融业为主的开放区，主要是为外国资金流动、融通、管制、保密、税收、服务等方面提供优惠，是一种离岸金融中心型经济特区。如拉美的巴哈马联邦、开曼群岛等就属于此类。近年来，发展中国家的经济特区的发展又出现了发展综合型经济特区和高科技园区的趋势，表明发展中国家也正在总结经济特区发展的经验，并进行相应的调整，以便使之更有效地推动经济发展。

二、发展中国家经济特区的作用和存在的问题

发展中国家建立经济特区的主要目的是吸引外资、引进技术、扩大贸易、增加就业，并通过充分发挥特区的外引内联作用，促进整个国民经济的发展。发展中国家建立经济特区的实践也证明了特区的作用，关键是如何制定符合本国国情的政策措施。

从理论上讲，首先，经济特区是自由贸易与保护贸易政策的统一实施区，它可以在一定程度上发挥两种政策的优势，而避免两种政策的缺陷。在经济特区内，采取更为开放的自由贸易政策，取消或减少关税和非关税壁垒，促进生产要素的自由流动，使资源得到更合理的配置，从而提高经济效益。由于发展中国家只是将特殊的自由贸易政策限定在一定的区域，这样可以防止整个经济受到不利外部冲击的影响，避免经济产生动荡，保证经济平稳地向前发展。其次，经济特区能够较好地发挥南北经济合作与南南经济合作的作用。世界各国出于自身利益的考虑，都不同程度地实行一些保护性的政策和法令，不利于商品、资金、人才和信息的流动，极大地阻碍了国家间的经济合作和资源的合理配置。在特区实行特殊的灵活政策，有利于发达国家、发展中国家科学、技术、资金、人才、信息、市场等多种要素在特区的直接结合，各方取长补短，并从中获得各自所需的利益。这样做有利于扩大南北、南南经济合作。

发展中经济体如果能充分利用上述经济特区的经济合理性，便可以因设立经济特区而受益。中国香港、韩国、中国台湾和新加坡就是比较成功地利用经济特区来获得所需的资金、技术、管理经验，并以此推动经济发展的典型。但也有一些发展中经济体的特区的效果并不理想，特区的经济合理性并没有得到充分发挥。特区的合理性可以通过图 10-4 予以简要说明。经济特区的利益可以分为自由交换和自由加入国际分工两部分。假定该经济特区只是进行自由交换并未加入国际专业化分工，生产仍在生产可能性边界 PP 线的 A 点进行，国内价格为过 A 点切线的斜率，TT 为国内价格线，但在国际市场上却可以按高于 TT 线的国际价格 T_1T_1 进行交换（T_1T_1 的斜率大于 TT），因而每单位 X 所换回的 Y 要比放弃 1 单位 X 转而生产 Y 的收益大，社会福利亦有所增加（从 A 点升为 E 点），超过 PP 线许可的范围。如果参加国际分工，则因国际价格高于国内，X 的生产会增加而 Y 的生产会减少，生产点因而移向 B 点，在 B 点达到新的均衡。价格曲线为 T_2T_2，消费点为 F，无差异曲线达到Ⅲ，福利增加即为分工的利益。

因此，从特区对国内其他地区的经济作用来看，特区可以通过以下渠道对整体经济发展产生影响，并调整总体资源配置和利益分配。

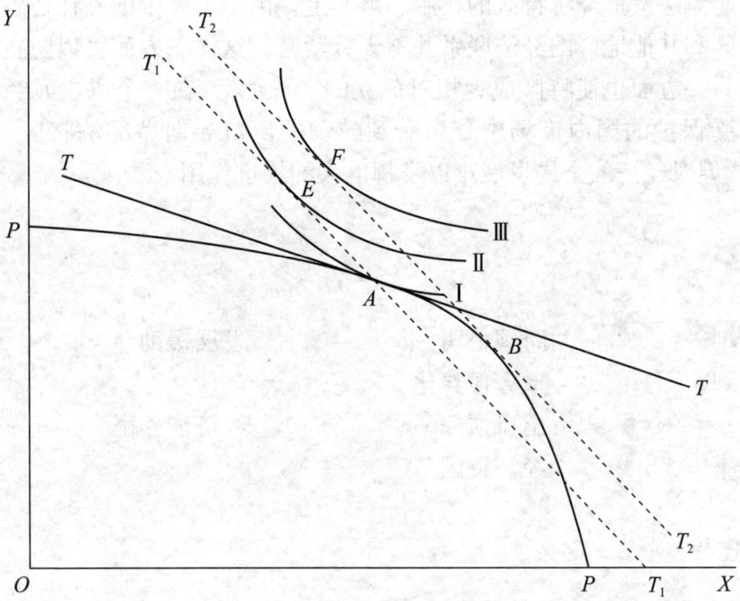

图 10-4　经济特区的经济效益分析

第一，通过特区与国内其他地区的商品交换来影响总体经济发展，这样可以各取所需、弥补缺口并产生双向的比较利益来提高经济福利水平。福利提高的程度取决于特区与其他地区之间的经济联系的紧密程度、特区商品在国内商品交换中的地位以及该国关于特区商品进入其他地区的政策。

第二，通过特区与国内其他地区的资金交流来影响总体经济发展。特区从其他地区吸引资金，或向其他地区投放资金，特区企业的收益率与内地的差异可以对其他地区经济产生作用。作用的大小取决于两地之间资金的转移量、收益率的差异程度和两地资本所面临风险的大小，以及该国对待特区资金和外资的政策措施等。

第三，通过劳动力在特区与其他地区间的流动来影响总体经济发展。一方面，特区将国内有专长的人才吸引到特区工作，使这些人才能够充分发挥其特长，人尽其才，但后果有可能导致人才的流动，损害其他地区对人才的需要；另一方面，特区培训了大量的技术工人、管理人才，当他们返回其他地区工作时会促进当地的经济发展。这两方面作用的大小取决于返回者素质提高的程度（在特区受培训的程度）、人员在特区和其他地区之间的交流程度等。

第四，通过信息在特区和其他地区之间的传递来影响总体经济发展。这里所说的信息既可以是行市、商情，也可以是知识产权、技术诀窍（know-how），还可以是某种思想或无形的示范效用。特区和其他地区的这种信息上的交流无疑会提高经济的竞争水平和效益，并有助于经济结构的优化。此外，思想观念和示范作用的影响可以相互启发、相互模仿，也会对经济发展产生一定的积极作用。

上述经济特区的经济利益及其对总体经济发展的作用要在一定的条件下才能取得，例如投资环境的改善、较强的吸收消化能力，以及正确的发展战略和措施等。如果不具备这些条件，就可能无法发挥经济特区的作用。事实上，由于发展中国家往往将特殊政策限定在特区内，特区和其他地区的经济联系并不十分紧密，这样一方面可以防止外部对国内经济的冲击，但另一方面也使特区成为相对孤立的“飞地”，在一个以二元经济结构为特征的经济中，从受保护的国内市场中分出受到鼓励的出口导向型经济特区“飞地”，具有“样板”作用，但对经济的全局发展难以发挥巨大的推进作用。

核心概念

两缺口模型	跨国公司	发展援助
布雷迪计划	债务债券化	外债
偿债率	出口债务率	经济债务率
现值债务率	经济特区	

复习与思考

1. 两缺口分析的内容和意义是什么？

2. 发展援助的定义是什么？如何评价它对发展中国家经济发展的作用？

3. 发展中国家产生债务危机的原因是什么？从近期和长远来看，解决债务危机的措施有哪些？

4. 说明国际上衡量一国外债负担的主要指标及其含义。

5. 比较外国私人直接投资和证券投资的利弊，并结合中国的实际情况，探讨如何有效地利用外资，促进经济发展。

6. 跨国公司对发展中国家到底能起什么样的作用？结合中国的实际情况，就保护民族工业和引进外资谈一谈你的看法。

7. 发展中国家的经济特区有几种类型？为什么发展中国家的经济特区的成效不大？问题和主要矛盾是什么？

第十一章

发展中国家的农业发展

本章重点

- 人口增长与粮食供需
- 农业在现代经济发展中的基础作用
- 从传统农业向现代化农业的转型
- 绿色革命

当今世界处在一个饱食和饥饿并存的时代。就在发达国家的人们为营养过剩和肥胖症而发愁苦恼的同时，发展中国家却有数亿人被饥饿和营养不良所困扰。即使是忍受着饥饿，发展中国家每年仍然有数千万新增人口。人类能否再生产出更多的粮食来供养年年都在增加的人口？如果生产不出来，那么200年前马尔萨斯所预言的危机和灾难就会发生在贫穷的非洲、亚洲或者是拉丁美洲的某个地方。显然，为了避免这种灾难，为新增人口提供生存下去所需的粮食，是发展中国家农业面临的第一大主题。

发展中国家农业的第二大主题，是处理好工业化与农业的关系。在过去，甚至在现在，几乎所有的发展中国家的政策制定者们对农业都有一种偏见，认为农业是传统守旧的、落后的、无效率的，要富裕就要像发达国家那样发展工业。正因为如此，在20世纪70年代以前，农业被撇开在一边，几乎所有的资本积蓄都投向城市和工业。农业不仅被冷落了，而且许多发展中国家为了获得工业发展的原始积累，制定了一系列榨取农业的政策，比如压低农产品价格、提高农村的税收等。发展经济学家们也乐观地期望着：农业暂时做出牺牲，一旦工业化取得成功，就会回过头来帮助农业，向农业提供化肥和农业机械。然而事与愿违，传统农业是这样的脆弱，工业化的步伐又是如此的缓慢，以至农业等不到工业化的波及效应就已经开始衰退停滞。20 世纪 50 年代到 60 年代的农业生产停滞已经证明了这一点。不仅农业享受不到工业化的好处，而且工业不得不承受农业停滞所带来的不良后果。比如原本用于进口先进设备的外汇不得不改为向发达国家购买粮食；粮食价格上升引发了城市工人工资上涨，从而削弱了工业利润再投资和降低了发展的水平。发展中国家的 70％以上人口都聚集在农村，农业停滞意味着大多数人的贫困。这种以牺牲大多数人利益为代价的发展政策显然是不可取的。因此，自 20 世纪 70 年代以来，大多数发展中国家都在调整过去重视工业忽视农业的政策，发展经济学家也在反省，重新思考工业化和农业应该如何协调发展。

发展中国家农业的第三大主题，是改造传统的农业，让它能生产更多的粮食来养活新增人口，也让它成为工业化的推动力量和经济发展的新源泉。“绿色革命”的成功给发展中国家的农业带来了福音，也给发展经济学带来了新启示。这说明，只要有新的适宜的农业技术进步，有新的投入要素，传统农业就会一改懒散、听天由命的面貌，实现巨大的增长。

发展中国家农业的第四大主题，是保护生态环境，建立可持续发展的农业。农业不仅能确保粮食的稳定供应，而且具有保护生态环境、防止水土流失、净化空气、优化居住环境等效果。发展中国家为了养活不断增加的人口，往往以破坏生态环境为代价，结果使生存环境更加恶化。越来越多的自然灾害使原本就饱尝饥饿的人们雪上加霜。

第一节 人口增长与粮食供需

提供粮食是农业部门最基本的作用。特别是对于饥饿人口有增无减的发展中国家来说，农业的这一基本作用更重要。因此发展农业，为不断增加的人口提供足够的粮食，消除营养不良，改善人民的生存环境，都是发展中国家的农业所面临的首要任务。本节在阐述人口与粮食问题的古典理论模型的基础上，着重分析发展中国家粮食需求和供给现状以及面临的问题。

一、人口与粮食的古典模型

人口增减与食物供给的关系一直是经济学争论的焦点，这种争论可以追溯到 200 多年以前。1789 年英国经济学家马尔萨斯发表了《人口原理》一书，他在此书中就人口与粮食问题得出了一个极度悲观的著名结论，也就是人和动物以几何级数增长，而粮食产量只能以算术级数增长，粮食产量的增长速度赶不上人口的增长速度。如果一个社会的人口增长一直快于粮食产量的增长，那么它的人口数量将取决于粮食的增长。这种观点对其他古典经济学家以及对现代经济学家产生过很深的影响并得到了他们的更详细的分析论证，从而形成了以马尔萨斯为代表的人口与粮食问题的古典模型。

该模型是以两个前提条件为基础展开论述的：第一个是如果生活水平超过最低生活水平，则人口必然增加；第二个是收益递减规律，即在一定面积的土地上连续追加可变的生产要素（主要指劳动），虽然总的产出有所增加，但追加的生产要素所获得的收益必然渐渐地减少。

根据这两个前提条件，假定某社会的生活水平处于比最低生活水平要高的状况，其结果必然是刺激人口增加。人口增加又引起对食物需求的增加。为满足不断增加的食物需求，就得开垦新的耕地来投入粮食生产，但一国的可开垦的耕地是有限的，最终将导致没有适合耕作的土地可以开垦。另外，土地的肥沃程度是有限的，按照一般的选择规律，必然是将最肥沃的土地首先投入使用，其后越来越转向肥力差的土地。土地的这种肥力递减必然使生产率也处于递减状况，其结果是农业劳动的边际生产率下降。另一种扩大粮食生产的方式是在同一土地上投入更多的劳动，实行集约化耕作。由于收益递减规律的作用，农业劳动的边际生产率必然会下降。

由于农业劳动力的边际收益递减是不可避免的，粮食的增长速度将总是慢于人口的增长速度，因而人们的生活水平将不断降低，最终会退到最低生活水平。随着生活水平的下降，人口也将趋于减少，最终回到维持最低生活水平上。

马尔萨斯的悲观结论引起了现代经济学家的批判。著名丹麦女经济学家埃斯特·博斯拉普（Ester Boserup）认为：食物供给是随着人口增加而相应增长的。在她的分析中，人口密度是决定特定时间内土地利用制度、耕地方式和生产工具变化的重要因素。具体说来，随着人口压力的增大和收益递减的作用，食物会变得相对稀少，人们为了满足食物的需要，将会相应地提高土地利用集约程度。土地的集约使用体现在休耕期的不断缩短，由长期休耕转为短期休耕，最终过渡到最集约的轮作制度上。

中国古代江南地区的事例也被用来证实这一观点。中国江南是人口稠密地区，早在16世纪或更早就已经实行一年种两季稻或者一季稻一季麦。根据美国经济学家德怀特·H.珀金斯（Dwight H. Perkins）的分析，尽管该地区自16世纪以来，人口出现成倍增长，但因土地的高度集约利用，粮食产量也相应地成倍增长。人口并没有因受到粮食供给的限制而减少。

很显然，以马尔萨斯为代表的古典发展模型完全忽视了技术进步对缓解收益递减的作用。这也是传统社会与现代社会的差异。现代社会最大的特点就是科技的日新月异。现代社会在农业新品种的培育、化学肥料的发明、农业机械化水平的提高等方面的技术进步是传统社会无法比拟的。它们所发挥的增产作用是巨大的。“绿色革命”就是其中一例。

尽管上述古典发展模型存在各种缺陷，但它对目前一些人口增长过快的发展中国家仍然具有适用性。在亚洲或者非洲的一些国家，由于人口不断增长，新的农业技术和投入要素所带来的增产效果往往被增加的人口吞没，马尔萨斯所预言的威胁仍然困扰着这些国家。

二、持续增长的人口与粮食需求压力

目前，发展中国家仍然面临着饥饿的威胁。据联合国粮农组织（FAO）2015年发布的《世界粮食安全状况报告》统计，从2014年到2016年，全球约有7.95亿人，即世界总人口的1/9左右继续遭受食物不足的困扰，其中7.8亿人生活在发展中国家。

造成粮食需求压力的主要因素是发展中国家的爆发性的人口增长。由于卫生状况、医疗条件的改善，也由于粮食供给增加促成的人口抚养能力的提高，发展中国家的人口死亡

率在下降，而出生率仍在上升。这导致发展中国家自20世纪50年代以来就一直保持着很高的人口自然增长率，表11-1所列的世界人口增长状况说明了这一情况。

表11-1　　世界人口预测

年份	人口（千人）			比率（%）		年增长率（%）		
	世界	发达国家	发展中国家	发达国家	发展中国家	世界	发达国家	发展中国家
1950	2 525 150	812 989	1 712 161	32.20	67.80	1.77	1.19	2.03
1960	3 018 344	914 951	2 103 393	30.31	69.69	1.92	1.08	2.28
1970	3 682 488	1 007 682	2 674 806	27.36	72.64	1.96	0.77	2.39
1980	4 439 633	1 081 844	3 357 789	24.37	75.63	1.78	0.58	2.15
1985	4 852 541	1 113 605	3 738 936	22.95	77.05	1.80	0.55	2.16
1990	5 309 668	1 144 463	4 165 205	21.55	78.45	1.54	0.44	1.84
1995	5 735 123	1 169 761	4 565 362	20.40	79.60	1.32	0.32	1.57
2000	6 126 622	1 188 812	4 937 810	19.40	80.60	1.24	0.34	1.46
2005	6 519 636	1 208 920	5 310 716	18.54	81.46	1.22	0.40	1.40
2010	6 929 725	1 233 376	5 696 349	17.80	82.20	1.18	0.29	1.36
2015	7 349 472	1 251 351	6 098 121	17.03	82.97	1.16	0.21	1.35
2020	7 788 603	1 264 469	6 524 134	16.23	83.77	1.12	0.12	1.31
2030	8 697 714	1 275 500	7 422 214	14.66	85.34	1.08	0.00	1.26

资料来源：UN. World Population Prospects. The 2015 Revision.

根据表11-1所列的统计数据，世界人口的70%以上都生活在发展中国家。发达国家的人口年增长率在20世纪50年代达到最高点后基本一直处于下降状态，而发展中国家的人口，自20世纪50年代到1985年都一直保持高于年2%的高增长率。根据联合国的预测，到2030年全世界人口将增加到87亿人左右，比1990年要多出约34亿人。而且增加的人口主要来自粮食一直不足的发展中国家。人口增长带来的是同比例的粮食需求增长，为新增加的人口提供必要的粮食，是发展中国家农业面临的巨大挑战。

除了人口增加以外，决定粮食需求的另一方面因素是人均粮食需求。人均粮食需求是一个动态指标，它取决于收入水平的提高和粮食需求收入弹性两方面的因素。人均收入增加对粮食需求产生的影响将因收入弹性的差异而不同。按照恩格尔定律，在收入低下的贫穷阶段，人们将增加的收入多用于购买食物，而随着收入水平的提高，用于食物支出的比例将逐渐降低。对于大多数发展中国家来说，收入水平低下，满足生存的食物需求仍然是消费的主要内容，即所谓的恩格尔系数很高。因此这些国家居民的粮食需求的收入弹性也就很大，收入增加会导致相对多的食物需求。而发达国家的情况正好与此相反，发达国家居民的食物消费接近饱和，收入增加对食物需求量已经没有什么影响。

在发展中国家之间，各国的经济发展水平和人均收入水平参差不齐。其中一部分国家，比如韩国、泰国、马来西亚、新加坡、巴西等，在 20 世纪 70 年代石油危机以后都经历了快速成长过程，收入水平提高得很快。这些取得快速成长的发展中国家被称为新兴工业国（NICs）。在这些国家中，收入的增加也导致粮食需求大幅度增加。

而且，收入水平的提高也将改变食物的消费结构，人们将更多地消费以畜产品为主的高蛋白质食品。特别是对发展中国家来说，消费更多的肉类产品意味着生活水平提高。而在发达国家，动物蛋白和油脂品的消费接近饱和，即使收入增加，也不可能更多地增加这类消费。与发达国家相比，发展中国家从动物性食品中所摄取的热量是很低的。随着经济发展水平的提高，可以预想发展中国家将会消费更多的动物性食品。为了满足不断增加的对动物性食品的需求，就必须将更多的谷物转化为饲料，用于生产以畜产品为主的动物性食品。这种食物构成的变化也会引起对粮食需求的进一步增加。

三、粮食供给能力低下与农业生产停滞

能否满足发展中国家不断增大的粮食需求主要取决于农业生产的发展状况。从目前的发展中国家的农业生产能力来看，情况不容乐观。表 11－2 反映了 20 世纪 70 年代以来发达国家和发展中国家的粮食生产变化情况。

表 11－2 粮食的产量、种植面积及单位面积产量

项目	年份	世界	发达国家	发展中国家
粮食的产量（亿吨）	1975	13.80	7.10	6.70
	1985	18.20	8.90	9.30
	1992	19.10	8.40	9.30
	2010	24.80	11.30	13.50
种植面积（亿公顷）	1975	7.11	3.05	4.06
	1985	7.16	3.00	4.16
	1992	6.96	2.71	4.25
	2010	6.93	2.65	4.28
单位面积产量（吨/公顷）	1975	1.94	2.33	1.65
	1985	2.54	2.97	2.24
	1992	2.74	3.10	2.19
	2010	3.58	4.26	3.15
粮食产量增长率（%）	1975—1985	2.75	2.22	3.31
	1985—1992	0.73	−0.72	2.00
	1992—1999	1.70	0.30	2.20
	1999—2009	2.10	0.70	3.50

续前表

项目	年份	世界	发达国家	发展中国家
种植面积增长率（%）	1975—1985	2.75	3.11	2.51
	1985—1992	−0.40	−1.41	0.29
	2000—2010	0.50	−0.80	1.60
单位面积产量增长率（%）	1975—1985	2.69	2.41	3.01
	1985—1992	1.13	0.69	1.70
	1992—2010	0.30	0.38	0.44

资料来源：FAO. Production Yearbook. The 1991 Revision. The 2013 Revision.

1975—1985 年，发展中国家的粮食产量年增长率为 3.31%，超过了同时期的人口增长率。这无疑在很大程度上归功于“绿色革命”所带来的单位面积产量的提高。但是 1985 年到 1992 年期间，发展中国家的粮食产量增长趋于缓慢，赶不上同期的人口增长。人均粮食产量也呈现同样的趋势。1975 年到 1985 年期间，尽管人口增加，但人均粮食产量还是每年增加了 1.16%，然而到了 1985 年至 1992 年期间，人均粮食产量变成了负的增长。

发展中国家粮食产量的减少可以从两方面考虑：一是种植面积的变化，二是单位面积产量的增减程度。根据联合国粮农组织的统计资料，1975 年到 1992 年期间，发展中国家的粮食种植面积都在 4 亿公顷以上，保持每年 0.2%左右的增长率。而同期的单位面积产量的增长率却出现较大的波动。1975 年到 1985 年期间，单位面积产量增长率不断下降，年均增长率只有 3.01%。从上述材料来判断，1985 年以后发展中国家的人均粮食产量的下降主要是单位面积产量增长率下降所致。这也说明 20 世纪 70 年代开始的“绿色革命”所带来的增产效果，到了 1985 年趋于减小。这对发展中国家来说是一个危险的信号。在人口不断增加的情况下，种植面积不可能有大幅度的增加。如果单位面积产量不能提高，则意味着今后将出现严重的粮食不足。

粮食生产供给状况恶化主要集中在非洲地区。20 世纪 80 年代期间人均粮食产量的年均增长率在东非是−2.2%，在西非是−0.8%，在北非则是−1.2%，均是负增长。非洲出现的粮食生产水平大幅度下降的原因多种多样。首先是 20 世纪 80 年代连年的旱灾严重影响了非洲地区的粮食收成；其次是非洲地区的掠夺性耕种方式降低了土地生产能力。传统的刀耕火种式的农业耕作方式，过度开采森林和过度放牧，为出口形成的单一品种种植方式，都影响了土壤的质量，促使土壤侵蚀和沙漠化扩大，从而反过来阻碍农业生产能力的提高。再有，非洲地区农业政策的失败也是粮食生产水平下降的重要原因。许多非洲地区国家在独立后都采取了轻视农业、重视工业的政策，对农业的投资也主要集中在供出口用的商品性作物上。单一的作物种植导致了土地的掠夺式使用，粮食生产能力下降。初级农产品价格下降使这些国家的商业性农产品出口减少。得不到足够的外汇，也就不能进口粮食来满足本国增加的粮食需求，从而陷入更深的恶性循环之中。

发展中国家农业与粮食供给的前景如何？对此有各种各样的观点和推测，既有悲观的，也有乐观的。但无论如何，我们都不能低估目前发展中国家面临的人口增长和粮食需求的压力。

发展中国家可开垦利用的耕地已经很稀少。即使是目前在耕作的土地，因为传统的掠夺式的农耕方式，它的生产能力也已经开始退化。森林面积减少、酸雨、沙漠化等环境问题，也预示着今后很难再开垦新的耕地。更严重的是，即使保护现有的耕地不减少也很困难，因为工业化发展中必然有越来越多的农地被转化为商业、工业用地或者是住宅用地。种种原因表明，今后发展中国家不能指望靠扩大耕地面积来满足增加的粮食需求了。

今后粮食产量的增加必须依赖于更多的高产品种的研发和普及。但今后是否会出现第二次“绿色革命”，在短期内是否会出现使粮食产量迅速增长的新型农业技术，仍然是不确定的。

第二节　工业化与农业发展

印度尼西亚已故国家元首苏加诺曾在1955年说过：“工业化显然是增加社会和国家财富的唯一办法，是关系印度尼西亚民族生死存亡的问题。因此，我们必须坚决地走上工业化的道路……光靠农业，光靠古老的耕作方法，已经不能再自给自足了。”① 20世纪50年代以来，出现了许多像苏加诺这样的重视工业而轻视农业的政治家、政府政策制定者和发展经济学家。几乎所有的发展中国家都不顾农业的死活而竭尽全力地推进工业化，但它们的努力最终还是失败了。不仅农业生产出现了停滞和衰退，而且工业建设受此影响没有多大进展，在农村和城市，到处都能见到失业和贫困的人口。

那么，究竟农业与工业化是什么样的关系？农业在经济发展中有什么样的作用？这些都是困扰各个发展中国家的难题，也是发展经济学一直争论不休的焦点。

一、对农业作用认识的变化

就工业与农业的关系来说，为片面的工业政策提供理论依据的学说和观点有很多。

配第-克拉克法则认为，在经济发展过程中，以农业为主的第一产业所实现的国民收入在整个国民收入中所占的比重越来越低，而以工业和服务业为主的第二、三产业的相对比重则越来越高。各部门的劳动力构成也是一样，农业劳动力人数不断下降，工业和服务业则相反。这一观点的理论依据是农业与工业的需求收入弹性存在差异。按照恩格尔定律，随着人们的收入增加，用于食物的支出将减少。农业的主要作用是生产食物，因此，随着收入的增加，对农产品的需求也就相应地减少，更多的支出被用于工业品和其他商品。从供求关系上看，需求大的行业能够维持较高的价格水平，因此也能获得较高的附加值，工业和服务业就是这样。相反，像农业这样需求减少的行业，所能获得的附加值也会减少。因此，农业的地位是在不断下降的。

赫尔希曼曾在1958年提出一种不平衡发展理论。他认为，发展中国家普遍存在投资及管理能力的限制，因此应该用有限的资源优先发展某些重点部门，重点部门的选择应该

① 苏加诺. 苏加诺演讲集. 转引自陈宗德，丁泽霁. 改造传统农业的国际经验——对发展中国家的研究. 北京：中国人民大学出版社，1992：130.

根据该部门发展的联系效应的大小来定。所谓联系效应分为前向联系和后向联系，前者指该部门与购买它的产出的部门的联系，后者指与供给它投入的部门的联系。他认为，农业这样的生产初级产品的部门的联系效应小，不能作为重点发展部门，应首先发展以制造业为主的工业部门。

在农业与工业的关系问题上，最有影响力的还要数刘易斯的二元结构理论。刘易斯把发展中国家的经济划分为两个部门，一个是传统农业部门，另一个是城市工业部门。在农业部门中存在着大量的剩余劳动力，这些剩余劳动力的边际生产率为零，甚至是负数。农业是落后的，劳动生产率很低；而工业部门则以现代化方式进行生产，劳动生产率高。经济发展主要是现代工业部门的扩大，而农业的作用仅仅是向工业部门提供廉价劳动力。由于边际生产率为零的农业剩余劳动力大量存在，农业部门甚至可以在仅够维持生存的工资水平上无限度地向工业部门提供劳动力。工业部门因雇用低工资的劳动力而积累起来的利润可以不断转化为投资，扩大生产规模，从而吸收更多的农村劳动力。这个过程一直持续到农业剩余劳动力被吸收殆尽为止。劳动力转移的结果是工业化逐步实现，农业生产率也不断提高，整个经济发展起来。后来，拉尼斯和费景汉注意到，刘易斯的模型并没有足够地重视农业在工业增长上的重要性，因此对模型做了修正。但是同刘易斯一样，他们也认为农业中有着边际生产率为零的剩余劳动力。

尽管上述观点在农业与工业关系的问题上存在差异，分析的角度也不同，但有一点是相同的，那就是认为农业是相对不重要的，在经济发展中处于从属的、辅助性的地位，经济发展就是工业部门的发展。

随着现实中发展中国家的农业的停滞，以及这种停滞对经济发展造成的种种恶劣影响的暴露，人们开始对上述片面的工业化政策产生怀疑。

著名经济学家舒尔茨在他的《改造传统农业》一书中，专门对忽视农业的经济理论进行了批判。他写道："尽管事实上每个国家都有农业部门，而且在低收入国家农业总是最大的部门，但除了少数例外，研究增长问题的经济学家为了集中解决工业问题，都撇开了农业。同时，许多国家不同程度地正在进行工业化。其中大部分国家在实现工业化时并没有采取相应的措施来增加农业生产。某些国家以损害农业来实现工业化。只有少数国家从工业和农业中得到了大幅度的增长。"他进而指出："并不存在使任何一个国家的农业部门不能对经济增长做出重大贡献的原因。"① 而且，舒尔茨通过对印度 1918—1919 年的流行感冒造成 24 万人丧生，从而引发农业播种面积减少这一事实进行巧妙分析，指出刘易斯所说的边际生产率为零的剩余劳动力是不存在的。由于传统农业中的资源配置是有效的，任何劳动力流失都会降低农业生产率。经济发展过程中必须对农业进行投入，特别是"人力资本"的投入。舒尔茨的理论对发展经济学以及后来的经济政策的影响和贡献都是巨大的，正因为如此，他在 1979 年获得了诺贝尔经济学奖这一殊荣。

二、农业在经济发展中的作用

讨论农业与工业化的关系，绝不是要否认工业化本身，而是探讨如何使工业与农业保

---

① 西奥多·W.舒尔茨.改造传统农业.北京：商务印书馆，1987：5.

持一种平衡协调的发展。既然农业能够成为经济发展的新源泉这一论断已得到普遍认同，那么究竟农业在经济发展中具有什么样的具体作用呢？农业在经济发展中的作用（农业贡献）一般归纳如下：

第一，食品（粮食）贡献，是指为以城市产业工人为中心的非农业部门的人口提供粮食。

第二，原料贡献，是指为诸如食品加工、烟草、纺织、制革等工业部门提供原材料。

第三，市场贡献，是指农民通过购买工业部门生产的诸如化肥、农业机械等生产用品，以及日常生活用的消费品，为工业部门提供广阔的农村市场。

第四，要素贡献，是指农村农民拥有的资本和劳动力两种要素通过各种方式向城市工业转移。

第五，外汇贡献，是指通过以农产品为主的初级产品出口，为经济发展提供紧缺的外汇。

此外还有近年来越来越受到广泛关注的农业的环境贡献，它是指农业除确保粮食安全之外，还对保护自然遗产、保持空间上的平衡发展、保护地面景观与环境具有不可替代的重要作用。维护生态、保持水土、净化空气等农业所特有的生态环境功能使发展中国家的粮食生产得以稳定，同时也让人们重新审视和认识农业这一古老产业，从而在新的理论基础上制定新世纪的农业发展战略，以确保农业本身，以及社会、经济、文化等全面的可持续发展。

以上这种归纳方式容易把农业误认为只是为工业部门提供各种服务的部门，属于辅助性的作用。其实，农业是经济发展的基础，它犹如一把双刃剑——在增长时它可以促进经济的发展，而在衰退时它又制约经济的发展。为了更准确地理解农业的这种作用，在下面我们借用理论模型①，对农业最重要的作用——粮食贡献——进行说明，同时详细分析粮食问题究竟是如何影响经济发展的（见图 11-1）。

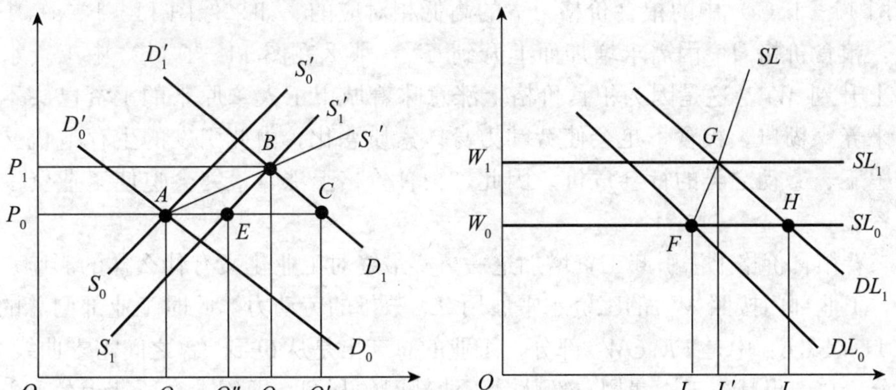

图 11-1　经济发展过程中粮食供给变化对工业部门的影响

---

①　速水佑次郎. 农业经济论. 北京：中国农业出版社，2003.

假定在经济发展的初期，农产品（主要是指粮食）的需求和供给在 A 点达到均衡，此时的粮食价格是 P_0，农业向市场提供的粮食数量是 Q_0。随着工业化的兴起，城市产业工人增加，对粮食的需求也迅速增加，在图 11－1（a）中表现为需求曲线由 $D_0D'_0$ 移动到 $D_1D'_1$。粮食供给方面，由于传统农业生产率低，技术落后，再加上多数发展中国家忽视农业而优先发展工业部门，对农业的投入非常有限，因此农业生产率增长缓慢，在短时期内不可能提供足够的粮食以满足增加了的需求，在图 11－1（a）中，供给曲线只能由 $S_0S'_0$ 向 $S_1S'_1$ 做小幅度的移动。新供给曲线 $S_1S'_1$ 与新需求曲线 $D_1D'_1$ 相交于新的均衡点 B 点。在 B 点上由于粮食供给赶不上需求的增加速度，市场上粮食供小于求，所以粮食价格上涨，即由原来的价格 P_0 上涨到 P_1。

粮食价格上涨对工业部门会产生什么样的影响？通过考察图 11－1（b）的工业部门劳动力市场的变化，我们来看一下粮食价格上涨所造成的影响。对劳动的需求是一种引致需求（derived demand），它反映了在生产最终产品时劳动的边际产品。而劳动的边际产品取决于与劳动相配合的生产要素，即资本和资源的数量。随着工业化的推进，工业部门的投资增加，对劳动力的需求也相应地增加。在图 11－1（b）中表现为劳动需求曲线由 DL_0 向右移动到 DL_1。

与劳动需求曲线不同的是，劳动力供给曲线是一条水平线。它表明劳动力供给的价格弹性无限大，也就是说，按照同一工资水平可以雇用到源源不断的劳动力。这一点与刘易斯的模型是一致的，即农业对城市工业的劳动力供给是无限度的，传统农业部门中堆积着大量的剩余劳动力。由于大量的潜在劳动力的存在，工业部门的资本家可以任意压低工人的工资，工人的工资水平往往只够维持生存，而其生活费用中食物支出占绝大部分。在各种资料中，我们都能形象地看到，早期工人生活仅仅是满足于有口饭吃，由此可以断定，劳动力的工资水平依粮食价格高低而定。在图 11－1（b）中可以看到，劳动力供给曲线 SL_0 是按照维持生存的工资 W_0 画出的一条水平线，而工资水平 W_0 的高低是与图 11－1（a）中的粮食价格 P_0 的高低相对应的。如果像图 11－1（a）中所表现的那样，粮食价格 P_0 因需求增加而上升到 P_1，那么在图 11－1（b）中工资水平也会由 W_0 上升到 W_1。这是因为粮食价格上涨意味着城市工人拿原来的工资已买不到足够的粮食来养家糊口。粮食不足会使劳动力身体素质恶化，由此引发的生存危机又会转化为诸如罢工、暴动之类的社会危机。因此，粮食价格上涨，最终会迫使工业资本家提高工人工资。

再来看粮食价格上涨引起工资增加这一事实最终对工业化又有什么样的影响。在工业化初期，工业部门按照 W_0 的工资水平雇用 L_0 数量的劳动力，此时工业部门总的工资费用在图 11－1（b）中是 FL_0OW_0 部分，工业的总产出是从 O 到 L_0 之间需求曲线 DL_0 之下的部分，总产出减去工资费用总额就是工业部门的利润，即资本家所获得的利益。一般情况下，只要有利润，资本家就会将所得利润用于投资进行扩大再生产。因此上述工业利润会被再投入生产，从而劳动需求也将上升，劳动需求曲线移动到 DL_1。如果假定粮食价格不变，工资水平维持在 W_0 上，则供给曲线仍是 SL_0，供给和需求的新的均衡点是 H 点。新的利润又会变成新的投资，如此反反复复下去，工业规模不断扩大。然而，如果粮食价格不是不变，而是上涨，它就引起工资水平同步上升，供给曲线会由 SL_0 移动

到 SL_1，工业部门雇用的劳动力数量将由 L_1 减少到 L'_1。新的均衡点就不是 H 点而是 G 点。工业利润则比起在均衡点 H 上要缩减，缩减的数量是 GHW_0W_1 部分。因此，受粮食价格上涨的影响，工资上升的幅度越大，工业利润下降的幅度也越大。这将削减工业投资的欲望和数量，从而会逐渐地导致整个工业化停滞。这种现象对于以劳动密集型工业为主的发展中国家来说，更为突出。

怎样才能解决粮食价格上涨造成工业化停滞的问题？对此，有以下三种办法可以考虑：

首先，在发展中国家最常见的一种方式是从外国进口图 11－1（a）所示的 $Q'_1Q''_1$ 数量的粮食，从而使粮食价格保持在 P_0 的水平。但是进口粮食需要消耗 $CQ'_1Q''_1E$ 面积的外汇数量，它将减少发展中国家本身用于购买外国先进技术和设备的外汇。

其次，比较普遍的办法是政府干预粮食市场，采用强制性低价收购粮食的政策。这种政策往往会损伤农民的生产积极性，转而引起更大的农业生产下降。

最后，唯一真正可行的方式就是推进农业技术开发，提高农业生产率。按图 11－1（a）来说，就是使粮食供给曲线穿过 C 点，使得在需求曲线上升、移动到 $D_1D'_1$ 的情况下，仍然能保证粮食价格在 P_0 上不变。

总之，通过对从农业生产停滞、粮食价格上涨到它引起工业部门的工资上升，进而再到工业部门的利润下降及工业化停滞的全过程进行详细描述，可以得出一个基本结论，即农业发展是工业化乃至整个经济发展的基础和前提条件。农业的确能为工业做出贡献，但这些贡献都是在农业有了增长之后才能兑现的。

三、世界各国在农业与经济发展关系问题上的经验

农业既可促进又可制约工业化发展的问题，在理论上已有了满意的答案，但是这些理论分析能够适用或者解释得了现实状况吗？这需要根据不同国家的具体条件来进行验证。

1. 农业发展是经济发展不可缺少的基础这一结论，可以从发达国家早期的经验中得到证实

英国在工业革命之前，农业就实现了迅速发展，这种变化被称为“农业革命”。农业革命又为后来的工业革命铺平了道路，从而保证了英国工业化顺利进行。英国农业变化中最引人注目的是 18 世纪的耕作方式的改进，由传统的三圃制（three-field system）转为诺福克式轮栽制（Norfolk rotation system）农耕方式。新的农耕方式取消了过去两年麦类进行一年休耕的方式，转变为冬季谷物（秋小麦）—根菜类（饲料）—夏季作物（春小麦）—红三叶草（牧草）这种轮作制度。新的耕作方式不是用休耕，而是用有规则的轮作来提高土地肥力。这种农业耕作方式上的进步促进了英国农业的发展，1855 年英国小麦的产量达到 1 840 公斤/公顷，比当时的法国高一倍。正因为英国的农业有了这样的进步，所以它能够成为最早实现工业革命的国家。

日本是在小农经济的基础上实现工业化的。在日本明治维新以后的整个工业化过程中，日本农业出现过三次大的发展，第一次是在 1890 年前后，第二次是在 1930 年前后，第三次是在 1960 年以后。每一次发展都是以农业技术上的进步为起点的。明治时期以来

100 年间，日本水稻产量从明治初期的 1 500 公斤/公顷上升到现在的 4 500 公斤/公顷。在日本的工业化过程中也有过因农业生产停滞而影响工业化进程的事情，比如，1918 年爆发的以抢米为特点的“米骚动”就是一起由于大米价格急剧上涨而引起的城市工业大规模抗议活动。之后，由于粮食政策改革（《谷物法》颁布）以及农业生产力大幅度提高，粮食价格的上涨被平抑下去了，日本的经验也因此被许多以小规模农业经营为主的发展中国家大加推广。

2. 20 世纪 50 年代以来，发展中国家的一些事实更能说明农业在工业化中的作用

世界银行在《1986 年世界发展报告》中指出：几十年来的经验表明，一个健全的农业部门对国家的增长是关键性的。对农业增税，以迫使资源流入工业将会阻碍农业的增长，减少国内粮食和原料对工业的供应，并减少工业品的需求。长期下来，这将损害农业和工业的前景。除少数例外（如石油和矿物出口国），农业增长慢的国家，工业增长也慢；而农业增长快的国家，工业增长也快。农业与增长和更广泛的经济的密切联系意味着歧视农业所付出的代价不能只由农业来承担。①

世界银行在以“农业促发展”为主题的《2008 年世界发展报告》中指出：作为一项经济活动，一种谋生手段，环境功能或环境服务的一个提供者，农业是促进发展的独特工具。对于所有类型国家来说，农业在扶贫方面都具有特殊的力量。多项跨国评估显示，对于有效脱贫的作用，源于农业的国内生产总值增长至少是源于非农业的国内生产总值增长的两倍。而对于传统农业国，农业还能够在经济增长战略方面成为领军部门。在发展初期，农业成功地为经济增长奠定基础的例子数不胜数，中国、印度、越南等国工业的兴起，也是以农业的快速增长为先驱的。

3. 我国在工农关系上的情况

我国在 1978 年改革开放以后取得的农业和经济快速发展的成功经验，得到了全世界的关注和赞誉，被许多国家作为样板来推行。但在此之前我国也曾有过失败的教训，例如 1958 年推行的“大跃进”政策。“大跃进”政策是一种激进的工业化政策，它将几乎所有的劳动力都动员起来投入到异想天开的“工业化”——大炼钢铁——中，对农业则忽视到了没有足够的劳动力去收割已经长好的稻谷的程度。大炼钢铁的代价是巨大的，不仅工业没上去，而且农业生产一落千丈。与“大跃进”形成鲜明对照的是 1978 年后实行的经济发展政策。1978 年的改革首先在农业和农村进行，通过实行以联产承包责任制为主的家庭经营，极大地刺激了农业生产。1978 年到 1984 年期间，粮食产量由 3.05 亿吨一下子增加到 4.07 亿吨，平均年增长率几乎达到 5%这一惊人的速度。在农村改革成功的基础上，我国才能开始推行以国营工业企业改革为主的全面经济发展政策。现在来看，没有 20 世纪 80 年代初农业的发展，很难想象中国能保持长时间的高速经济增长。

---

① 世界银行. 1986 年世界发展报告. 北京：中国财政经济出版社，1986：80.

第三节　传统农业的转型与绿色革命

农业发展是经济发展的前提条件，但传统农业不能为经济增长做出什么贡献。它之所以不能成为经济增长的新源泉，是因为传统农业的生产率是有限的。在许多人口稠密的发展中国家里，农民生产的产品比如粮食，连养活自身家庭人口都不够，又如何能够通过市场提供给城市人口？因此，只有农业生产发展到一定程度，更确切地说，只有农民生产的产品除自身消费之外还有剩余，农业才有可能成为经济发展的动力。

是什么原因使传统农业如此落后？又该如何改造传统农业？这是本节讨论的主要问题。

如果说前面在很大程度上是从宏观角度把农业作为一个整体来进行分析，那么这一节主要是从微观层次，也就是从农户或农民的角度分析它的经营效率及经济行为问题。

一、传统农业的特征及其落后的原因

究竟什么是传统农业？在发展经济学的文献中对此有各种各样的描述。传统农业的一些特征，大致可以概括为如下几点：

第一，传统农业的技术非常落后。传统农业中的农民，习惯于按照落后的、一成不变的技术来进行耕作。这些技术是通过对自身的农业生产进行长期观察和积累经验形成的，进而通过示范和口头传授代代相传。但必须注意的是，由于自然和社会环境的差异，各个地区的农业技术水平是不相同的，比如在中国古代就已经有了精耕细作的优良技术，而在非洲至今仍沿袭刀耕火种的方式。

第二，“贫穷但是很有效率”，这是舒尔茨针对传统农业所做的著名论断。传统社会的农民并不像人们想象的那样愚昧无知，他们的行为在经济上是合理的，他们通过经验完全熟悉自己所拥有的各种生产要素，并能做出最合理、最有效的配置，即传统农业的边际成本等于边际收益，在现有的资源配置状态下，增加投入是得不偿失的。

第三，传统农民对市场及价格变化的反应是灵敏的。人们往往认为传统农业处于与世隔绝的封闭社会中，农民对外部的市场和价格反应冷淡，只是按照祖辈沿袭下来的习惯来行事。但事实并不是这样。舒尔茨引用索尔·塔克斯的经典著作《一个便士的资本主义》中的材料指出：“他（指传统农民）总是在竭力寻求哪怕能赚到一个便士的新途径。他购买自己能买得起的东西时非常注意不同市场的价格，他认真地计算其生产用于销售或家庭消费的谷物时自己劳动的价值。”[①] 由这一事实可以看到，即使是传统农业的农民也会根据市场的变化来安排生活和生产。

传统农民对价格的反应灵敏与灵活改变产量是不尽相同的。即使在价格普遍上涨的情况下，生产与销售的农产品数量仍有可能很少。这是因为：（1）传统农民的收获物中，除自身消费外，可供出售的已经很少，即使价格上涨也无能为力。（2）由于扩大生产所必需的投入

---

① 西奥多·W.舒尔茨.改造传统农业.北京：商务印书馆，1987：33.

要素有限，特别是土地资源有限，因此，传统农民对价格的变化无法做出产量上的调整。

第四，传统农业中每个农户的土地经营规模狭小，在一些人口稠密的亚洲国家情况更为突出。这一点比较容易理解，因为大多数发展中国家的人口增长很快，相对于土地而言，劳动力是充裕的，而且传统农业是发展中国家的主要部门，绝大多数的人都在农村从事农业生产活动，因此人均土地面积少得可怜。

尽管传统农业如上所述具有很高的资源配置效率以及很灵敏的市场反应能力等，然而从结果上看，传统农业与现代农业相比生产率是很低下的。例如，日本的农业劳动生产率在1960年是印度的5倍，到1980年变成了8倍。为什么传统农业生产率如此低下？是什么原因阻碍了传统农业的发展？

舒尔茨认为，传统农业之所以落后和停滞是因为它陷入了一种低水平的均衡。这种均衡是两个基本条件所致：一是传统农业的生产要素和技术没有变化，仍然是过去所使用的生产工具、种子、灌溉设施等，在技术上还是沿袭祖辈传下来的旧有的技术；二是传统农业中人们对拥有或获取经济物品和服务的偏好和动机长期保持不变，仍然保留传统文化影响下的习惯。由于传统农业中资源配置的效率很高，在不改变技术水平的情况下增加传统的生产要素投入所获得的收益并不能高于投入成本，因此传统农业的投资收益率是很低的。这也是传统农业长期落后的重要原因。

二、如何改造传统农业

舒尔茨认为，改造传统的农业必须引进新的生产要素，这些新的生产要素本身就包含着技术变化，比如高产量品种、化学肥料等。他说道："进行这种改造所需要的特殊新生产要素现在是装在被称为技术变化的大盒子里，必须从这个盒子里取出这些要素，对它们进行分类，并找到使得受传统农业束缚的农民能获得并接受的方法。"[①] 新的生产要素的开发和供给对于弱小的农民来说是不可能的，因此就需要政府和一些非营利企业研究出适合本国条件的新的生产要素，并通过农业推广站等机构使它们在农民中间得到普及。

除引进新的生产要素以外，舒尔茨还主张对农民进行人力资本投资，即对农民进行教育、在职培训以及提高他们的健康水平。通过这种人力资本投资，可以提高农民的技能和知识水平，使他们能够熟练地运用现代的生产要素。

新的生产要素或者说农业技术能够带来更大的收益，但是新技术不是凭空而来的。究竟是什么力量促使这种新技术产生，而且还使它能适用于传统农业？速水（Hayami）与拉坦（Ruttan）共同建立的诱致技术变革理论清楚地解释了这一问题。这个理论认为，技术进步是由市场力量引导的，是对于资源禀赋变化和需求增长的动态反应。具体说来，在一国的资源禀赋中既有稀缺的资源，也有相对丰富的资源，有的国家是劳动力丰富而土地相对稀缺，如日本，有的则是土地丰富而劳动力相对稀缺，如美国。在市场中，稀缺的资源的相对价格逐步上涨，而丰富的资源的相对价格则会降低。如果要满足用相对价格低的要素替代相对价格高的要素这一市场需求，那么就会诱发这方面的技术开发。比如在日本，土地的相对价格上涨就会引发节约土地的技术开发，如通过高产品种的开发、施肥技

---

① 西奥多·W.舒尔茨.改造传统农业.北京：商务印书馆，1987：79.

术的提高等来提高单位面积的产量，在较少的土地上生产同样多甚至更多的产品。同理，美国则倾向于开发替代劳动力的农业机械化技术。

尽管新的生产要素能够提高农业产量，但是在现实中，为什么许多传统农民拒绝接受和采用这种包含着新的技术变化的生产要素呢？

有一种观点是从社会文化角度进行解释的。这种观点认为在封闭的传统社会中，传统农民是保守的，他们习惯于世世代代沿袭下来的生活方式，信守过去的经验而不愿改革。农民甚至被认为是懒惰的，宁愿要贫困的闲暇也不愿接受过多的劳动，因为新的技术意味着劳动强度增大，除草、施肥以及灌溉等都需要比过去更细心的管理。事实证明，这种观点是很难站住脚的，比如"绿色革命"兴起时，高产量的种子就非常迅速地在传统农民中得到普及。

比较合理的解释应该是农民对风险的承受能力弱。如前所述，传统农业中大多数农民都是在小块土地上以家庭劳动力为主的方式进行生产的，农业生产上的收获是他们赖以生存的唯一手段。因此，他们很难冒险去尝试新技术，"采用新技术的风险包括由于缺乏经验而可能犯错误的费用。虽然传统的农业技术生产率很低，但它们的错误边际也很低。因为传统技术是经过农民祖祖辈辈利用和改进过的"①。尽管传统农民在含有新的技术的生产要素面前是小心谨慎的，但当他们确实看到并相信新技术能够带来比过去更多的利益时，会毫不犹豫地接纳这些新技术。

三、"绿色革命"的意义和局限性

在20世纪60年代末70年代初，以矮秆、高产、耐肥的小麦、玉米、水稻新品种的开发和推广为特点的"绿色革命"是发展中国家农业上划时代的大事，它在一定程度上也证明了前述的改造传统农业的理论及诱致技术变革模式的适用性。新品种分别由设在墨西哥附近的国际玉米小麦改良中心（CIMMYT）和设在菲律宾的国际水稻研究所（IRRI）研究开发。与传统的品种相比，新的高产品种能提高产量达两倍之多。这些品种曾在墨西哥、菲律宾、巴基斯坦、印度等国得到广泛普及，使粮食产量有了大幅度的提高，从而消除了长期困扰在那里的粮食危机。"绿色革命"为所有发展中国家解决人口爆发性增长与粮食供需的矛盾带来了转机和希望。对此，世界观察研究所所长莱斯特·布朗（Lester Brown）曾评价道："在亚洲发生的这种农业革命，不应当仅仅被看作一时的新闻，而应当被看作亚洲划时代的现代化过程的开端。"②

由于新开发的品种能够提高粮食产量，因此在世界各地得到迅速推广。在稻米和小麦的播种面积中新品种播种面积所占比例，在印度1970年是39%，1975年增加到75%；在其他亚洲国家，1970年为40%，1975年增加到57%。在产量上，1969年亚洲小麦产量比1960—1964年平均增加了30%，稻米比1963—1967年平均增加了18%。

"绿色革命"也存在一些局限性：

第一，新品种的种植需要良好的灌溉设施和管理，否则新品种的潜在增产能力就不能

---

① 苏布拉塔·加塔克，肯·英格森特. 农业与经济发展. 北京：华夏出版社，1987：15.

② Lester Brown. The World Population and Food Supply. VSDI Report，1968.

得到发挥。而许多发展中国家仍然是靠天吃饭，灌溉设施不发达，严重依赖自然降雨。如果不对灌溉排水进行大的投资，消除灌溉不足的制约条件，就不能期望产量有很大的提高。

第二，新品种的种植需要大量施用肥料，否则也发挥不了它的增产潜力。20 世纪 70 年代的石油危机造成化学肥料价格上涨，对“绿色革命”也带来了严重的影响。长期地提供廉价化学肥料，是保持“绿色革命”增产效果的关键。

第三，“绿色革命”对发展中国家的农村社会结构产生了不利的影响。农村中收入分配不平等的现象变得更加严重，从而影响到社会稳定。高产量品种和肥料多投在技术上是规模中性的，大地主和大农场主能够接纳，小农和佃农也可以利用。但在其他方面，比如肥料贷款、引进抽水机等方面，大地主和大农场主比小农仍有优越性。小农的收入增加速度远远赶不上大地主、大农场主的收入增加速度。有的佃农还不得不将采纳新品种所增加的好处作为增加的地租交纳给大地主。

“绿色革命”虽然存在着许多局限性，但它在消除发展中国家的饥饿威胁、提高粮食的供给等方面的有效性是不可否认的。“绿色革命”的意义不仅仅停留在技术的进步上，还预示着发展中国家的农民由传统向现代化过渡的进步。当然，“绿色革命”并不意味着农业新技术进步的大功告成，还有许多新的问题和难题需要解决，比如如何开发适用于亚洲干旱地区的优良品种及相关的技术，从这方面来说，“绿色革命”仅仅是发展中国家农业发展的开始。

“绿色革命”的成功使传统农业能够生产更多的粮食来养活新增人口，但即使如此，在大多数发展中国家，传统、落后的农业仍占支配地位。那么改造传统农业、实现现代农业便是发展中国家未来农业的发展方向。与传统农业相比，现代农业就是用现代科学技术和工业来为农业提供生产的技术手段和物质手段，用现代经济管理方法来为农业提供组织管理手段，把封闭的、自给的、停滞的农业转变为开放的、市场化的、不断增长的农业。为了实现农业现代化，简单来说，需要进行以下三方面的改变：一是改革现行的土地制度，建立一种能够使得农业生产者付出的努力与其获得的报酬成正比的土地制度，提高农民的生产积极性，从而促进技术进步和农业发展；二是变革农业生产组织方式，使传统农业小而全的生产模式，逐步向专业化、规模化、社会化方向发展，成立一系列产前、产中和产后的服务组织，实现农工商一体化，即“农业产业化”；三是在政府各项惠农政策，如农业基础设施投资、信贷资金支持以及研究和推广农业新技术等政策的帮助下，实现农业的现代化。因此，这对于今天正在进行农业现代化建设的发展中国家来说仍然具有现实意义。

核心概念

粮食供需	农业贡献	传统农业
诱致技术变革	绿色革命	

复习与思考

1. 农业在经济发展中的作用有哪些？
2. 传统农业有哪些特征？如何改造传统农业？
3. 什么是绿色革命？它具有哪些现实意义？

第十二章

工业化、信息化与城市化进程

本章重点

- 什么是工业化
- 进口替代与出口替代工业化道路
- 发展中国家工业化与信息化的关系
- 发展中国家的城市化问题
- 中国特色新型工业化道路的内涵及特征
- 中国推进城市化发展的战略思路

当代所有发达国家都是高度工业化的国家，而发展中国家又几乎都是工业化程度比较低下的国家。信息化浪潮的兴起，对全球经济尤其是广大发展中国家产生了重大影响，发展中国家要想在新一轮科技革命中立于不败之地，必须调整传统的工业化道路，广泛采用信息技术，以工业化促进信息化，以信息化带动工业化，实现经济的迅速增长，以尽快缩小与发达国家之间的差距。同时，许多国家经济发展的实践表明，经济发展和城市化有着极为密切的联系，城市化往往伴随着经济发展。这一事实自然使人们把经济发展同工业化、信息化和城市化联系起来，并认为，没有工业化、信息化和城市化，就没有经济发展。因此，弄清工业化、信息化和城市化的相互关系，研究发展中国家应如何选择适合自己的工业化、信息化和城市化道路，就具有十分重要的意义。中国的国情则决定了中国的工业化道路和城市化进程具有一些不同于世界其他国家和地区的特点。

第一节　发展中国家的传统工业化道路

广义的工业化就是发展或现代化，因而，工业化道路也就是发展模式或现代化模式。所谓工业化道路，实际上就是谋求发展、实现工业化或现代化的途径。工业化道路不是先验的，而是通过对已经开始或完成工业化的国家进行分析、归纳而总结出来的。在二战后发展中国家工业化的进程中，基本形成了以进口替代和出口替代为代表的两种工业化道路。

一、工业化的含义及衡量指标

（一）工业化的含义

工业化是经济发展和社会进步的必由之路，它是社会生产力发展到一定阶段的重要标志。所谓工业化，有广义和狭义之分。狭义的工业化，是指机器大工业在国民经济中发展并达到占统治地位的过程，即国民经济结构发生了以农业占统治地位向以工业占统治地位的转变，它使一个国家由传统的农业国转变为现代的工业国。广义的工业化，则是指发展或现代化。所谓发展，就是一个国家摆脱贫困落后、实现现代化的过程，是指伴随着经济增长而出现的经济结构、政治体制、法律文化甚至观念习俗等方面的变革，它涉及经济、政治和社会的各个方面。因此，从某种程度上讲，广义的工业化就成了发展和现代化的同义语。

工业化，既是一个历史性的概念，也是一个世界性的概念。所谓历史性的概念，就是说工业化的内容和标志不是固定不变的，而是随着历史的发展有着不同的具体内容和标志。在18世纪英国产业革命（又称工业革命）时期，工业化是以蒸汽机的广泛应用即机械化为标志的；19世纪末20世纪初的垄断资本主义时期，电气化又成了实现工业化的标志；而当今在新技术革命的浪潮中，西方发达国家又进入了自动化、电子化和信息化的时代。所谓世界性的概念，就是说工业化的内容和标志不是孤立的，而是在各国之间的相互比较中才能确定的，是指社会经济发展必须达到当时的世界先进水平。

工业化与产业革命、技术革命是三个不同的概念，它们之间既有联系又有区别。产业革命指的是机器生产代替手工劳动，机器工业代替手工工业，从而产生了工厂制度，形成了工业资产阶级和工业无产阶级。简言之，即从以手工技术为基础的工场手工业过渡到采用机器生产的工厂制度，它既是生产力的一次革命，又是生产关系的一次巨大变革。从产业革命和工业化之间的关系看，一方面，产业革命的开始，即机器的发明和应用，是工业化过程的起点。没有产业革命，就根本不可能有工业化的实现。从这个意义上说，工业化的过程中包含着产业革命的过程，产业革命是工业化过程的第一个阶段，或者说是工业化的前期。另一方面，产业革命并不等于工业化。产业革命的完成，即机器生产代替了手工劳动，并不等于工业化的实现，而是产业革命的完成在前，工业化的实现在后。从产业革命完成到工业化实现之间的这段时间可以说是工业化的第二个阶段，或者说是工业化的后期。两者之间的这种非同步性已由世界主要西方发达国家经济发展的历史所证明。所谓技术革命，指的是世界性的生产技术领域内的重大变革或质的飞跃。从近代到目前，世界范围内具有突破性的技术革命已经发生过四次。第一次，从18世纪60年代开始，以蒸汽机的发明和应用为主要标志；第二次，从19世纪70年代开始，以电力的广泛应用为主要标志；第三次，从20世纪40年代开始，以原子能和电子技术的利用为主要标志；第四次，自20世纪90年代以来，以信息技术的发展为主要标志，使人类社会从工业社会逐步迈入信息社会，知识经济迅速发展。可以预期，随着社会的发展和科学的进步，将来还会不断地出现新的技术革命。

（二）工业化的衡量指标

西方发达国家又被称为工业化国家，而广大的发展中世界，除了“亚洲四小龙”等被称为新兴工业化国家或地区外，绝大部分都处于工业化初期或半工业化状态。那么，如何确定工业化实现程度的衡量标准呢？既然工业化是一个历史性的概念和世界性的概念，那么自然就不应当规定一个绝对的标准。过去，衡量工业化发展程度一般以工业产值在工农业总产值中所占的比重作为标准。斯大林就曾把国民经济中工业总产值占工农业总产值的70%以上作为实现工业化的标志。德国经济学家霍夫曼则以制造业中消费资料工业和生产资料工业之间的净产值比例来衡量工业化程度，这一比例被称为霍夫曼比例，即：

$$\text{霍夫曼比例}=\frac{\text{消费资料工业净产值}}{\text{生产资料工业净产值}}$$

霍夫曼将工业化过程由低到高分为四个阶段，这四个阶段的霍夫曼比例分别为5(±1)、2.5(±1)、1(±0.5)和小于1。以后又有人从不同的方面提出了其他一些重要的衡量标准。我们认为，仅仅以工业总产值在工农业总产值中所占比重，或者以霍夫曼比例等某一项指标来衡量工业化的实现程度，虽然能说明一定问题，但还是远远不够的。

比较全面地衡量工业化程度，需要综合考察以下相互联系的六个方面：(1) 工业总产值占国民生产总值的比重，即在国民生产总值中，工业比重的上升和农业比重的下降；(2) 农业劳动力占社会劳动力总人数的比重，即在劳动就业总人口中，农业比重的下降和工业比重的上升；(3) 工业自身的物质技术装备水平，包括工业生产的机械化、电气化和自动化；(4) 农业的工业化水平，农业的工业化意味着农业机械化的实现，农业生产中广泛地应用电力和电气设备，农业生产效率成倍地提高；(5) 第三产业在国内生产总值中的比重，随着工业化的推进，第三产业所占的比重将日益提高；(6) 广大国民的福利水平，工业化意味着社会生产力成倍增长，社会物质财富迅速增加，广大国民都能享受到工业化带来的利益，其福利水平普遍得到提高。有必要指出，这最后一项指标是前面几项指标的综合反映，也应当是工业化过程中国民经济高速增长的必然结果。当然，工业化的标志绝不仅此而已，上述六项只是主要标志。各个国家或地区工业化大的趋势、基本特点和基本规则应该是相同的，在此情况下，各个国家或地区应该有适合自己特点的具体标准。

二、进口替代与出口替代

（一）进口替代

所谓进口替代工业化道路，是指通过建立和发展本国的制造业和其他工业，用自己的制成品替代进口的制成品，并使国际收支得到平衡，从而发展经济，实现国家的工业化。

进口替代工业化道路最早由拉美国家实施。第二次世界大战结束后的20世纪50年代，其他发展中国家为实现国家工业化，一般也都是从实施进口替代战略开始的，到60年代上半叶，进口替代战略达到了鼎盛时期。这些国家包括拉美的巴西、墨西哥和阿根廷，亚洲的印度、巴基斯坦和菲律宾，等等。发展中国家普遍实施进口替代战略的原因有三：一是发展中国家为改变自己在国际经济关系中的不平等地位，感到必须改变自己畸形的经济结构，改变长期以来进口制成品、出口初级产品的局面；二是发展中国家从后起的西方工业国家和传统的社会主义国家工业化实践中认识到，在强大的国际垄断资本势力的包围下，要建立自己的民族工业，仅仅依靠私人资本是不够的，必须利用国家政权力量，通过关税和其他手段对本国的幼小工业实行有效保护；三是许多发展中国家尽管缺乏资金和技术，国内市场也较狭小，但多数国家已具备建立民族工业的一些基本条件。

实施进口替代战略的发展中国家一般采取保护国内工业的政策，这些保护政策主要体现在以下四个方面：

第一，进口限制。政府在一定时期内对若干种进口商品规定数量或金额方面的限制，从而提高进口商品在国内市场上的价格，以排除其在价格、质量方面与国内同类商品的竞争，这样便为国内同类替代品的生存创造了条件。

第二，外汇管制。政府集中使用外汇，并把较多的外汇分配给进口替代所需投入品的进口者。同时，由于在国内通货膨胀过程中，汇率的调整慢于币值本身的变化，于是官方汇率便偏离由外汇实际供求状况决定的均衡汇率，形成过高的汇率。这样就降低了进口物品的国内价格，从而降低进口替代部门产品按国内价格结算的成本。

第三，差别关税。政府制定政策，对进口替代所需投入品实行低关税，而对消费品实行高关税。这有利于进口替代部门降低产品成本，从而可以保护和促进进口替代工业部门的发展。

第四，鼓励国内投资。对国内进口替代工业的投资实行特殊的优惠政策，并对外资实行严厉的限制甚至排斥措施。

进口替代工业化道路分为初级进口替代和高级进口替代两种类型。所谓初级进口替代是指从发展农产品加工工业部门着手，主要投资于非耐用消费品生产的进口替代，如食品罐头、日用化学品、造纸、塑料、橡胶、纺织、印染等工业。实行这种进口替代战略具有以下优点：现成的国内市场，产品销路问题不大；初期投资金额小，容易创办；资金回收期限短，成长快；技术简单，熟练工人容易培训；可以创造较多的就业机会；节省外汇；符合比较优势理论。但是，采取初级进口替代战略，应当注意这一战略的两个主要缺陷：(1) 由于完全依赖国内市场，因此，一旦国内市场饱和，这些进口替代的产业便无法继续向前发展。特别是发展中的小国，由于国内市场狭小，很快就会达到饱和状态，经济发展容易达到极限。(2) 进口替代工业生产的是原来依靠从发达国家进口的产品。发达国家技术较先进，生产规模较大，效率也较高。当原来依靠进口的产品改由国内产品代替后，在刚起步时，进口替代工业可能效率低、成本高。因此，如果要同外国产品竞争，就必须采取保护措施。但政府的保护政策一方面会妨碍本国工业的自主发展，造成对政府的依赖；另一方面还会造成国内产品的垄断地位，导致价格上涨，市场机制被破坏，从而导致资源配置的不合理。因此，这种进口替代过程，特别是在国内市场狭小、易于饱和的情况下，不能被长期采用。当然，像中国、印度和巴西这些发展中大国，由于国内市场较大，这个过程可以长一些。然而，无论如何，这个过程总是有限的，因为当今的二元结构经济都是开放型的，不能只替代一部分非耐用消费品，也不能总是出口一些初级产品。因此，对于大多数发展中国家来说，工业化的进一步深入有两条可供选择的道路：一是高级进口替代；二是出口替代。

所谓高级进口替代，是指除继续生产替代进口的非耐用消费品外，转而进一步提高所生产产品的档次，包括耐用消费品、中间产品和资本品，并进行原料深加工。显然，高级进口替代意味着国内工业化扩展到了大部分工业部门。但高级进口替代需要具备一定的前提条件，即初级进口替代部门必须达到较大规模，从而形成足够大的中间产品和资本品市场；国内有较丰富的自然资源，在原料、燃料等方面有可能为高级进口替代部门提供强大的后盾；需要有更多的资本和更高的技术，同时也需要更多的保护。从初级进口替代发展到高级进口替代，工业化得到了有力的推进。

进口替代工业化道路是一种既有利又有弊的模式。它的积极作用主要表现在三个方面：

第一，由于保护了国内市场，发展中国家的制造业得以较快发展，从而为建立民族工业基础、促进国民经济的增长做出了积极的贡献。

第二，替代工业（制造业）的发展，改变了原来单一、畸形、以农业为主的经济结构，促进了经济结构的改造。

第三，由于这种战略大幅度地降低了进口制成品的比重，因而提高了一些国家的经济自立程度，降低了对外依赖性。

然而，进口替代工业化道路的实施也带来了一些消极影响，这些消极影响主要有三。一是利润外流。发达资本主义国家的垄断资本利用发展中国家发展本国制造业的时机，大力投资于发展中国家的制造业，不但达到了剥削当地廉价劳动力、越过关税保护壁垒的障碍、获得高额利润的目的，而且掌握了发展中国家一些工业部门的命脉。二是国民经济各部门的关系失调。在进口替代战略实施期间，重视替代工业尤其是制造业的发展，忽视了动力、能源、交通等基础设施部门和农业的发展，造成国民经济各部门的关系严重失调。工业品和农产品的价格“剪刀差”不断扩大，农业所需的化肥及必要的生产资料得不到外汇的支持和保证，农业的发展受到了严重损害，发展中国家的粮食往往不能自给，反而要依赖进口，增加了外汇的支出。三是外汇危机。进口替代发展战略的实施固然使国外工业消费品的进口大大减少，从而节约了部分外汇，但是，发展制造业所必需的机器设备、中间产品和原材料的进口却急剧上升。同时，这一期间有关的贸易保护政策和汇率政策，一方面使工业产品出口因成本高、质量低而缺乏竞争能力，另一方面，传统的初级产品出口因本国币值高估而受到影响。结果，国际收支困难不但没有得到缓和，反而使情况日趋恶化。在20世纪60年代中期前后，许多国家发生了严重的外汇危机，并大大影响了它们的经济增长速度。

（二）出口替代

所谓出口替代工业化道路，是指用非传统的产品出口代替传统的初级产品出口，即用加工后的初级产品、半制成品或制成品取代农产品作为出口的主要产品，以此来发展经济，实现工业化。

出口替代工业化战略是在20世纪60年代中期前后首先由东亚和东南亚的一些国家和地区实施的，其中尤以新加坡、韩国、中国台湾和中国香港这“亚洲四小龙”为代表。它们指望利用自身廉价的劳动力优势，通过积极引进外国资本和技术，进口国外廉价的原料和能源，发展劳动密集型出口加工工业，并通过出口来带动经济的增长，实现工业化。同时，这一时期的国际环境也为实施出口替代工业化战略创造了条件，主要表现在：

第一，在二战后科技革命的推动下，西方发达国家的经济处于黄金时代，战前严格的贸易限制大大放松，这给发展中国家增加出口提供了可能。

第二，一系列新兴工业部门的出现和发达国家国内劳动力价格的上升，使西方发达国家加快了其经济结构调整的步伐，试图把一些“夕阳工业”和劳动密集型产业转移到发展中国家。

第三，西欧、日本开始成为国际上一股重要的经济力量，它们同美国争夺世界市场的斗争日趋加剧。各国跨国公司也日益重视利用发展中国家的丰富资源和廉价劳动力队伍，从全球经营战略出发，部署生产和流通各个环节，以降低成本，提高竞争能力。

实行出口替代战略，关键是提高出口商品的竞争能力，打开国际市场的销路。为此政府往往采取一些有利于出口的政策，这些政策主要是：(1)鼓励出口产品的生产。减免产品税，优惠所得税，对出口部门投入品实行优惠供给和运费折让等，试图在高汇率不变时抵消其对出口部门的影响，以鼓励出口部门的生产。(2)放宽外汇管制。调整汇率，逐步使汇率接近实际外汇供求平衡汇率，以便全面推动现有的出口，并促进新的出口。(3)外汇留成。在高汇率条件下，为确保出口部门的利益，允许出口部门保留部分外汇，按市场汇率出售或用于进口所需的投入品，而无须按官方汇率将出口所获的外汇全部上缴。(4)出口退税和出口补贴。对出口所需的进口投入品退还其关税，以降低出口成本；当新的部门有可能成为出口部门时，通过给予出口补贴，更快地促成这一转变。(5)鼓励投资，并实施有吸引力的外资政策。

出口替代道路由于受到原有经济结构、工业化进程和各国具体条件的限制，大体上可分为三种类型：一是原来出口初级产品的国家，后来日益增加对初级产品的加工出口，如马来西亚、泰国和科特迪瓦等；二是发展中大国，如巴西、墨西哥、阿根廷和印度等，它们的制成品出口在很大程度上是建立在过去进口替代战略实施期间所建立起来的工业基础之上的；三是一些小国和地区，如“亚洲四小龙”，由于资源和市场的限制，它们主要发展面向出口的劳动密集型装配加工工业。

出口替代工业化道路的优点主要表现在三个方面：第一，以制成品出口为核心的工业化立足于国内和国外两个市场，从而使工业化进程摆脱了国内市场的约束；第二，制成品出口作为一种赚取外汇的手段，有可能以更低廉的国内资源成本为改善国际收支状况做出积极贡献；第三，出口替代所带来的就业机会要比进口替代多得多，这有助于缓解发展中国家的就业压力。出口替代工业化战略对推动一些发展中国家和地区对外贸易和国民经济的增长起到了一定的积极作用，以至以“亚洲四小龙”为代表的一些发展中国家和地区被称为新兴工业化国家或地区。

但是，这一道路本身也存在着许多矛盾，随着20世纪70年代中期的世界资本主义危机和西方发达国家经济的“滞胀”困境的出现，这一战略也日益暴露出它的各种弊端。

第一，在出口替代战略实施期间，由于出口的增长速度低于进口的增长速度，国际市场价格的大幅度上升又使进口成本增加，同时，一些国家国内投资规模过大，被迫举借巨额外债，外债还本付息的负担越来越重，结果，原先设想的解决外贸和国家收支逆差的目标不仅没有实现，反而变得更为棘手。

第二，在出口替代战略下建立起来的工业，主要是为了出口，因此，造成这些国家和地区的经济严重依赖于世界市场。

第三，在面向出口的同时，发展中国家出现了忽视国内消费的倾向，导致了消费品的短缺。追求高投资又使得发展中国家不断增发纸币，增加税收。为刺激出口，许多国家还实行货币贬值，致使进口货物的价格也随之上涨，从而引发了严重的通货膨胀。

此外，外资对新兴工业部门和其他一些重要工业部门的控制，出口部门日益严重的对发达国家的技术依赖，利润、股息、跨国公司内部调拨价格等方面的原因造成的大量资金外流，中小企业的发展所受到的阻碍等，也是出口替代发展战略所造成的种种弊病。

三、发展中国家传统工业化道路的局限性

第二次世界大战后，大多数发展中国家遵循了以进口替代和出口替代为特征的工业化道路。不容否认，这种传统工业化道路在很大程度上的确促进了发展中国家的经济发展。但在当今的信息化时代，发展中国家的这种传统工业化道路日益显现出它的局限性和缺陷，这主要表现在以下三个方面。

（一）传统产业的工业化

20 世纪 50 年代初期，多数发展中国家都认为，由于发展中国家制造业落后却具有制造业的潜在比较优势，经济发展的关键在于拥有强大的制造业，但发展中国家幼稚的制造业最初不能与发达国家已经成熟完善的制造业竞争，所以政府应该暂时利用关税和非关税壁垒等贸易措施保护本国制造业，直到它们足够强大，能够参与国际竞争为止。因此，发展中国家纷纷实施了进口替代的工业化策略。发展中国家的比较优势在于廉价的劳动力和丰富的自然资源，而进口替代政策又限制了先进技术和高端产业的引进，因此，工业化战略就集中于对传统产业的发展，即对初级产品、农产品、矿产品等的生产和加工，从而产业层次低，不足以支撑整个国民经济的发展，而且在国际分工中也处于不利地位。更为重要的是，在严格的进口限制条件下，发展中国家普遍缺乏与发达国家交流的机会，信息闭塞、思路狭窄，缺少先进生产技术和设备、熟练劳动力、优秀企业家以及科学的组织结构，导致国内低效的工业制造部门仍然能够生存，结果就是产品技术含量低、生产成本高、资源能耗大。

20 世纪 70 年代初，许多一直致力于进口替代工业化的发展中国家，没有显示出赶上发达国家的任何迹象，国内制造业的发展并没有带来经济的起飞，在这种情况下，进口替代政策受到越来越多的攻击，这个时期，另一条工业化道路即出口替代或出口导向工业化道路受到普遍重视，即通过出口特别是向发达国家出口工业品来发展本国工业，其思路主要是用轻工业产品出口替代初级产品出口，用重化工业产品出口替代轻工业产品出口，以带动经济发展，加快工业化进程。这条工业化道路带来了发展中国家的经济增长，然而，

由于单纯地追求出口创汇和经济增长，发展中国家普遍采取的是粗放型增长方式，导致了资源浪费和环境污染。与此同时，发达国家通过经济战略和产业结构调整，在世界范围内配置资源和安排生产，把资源消耗大和劳动密集型的产业转移到发展中国家，自己却不断开发新技术和发展新产业，从而进一步拉大了其与发展中国家的差距。

（二）资源和环境的巨大代价

传统工业化道路虽然使得发展中国家的经济发展取得了一定的成就，但同时付出了巨大的资源和环境代价。产生资源、环境问题的原因主要有三个方面：

一是认识上的不足导致行为上的盲目。传统的视自然为人类的“仓库”以及视自然为人类的“垃圾场”的思想引导人们对自然的过度索取和肆意破坏，人们没有深切体会到自然资源供给和环境容量的有限性，导致对自然资源的不合理利用，这表现在很多方面，比如对不可再生资源（如矿产）的不合理开采，以及对可再生资源的滥用造成自然资源不可逆转的退化。

二是传统的只注重 GDP（国内生产总值）增长的发展观造成了资源和环境的巨大成本。传统的发展观单纯地追求 GDP 的增长，忽视节约资源和保护环境，所以，传统的工业化道路即为追求单纯的经济高速增长，广大发展中国家的增长方式是粗放型经济增长，走的是大量开采资源—大量生产—大量消费—大量废弃的道路，而这种模式是建立在高能耗、高物耗、高污染的基础之上的。因此，经济总量的扩张给环境、资源造成了巨大的压力。

三是传统的进口替代和出口替代战略带来的负面影响。发展中国家在实施进口替代、出口替代战略的过程中，一般都是以从发达国家引进、接收劳动密集型、资源密集型和环境污染型产业为起点，同时生产技术、管理水平低下，资源持续利用意识比较落后，结果导致了资源消耗大、环境污染重的巨大代价。而一些发达国家人为地向发展中国家进行的诸如“污染输出”、对一些资源性产品的掠夺性交换等行为，进一步恶化了发展中国家的资源和环境，严重制约了经济发展的可持续性。

（三）南北差距日益扩大

传统的工业化道路的确实现了发展中世界一定程度的经济增长，出现了诸如“亚洲四小龙”以及中国经济腾飞的经济增长奇迹，但是，就发展中世界整体而言，相对于发达国家信息化时代更快速的增长与更高的发展水平，二者之间的差距越来越大。信息技术、知识经济和经济全球化带来了新的经济增长方式和新的经济发展观，发达国家率先走上了新的发展道路，从而进一步扩大了其与发展中国家之间的南北差距。

世界银行资料显示，富国人均收入与穷国人均收入之间的差距已从 1960 年的 30 倍扩大到 2013 年的 59 倍。2013 年，最富国（挪威）人均收入比最穷国（马拉维）人均收入多出 380 倍。世界上最不发达国家的数目从 1970 年的 25 个增加到 1981 年的 39 个、1990 年的 42 个和 2005 年的 50 个。2013 年全世界的 GDP 已经达到 75 万亿美元，其中，仅占世界总人口 11%的七国集团（即美国、加拿大、德国、英国、法国、意大利和日本）却占全世界 GDP 的 46%，而世界其余地区的人口占世界人口的 89%，GDP 仅占 54%。差距最大的地区是亚洲和太平洋地区，该地区的人口占世界人口的 52%，但是 GDP 仅占 15%；撒哈拉沙漠以南非洲地区占世界人口的 11%，GDP 只占 2%；拉丁美洲和加勒比地区的人口占世界人口的9%，GDP占8%。① 面对这样一种富国越来越富、穷国越来越穷的局面，发展中国家若不能迎头赶上，就将面临日益边缘化的境地。

第二节 信息化时代发展中国家工业化道路的转型

进入20世纪90年代以来，以发达国家为代表的信息化进程日益加快，世界信息化浪潮逐步兴起，并对全球经济产生了重大影响。在信息化时代这一变化了的条件下，发展中国家显然不能重复发达国家的传统工业化道路，如果还是按部就班地实行先工业化再信息化的策略，不但不能赶上西方发达国家，而且会继续拉大差距。因此，在信息化时代，发展中国家必须调整传统的工业化道路，通过信息化与工业化的交互作用，走新型的工业化道路，以实现经济的跨越式发展。

一、发展中国家工业化与信息化的关系

发展中国家的工业化阶段相对于发达国家的信息化阶段落后了一个历史性阶段，同时发展中国家传统的工业化道路又面临着日益严峻的挑战。但是，当今的信息化时代则为发展中国家工业化道路的转型提供了巨大的历史机遇，它们可以以工业化促进信息化，用信息化来带动工业化，通过信息化和工业化并举的发展战略来实现发展中国家经济的跨越式发展。

（一）以工业化促进信息化

发达国家传统的经济发展路径是先实现工业化，在工业化得到长足发展之后才进入信息化发展阶段。在经济和社会发展中，工业化是一个历史发展过程，主要是工业逐渐取代农业，并对整个社会生产方式产生深刻的影响。工业化社会以后是“信息化”社会，也称“后工业化”社会。目前发达国家的工业产值在GDP中的比重尽管已低于服务业，但工业仍然是经济的基础，即使是已经进入后工业化社会的美国，制造业仍然是国民经济的支柱产业。

但是，广大的发展中国家至今仍处于工业化的中级阶段甚至初级阶段的水平，面临着工业基础薄弱、经济实力不足、经济发展不平衡等问题。显然，对于经济基础本来就薄弱的发展中国家而言，完成工业化仍然是不可逾越的阶段，如果放弃工业化而仅仅追求信息化的发展，最终会使信息化的发展成为无源之水。信息化必须以工业化的发展为基础，这有以下三个方面的原因：

第一，工业化为信息化提供物质基础。信息化的基础设施建设、技术装备、通信设备、电子产品等都要以工业化的发展为支撑。发展中国家在信息时代面临着发展机遇多，同时瓶颈限制也多的无奈：一方面是信息技术带来的前所未有的好处和发展机遇；另一方面是资金不足造成的信息基础设施建设的滞后。所以，发展中国家必须更加紧迫地推动工业化建设，为实现工业化与信息化的互动发展提供坚实的基础。

---

① 中国国家统计局. 国际统计年鉴（2014）. 北京：中国统计出版社，2014.

第二，工业化的进一步发展为信息化积聚资金。信息产业毕竟是新兴产业，信息化的发展需要大量资金和人才的投入，而发展中国家经济实力不足，如果撇开工业化，信息化的发展便无从谈起。通过工业化发展，不仅能够使资金更多地流向新兴的信息产业，而且能通过形成的资本市场为新兴的信息产业开拓多种投融资渠道。

第三，工业化的发展促进了信息产业市场的扩大。在当今加强信息产业发展的呼声日益高涨的情况下，发展中国家不应盲目照搬发展模式，而要根据自己的具体情况制定适合本国的发展战略。大力发展信息产业并不意味着排斥传统产业，传统产业的发展为信息产业的形成和发展提供了一个广阔的应用领域，使其能够在应用中进一步提高及创新。只有依托于现有的传统经济的实体产品和物理网络，信息产业才能寻求进一步的扩散和发展。

（二）以信息化带动工业化

信息化也就是信息技术在各行各业不断扩散的过程，为发展中国家发挥后发优势、实现经济的跨越式发展创造了条件，信息化带动工业化的作用具体表现在以下四个方面：

第一，信息化能够促进发展中国家产业结构的调整。在发达国家，信息化是在工业化完成的基础上进行的，产业结构演化是整个国民经济自然发展的结果。而对于发展中国家而言，信息化是伴随着工业化的进程进行的。发展中国家在推进工业化的过程中，通过利用信息技术带来的资源配置方式和生产方式等的变革，可以加快产业结构升级的步伐，调整产业结构演化的方向，使工业化过程中形成的产业结构更趋高级化，实现经济结构调整上的跨越。

第二，信息化有利于发展中国家引进新技术、生产新产品、采用新标准。首先，信息资源已经与物质、能源并列成为同等重要的三大战略资源，与传统的战略相比，发展中国家在获得新的战略资源方面比以前更容易了。其次，信息化使得发展中国家比以前更容易引进和吸收发达国家的技术开发成果，采用新的生产工艺，实现跨越式的技术进步。此外，信息技术的突飞猛进使得技术及产品的更新换代步伐更快，与以往相比，信息时代发达国家的新技术及新产品向发展中国家的转移明显加快。

第三，信息化为传统工业实现管理的现代化和科学化及提高经济效益创造了条件。传统的产业组织结构必须与信息化的要求相适应，在微观上表现为企业管理及组织结构的调整。同时，信息化优化了工业化进程中的各种资源，使生产要素得到合理的配置，能够节约甚至代替部分资源。目前发展中国家企业组织结构及管理方式还不尽合理，与发达国家相比仍有很大的差距，但信息化可以在较短的时间内为这些国家企业组织结构的规范化创造条件，使其与发达国家的企业在组织结构和管理上实现同步，这从客观上加快了发展中国家在企业管理上的跨越式发展。

第四，信息化对工业化具有意识补充作用、替代作用和协同作用。信息经济的发展能在很大程度上弥补传统工业经济的不足，如高消耗、低效益、严重污染等，从而逐步建立以经济效益好、资源消耗低、环境污染少等为特点的新型发展观；信息资源在广度和深度上的迅速发展能够减少交易成本和资源浪费（比如网上交易能大大减少人力、物力），从而替代更大一部分物质资源；信息技术被广泛应用于社会生产与服务，为工业化经济的发展创造了新机会和新途径。

（三）信息化和工业化的融合

工业化与信息化的结合是发展中国家在自身工业化尚不发达，而发达国家已在完成工业化后大步迈进信息化发展过程的情况下采取的新的发展战略。它一方面在尚未完成工业化的情况下不因本国经济相对落后而退却，而是积极进取，大力推进本国的信息化进程；另一方面在信息化的过程中，不是放弃工业化的完成，而是按照信息化的要求，调整和校正本国的工业化战略，使工业化和信息化能够有机结合、相互促进。

信息技术对国民经济和社会发展的贡献最主要的不是其本身作为一个产业部门对国民生产总值的贡献，而在于它提供了一种有力的手段，能加快信息资源的开发利用，从而使国民经济和社会各个领域发展的速度、质量和效益得到普遍提高。工业化与信息化的结合，以信息化带动工业化，以工业化促进信息化，不仅可以通过信息技术在工业生产中的广泛应用和对传统工业的技术改造，使工业生产的速度、质量和效益得到极大的提高，使工业化的时间进程大大缩短，而且，工业化的经济实体必须在吸收信息化发展先进的生产、交换、分配方式的基础上才能继续生存、发展，离开信息技术的支撑，也难以实现工业化发展的飞跃。可以说，工业化与信息化的有机融合是发展中国家实现经济腾飞的必然之路。

因此，发展中国家只有经过自身的努力，在吸取发达国家现代化经验与教训的基础上，同时将本国的工业化和信息化两个阶段在一定程度上重叠起来，使自己既不违背传统工业化的一般规律，逾越工业化发展阶段，又能走出一条适合本国国情的新型工业化道路，以奋力跟上发达国家信息化的步伐。

（四）以跨越式发展作为新型工业化的战略目标

传统的工业化道路不仅没有使发展中国家与发达国家之间的南北差距缩小，反而在进一步拉大。因此，在信息化时代，发展中国家必须通过利用和发挥后发优势，实现社会生产力的跨越式发展，并把这种跨越式发展作为发展中国家新型工业化道路的战略目标。

后发优势是指经济发展落后国家通过利用先进国家的技术、经验，实现经济迅速发展的目标。跨越式发展是针对经济落后的国家和地区而言的，发展中国家由于存在着与发达国家的经济差距，从而产生了可跨越的空间，具有了跨越式发展的内在动力，并通过跨越式发展缩小南北差距。跨越式发展是发展中国家的历史选择。发展中国家不同于发达国家，没有领先优势，却有后发优势，这使跨越式发展有了可能。发展中国家实现跨越式发展具有两种含义或两种方式：一是以较短的时间和较少的代价实现与先进国家原来走过的发展历程相同的目标，如多数发达国家实现工业化差不多用了 200 年的时间，还付出了环境污染的高昂代价，而一些发展中国家实现工业化只需要少得多的时间，且尽可能避免“先污染、后治理”所带来的不必要的代价。二是在发展过程中跳过先进国家曾经出现过而发展中国家不必再重复的一些阶段，如在信息化建设中跳过主机阶段直接进入个人电脑阶段，跳过铜缆通信阶段直接进入光缆通信阶段，跳过封闭式专用网阶段直接进入开放式互联网阶段等。所以说以信息化带动工业化能缩短、减少工业化和信息化两者所需的时间和成本，实现上述两种含义或方式的跨越式发展。

需要指出的是，发展中国家的跨越式发展尽管需要沿着发达国家经历过的发展轨迹，以缩短现存的差距，但又不能局限于此，还需开创有自己特色和相对优势的发展道路。只有这样，才不至于永远追随他国之后，亦步亦趋，从而逐渐缩小并消除与发达国家的差距，以至最终超越发达国家。

二、信息化时代发展中国家实施工业化道路转型的对策

发展中国家传统工业化道路的缺陷决定了发展中国家面对信息化浪潮必须实施工业化道路的转型。那么，信息化时代发展中国家应该采取怎样的对策来实施工业化道路的转型呢?

（一）优先发展以信息技术为先导的高新技术产业

信息产业具有增长快、产业关联度大和社会影响面广的特点，各发达国家纷纷把信息产业列为支柱产业予以培育，争取21世纪发展的主动权。在整个信息技术、信息产业和信息经济领域，发达国家的垄断程度十分明显，尤其是美国以其雄厚的经济实力和科技实力，独占世界信息产业的霸主地位，这又反过来促进了其经济的发展，促成了20世纪90年代美国经济长达近10年的持续增长，形成了所谓的“新经济”现象。据报道，2000年美国信息业的产值已占美国GDP的8%以上，成为美国的最大产业，信息业对美国经济增长的贡献率达1/3。与此相对照，在发展中国家，除了少数新兴工业化国家和地区基础较好外，大多数国家信息基础薄弱。南北信息化程度的差异将会进一步拉大双方的经济差距。因此，发展中国家在新型工业化进程中必须优先发展以信息技术为先导的高新技术产业。

信息产业是典型的技术密集型产业，发展中国家在信息技术的发展上，应该采取不断引进并有所发展和创新的战略。信息技术的发展可在引进的基础上分三个阶段进行：

第一，引进产品阶段，通过引进产品直接提高发展中国家的信息技术水平。

第二，引进企业阶段，通过合资、合作和独资的方式，引进发达国家的资金、技术和管理经验。

第三，引进技术阶段，在这个阶段注重对技术的消化、吸收和推广应用，注重对具有自主知识产权的信息技术的开发，注重与国外大企业联手开发新技术，特别是在信息技术产业领域内，要形成具有自主知识产权的核心技术以及核心设备的制造能力，加快实现大规模集成电路、高性能计算机、大型系统软件、新一代移动通信设备、数字电视系统等核心信息技术的产业化。对新技术革命下诞生的新兴产业，如互联网等领域，由于发达国家也刚刚起步，发展中国家可以通过引进吸收和联合攻关，争取在一两个领域获得突破，发展成为适合本国国情的主导产业，并以主导产业的发展带动其他产业的发展和升级。

（二）充分利用信息技术加快改造传统产业

优先发展高新技术并不意味着可以忽视传统产业的发展，传统产业也绝不是什么“夕阳产业”，相反，发展中国家在大力发展高新技术产业的同时，应当注重对大量传统部门进行改造，用信息技术改造传统产业，实现传统产业的信息化。必须强调的是，用信息化带动工业化，主要体现为用以信息技术为代表的高新技术和先进适用技术改造传统产业，促进传统产业升级换代，最终促进发展中国家的经济增长与发展。在现阶段，广大发展中国家需大力推动传统产业的改造，提高其劳动生产率，加快产品的升级换代，增强产品的竞争能力，使制造业等传统产业能在与高新技术结合的基础上得到更快更好的发展。

发展中国家由于其所处的发展阶段，传统产业部门在国民经济中仍占有很大比重，因此传统产业的发展对于发展中国家经济的发展有着重要作用。在信息化条件下，用信息技术改造和提升传统产业，特别是传统的制造业，对于提高传统产业的竞争力、促进产业结构升级都具有重要意义。以信息化为代表的高新技术，对于制造业等传统产业有很强的渗透力和提升力，信息技术可以渗透于产品设计、研发、制作、管理、营销等整个过程之中，并会大大提升产品质量、效率与效益，使制造业等传统产业能在与高新技术结合的基础上得到更快更好的发展。为此，发展中国家要鼓励包括农业、工业和服务业在内的各个产业及其企业广泛应用信息技术，提高计算机和网络的普及应用程度，加强信息资源的开发利用，促进产业技术水平的提高。同时，传统的产业组织结构必须与信息化的要求相适应，即在企业管理和组织结构上必须做出相应调整。由于发展中国家目前的企业组织结构和管理方式还不太合理，因此需要对企业的组织管理和经营方式进行改造和创新，用现代信息手段改造传统管理，创造新的管理概念和管理体系，使企业的信息、决策、执行三者集成化，提高决策质量和效率。利用信息共享机制，将垂直一体化管理向组织扁平化矩阵式管理转化，用信息技术重构过程管理、物流和资金管理，改善成本结构，降低成本，提高经济效益。

（三）培养和建设一支高素质的信息技术人才队伍

在信息化时代，发展中国家亟须大力培养信息技术人才，努力培养一支信息化队伍，为此，应当建立一套实施信息化人才工程的组织管理体系，建立一套科学的培训制度和人才政策。在培养和建设高素质的信息技术人才队伍方面，发展中国家可以学习和借鉴印度的经验。印度目前几乎所有的大学都增设了软件专业，除此之外政府还支持每个邦兴办一所“信息技术学院”，专门培养不同层次的软件人才。在印度，软件人才的培养已经系统化、规模化和社会化，其产业化的 IT 培训中心每年为印度输送 14 万名软件基础人才，从而创造了印度软件神话。从印度的经验中可以看到，对教育的投资是培养信息技术人才的最有效途径：首先，建立完备的教育培训体制，培养一批具有较高的理论水平和专业知识的信息技术人才；其次，普及在职培训，使各类人才能够在实践中不断学习，掌握各种最新的知识和技术，提高知识水平和技能，在实践中造就一批具有创新意识、懂技术、会管理的科技型企业家。总之，要建立多渠道、多形式的人才培养体系，充分调动高校、企业、社会的积极性，参与人才的培养。

第三节 发展中国家的城市化

城市化是伴随着工业化和经济发展而出现的一种世界性的社会经济现象。第二次世界大战后，广大发展中国家的城市化进程日益加快，而且具有不同于发达国家城市化进程的特征。同时，城市化问题也日渐突出，阻碍了发展中国家社会经济的进一步发展，亟须采取相应的对策措施加以治理。

一、城市化与工业化的关系

城市化与工业化是两个不同但其内容又紧密相连的概念。所谓城市化，是指乡村分散的人口、劳动力和非农业经济活动不断进行空间上的聚集而逐渐转化为城市的经济要素，城市相应地成长为经济发展的主要动力的过程。它具体地表现为：一个国家或地区内的人口由农村向城市转移，农业人口转化为非农人口；农村地区逐步演化为城市地区；城镇数目不断增加；城市人口不断膨胀，用地规模不断扩大；城市基础设施和公共服务设施水平不断提高；城市居民的生活水平和居住水平发生由量变到质变的改善；城市文化和价值观念成为社会文化的主体，并在农村地区不断扩散和推广。总之，城市化不仅是物质文明进步的体现，而且是精神文明前进的动力。

城市大体上是与阶级、国家同时出现的。欧洲中世纪的城市孕育了近代产业革命，但是只有在近代产业革命以后，城市才真正主宰了世界。工业化过程中从事工业生产活动的企业在地理上向一个或几个特定的地点或地区集中，是近代以来城市化迅速发展的最主要原因。而工业在地理上集中的主要原因，又在于从事工业生产活动的企业将因此而获得规模经济效应。因此，从城市化与工业化的关系看，一方面，现代工业的兴起，为城市化提供了物质技术条件和各种社会条件，工业化推动了城市化；另一方面，城市化也反过来给工业化以极大的刺激。城市化的逐步推进，为现代工业的发展提供了较高质量的劳动力、不断完善的服务、日益扩大的市场、四通八达的交通，提高了工业劳动生产率和整个社会经济发展水平。城市化改变了空间面貌，同时也改变了人们的精神面貌。随着城市化的进程，人们的社会意识、价值观念、文化素质和人际关系发生了深刻的变化，这也是推动工业化发展的重要因素。城市化与工业化的相互促进作用是十分明显的。可以这样说，如果没有工业化，就不可能出现城市化；同样，如果没有城市化，工业化也难以实现。

尽管城市的产生并非工业化的结果，然而由于现代城市发展的历史和工业化以及经济发展的进程联系在一起，因而人们往往把城市化与工业化和经济发展等同起来，甚至将城市化带来的各种问题也看成是经济发展及工业化的必然结果，并进而得出城市化得不偿失的结论，而且许多人极力主张回到卢梭提出的“自然人”的状态。然而更多的人则认为，想抗拒世界城市化的趋势是不可能的。

二、发展中国家的城市化问题

二战后，随着发展中国家工业化的展开和经济的迅速发展，许多发展中国家的城市化步伐也日益加快。1950 年，发展中国家的城市人口约为 2.75 亿，仅占世界总城市人口 7.24 亿的 38%。到 1990 年，发展中国家的城市人口达到 14 亿，占世界总城市人口 23 亿的 61%。但是，由于发展中国家人口规模庞大，因此，其城市化水平与发达国家仍存在着很大差距。根据联合国人口与发展委员会 2005 年 2 月 16 日发表的报告，当时，发展中国家的城市人口占总人口的比例仅为 43%，而发达国家的这一比例则高达 75%。尤其值得注意的是，发达国家通常在城市化中后期才出现的城市化问题，在发展中国家却在早期就出现了，而且正在日益加剧。所谓城市化问题，也被称为城市病，既是城市化发展到一定阶段的产物，又是城市化水平还不够高的表现。城市病的产生，有体制、管理、观念、经验和行为方式等原因，更重要的是经济原因。发展中国家的城市化问题，突出表现在过度城市化、城市首位度畸高、城市失业与贫困化、城市环境污染和城市的社会问题上。

（一）过度城市化

所谓过度城市化，又被称为虚假城市化，是指城市化水平大大超过了本国的工业化水平和相应的经济发展阶段，表现为没有工业化和没有经济发展的城市化。从发达国家的情况看，一般在工业化初期，城市化水平低于工业化水平，而到工业化中后期，城市化水平开始变得超出工业化水平，并且差距越来越大。然而，在当代发展中国家出现的是另一番景象，即甚至在它们还没有进入最初的工业化阶段时，城市化水平就超过了工业化水平，而在它们进入了工业化阶段后，更发展成了一种过度城市化现象。例如，当发展中国家（社会主义国家除外）的城市化水平达到21%时，人均国民生产总值为340美元，而欧洲大陆城市化水平达到21%时，人均国民生产总值已高达650美元。① 这显然表明，发展中国家的城市化与工业化进程出现了严重的脱节。

发展中国家的过度城市化特征在拉美国家表现得最为突出。拉美国家的过度城市化是从1950年前后开始的。1950—1980年，拉美国家的城市化水平从40%提高到64%，只用了30年的时间。相比之下，发达国家则多花了20年。而且，在同样的城市化水平增幅内，发达国家的人均国民生产总值增加了大约2.5倍，而拉美国家只增加了60%。到2005年，拉美和加勒比地区的城市化水平已进一步高达75%，几乎与发达国家并驾齐驱，而阿根廷的城市化水平更是高达89%，超过了美国、日本、德国和法国等大多数发达国家。但实际上，拉美国家的工业化程度和经济发展水平还远远落后于发达国家。

（二）城市首位度畸高

所谓城市首位度，也称首位城市指数，是指一个国家或地区最大城市人口数与第二大城市人口数之间的比值，它通常用来反映该国或地区的城市规模结构和人口集中程度。一般认为，城市首位度小于2，表明结构正常、集中适当；大于2，则存在结构失衡、过度集中的趋势。由于历史原因和政策上的偏差，发展中国家并没有出现发达国家那种序列性规模的城市结构，而是出现了所谓“单一支配型城市”，造成发展中国家城市规模的分布很不合理。早在殖民统治时期，许多发展中国家就已经形成了畸形的特大城市，这也是发展中国家政治独立后开始城市化进程的基础。但许多国家独立后并没有主动改变依附经济条件下形成的城市结构上的缺陷，而是单纯地追求首位城市的发展。目前全球共有31个城市的人口超过了1 000万②，其中有23个城市位于发展中国家，而且其中的墨西哥城（2 180万）、圣保罗（2 050万）和孟买（1 800万）分别位居这31个人口最多城市的第3位、第6位和第7位。由于宏观上缺乏控制，许多发展中国家第一大城市的人口往往比第二大城市的人口（即城市首位度）高数倍。例如，墨西哥首都墨西哥城集中了全国约18%的人口，与其第二大城市瓜达拉哈拉的人口相比，城市首位度高达近5倍。

（三）城市失业与贫困化

城市化迅速发展的主要后果之一，就是城市经济的现代化（正规）部门和非正规部门的求职者日益增加。在许多发展中国家，劳动力的供给已远远超过需求，结果造成城市地

① 保罗·贝罗赫. 1900年以来第三世界的经济发展. 上海：上海译文出版社，1979：213.

② 这31个人口最多的城市依次是：东京、上海、墨西哥城、北京、纽约、圣保罗、孟买、德里、卡拉奇、天津、重庆、广州、加尔各答、成都、伊斯坦布尔、莫斯科、布宜诺斯艾利斯、达卡、深圳、大阪、伦敦、巴黎、洛杉矶、胡志明市、曼谷、马尼拉、苏州、芝加哥、首尔、武汉、哈尔滨。

区极高的失业率和就业不足。如果把公开失业和就业不足的数字都考虑在内，那么，许多发展中国家城市的失业率将高达30%。就绝大多数发展中国家而言，城市失业率至少是农村失业率的2倍，而在近47%的国家中，这一数字更高达3倍。这就同发达国家的情况形成了鲜明对照，在发达国家，城市失业率低得多，而且城市失业率变化的总趋势是低于农村失业率。①

与城市失业相应的是发展中国家城市贫困化的现象日益加剧。特别是，以巴西和印度为代表的发展中国家，城市贫困问题依然以绝对贫困为主。尽管巴西和印度的城市化发展阶段不同，但两国的城市贫困化有一个共同特征，即就业问题是城市贫困化的重要原因。巴西城市贫民就业机会严重不足，失业、非正规就业现象普遍存在。虽然非正规就业起着缓解社会冲突的作用，但其工资一般只有正规部门的一半，无法改善城市贫民的生活。而在印度，优先发展战略使得信息服务业成为城市主导产业，但信息服务业吸纳就业的能力有限，还使得传统企业面临倒闭，导致大量城市居民失业或就业于非正规部门，沦为城市贫民。据世界银行统计，2014年，巴西和印度分别有22%和24%的城市人口居住在贫民窟。在贫民窟里，居住拥挤、供水不足、卫生设施缺乏、医疗服务短缺、环境恶劣、治安混乱、犯罪活动猖獗等现象普遍。城市贫困化的加剧严重影响了城市的社会稳定和经济发展。因此，减缓乃至消除城市贫困，必须引起广大发展中国家的重视并亟待解决。

（四）城市环境污染

随着发展中国家城市化的超前发展，交通拥挤、车辆和工业的污染排放，极大地增加了城市拥挤的环境成本。研究表明，城市环境恶化的速度似乎快于城市人口规模扩大的速度，从而导致城市新增居民的边际环境成本随着时间的推移不断上升。在城市化过程中，大气污染对健康构成了最大的威胁，大气污染的主要来源是能源利用、车辆尾气排放和工业生产。工业化导致污染增加，或者是由直接排放污染物造成的，或者是因改变消费方式和增加对制成品的需求间接造成的。据估计，在20世纪80年代后半期，按照世界卫生组织的标准，约有13亿人口生活在大气所含颗粒物质属于不安全水平的城市里，另有10亿人口则受到高水平二氧化硫的影响，二氧化硫的含量之高已到了令人不可接受的地步。其他化合物，如一氧化二氮和有机化合物，也随着工业化的推进而变得日益严重。此外，发展中国家城市大气中的含铅量很高。在曼谷，高水平的大气含铅量已对少年儿童的成长造成了严重影响，从7岁年龄的孩子看，他们的平均智商已下降了4点或4点以上。按照世界卫生组织的标准，在墨西哥城70%的儿童中，他们的血液含铅量已到了异常高的水平。

由于城市中穷人的能力比富人低得多，因此，穷人更可能遭受环境恶化所带来的消极影响。而且，生活在城市贫民区的人们，由于营养不良和健康不佳，又导致他们对环境公害的个人抵御能力减弱。从目前看，影响城市穷人健康的两个最重要的环境因素是不能获得清洁水源和缺乏卫生设施。据估计，全世界有10亿人不能获得清洁水源，另有10亿人生活在水源长期短缺的地区，还有17亿人缺乏卫生设施。结果，在发展中国家，每年大约发生9亿例腹泻病、2亿例血吸虫病和9亿例钩虫病，而霍乱、伤寒和副伤寒这些疾病也是困扰发展中国家城市贫民的主要疾病。

---

① 迈克尔·P.托达罗.经济发展：第六版.北京：中国经济出版社，1999：272.

（五）城市的社会问题

发展中国家城市的社会问题往往是由内外两个因素造成的：一是内在因素，即由城市本身的发展不平衡造成的。例如，有时人口的移动带来中心区的荒废，人口分布失去控制，或者城市的开发方向有误，若干年后出现问题。在发展中国家，由于经济落后，城市的贫民窟与棚户区问题长期得不到解决，社会分配不公，加上就业困难、教育不足、市民和官僚缺乏社会责任心，社会服务参差不齐，传统价值观与社会发展之间矛盾重重，结果导致社会治安混乱，随之而来的就是青少年犯罪、娼妓、吸毒、酗酒和精神疾病等社会现象。二是外来因素，即移民的大量增加，文化背景的不同，语言、宗教、伦理、种族的混杂，使城市中原来各种道德规范和礼貌习俗受到冲击，并进而导致宗教、民族冲突的加剧和恐怖性犯罪率上升。当然，还有另外一些社会因素，比如在现代社会中，高度紧张的工作和快节奏感，也往往导致烦躁、忧郁、困惑等问题，出现较多的孤独症和自杀现象。这些问题的解决办法，往往需要从一个国家的社会制度本身去寻找，所以难度更大。

三、发展中国家解决城市化问题的对策措施

在世界城市化的历史上，许多国家都曾出现过程度不同的城市病，给社会生产和人们的生活造成了严重困难。如果以城市病作为反对城市化这个自然历史过程的理由，显然难以服人。其实，城市病作为一个国家城市化过程的成本和代价，往往是难以避免的，随着经验的积累，人们可以把成本和代价降至最低点，却难以做到完全没有成本和代价。只要政策得当，当城市化达到较高程度、国家和城市的经济实力变得十分雄厚的时候，城市病是能够得到控制和治愈的。发达国家的实践也已证明了这一点。针对发展中国家的城市化问题，总体说来，发展中国家应采取以下这些对策措施。

（一）控制城市规模

城市规模的扩大能给城市带来集聚效应和规模经济效应，但目前，还缺少关于经济上适度城市规模的系统的实证性数据，尚未找到最佳的城市规模，而且由于不同国家的国情不同，也许永远也不可能找到一个统一的、可被普遍接受的最佳城市规模。其实，真正的城市问题并非主要源自城市人口的多少，而是源于城市的人口结构、人口数量同土地、基础设施、资源、产业结构以及工业化程度诸多因素之间的矛盾。无数事实表明，当城市超过一定的规模时，特别是当城市人口的增加速度大大超过现代部门就业机会的增长以及城市生活服务设施的增长时，就会形成严重的问题。因此，控制城市规模应从发展中国家的国情出发，综合考虑城市的现实基础和资源条件，以其承载力为标准来确定适度规模，而不是以纯粹的人口数量作为控制城市规模的依据。发展中国家应当采取措施，严格控制大城市尤其是特大城市和超大城市的规模，同时可适当发展中等城市，并积极发展小城镇。

（二）实施城市分散化计划

经验表明，人口过度集中到首都和大城市对于一个国家的经济发展利少弊多。因此，最为可能的合理措施就是将人口从现有的大城市分散到中小城市。然而，要使人口倒流，回到中小城市或农村去，并不是一件容易的事情。这种人口倒流需要大量的经济刺激，因为强制的行政办法不仅不能奏效，而且往往会导致公众不满，甚至发生社会动荡。因此，有效的办法应当是努力使得中小城市乃至农村的工作和生活条件达到或优于大城市的水

平。许多人认为，如果中等城市即人口低于100万的城市能够提供与大城市同样的基础设施和就业机会，人们就会向这些城市流动。

当然，如果从短期看，城市分散化计划可能会产生一些矛盾的情况。比如，中小城市的建立，不但没有分散大城市的人口，反而吸引了农村或更小城市的人口向建设中的中小城市集中；同时，城市分散化还必然会与目前大城市改善居民生活条件的计划争夺有限的资源，而且大城市生活条件越改善，就越会增强城市的魅力，从而吸引更多的人口向大城市集中。然而，如果从长期看，城市人口的分散化计划是可以实现的，发达国家大城市人口向中小城市或农村倒流的趋势，就是这方面的证明。不可否认，对发展中国家而言，城市人口分散化可能将是一个较为漫长的过程。

（三）改变偏重城市的倾向，努力促进农村社会经济的发展

在过去的几十年中，由于发展中国家不加选择地实施传统的发展战略，片面强调工业现代化、技术尖端化和城市区域的扩大，导致了经济机会在地域上的严重失衡，并造成农村人口不断加速涌入城市地区，使城市急剧膨胀。发展中国家的城市化政策往往注重在城市中提供更多的服务设施与就业机会，这种政策显然会进一步刺激城市的继续扩大。同时，国际机构善意的援助和贷款也往往偏重城市，从而使得发展中国家城市人口集中的现象更加严重。因此，发展中国家政府和国际组织都应当改变传统的偏重城市的政策倾向，转而采取扶持农村社会经济发展的政策措施。在大多数发展中国家，农村人口占总人口的绝大部分，农业是国民经济的主要部门。因此，大力发展农业和农村经济，努力提高农民的收入水平，改善他们的生活条件，减轻直至消除城乡经济机会不均等的现象，乃是缓和农村人口向城市大规模流动趋势、解决发展中国家城市化问题的一项根本措施。

第四节　中国的工业化道路与城市化进程

1949年中华人民共和国成立后，中国开始了现代意义上的工业化与城市化。迄今为止，中国的工业化道路可以划分为两个阶段：一是传统的工业化道路；二是中国特色新型工业化道路。在中国工业化水平不断提高的同时，中国的城市化进程也日益加快。中国的工业化道路与城市化进程构成了中国经济发展模式的基本内容。

一、中国的工业化道路

（一）中国的传统工业化道路及其缺陷

中国的传统工业化道路是指1949—2001年期间的工业化道路，这一传统工业化道路可以划分为两个阶段：一是1949—1978年计划经济时期的工业化；二是1979—2001年中国改革开放前期的工业化。

1949—1978年是中国的计划经济时期，也是中国工业化的全面启动阶段。这一时期的中国工业化具有以下几个特点。第一，国家实行的是高度集中的计划经济体制。通过高度集中的中央计划经济，确定工业化的战略及模式、工业的次序及相关政策。通过制定和实施国民经济发展的“一五”和“二五”计划以及一系列重大建设项目，奠定了中国工业

化的基础，并在较短的时期内，形成了独立的、比较完整的工业体系和国民经济体系。第二，国家是工业化的推进力量。在计划经济体制下，国家是工业化政策和方向的确定者，国家对工业化进行统一管理、统一生产、统一分配，价格也由政府决定，资源实行定向分配，以计划为手段进行重点投资建设。第三，实行优先发展重工业的工业化模式。以“生产资料优先增长”作为理论依据，并出于当时的国际国内压力，在工业化的次序上，中国选择了集中财力、物力优先发展重工业，特别是重工业中的燃料、机械和军工等部门。第四，农业积累是工业化资金的主要来源。这一时期的工业化是中国工业化的资本形成时期。资金投入由国家提供，而资金主要来自农业的积累，国家将集中起来的农业的积累资金投资于城市的国有企业。

然而，计划经济时期的工业化在取得巨大成就的同时，也带来了一些弊病，主要表现为：在高度集中的计划经济体制框架内，发展工业是以其他产业特别是农业的滞后发展为代价的，依靠工农产品价格的“剪刀差”来支撑工业的高积累、高投入和高消耗，工业经济效益不高，产业结构不合理。

1978年12月，中共十一届三中全会召开，拉开了中国改革开放的序幕，并由此开始了中国改革开放时期的工业化进程。然而，自1979年直至2001年，中国的经济体制处于由计划经济体制向市场经济体制转变的过程，社会主义市场经济体制尚处于逐步完善阶段，传统工业化的成分还占主体，因此，这一时期的工业化道路本质上仍然属于传统的工业化道路。但同之前的计划经济时期的工业化相比，中国改革开放前期的工业化具有以下三个不同的特点。第一，随着市场因素的引入和向市场经济体制的过渡，工业化的投资主体出现了多元化，包括国家、集体、个体、私营以及外商等，既有以国家投资为主形成的国家工业化，也有以民间投资为主形成的民间工业化，国家工业化与民间工业化相互结合，推动了中国工业化的进程。第二，在总结计划经济时期工业化经验的基础上，调整了工业化发展战略，由优先发展重工业转变为优先发展轻工业，在重工业稳步增长的同时，轻工业整体也得到了较大的发展，工业产业结构得到合理的调整。第三，改革开放促进了乡镇企业的兴起，乡镇企业在吸纳更多农村剩余劳动力的同时，也推进了我国农村工业化的进程，从而形成了城市工业化与农村工业化齐头并进的局面。

中国改革开放前期的工业化尽管取得了重要进展，但仍然面临着一些严重的问题和挑战，主要表现为：经济增长依然主要依赖于粗放型经济增长方式；经济结构和产业结构失衡的状况并未得到根本改变；城乡关系和地区经济发展不协调；城市化仍然滞后于工业化；资源和环境压力日益加大；等等。

（二）中国特色新型工业化道路的内涵及特征

中国特色新型工业化道路是指2002年至今的工业化道路。2002年，中共十六大报告中正式提出了走中国特色新型工业化道路的战略任务。所谓中国特色新型工业化道路，就是“坚持以信息化带动工业化，以工业化促进信息化，走出一条科技含量高、经济效益好、资源消耗低、环境污染少、人力资源优势得到充分发挥的新型工业化路子”①。中国特色新型工业化道路是在全面总结发达国家工业化道路和中国传统工业化道路的经验教训

① 中国共产党第十六次全国代表大会文件汇编.北京：人民出版社，2002：21.

的基础上，探索出的一条符合客观规律和中国基本国情的新型工业化之路。具体地说，中国特色新型工业化道路具有以下五个特征：

第一，以科学发展观为指导。中国共产党十六届三中全会明确提出了“坚持以人为本，树立全面、协调、可持续的发展观”。科学发展观成为中国特色新型工业化道路必须遵循的重要指导思想。根据科学发展观，中国特色新型工业化道路应以集约增长为基础和以可持续发展为目标，走生产发展、生活富裕、生态良好的文明发展道路，把建设资源节约型和环境友好型社会放在更加突出的位置，实现经济发展与人口、资源和环境相协调，实现经济社会科学发展、和谐发展和永续发展。

第二，工业化与信息化相融合。实现工业化与信息化的融合，就是要根据工业化发展的客观规律和信息时代世界经济技术发展的新情况，把工业化和信息化紧密结合起来，在工业化过程中推进信息化，以信息化带动工业化，用信息技术提高工业化水平，用高新技术改造提升传统产业，发挥后发优势，实现生产力的跨越式发展。

第三，努力提高自主创新能力，建设创新型国家。创新是一个国家和民族的灵魂，是国家发展战略的核心，也是提高综合国力的关键。中国传统的工业化道路以粗放型增长为主要特征，自主创新能力弱，缺乏核心技术和竞争力，对外技术依存度高。走中国特色新型工业化道路，就是要把提高自主创新能力作为工业化的战略基点和产业结构优化升级的中心环节。通过强化自主创新，不断提高工业整体技术水平和核心竞争力，促进中国工业由大变强，由“中国制造”变为“中国创造”。

第四，实现工业结构的转型升级。走中国特色新型工业化道路，应当适应市场需求变化，根据科技进步新趋势，发挥我国产业在全球经济中的比较优势，发展结构优化、技术先进、清洁安全、附加值高、吸纳就业能力强的现代产业体系。为此，一方面，要优化制造业结构，改善品种质量，增强产业配套能力，淘汰落后产能，发展先进装备制造业，调整优化原材料工业，改造提升消费品工业；另一方面，要推进重点产业结构调整，优化产业布局，加强企业技术改造，引导企业兼并重组，同时要大力发展节能环保、新一代信息技术、生物、高端装备制造、新能源、新材料、新能源汽车等战略性新兴产业，把战略性新兴产业培育、发展成为先导性、支柱性产业。

第五，调整和优化三次产业结构。中国传统的工业化道路造成了工业尤其是重工业比重畸高，第一产业和第三产业发展长期滞后，产业结构严重失衡。因此，中国特色新型工业化道路注重对产业结构的调整和优化，其调整的方向和重点可以概括为：巩固和加强农业基础地位，加快传统农业向现代农业转变；加强能源、交通、水利和信息等基础设施建设，增强对经济社会发展的保障能力；以振兴装备制造业为重点，发展先进制造业，发挥其对经济发展的重要支撑作用；加快发展高技术产业，进一步增强高技术产业对经济增长的带动作用；提高服务业比重，优化服务业结构，促进服务业全面快速发展；大力发展循环经济，建设资源节约和环境友好型社会，实现经济增长与人口资源环境相协调；优化产业组织结构，调整区域产业布局；实施互利共赢的开放战略，提高对外开放水平，促进国内产业结构升级。

（三）全球制造业格局深度变革与《中国制造 2025》

自 20 世纪 90 年代以来，以信息技术为代表的科技革命迅猛发展，并被日益广泛地应用于制造业部门，加快了工业化与信息化相互融合的步伐。2008 年金融危机后，西方发达国家为了尽快实现经济复苏，纷纷从虚拟经济转向实体经济，重新回归制造业，相继推出了本国制造业的转型复兴战略或“再工业化”战略。2012 年，美国宣布重振制造业，并发布“先进制造业伙伴计划”，明确提出了美国先进制造业战略的五大目标，并制定了详细的近期及远期规划，以期通过积极的优惠政策，吸引制造业企业回归美国。2013 年，英国颁布了“面向 2050 年的未来制造业战略”研究计划，重点培养智能制造人才和建设智能制造基地。法国提出“新的工业法国”规划，计划选择 34 个优先发展项目，以试点项目带动法国工业整体振兴。同年，德国发布《工业 4.0 战略实施建议书》，其核心思想是在信息物理系统及物联网的技术基础上，建立未来德国的智能制造体系。2014 年和 2015 年，韩国先后提出了“制造业革新 3.0”战略及其实施方案，形成了具有韩国特色的制造业转型升级模式。2015 年，日本公布了《2015 年版制造白皮书》，力图积极发挥信息技术和工业机器人优势，保持对外竞争力。

显然，上述制造业发展战略并不是传统制造业的简单回归。相反，各国把制造业战略重心转移至信息技术与制造业的深度融合，全球制造业竞争格局开始发生了重大变革，主要表现为：随着新一代信息技术的指数级增长，制造业的发展日益走向数字化、网络化和智能化；3D 打印和智能工厂等新型生产方式被广泛应用，改变了传统的制造模式；大数据、物联网和云计算等信息技术取得了新的突破，创造了新的产业形态；大规模个性化定制、供应链管理和网络众包正在重建产业价值链体系，带来新的经济增长点。

在此背景下，中国作为一个传统制造业大国，必须紧跟以发达国家为代表的制造业变革的步伐，顺应全球制造业竞争格局的深度变革，通过制定新的制造业发展战略，推动中国制造业转型升级，实现中国信息化与工业化的深度融合。

2015 年，中国颁布了《中国制造 2025》规划纲要，明确了中国制造业的发展坚持“创新驱动、质量为先、绿色发展、结构优化、人才为本”的基本方针，并坚持“市场主导、政府引导，立足当前、着眼长远，整体推进、重点突破，自主发展、开放合作”的基本原则。同时，《中国制造 2025》提出了我国实现制造强国战略目标三个十年的“三步走”战略：第一步，到 2025 年迈入制造强国行列；第二步，到 2035 年我国制造业整体达到世界制造强国阵营中等水平；第三步，到中华人民共和国成立一百年时，中国制造业大国地位更加巩固，综合实力进入世界制造强国前列。围绕实现制造强国的战略目标，《中国制造 2025》明确了九项战略任务：一是提高国家制造业创新能力；二是推进信息化与工业化深度融合；三是强化工业基础能力；四是加强质量品牌建设；五是全面推行绿色制造；六是大力推动重点领域突破发展，聚焦新一代信息技术产业、高档数控机床和机器人、航空航天装备、海洋工程装备及高技术船舶、先进轨道交通装备、节能与新能源汽车、电力装备、农机装备、新材料、生物医药及高性能医疗器械十大重点领域；七是深入推进制造业结构调整；八是积极发展服务型制造和生产性服务业；九是提高制造业国际化发展水平。《中国制造 2025》明确，通过政府引导、整合资源，实施国家制造业创新中心建设、智能制造、工业强基、绿色制造、高端装备创新五项重大工程，实现长期制约制造业发展的关键共性技术突破，提升我国制造业的整体竞争力。为确保完成目标任务，《中国制造 2025》提出了深化体制机制改革、营造公平竞争市场环境、完善金融扶持政策、加大财税政策支持力度、健全多层次人才培养体系、完善中小微企业政策、进一步扩大制造业对外开放、健全组织实施机制八个方面的战略支撑和保障。

二、中国的城市化进程

（一）中国的城市化进程及特点

中华人民共和国成立后，随着工业化的展开和推进，中国的城市化进程也逐步启动和发展。自中华人民共和国成立至今，中国的城市化进程大体可以划分为三个阶段：1949—1957年的启动和平稳发展阶段；1958—1978年的波动和缓慢发展阶段；1979年至今的快速发展阶段。

1949—1957年是中国城市化的启动和平稳发展阶段。这一时期，通过三年国民经济的恢复和第一个五年计划的实施，中国的城市化进程逐步启动并稳定发展。该时期中国的城市化率由10.6%上升到15.4%，全国城市数量由132个增加到176个。这一时期除了1955年城市化率低于上年0.2个百分点外，其余年份的城市化率均比上年有所提高。

1958—1978年是中国城市化的波动和缓慢发展阶段。在这一期间，中国的城市化率经历了三起两落的变化过程：三起上升的时期分别是1958—1960年、1963—1964年和1972—1978年；两次回落的时期分别是1960—1963年和1964—1972年。不仅如此，这一时期中国的城市化进程发展缓慢，城市化率由1958年的16.2%上升到1960年的19.7%，之后又回落到1978年的17.9%。这一时期中国城市化波动和缓慢发展的原因主要是各种经济、政治和自然的因素，其中包括"大跃进"运动、人民公社化运动、三年自然灾害以及长达十年的"文化大革命"。

1979年至今是中国城市化的快速发展阶段。自1978年中国实行改革开放政策以来，中国的城市化进程加速推进，城市化率呈不断上升的单一变化趋势，从1978年的17.9%迅速提高到2014年的54.8%，年均提高1.02个百分点。到2009年年底，中国共有设市城市655个，其中，特大城市122个（人口超过400万的超大城市13个），大城市118个，中等城市151个，小城市264个，建制镇19 234个，城镇人口为2.66亿人，城镇人口规模已居世界第一。这一时期促使中国城市化快速发展的原因主要有以下几个：第一，以家庭联产承包责任制为代表的农村改革极大地提高了农村劳动生产率，并使农村剩余劳动力大量涌现，这对城市化的发展形成了巨大的推力。第二，从20世纪80年代中期开始的城市改革，包括工业、商业、教育和科技等各行业的改革，对城市化的发展产生了巨大的拉力。第三，通过兴办经济特区、开放沿海港口城市、设立经济开发区、开发开放浦东以及开放沿边、沿江和内陆中心城市等对外开放举措，为农村剩余劳动力向城市转移创造了条件。第四，20世纪80年代开始实施的"控制大城市规模，合理发展中等城市，积极发展小城市"的城市发展方针以及后来出台的撤县改市政策，极大地促进了中小城市数量的急剧增加。此外，改革开放以来中国工业化的迅速发展也为城市化的加速提供了物质基础和保障。

与世界各国特别是发达国家的城市化进程相比较，中国的城市化进程具有以下四个特点：

其一，城市化发展落后于世界水平。尽管中华人民共和国成立以来特别是改革开放以来中国的城市化进程取得了巨大进步，但中国的城市化发展水平不仅低于发达国家，而且落后于世界平均水平。2014 年，中国的城市化率为 54.8%，而世界平均的城市化率为 54%，依然低 0.8 个百分点。

其二，城市化与工业化相对分离。城市化是工业化的伴生物。然而，由于体制原因，中国的城市化存在着与工业化相对分离的现象，集中体现为“工业区（或开发区）现象”和“农民工现象”。以乡镇企业为代表的农村工业化和随后的开发区工业化，直接导致了非农化，却没有带来完全的城市化。这种不完全的城市化，一方面表现为大量农业用地转为工业用地却又游离在城市建设用地管理制度之外；另一方面户籍制度带来的“农民工现象”又导致农民非农化却未市民化，从而造成城市化与工业化的相对分离。

其三，城市化区域发展不平衡。中国的城市化整体水平呈东高西低态势，东部沿海发达地区的城市化水平远远高于中西部地区。在东部地区，逐步形成了相对集中的城市群和城市圈。2013 年，京津冀、长三角和珠三角三大城市群以 2.8%的国土面积，聚集了全国 18%的人口。2014 年，东部地区 10 个省（市）城市化率为 67.62%，西部地区 12 个省（区、市）城市化率为 46.89%，东西相差近 21 个百分点。从各省、市、自治区看，除四大直辖市外，城市化水平最高的广东省已经达到 68%，最低的西藏仅为 25.75%，两者相差约 42 个百分点。

其四，城市化规模分布不合理。具体体现为在数量上占比高的小城市，其人口规模所占比重却相对偏小。2005 年，我国 20 万人口以下的小城市，其数量比重最高，达 44.5%，但其人口比重只占全部城市人口的 12.6%。城市人口规模相对偏小，就会使城市的集聚经济效应无法充分发挥，从而影响到一国的经济增长。①

（二）中国推进城市化发展的战略思路

加快推进城市化是中国实现由二元结构向一元结构转变并进而全面实现现代化的一个必然要求和重要途径。中国国民经济和社会发展的“十二五”规划将积极稳妥推进城市化发展作为未来一段时期中国城市化的发展方向和战略思路，这一战略思路主要包括以下三项内容：

第一，构建城市化战略格局。应当按照统筹规划、合理布局、完善功能、以大带小的原则，遵循城市发展客观规律，以大城市为依托，以中小城市为重点，逐步形成辐射作用大的城市群，促进大中小城市和小城镇协调发展，构建以若干城市群为依托、以其他城市化地区和城市为重要组成部分的城市化战略格局。在中国东部地区，应逐步打造更具国际竞争力的城市群。在中西部有条件的地区，培育壮大若干城市群。同时，应当科学规划城市群内各城市的功能定位和产业布局，缓解特大城市中心城区压力，强化中小城市产业功能，增强小城镇公共服务和居住功能，推进大中小城市基础设施一体化建设和网络化发展。积极挖掘现有中小城市发展潜力，优先发展区位优势明显、资源环境承载能力较强的中小城市。应当有重点地发展小城镇，把有条件的东部地区中心镇、中西部地区县城和重要边境口岸逐步发展成为中小城市。

第二，稳步推进农业转移人口转为城镇居民。把符合落户条件的农业转移人口逐步转

① 上述数据主要根据《中国统计年鉴》历年数据资料整理计算而得。

为城镇居民，是推进中国城市化的重要任务。特大城市要合理控制人口规模，大中城市要加强和改进人口管理，继续发挥吸纳外来人口的重要作用，中小城市和小城镇要根据实际，放宽落户条件，合理确定农业转移人口转为城镇居民的规模。对暂时不具备在城镇落户条件的农民工，要改善对其提供的公共服务，加强对其的权益保护。以流入地全日制公办中小学为主，保证农民工随迁子女平等接受义务教育，并做好与高中阶段教育的衔接。对于那些与企业建立了稳定劳动关系的农民工，应当将其纳入城镇职工基本养老和医疗保险。同时，还应当建立农民工基本培训补贴制度，多渠道、多形式改善农民工居住条件，鼓励采取多种方式将符合条件的农民工纳入城镇住房保障体系。

第三，增强城镇综合承载能力。应当坚持以人为本、节地节能、生态环保、安全实用、突出特色、保护文化和自然遗产的原则，科学编制城市规划，健全城镇建设标准，强化规划约束力。合理确定城市开发边界，规范新城新区建设，提高建成区人口密度，调整、优化建设用地结构，防止特大城市面积过度扩张，预防和治理"城市病"。同时，要统筹城市市政公用设施建设，全面提升交通、通信、供电、供热、供气、供排水、污水垃圾处理等基础设施水平，扩大城市绿化面积和公共活动空间，加快面向大众的城镇公共文化和体育设施建设。

核心概念

工业化	产业（工业）革命	技术革命
霍夫曼比例	进口替代	初级进口替代
高级进口替代	出口替代	信息化
跨越式发展	城市化	过度城市化
城市首位度	中国特色新型工业化道路	

复习与思考

1. 如何确定工业化水平的衡量指标？

2. 试比较进口替代与出口替代工业化道路的异同，并探讨发展中国家如何选择适合本国国情的工业化战略。

3. 讨论发展中国家传统工业化道路的缺陷。

4. 怎样理解工业化与信息化之间的关系？

5. 在信息化时代，发展中国家如何实现工业化道路的转型？

6. 联系中国实际，分析发展中国家的城市化问题及其对策措施。

7. 怎样理解中国特色新型工业化道路的内涵及特征？

8. 结合实际，讨论中国推进城市化发展的对策措施。

第十三章

经济发展中的财政金融政策

本章重点

- 发展中国家财政的作用
- 通货膨胀与通货紧缩
- 经济发展中财政金融政策的实施与改革

社会有公共需要，提供公共产品与服务，因此就会有财政；有市场失灵，就需要有政策调节。财政是由政府集中一部分国民收入来满足社会公共需要的收支活动，是政府强制性地配置资源的活动，目的在于优化资源配置，以求经济的稳定发展和社会的公平，发展中国家的财政收入一般占国民收入的1/5～1/3。金融是进行货币资金配置的渠道，它是在国民收入分配与财政再分配基础上的一种再分配。由于市场存在失灵，财政、金融政策就需要发挥作用，以保证经济发展达到对内、对外均衡，以及总供给与总需求的平衡。由于发展中国家所具有的经济特征，在它们的经济发展中，财政金融政策具有极其重要的作用，本章将对此进行讨论。

第一节　发展中国家财政的作用

发达国家的财政与货币政策，往往侧重于商品市场和货币市场的需求管理，这是因为发达国家面临的是经济产出持续过剩的情况。发展中国家则不同，往往面临的是结构性短缺，或者结构性过剩与短缺并存的情况。因此，发展中国家实行的财政与货币政策必须有别于发达国家。财政的职能可以大致归纳为资源配置职能、收入分配职能、经济稳定职能、经济发展职能。财政的资源配置职能是指对社会总产出（广义）或生产要素（狭义）的配置；收入分配职能是指对经济和社会两个层次的公平分配；经济稳定和经济发展职能是指达到充分就业、物价稳定、国际收支平衡和产出增长及结构的变化，最终处理好总供给与总需求的关系、公平与效率的关系，保证经济福利的最大化。

一、发展中国家的财政支出

财政在任何国家都是通过财政收入与支出发挥作用的，在发展中国家，财政的收入大多是通过税、费、捐、金各种形式，发行债务以及国有企业上交的纯利获得的，财政开支是通过国家各级政府的各种支出完成的。

（一）发展中国家财政的目标

发展中国家的财政目标主要为：提高政府的收入以应付日益增长的政府开支；通过财政手段改变总供给、总需求以稳定物价；通过财政开支、调动经济“剩余”促进经济发展；根据发展中国家的社会经济目标改变收入分配，使得社会保持稳定、公平；尽量有效地配置资源，或尽量降低资源配置的无效性。通过国家财政目标的实现，能够很好地协调公平与效率的关系。在经济发展中，公平与效率具有统一性，二者必须兼顾，但是就发展中国家经济欠发达来讲，应该在注重效率的同时兼顾公平，只有这样，在蛋糕做大的基础上才能满足大众的基本需要。

第一，在当今的经济发展实践中，发展中国家往往通过财政手段尽量做到分配的公平，如通过工资、税收、补贴、福利、社会保障等尽量满足人们的基本需要和维持应有的社会福利水平。同时人们通过市场机制创造公平竞争机会，按照人们对社会的贡献进行物质利益的分配，使得贡献大的人获得更多的好处。

第二，发展中国家在资源配置方面进行了更深入的改革，越来越多地依赖市场机制进行资源配置，但是由于大量的财富集中在政府的手中，因此财政在发展中国家的资本积累、基础设施建设和生产要素的有效配置方面具有重要的作用。

第三，发展中国家为了得到相应的生产效率，不同阶层之间的收入有差距是有益的，但是当发展中国家个人收入差距过大时，则会动摇社会的稳定，反而阻碍了效率的提高，因此，绝大多数发展中国家都在运用税收、社会保障的手段来调节收入差距，将这一差距维持在一定的范围内，既获得社会的安定，又获得效率的提高。

（二）财政活动的规模指标与发展趋势

一个国家的财政活动规模，往往取决于多种要素，如经济规模、税收规模、国有投资规模等，这可以用两个指标来衡量：财政收入占国内生产总值的比重，以及财政开支占国内生产总值的比重，后者对于一个国家的经济活动具有更为重要的意义。一般发达国家的这一指标大多在30%左右，发展中各国这一比重有较大的差距，从20%到40%不等。随着经济的发展，财政支出增长的趋势在发展中国家已经成为规律，当经济趋于成熟时，财政支出的比重也将趋于平稳。对此，有若干理论予以解释。

1.政府活动增长扩张法则

此理论由19世纪的德国经济学家阿道夫·瓦格纳提出，所以又被称为瓦格纳法则，即公共开支随着经济发展而相对增长的法则。他认为，由于现代工业的发展、人均收入的提高，社会必然会发生进步，社会进步会造成国家活动的增长、公共部门比重的提高，因此财政开支也会相对增长。瓦格纳将这种增长归结为政治和经济两种因素。从政治因素出发，他认为工业化会使得生产当事人之间的关系更加复杂，为了维护契约关系和商业法律，需要更多的资源来进行法制建设。从经济因素出发，工业化推动了城市化过程，人口集中于城市，需要更多的资源进行管理。从经济发展的现实看，公共开支占国民收入的比重，在发达国家确实比发展中国家要大一些。

2.财政的梯度渐进增长论

这一理论是由英国经济学家皮考克与魏斯曼提出来的，这一学说也被称为内因、外因论，认为外因是使得公共支出增长速度超过国内生产总值增长速度的主要原因。所谓内在因素是指，在一般条件下，随着经济的发展，公共开支与国内生产总值的增长呈线性相关，因为经济发展会使政府税收上升，开支也就可以扩大。外在因素则是指，由于外部紧急因素，如战争的爆发，政府会增加大众的税收以应付紧急情况，但危机过后，由于应付危机而欠下的国债需要偿还，公共开支仍然会维持高水平。

3.公共开支经济发展阶段增长论

该理论由美国经济学家罗斯托和马斯格雷夫提出，用经济发展的不同阶段有不同的需要来解释公共开支增长的原因。这一理论认为，在一个国家经济起飞的早期，由于公共部门要为经济起飞提供所需要的各种社会基础设施，如港口、铁路、公路等，因此政府投资在社会总投资中将占有较大的比重；当经济进入持续发展阶段时，社会投资中私人投资的比重将会增加，政府投资在基础设施方面不断完善，在一些发展中国家开始进入转型阶段时，政府承担了一些私人很难建设的、具有国计民生意义的超大型、重工业项目，政府投资结构发生了变化；当经济发展进入成熟阶段时，公共开支将从基础设施以及超大型、重工业项目逐渐转向教育、保健、社会福利、社会保障等追求人自身素质发展提高的需求，这时公共开支的增长速度往往也会快于国内生产总值的增长速度。

4.官僚机构行为需要论

美国经济学家尼斯克南提出，官僚是通过一定政治体制进行集体选择的代理人集团，他们以追求官僚机构最大化为目标，因为只有这样，官僚的权力才能最大化。官僚机构最大化导致公共开支的增长，甚至要超出提供公共产品所需要的最优水平。此外，官僚可以从投入和产出两个方面增加公共开支：一方面，他们可以让政治家相信他们选择的公共产品的生产水平是合理的，社会效益良好；另一方面，在既定低效率下要生产既定的公共产品需要相应的公共投入。但是在发展中国家，很多情况下这些投入被某些人物所滥用，其行为造成了公共开支的增加。

除了上述有关公共开支不断增加的解释性理论之外，也还有诸如经济改革、经济转轨过程中，由于社会稳定和各种改革成本的需要，财政开支会有所增加，但随着改革的深化，许多过去属于政府开支的内容逐渐转移到社会和个人，政府的开支会在一定程度上降低，或尽管开支数量不变，却发生较大的结构性变化的理论。总之，市场导向的发展中国家，公共开支大抵要随经济发展而增长，转轨国家的情况则要复杂一些。

二、发展中国家政府财政收入的优化

政府的财政收入一般可以分为税收和其他收入，在发达国家税收为国家财政的主要收入，但在发展中国家，尤其是在地方政府的层次上，其他收入的比重是非常大的，显示出财政收入的不规范性（随意性收入大，易于官僚体制运转），财政收入方面的改革方向是将其他收入的比重控制在合理范围内，将大部分收费逐步改为规范的税收种类。

（一）财政收入的类别和来源

在政府的收入中，具体讲有税收收入、企业收入、债务收入和其他收入（包括规费收入、事业收入、罚没收入、国有资产管理收入、外事收入等）。在发展中国家，由于存在不同的发展水平，税收的结构有着相应的差异。在低收入国家，商品税，包括国内生产、进出口的税收，占到总税收收入的大半，但在发达国家，这种税收收入占总税收的比重要小得多，往往不到 20%；在收入较高的发展中国家，税收的主要来源逐步转移到所得税、社会保险税，以及对公司和家庭征收的财产税方面。税收与发展中国家私人储蓄，继而私人投资之间有着很强的替代关系，而税收又是维持一个国家公平的重要手段，但发展中国家的实践表明，试图通过高税收来提高政府收入，同时又能够维持经济的一定速度发展是很难的，高税收在发展中国家由于征管的难度，易于造成逃税、避税，甚至是走私、资本外逃的情况，因此这其中的关系必须谨慎处理，才能够在公平与效率中找到利益的交叉点。发展中国家不规范的其他收费，除去腐败的寻租行为外，在一定程度上是这些国家庞大的官僚体系维持运转的收入支撑，没有这部分不规范收入，国家庞大的官僚机构体系，尤其是基层的政权体系的运转是较为困难的，但是不规范的收入却往往易于引起大众的反感。

（二）税收的优化分析

不同的商品和服务有着不同的弹性，一定的税率针对不同弹性的商品与服务，有着不同的效果。在发展经济学中，关于税收与效率的分析主要是考虑在增加税收收入的同时，降低不利的过分税负以刺激效率的提升，如图 13－1 所示。

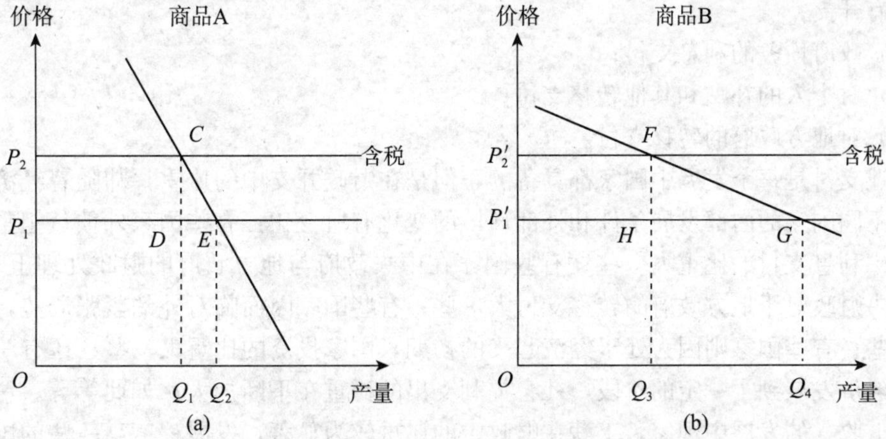

图 13－1　税收与效率分析

图 13－1 中横轴代表产量，纵轴代表价格，两幅图表明两种弹性不同的商品在面对相同的税率时产量的差异。图 13－1（a）表示低弹性的产品 A，图 13－1（b）表示高弹性的产品 B。假定在生产中，边际成本不变，即 $MC=AC$，面对相同的税率提高，价格从 P_1、P_1'上升为含税价格 P_2、P_2'。边际成本上升幅度一样，这时在图 13－1（a）中，政府的税收收入为矩形 P_1P_2CD，而消费者剩余因价格上升的损失是梯形 P_1P_2CE，商品 A 的额外负担为三角形 CDE；而在图 13－1（b）中，政府的税收收入为矩形 $P_1'P_2'FH$，消费者剩余的损失为梯形 $P_1'P_2'FG$，商品 B 的额外负担是三角形 FGH。两图反映出的情况是，价格弹性越低，则税率提高时，经济效率的损失越小，或所谓“额外税负”（excess burden）就越小，在图 13－1 中表现为图（a）的小三角形 CDE 小于图（b）的大三角形 FGH。额外税负的经济含义是，在存在税收的情况下，总福利的损失超过政府获得的税收收入的部分（余额）。

图 13－1 所具有的政策含义是，政府对于弹性小的商品征收高额税收，对效率造成的损失是较小的，即效果最佳。在实践中，发展中国家（以及发达国家）往往对烟、酒征收高税就属于这种情况。

三、发展中国家财政支出的效应

在过去，人们认为征税少、公共开支少的小政府是美好的，但是随着发展中国家经济发展的实践逐步为人们所认识、总结，尤其是经济理论界的“平衡预算乘数”（BBM）原理的出现改变了这种看法，人们认识到，财政支出在合理的范围内具有促进经济发展的作用。

（一）发展中国家财政支出的基本结构

发展中国家的财政支出，按照《政府金融统计年报》的分类，可以归纳为以下几种：

（1）政府公务员、教师、军队的工资和薪金支出；

（2）非耐用商品和服务的支出，包括公共部门雇员使用的设备和材料、维护费用和军备的所有开支；

（3）政府债务的利息支付；

（4）对个人的补贴和其他转移支付；

（5）对地方政府的转移支付。

上述支付是每个发展中国家都具备的，但是在财政开支中的比重，却随着经济发展阶段以及不同国家的内部发展条件和外部环境的变化有所变化：有些国家外债负担重，则财政开支中利息支付的比重大一些；有些国家在中央政府与地方政府的财政处理上有差异，因此中央财政对于地方政府的转移支付大一些；有些国家因面临对外的紧张局势，军事开支大一些；有些国家则因为处于经济起飞的初期，国家投资的比重大一些；还有一些国家则由于经济发展到了一定的阶段，社会福利支出的比重在不断加大；如此等等。一般的趋势是：低收入的发展中国家，工薪在财政中的比重较为显著，发展程度高一些的国家，则社会福利、保健、保障的开支比重大一些，转移支付的比重大一些。在一些发展中国家，政府财政支出较多地用于基础设施建设，这既可以推动经济发展，又可以为民营经济运行提供更好的保障。

（二）财政支出与经济发展分析

财政支出对于经济发展的积极作用在不同国家有着不同的表现，如果探讨财政支出对于经济发展的一般作用，我们可以运用平衡预算乘数的原理予以说明。简言之，这一乘数是为了表明，如果税收，从而政府支出有所提高，那么国民收入也会因此而得到提高。从宏观经济学的国民收入决定模型可知：

$$Y = C + I + G$$

其中，Y 为收入；

C 为消费，有 $C = C_0 + bY$，C_0 为与收入无关的基础消费，b 为消费倾向；

I 为自发投资；

G 为政府支出。

将上式变化并求导，因 C_0 为常数，其导数为 0，故可得：

$$\Delta Y = b\Delta Y + \Delta I + \Delta G$$

经换算，得：

$$\Delta Y = [1/(1-b)](\Delta I + \Delta G)$$

令 $\Delta I = 0$，则：

$$\Delta Y = [1/(1-b)]\Delta G$$

式中，b 为边际消费倾向，$1/(1-b)$ 为公共支出的乘数。经变化可得：

$$\Delta Y/\Delta G = 1/(1-b)$$

如果考虑税收的变化（ΔT）对收入（Y）的影响，我们知道，随着税收的提高，消费大多会下降，但消费的下降并不全是由税收变化引起的，在经济生活中，消费的下降往往是边际消费倾向和税收二者变化的共同结果。因此便会有：

$$\Delta C = -b\Delta T$$

在乘数理论中，消费变化引起收入变化的情况是：

$$\Delta Y = [1/(1-b)]\Delta C$$

将 $\Delta C = -b\Delta T$ 代入，则有：

$$\Delta Y = -b\Delta T/(1-b)$$

或者：

$$\Delta Y/\Delta T = -b/(1-b)$$

如果将公共支出与税收的作用结合起来，便会有：

$$\Delta Y/\Delta G + \Delta Y/\Delta T = 1/(1-b) - b/(1-b) = 1$$

该公式表明，政府税收与财政开支的正方向变化所产生的结果，将对国民收入产生相等和正方向的作用。平衡预算乘数理论可以进一步扩大，加入对外部门，使之成为开放条件下的结果。所以乘数原理还表明，在没有预算赤字的状况下，只有当财政预算规模足够大时，国民收入才可能得到相应的扩大。

第二节　通货膨胀与通货紧缩

在发展中国家，金融与经济发展的关系是很清楚的：较为发达的金融可以实现资本规模的扩大，帮助企业在大规模的基础上从事生产；较为发达的金融可以帮助资源进行更为有效的配置，提高相对稀缺资源的利用效益；较为发达的金融可以帮助发展中国家提高储蓄率，带动投资的增加。

一、金融与经济发展

在发展中国家经济发展的初期，资金融通大都以财政为主导，银行融资一般只起到补充作用，当经济发展到一定程度时，储蓄和投资才会从财政主导转为金融主导。在这一过程中，金融与经济发展之间的关系也得到发展。

（一）经济发展使得金融的作用更为突出

经济发展要求发展中国家经济的货币化程度提高，货币的中介作用会使得商品、服务交换更易于达到均衡，同时货币化会促进生产的专业化，提高生产能力，而生产能力的提高要求有更为有效的集资能力，因此随着经济的发展，金融的作用会增大，然而在这一过程中，金融风险也会比过去更大。发展中国家在经济发展中，储蓄、投资从财政主导转化为金融主导，而且在金融主导的过程中，间接融资尽管在融资总额中仍然占据主要的地位，但随着金融市场的发展，直接融资的规模在扩大，地位也在不断提高，形成了发展中国家新型的经济发展与金融的关系。一般而言，在经济发展的初级阶段，金融市场处于欠发达状态，一个国家的融资主要是间接融资。资金的供给者与需求者之间的交易要通过诸如银行这样的金融机构来进行。由金融中介机构发行各种资金凭证给资金供给者，获得资金后，再以贷款或投资的形式买入资金需求者的债务凭证，融通资金供给者与资金需求者之间的资金。当经济发展到一定程度、金融市场得到长足发展后，货币的供给者与需求者之间便会直接产生信用关系。这时，资金需求者自身直接发行融资凭证给资金提供者，中介在这种情况下只作为牵线者，报酬是佣金。

（二）金融市场在经济发展中的作用

相对发达的金融市场对于经济发展具有重要的作用，这在发展中国家经济发展的实践中表现得非常突出，例如新加坡、曼谷、雅加达、马尼拉这些东南亚国家或地区的金融市场，都在它们的经济奇迹中发挥了重要的作用。这些金融市场在经济发展中的作用可以大致归结为以下几点：

1. 金融市场的发展为金融资产提供了充分的流动性

在经济欠发达时，资产大都处于流动性不高的如土地、房屋、农具等形态。随着经济的发展，资产形态转化为以金融资产为主，提高了流动性，不仅使得金融资产在社会总资产中的比重不断上升，而且提高了转化为有效投资的效率，投资的扩大有赖于金融市场的发展，金融市场的发展将为其提供充足的流动性。

2.金融市场的发展有利于更加有效地配置资源

较为发达的金融市场，不仅使得资金的流动性提高，而且可以促进资金合理、有效地流动。这是因为，金融市场价格的波动能够及时反映经济的运转状况。这种价格的确定可以引导金融资金的流向，而且较为发达的金融市场还可以从国外引进资金，在更大的范围内更为有效地配置资源，促进经济的良性发展。

3.金融市场的发展可以更好地为调控经济提供有效的信号

金融间接调控需要依赖信号的发生、传导，金融市场在一定程度上能够提供上市公司的市场价值、净资产水平以及未来的盈利能力等信息。因此，较为发达的金融市场能够在宏观层面、微观层面反映出经济运行的基本状况，给主管部门以宏观调控、微观引导的方向，平衡总供给与总需求，提高企业层次的经济效益。

（三）金融市场的发展与金融风险

发展中国家经济发展的实践表明，在经济发展的初期，由于金融发展有限，融资大多通过间接方式进行，财政在储蓄、投资中的作用居主导地位，因而普遍的金融风险转化为严重的世界性金融危机的可能性较小。随着经济的发展以及金融市场的发展，金融风险与日俱增，并演化为多次金融危机，体现为债务危机、汇率危机和全面的国际收支危机等。发展中国家今天的金融环境与20世纪60—70年代相比，总体风险要大得多，而且正在体现为多种风险的综合。

1.汇率风险

在布雷顿森林体系瓦解之后，随着金融自由化、全球化的发展，发展中国家大多或者开放了汇率，使之主要由市场决定，实行有管理的浮动汇率制，或者实行钉住汇率制，将本国货币的对外汇率“钉住”主要关键货币，与之共升降。发展中国家的金融实践表明，在实行新的汇率制度后，外汇风险越来越大，在20世纪80年代拉丁美洲国家的债务危机中，它们的货币对外汇率也发生了较大幅度的波动，在1997—1998年东南亚金融危机中，东南亚发展中国家货币的对外汇率贬值了20%到50%不等，汇率波动巨大，汇率波动带来的风险也在不断加大。

2.利率风险

在金融自由化和金融全球化的发展过程中，发展中国家的利率决定也在实行市场化，由市场决定利率。在一般情况下，一国的利率大都会随着通货膨胀状况的变化而变化，即通货膨胀率增高，利率也会相应提高。但是，在金融自由化的条件下，发达国家中金融的调整与变动，都会招致发展中国家利率的变动。例如，由于美国经济在世界经济中的地位，每当它调整利率时，其他国家都要考虑根据自己的情况和受美国利率变动影响的情况，对本国利率进行相应的调整。1999—2000年间，美国多次调高联邦基金利率，使得将本国货币钉住美元的国家和地区（如中国香港）不得不相应调整自己的利率。

3.价格风险

除了一般的价格变动外，世界的通货膨胀与通货紧缩都会对各国物价发挥作用。各种风险，如政治风险、军事风险、经济风险，都会招致物价较大幅度的波动。1973—1974年中东地区的政治危机，导致阿拉伯世界团结一致，以石油为武器反对西方国家在阿以冲突中的偏袒态度，造成了石油价格成十几倍的暴涨；1979—1980 年两伊战争再次使得石油价格暴涨；2000—2001 年石油价格又出现了较大波动。前述石油价格的变化都造成了发展中国家经济的困难，因此价格风险的加大不得不引起人们的重视。

二、通货膨胀与通货紧缩

通货膨胀和通货紧缩是完全不同、相反的经济现象。它们的发生需要相应的条件，在经济发展过程中，既有可能出现通货膨胀，也有可能发生通货紧缩，而这二者对经济发展有着很强的影响和作用。

（一）通货膨胀与通货紧缩的概念

在西方发达国家，通货膨胀通常被定义为商品和服务的货币价格持续上涨的现象，而通货紧缩则相反，应该是商品和服务的货币价格持续疲软乃至下跌的现象。在这样的概念中，通货膨胀、通货紧缩是与商品、服务而非与股票、债券等金融资产价格相关的现象，即对它们的考察是以商品与服务价格为对象的。通货膨胀、通货紧缩考察的是货币价格的变化，而不是商品、服务的实物比例关系。此外，通货膨胀、通货紧缩涉及的是商品、服务货币价格的总水平，而不是个别商品、服务的货币价格，或个别地区、城市的货币价格的波动。最后，通货膨胀、通货紧缩是商品、服务货币价格长期、持续而非偶然的波动。就通货膨胀而言，在发展中国家除了显性类型之外，还存在着隐性类型。后者是指，物价总水平并未发生持续上升，货币收入也没有下降，但因为商品、服务的供不应求，人们的实际消费在下降。总之，隐性通货膨胀大都因为存在严重的过度需求，以及严格的物价控制，从而使得通货膨胀以非价格形式表现出来。

（二）通货膨胀与通货紧缩的度量

从技术角度看，西方国家在度量通货膨胀与通货紧缩时，往往采取四个指标：批发物价指数、消费物价指数、生活费用指数和国内生产总值平减指数（GDP deflator）。批发物价指数的变动与消费物价指数的变动并不一致，它反映的是非零售价格的变动，它的变动幅度往往小于零售商品的价格变动，在反映总供给与总需求的状况时，不那么灵敏。在世界经济中，多数国家采用消费物价指数度量通货膨胀与通货紧缩，这是由于消费品价格的变动对消费品的社会供给和需求的变动反应比较灵敏，较其他指数为优。与消费物价指数相比，生活费用指数包括的商品、服务的范围更大一些。国内生产总值平减指数反映的是综合物价水平变动的情况，它包括的商品、服务的范围更广泛，受价格结构影响较大，主要被用来对国民经济各种综合性指标进行名义值与实际值的换算。

（三）通货膨胀的分类

从发达国家的角度看，西方国家的经济学家对通货膨胀与价格的普遍上涨速度进行了分类，即爬行通货膨胀、温和通货膨胀以及恶性通货膨胀。如果价格的普遍上涨年率为2%～3%，则认为是爬行通货膨胀，而物价月上涨速度超过 50%则为恶性通货膨胀，但对于温和通货膨胀并没有很明确的定量区分，似乎介于二者之间的价格普遍上涨速度比较贴近爬行通货膨胀的物价上涨率，便被认为是温和通货膨胀。从发展中国家的角度看，至今没有数量的界定。在 20 世纪 80 年代，当时发展中国家每年两位数的通货膨胀率被认为尚可接受，并不认为进入了恶性通货膨胀过程。进入 90 年代，一些发展中国家居然出现了三位数的年通货膨胀率，短时间甚至出现了四位数的通货膨胀率。1990 年的秘鲁，每天的通货膨胀率是 1%，这一年的前 40 天，葬礼的费用暴涨了 79%，而房租才上涨了 56%，餐饮上涨了 44%，死亡费用的上涨超过了生存者费用的上涨，恶性通货膨胀的定义再次被放宽。当然，这样的物价上涨大多是由诸如债务危机、金融危机等因素引起的，并不是持续若干年的长期现象。

三、发展中国家通货膨胀与通货紧缩发生的原因

发生通货膨胀或通货紧缩的一般原因在理论上已经有了很好的总结，由于发展中国家与发达国家经济水平、经济结构、经济特点等方面的差异，在通货膨胀与通货紧缩产生原因上存在着一定的区别。在理论方面，对于通货膨胀和通货紧缩原因的探讨，可以从需求方面、供给方面、二者综合以及结构方面进行。

（一）需求方面的原因

在通货膨胀发生原因的论述中，需求拉动是传统而又重要的理论分析。这一理论认为，由于总需求过度膨胀，总供给与之无法配合，出现严重的总体供不应求时便会产生需求拉动型通货膨胀。在社会生活中，发展中国家处于经济发展拉动的状态，投资需求旺盛，这要求社会有相应的货币供给。如果社会资源充足，有闲置的要素，这时扩大投资规模一般不会引发通货膨胀。但当社会资源已经得到充分利用，需求的扩大无法得到供给的满足时，这时随着货币供给的增加，如果出现过多的货币追逐过少的商品与服务，便会产生通货膨胀。一般在发展中国家，需求拉动型通货膨胀大抵出现在投资过于旺盛的时期，导致信贷膨胀而引发通货膨胀。在发展中国家的经济发展实践中，由于社会的供给很难在较短的时间内产生巨大的增长，因此过度投资、消费超前、示范效应都会引发需求的膨胀，最终引起通货膨胀。反之，如果社会生活中出现严重、全面的供大于求，市场疲软、物价下跌，人们对经济前景持悲观态度，失去投资、消费的信心，造成事实上的有效需求不足，便会发生在发展中国家并不太多见的通货紧缩。

（二）供给方面的原因

在传统的通货膨胀理论中，成本推动型通货膨胀的前提大抵是总需求既定、不变，实际产出下降。这时社会并未出现资源的充分利用，但通货膨胀可能发生，人们有时也用它来解释滞胀现象。由供给因素产生的通货膨胀，可以被分为工资推进和利润推动的不同种类。前者认为，如果国内存在强大的工会，具有工资的议价能力，工资的增长率一旦超过边际劳动生产率（而不是劳动力短缺形成的工资变化——这属于需求拉动），工资的上涨就会引发物价上涨，物价上涨又引起工资上调，最终出现所谓“工资—价格螺旋”，形成通货膨胀。后者认为，如果市场中存在强大的垄断因素，以致厂商可以操纵价格获取垄断利润，使价格上升速度大于成本上升速度，那么当社会中这种行为相当普遍时，便会引发通货膨胀。在发展中国家，当实行出口导向的发展战略时，开放部门率先的工资增长必然影响、带动非开放部门工资的增长，两个部门工资的普遍上涨最终会导致全社会的工资水平普遍上升，导致相应的通货膨胀。反之，垄断可以控制工资，或者可以控制其他要素的价格，甚至使之大幅度下降，或大规模地从超低物价国家（如从更低工资的发展中国家）

进口必需品，则有可能压抑通货膨胀，使物价走低。

（三）混合型原因

当上述两个方面的因素结合起来时，便会出现所谓混合型通货膨胀或通货紧缩。如以通货膨胀为例，则成本推动往往在先，继而需求拉动在后，最终形成通货膨胀。而通货紧缩则指在需求不变时，供给出现极大变化，出现严重的供大于求，或供给不变时需求出现极大变化、极大萎缩，也会形成通货紧缩。在现实生活中，需求、供给两种因素相互交叉，共同作用，使得通货膨胀的原因混合型居多。混合型通货膨胀的发生以及两种因素各自所起的作用，可以用图形表明（见图 13－2）。

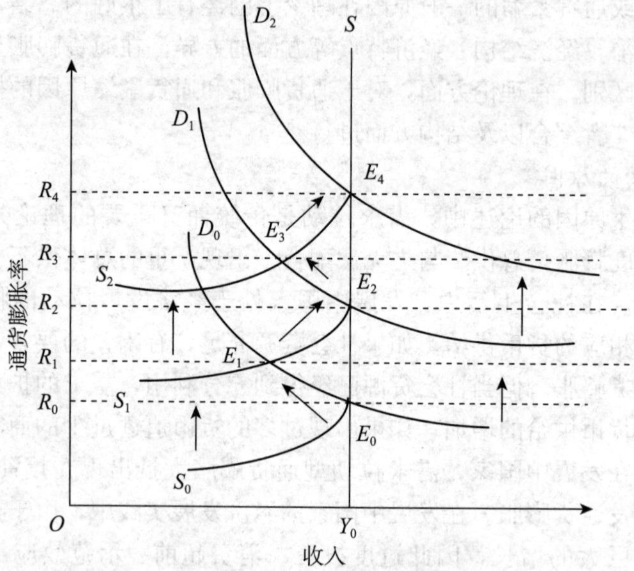

图 13－2　混合型通货膨胀

在图 13－2 中，随着总成本曲线从 S_0 向 S_1、S_2 方向移动，为了不降低实际产出，需要通过提高货币供给、增加投资扩大需求，这样做的结果会使总需求曲线沿着 D_0、D_1、D_2 的方向移动，在总成本曲线、总需求曲线向上方移动的过程中，价格水平则沿着 E_0、E_1、E_2 的方向螺旋上升，通货膨胀则从 R_0 向 R_1、R_2、R_3、R_4 上升，经济生活中出现了持续的通货膨胀。

（四）结构方面的原因

结构方面的原因引起的通货膨胀和通货紧缩主要是从经济结构、经济部门结构来探讨的。在发展中国家，引起价格持续变化的结构因素如下。

1. 小国开放模型

小国的开放部门受到世界市场价格的影响，物价产生变化，继而开放部门的价格会影响到非开放部门的价格，最终由开放部门、非开放部门的价格决定整个社会的价格水平的变化。如果这一开放的小国经济单一，而且属于外向型，社会价格由于外部世界的传导造成的变化就会比较剧烈。

2.资源配置扭曲

发展中国家在经济发展的一定阶段，为了加快发展速度、改善经济结构，大都很强地介入对资源的配置，例如运用税收杠杆、补贴、提供信贷等手段，帮助调节经济结构，但这样做的结果往往可能造成货币供给与需求和社会产品及服务的供给与需求失去比例地变化，最终影响社会物价水平的变化。

3.其他结构因素

发展中国家的体制、政策因素对总体价格变化的影响也很大，在一些发展中国家争取市场取向的改革与发展时，新、老体制的转换、交接很难做到没有摩擦，总要有一段老体制失灵、新体制作用尚未完全到位的时期，这时宏观政策选择决策也很难做到符合实际情况，这样就会造成总供给、总需求的失衡，从而使得价格水平受到更大的影响。

四、通货膨胀与通货紧缩对经济的影响

通货膨胀与通货紧缩，尤其是通货膨胀对经济发展的作用在许多专著和教科书中都有论述，这类文献可谓汗牛充栋。由于通货紧缩不仅在发展中国家，而且在发达国家也不是一种十分常见的现象，因此论述并不特别充分。

（一）通货膨胀对经济发展的促进效应

在相当长的一段时期内，发展中国家的通货膨胀现象被认为有利于经济发展。其原因大抵有以下几个方面：

第一，发展中国家由于需要较高速度的经济发展，因此一般而言资金缺口较大，需要财政的投资，但由于国家较为贫困、国家税收来源不足，这类国家往往会由财政向中央银行融资，这便会增加流动中的货币供给。只要发展中国家的政府注意避免了政府投资对私人投资的挤出和替代，扩张性的财政与货币政策便由于投资的增长而对经济发展具有积极的作用。

第二，在经济学中，通货膨胀事实上也是一种收入的再分配过程，而且被认为是有利于富裕阶层的收入再分配过程。据说由于富裕阶层的边际储蓄倾向较高，一定的通货膨胀会刺激储蓄率的提高，因而有利于经济发展。在一些发展中国家的经济发展实践中，由于进行了市场取向的改革，原来作为政府福利开支的项目在改革中更多地由个人来承担，如子女教育、医疗、养老等，人们不得不削减今天的开支以保证明天生活的维持，一定的通货膨胀反而迫使人们不得不为明天更多地进行储蓄，且这种储蓄是长期的，这在某种程度上对经济发展是有利的。

第三，人们对通货膨胀的感觉和反应存在着时滞，因此大众预期的调整需要相应的时间。由于发展中国家中工会的力量不够强大，工资议价能力有限，很容易发生物价上涨但是名义工资未发生变化，或者名义工资上涨的速度赶不上物价上涨的速度的情况，利用货币幻影，企业利润会因此而上升，利润预期会促进投资欲望增加，从而有利于经济发展。

第四，如果社会存在通货膨胀，但大众的名义收入不变，原有支出结构不变（包括消费和储蓄），则其差额往往被认为是政府通过通货膨胀政策实施的所谓强制性储蓄。如果社会上存在着未充分利用的资源，即要素闲置，这时该社会潜在的国内生产总值就会大于实际的国内生产总值。政府如果运用扩张性的财政或货币政策来提升有效需求，这时基本

不会出现通货膨胀现象，尽管这也可以算作强制性储蓄。强制性储蓄对于增加社会投资是有利的，因此也就有利于经济发展。

第五，政府往往通过举债来维持经济发展所需要的资金投入，在存在着较为严重的通货膨胀的情况下，政府在未来偿还债务时，作为债务人，可以获得通货膨胀实际给予的好处。

（二）通货膨胀对经济发展的负面影响

在几十年的经济发展实践中，通货膨胀对发展的促进作用似乎远小于它给经济发展带来的麻烦。尤其是当发展中国家的经济发展遭遇到困难时，往往有严重的通货膨胀伴随。如 20 世纪 80 年代的拉丁美洲国家债务危机便伴随着严重的通货膨胀，因此在绝大多数经济发展论著中，大多历数通货膨胀给经济发展带来的负面影响。

第一，如果恶性通货膨胀发生，便有可能引发经济、社会的危机。恶性通货膨胀往往会引发社会动荡，发生抢购商品、挤兑银行的行为。人们对流通中的纸币丧失信心，希望持有贵金属，日常生活中甚至可能发生以物易物的行为，出售任何产品的收入都难以支付成本，于是市场萎缩成为必然，但社会中的投机情绪将高涨，甚至可能发生政治动荡，所有这些都将严重影响经济的发展。

第二，通货膨胀的持续发生使得厂商感觉生产上的风险在加大，成本较难控制，因此社会资金流入生产性部门的比重下降，而流向非生产部门的比重加大。因此，当通货膨胀严重时，社会上的投机之风便会盛行，这对经济发展未必有利。

第三，通货膨胀有利于债务人而不利于债权人，通货膨胀在一定程度上会降低借款的成本，可能使得资金需求加大。若这种信贷膨胀在金融管理当局的控制之内，则不会产生对经济发展的过分不利局面。而当信贷膨胀一旦超出金融管理当局的控制时，则或者引发更为严重的通货膨胀，或者货币当局便会采取信贷紧缩、控制物价的方法，最终影响经济的发展。

第四，在发展中国家，通货膨胀对存款人和借款者都会产生影响，因为他们是对实际利率而非名义利率做出相应的反应。当通货膨胀较为严重时，实际利率可能为负，加之许多发展中国家对利息收入征收所得税，这势必对存款者的积极性给予打击。名义利率与实际利率之间的关系可以从下面的推导中获得。假定银行对一笔数量为 Q（例如 1 美元）的本金支付的名义利率为 R，则一年后名义本利和为 $Q(1+R)$。如果存在通货膨胀率 P，则这笔存款的实际本利和价值仅为 $Q(1+R)/(1+P)$，实际利息 I 就应该为该价值减去原始本金 Q：

$$I=Q(1+R)/(1+P)-Q$$

实际利率 r 则为：

$$r=(1+R)/(1+P)-1$$

当利率和通货膨胀率都比较低（至少低于 10%）时，实际利率便可以近似地被认为：

$r=R-P$，即名义利率减去通货膨胀率

例如，某发展中国家存款利率为 21%，通货膨胀率为 28%，则实际利率为－5.5%，

如果没有存款贴补率，储户一年下来会损失资产的5.5%；如果该国的存款利率为3%，通货膨胀率为2%，则资产的实际收益率可以近似地为1%。显然，负的实际利率对社会储蓄的增长是没有好处的，从而对经济发展也是没有好处的。

（三）通货紧缩对经济发展的影响

通货紧缩在发展中国家乃至发达国家并不经常发生。同时，通货膨胀自20世纪30年代便在发达国家肆虐，而自70年代以来又时常困扰发展中国家和发达国家，造成了众多阻碍发展的状况。人们在治理通货膨胀时，手段往往又是采取财政与金融的紧缩，因此，发展中国家的人们在对通货膨胀痛恨之余，对通货紧缩给经济发展带来的影响尽管认识不深，却对它的出现给予了默许的鼓励。由于1997—1998年东南亚金融危机，以及在危机中许多国家出现的通货紧缩，尤其是一些出现通货紧缩的国家，在政策方面除了再运用凯恩斯主义的扩张性财政政策之外，基本拿不出有效的对策，有的发达国家，如日本在它与另外因素的困扰下，甚至失去了10年的增长，人们开始对通货紧缩发生的原因和它给经济发展带来的影响给予重视。

1.通货紧缩对经济增长的负面作用

通货紧缩的发生意味着物价全面、持续地下跌，市场长期疲软已经成为一种趋势。通货紧缩对经济发展的负面作用是很明显的。由于市场长期疲软、物价持续下跌，人们对未来经济利润走势失望，经济发展预期受到打击，最终会表现为很强的信心危机。于是生产增长缓慢，投资全面下降，银行信贷持续走低，市场供求严重失衡，有效需求难以启动，经济很容易陷入长期负增长，或者是慢性经济萧条——如1929—1933年的世界经济危机后的长期萧条，最后还是战争的破坏力强行调整了供求关系，才使得世界经济摆脱了这种状况。尽管发展中国家中通货紧缩现象较少发生，但作为世界最大的发展中国家的中国在20世纪末的时候，出现了物价的长期下跌，在那一时期，虽然中国经济仍然以7%～8%的速度增长，但经济生活中各种结构性矛盾显现得较为突出。

2.通货紧缩对长期经济结构调整的负面作用

通货紧缩造成人们对于未来经济前景预期的悲观，因此，一切从长期着眼的经济结构调整和改革都将遇到相应的困难。通货紧缩影响发展中国家经济改革的政策取向，而多变的政策在民间易于引起负面的心理预期。面对经济不景气或通货紧缩，人们的种种忧虑很现实：工人、管理人员将会下岗，下一步的改革会怎样影响就业岗位？原来由财政补贴支撑的住房、医疗、教育等无偿福利或低价消费被取消，这种改革将带来怎样的影响？在通货紧缩的情况下，银行体制和投融资改革后，发展中国家的银行如何敢冒收不回贷款的风险主动向本土企业，特别是最需要资金的中小型企业、民营企业增加贷款？正因为通货紧缩、前景预期和改革措施给人们心理带来的强烈震撼，导致人们的心理日益保守，对于未来增加了许多不确定性，不仅“用明天的钱圆今天的梦”成为一种奢望，而且具有讽刺意味的是，更多的人是“削减今天的消费以保证明天的基本生活”；这种心态反过来令发展中国家本来合理的改革政策得不到配合，在宏观方面形成负效应，加大了改革的困难和政策失败的概率。

3.通货紧缩对经济发展的积极影响

事物总是一分为二的，正是在生产过剩和通货紧缩的基础上，发展中国家的经济发展才有了大量的物质基础，也经历了低通货膨胀下从过去对数量的追求，演变到提高质量的阶段，进行结构性的变革。这种从追求量的扩大的极限，向追求质的提高的转变，应该说是经济"蜕皮"的涅槃过程，没有一点代价，没有一点痛苦，甚至没有人在转弯处被甩出时代的列车（如失业），是不现实的。但由于通货紧缩，这种改革在其他情况下易于出现的通货膨胀的代价将被减至最小。因此，一旦发展中国家人民的信心和预期得到恢复，找到新的经济增长点和消费点，经济就有可能进入下一个持续发展阶段。

第三节　经济发展中财政金融政策的实施与改革

发展中国家的财政与金融具有与发达国家不同的特点，财政政策与货币金融政策制定的内外条件、贯彻的机制及手段既与发达国家有相同之处，又有不同的一面。财政政策与货币金融政策相互协调、搭配，通过影响总需求进而调整总的经济发展。货币金融政策通过利率、货币供给，财政政策通过税收与财政支出影响总需求，进而影响总产出的变化。在西方经济学中，对财政政策与货币政策的分析是采用 $IS-LM$ 曲线进行的。我们知道，如果 LM 曲线平坦，或 IS 曲线陡峭，则财政政策作用明显，货币政策作用较弱，反之则财政政策作用较弱。

一、发展中国家财政政策的实施与改革

财政政策是指一国政府为了实现一定的宏观经济目标而调整财政收支规模和收支平衡的指导原则及相应的措施。财政政策大都是通过政府预算中的支出与税收来发挥作用的。在发展中国家，实施财政政策的主要机构是国家计划部门和财政部门。发展中国家财政政策的工具大抵有税收、公债、公共支出、政府投资、政府转移支付、公共补贴等。

（一）发展中国家财政政策的目标

发展中国家与发达国家相比，财政政策的目标更倾向于促进经济发展。一般而言，一国的财政政策目标大抵有四个：物价稳定、收入分配相对合理、经济发展和社会生活质量提高。政府根据不同时期的经济情况将目标的顺序进行相应的调整。但是，发达国家一般是将社会生活质量提高放在更为重要的地位，而发展中国家则将经济发展放在财政政策目标的首位，通过实施财政政策，产生财政乘数效应，推动经济发展。

1. 经济发展目标

发展中国家的财政政策在很大程度上要服务于经济发展，因此在实行财政政策时，从税收的角度来看，政府需要扩大公共储蓄、增加投资；以财政刺激私人储蓄的提高，增加私人投资的可能性；利用税收优惠鼓励外部资源流入本国，鼓励本国企业的技术改造与创新；如此等等。从财政支出的角度来看，政府往往直接进行一些关乎国计民生的行业、企业的投资，尤其是对大规模基础设施的投资建设，促进经济发展。当经济条件发生变化时，政府以财政支出来进行调节，如出现需求不足，政府将会通过扩张性财政政策创造需求，为经济发展提供适宜的环境。

2. 物价稳定目标

发展中国家由于经济发展的需要和政策取向的失衡，往往会出现信贷、投资过热的现象，因此发展中国家出现通货膨胀是常态（通货紧缩的出现是较为少见的），如何诊治经济中的通货膨胀似乎是发展中国家的普遍问题。在这里我们可以粗略地将稳定物价的目标认为是控制通货膨胀。从发展中国家的实践看，维持物价的稳定，不是将物价冻结，而是将其控制在一定的范围内。物价一定程度的上升，实际上会对经济发展发挥刺激作用，但物价一旦发生失控，则对经济有百害而无一利。一些发展中国家在 20 世纪 80—90 年代出现的四位数字的通货膨胀率的直接后果便是政府对整个经济的失控，不仅会出现人民生活水平的下降，而且会出现社会的动荡，甚至是政治动荡。利用提高税收、缩紧财政开支控制通货膨胀是发展中国家经常采用的办法。

3. 收入分配相对合理目标

发展中国家的收入分配相对合理目标在于，一方面要能够调动要素所有者的积极性，能够将要素投入到经济发展中去；另一方面又要避免社会分配悬殊，引发社会震荡。在一些发展中国家，这一社会稳定问题非常严重，收入的两极分化已经造成了对经济发展的阻碍。一般而言，发展中国家的政府大多对要素的所有者采取税收优惠的办法，鼓励他们进行投资，而对社会的弱势群体，则采用政府转移支付的办法，使得他们能够在社会中生存、发展。同时，减税和加大政府的转移支付还可以增加社会需求，为生产创造出相应的需求。

4. 社会生活质量提高目标

社会生活质量提高，主要是指通过政府提供的公共产品，而不是人们通过市场价格进行市场交易获得高质量的生活。在发展中国家，国家对一些巨大项目的投资，例如高速公路的建设、大型机场的建设，除了可以对生产提供基础设施的推动作用外，还可以提高人们的出行质量，节约时间。国家提供的医疗保健对提高社会生活质量具有积极的作用。财政政策的这一目标是随着经济发展水平不断提高而逐渐实现的。

（二）发展中国家财政政策的类型与实施

发展中国家的财政政策可以分为几种类型。按照西方经济学的观点，财政政策包括自动稳定的财政政策和相机抉择的财政政策；按照功能分类，可以将财政政策划分为扩张性财政政策、紧缩性财政政策以及中性财政政策。

1. 自动稳定的财政政策

它是指能够根据经济变化自动发生稳定作用的政策，不用借助其他外力便可以直接产生调控作用。财政政策的自动稳定性主要表现为税收的自动稳定性和政府支出的自动稳定性，前者如个人累进所得税，后者如政府转移支付。

2. 相机抉择的财政政策

它是指政策自身没有自动稳定作用，要靠外力才能对经济产生调节作用。政府往往要根据实际的经济状况，采用不同的措施来消除通货膨胀或通货紧缩的缺口，它实际上是政府运用国家的财力干预经济运行的行为。相机抉择的财政政策措施是广大发展中国家经常采用的宏观政策调节工具，用以调整经济发展的平稳进行。

3.扩张性财政政策

它是指通过财政的相应分配活动来刺激社会总需求的增长，扩张性财政政策的措施主要有减税和扩大财政支出的规模。扩张性财政政策可以提高总需求，从而刺激经济发展。

4.紧缩性财政政策

这是指通过财政的分配活动来减少和抑制总需求，紧缩性的财政政策的措施主要有增税和减少财政支出，它可以使得总需求下降，控制经济的过热，从而保证经济发展的顺利进行。从扩张性和紧缩性财政政策出发，一般而言，财政政策的实施，总是要“逆经济动向而动”，经济过热便需要紧缩，经济衰退便需要扩张，政策方向与经济走势正好相反。

5.中性财政政策

它是指财政的分配作用对社会总需求无扩张或紧缩的影响，保持中性，这种财政政策要求财政保持收支的平衡。当然，主张预算收支平衡的政策并不一定就是中性财政政策。

（三）发展中国家的财政改革

在过去几十年的经济发展过程中，发展中国家的财政政策在众多方面都显示出局限性，因此，发展中国家的政府大多针对自身的特点，进行了相应的财政改革。由于发展中国家的经济状况差异较大，各国进行的财政改革的内容有着较大的区别，但基本方向可以大致归纳如下。

1.财政的税收改革

第一，在改革中，发展中国家遵循的基本原则是，进一步加强税收的宏观调控作用，调整税种，改变国家、厂商、个人的收入分配，保持财政收入在国内生产总值中的比重，调整中央政府与地方政府财政收入的分配格局，以促进经济的发展。第二，发展中国家努力规范税制，调整厂商的税负，如企业所得税等税种和税负，努力形成公平的税负，促成公平竞争局面的出现。第三，利用税收对个人收入进行调整，既保持个人收入的差距，提高效率，又不让收入差距过多地影响社会的稳定。第四，注重利用财政的力量鼓励某些产业的发展，调整产业与经济结构。第五，对于引进外资，给予不同的优惠政策，增强本国在引进外资中的竞争力。

2.财政的支出改革

除了在税收方面的改革以保证国家财政收入外，发展中国家也进行了财政支出方面的改革。第一，在改革财政中各个发展中国家大抵遵循的原则是，通过财政支出加强国家对于经济的有效调控，避免出现经济发展的巨大起伏，在政策上处理好储蓄、消费的关系，给经济发展创造有利的环境。第二，发展中国家努力利用转移支付的手段，调整社会各阶层的收入差距，逐步建立相应的社会保障体系，在促进增长的情况下，保持社会稳定，为经济发展提供社会条件。第三，利用财政政策将物价的波动尽量控制在合理的范围内，既避免出现严重的通货膨胀，也尽量避免出现通货紧缩。第四，发展中国家目前大都努力以财政支出维持必要的科研水平，调整已有的产业结构，让经济向着人们认为比较理想的方向发展。第五，发展中国家大都在努力减小财政对国有企业不断的财务支持，努力减少亏损，进行国有企业的民营化。

3.控制公共债务规模，重视财政安全

一个国家的财政支出，原则是量入为出，其公共债务规模应该在可控范围之内。按照一般经验规律，一国每年的财政赤字应该控制在 GDP 的 3%以内，公共债务总额控制在 GDP 的 60%以内，这样财政才是安全的。目前绝大多数发展中国家的公共债务超过了这一安全指标，累积着风险，这引起了国际社会的重视并使其努力合作以尽量将财政支出限制在可控范围内。

总之，发展中国家通过对财政的改革，希望能够发挥财政的导向功能，调整利益，引导厂商按照国家希望的方向去发展经济。发展中国家还希望通过财政改革，能够更好地实行经济的宏观调控，平衡总供给与总需求，避免出现过度的经济波动，使经济得以稳定发展。此外，通过财政改革，发展中国家尽力发挥财政的协调作用，使不同部门、产业、地区的经济结构失衡得到纠正，最终能够促进经济的发展。

二、发展中国家货币金融政策的目标与工具

货币金融政策，尤其是货币政策是指货币当局为了实现既定的经济目标（如经济发展、物价稳定、控制失业、国际收支平衡等）而采取的影响货币和其他金融环境的措施。发展中国家的货币金融当局包括中央银行和其他金融管理部门，在实施货币金融措施时，采取的方法主要有公开市场业务、再贴现率、存款准备金等传统类型政策工具，以及控制信用等其他货币金融政策工具。

（一）发展中国家的货币金融政策目标

在不同国家（包括发达国家与发展中国家），货币金融政策的目标有所区别，即单一目标、双重目标和多重目标的差异。

1. 单一目标

单一目标是指一国的货币金融政策目标是唯一的，但目标内容是什么，在经济发展实践中不同国家有不同的选择。有的国家（如德国）选择稳定货币币值、汇率作为政策的唯一目标；有的国家则以经济的稳定增长、保障经济起飞作为货币政策目标；还有的国家则将物价稳定、控制通货膨胀作为单一目标；等等。所谓单一目标并不是指经济的其他目标不重要，而是指在制定货币金融政策时，直接目标是单一的，其他经济目标将通过这一目标的实现间接地受到影响。例如，有的国家在制定货币政策时，对于资本市场中的金融现象都不予以考虑。

2. 双重目标

双重目标是指将物价和增长放到同等重要的地位，货币当局的货币政策应该兼顾二者。这种目标的出发点是，物价应该只能在经济发展中得到真正的稳定，而经济发展也需要在稳定中求发展，二者都不能偏废。中国的货币政策目标为保持货币币值的稳定，并以此促进经济增长，是有主次之分的目标。

3. 多重目标

在当今的世界经济中，许多国家鉴于经济发展的复杂性，涉及面广，以及经济、金融全球化发展的事实，提出货币政策的多重目标，即目标应该包含经济增长、物价稳定、充分就业和国家收支平衡等几个主要方面。目标的多重化被认为是经济发展的需要与产物，在 20 世纪 30 年代以前，各个国家的货币目标主要是保持币值稳定和汇率的稳定。20 世纪 40 年代，随着凯恩斯主义经济政策的盛行，充分就业成为货币政策的重要目标之一。20

世纪 50 年代，鉴于许多国家通货膨胀的失控，货币政策的重点又转向稳定，加强了对物价的控制，希望物价能够被控制在一定的范围之内。20 世纪 60 年代，发达国家过去的殖民地纷纷独立，经济发展被提到重要地位，因此促进增长是这些国家货币金融政策的重要内容；而在发达国家，由于国际收支逆差问题在一些国家凸显，它们的货币金融政策开始注重平衡国际收支。在经济不断的发展中，在经济全球化的深化中，货币政策目标也得到了扩展。

（二）发展中国家货币金融政策各项目标的关系

在货币金融政策的多重目标之间，有的目标是统一的，有的则相互矛盾。因此，协调各个目标之间的关系是保持经济平稳发展的重要方面。例如，在经济增长与充分就业之间是协调统一的，经济增长则就业增加，经济衰退则失业增加。但是在其他的经济目标中，彼此矛盾的情况经常发生。

我们在学习西方经济学时曾经探讨过所谓“菲利普斯曲线”，它是新西兰籍英国经济学家菲利普斯根据英国 1861—1957 年的失业率和工资率变化数据而画出的曲线，反映出充分就业与物价稳定目标之间的矛盾。其基本状况如图 13－3 所示。

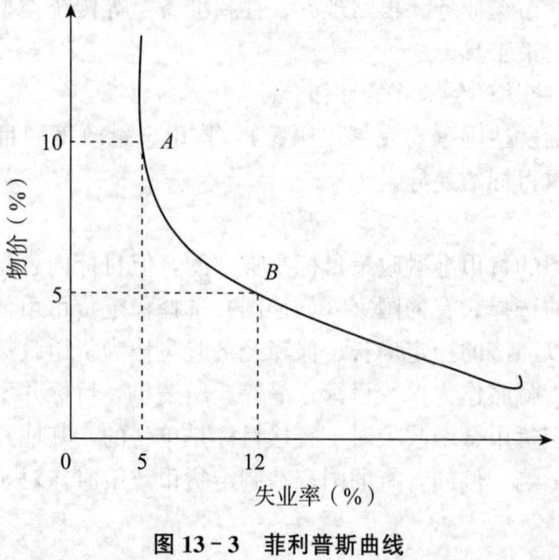

图 13－3 菲利普斯曲线

从图 13－3 中可以看到，人们要么可以获得较低的失业率，但必须承受较高的物价水平；要么可以保持较低的物价水平，但必须承受较高的失业率。二者不能兼得，必须在其间进行选择。在经济发展的实践中，往往需要根据经济的实际情况，在物价、失业之间找到决策者认为适宜的组合。就发展中国家而言，在一定范围内，失业造成的威胁大于通货膨胀。

事实上，除了物价与失业目标之间的矛盾外，在经济增长与物价之间、经济增长与国际收支平衡之间也都存在着矛盾的现象。一般而言，在发展中国家，经济发展是首要目标，而经济增长却往往伴随着物价的上涨。由于过热的经济发展会造成要素市场的供不应求，需求过盛必然会拉动物价上升；经济增长与国际收支逆差往往也是相伴生的，经济增长对进口的增长提出要求，经济增长使国内产出的需求增加（国内消费增加），进口增加、出口减少，必然会使得国际收支处于逆差状态。在经济发展的实践中，货币政策的多重目标之间的矛盾，大多需要根据实际情况进行协调，或在不同的发展阶段根据主要矛盾突出重点，以便更好地服务于经济发展。

（三）发展中国家的货币金融政策工具

由于与发达国家不同，在发展中国家，货币金融政策工具发挥作用的主要途径是直接、间接的干预，而不是通过市场机制使得政策发挥作用，更多的情况下是对市场机制的直接替代，而不是对市场机制的贯彻，因此，在发达国家，更多采用的是公开市场业务，其次是再贴现率，存款准备金这一措施在发达国家已经较少使用，但在发展中国家，由于市场机制不完善，像存款准备金这样比较激烈的措施仍然在广泛使用。

1.存款准备金

存款准备金是指商业银行必须将其吸收的存款中的一部分存放在中央银行，以备储户提存，由于存款准备金率是法定的，因此又被称为法定准备金率。在经济运行中，如果中央银行认为需要增加经济生活中的货币供给（若经济出现衰退），则可以降低存款准备金率，使得商业银行吸收的存款中的更大比例可以用于向外贷款。相反，如果中央银行认为需要减少经济生活中的货币供给（若经济出现过热），则会提高存款准备金率，这样便会降低商业银行吸收的存款中可以用于向外贷款的比重。在发达国家，这种方法很少使用，因为它作用过于激烈，中央银行一旦决定变动存款准备金率，全部金融机构的信用都要变动，影响极大，而且这一政策措施在运用时还存在着时滞效应。但由于发展中国家的金融市场发育并不成熟，必要时还需要采用这种较为剧烈的措施。

2.再贴现率

再贴现率政策实际上是中央银行对商业银行和其他金融机构的放款利率。在经济中，中央银行作为一国经济生活的最后贷款人，传统上商业银行为了增加准备金，将自己持有的商业票据出售给中央银行，后者按照相应的贴现率扣除利息后将贷款增加到商业银行的准备金账户上。但在今天，尤其是在美国等发达国家，商业银行是将自己持有的政府债券作为担保向中央银行借款。由于变动再贴现率可以调节货币供给量，例如，当经济过热时，提高中央银行的再贴现率，商业银行向中央银行的借款就会减少，而当经济衰退时，中央银行大多会降低再贴现率，从而增加货币供给。需要指出的是，在发达国家由于这一措施大多被商业银行短期、临时用于应付准备金不足，因而作为政策手段的作用在下降。但是在发展中国家，由于商业银行机制的不健全和资金的经常性匮乏，因此这种措施仍然具有重要的作用和意义。

3.公开市场业务

这种中央银行调节货币供给的措施是目前各国中央银行最经常采用的，在发达国家和市场机制较为发达的发展中国家的货币政策中占有最为重要的地位。公开市场业务是中央银行在金融市场中公开买卖政府债券以调节货币供给、利率，从而影响经济发展的措施。当经济发生衰退时，中央银行利用买进政府债券创造货币，即可以向社会投放资金，反之则卖出政府债券。中央银行买卖政府债券会导致证券市场供求的变化，影响证券价格和利率，这种政策措施操作较为灵活，而且易于计算它对货币供给量的影响，便于控制。

4. 其他措施

除了上述三种传统的货币金融措施外，中央银行还可以利用其他的办法对经济进行调节，如道义劝说、窗口指导等。中央银行利用自己的地位和威望，对商业银行和其他金融机构提供趋势性的信息、数据，进行劝告和指导，影响这些金融机构的决策，使之与中央银行调节宏观经济的大趋势一致，或使它们贷款、服务的方向与产业发展方向一致，否则将予以相应的惩罚。例如，在通货膨胀发生时，中央银行可以提供经济过热的数据，劝说商业银行和其他金融机构控制信贷规模；相反，在经济不景气时，劝说商业银行和其他金融机构不要惜贷，以便对宏观经济进行调节。一般而言，尽管这类措施不具有法律地位，但由于中央银行的威信和对信息的宏观把握，商业银行和其他金融机构大都会服从或考虑它的意见和建议。

三、发展中国家货币金融政策的调整与改革

发展中国家货币金融政策调整与改革的方向是更加符合市场规律和更加适应经济全球化的发展趋势。因此，发展中国家的金融改革总体上大致符合金融深化的方向。

1. 发展中国家在货币金融政策的运用上，方向是放弃直接金融控制的做法，而主要采用符合市场经济运作的方法和措施

直接的金融控制主要是利用行政手段，控制利率（如最高利率和最低利率的规定）及汇率变动幅度、信贷额度等。在发展中国家，由于金融市场不发达，过去为了促进经济发展，保证稳定，往往采取一些行政性的手段对金融进行调节，随着经济的发展，这些国家逐步转换了做法，开始更多地运用经济手段，如利率市场化、汇率自由化的办法来促进经济发展。

2. 减弱政府对于金融流动的控制，包括资金在国内外的流动

发展中国家今天努力发展直接融资市场，使得发展资金来源多样化，有的发展中国家还将自己国际收支中的资本账户对外开放（印度尼西亚甚至在经常账户没有对外开放的情况下，资本账户就已经对外开放了），外资可以较为自由地出入，形成了资金“大进大出”的局面，但与此同时，风险也相应增大。

3. 使用了较为灵活的利率、汇率管理形式

发展中国家在相当长的一个时期内，官方制定的利率较低，而由市场决定的均衡利率却较高，形成了资源配置的极大扭曲，而汇率或者固定，或者与某种强势的发达国家货币挂钩“钉住”，造成利率、汇率无法适应经济的迅速变化。随着经济发展的需要，发展中国家大多放开了利率和汇率的管制，或者采取了灵活的管理措施，以便能够很好地适应经济发展的需要。

4. 减少金融准入的限制是目前发展中国家货币金融机构改革的重要趋势

这种情况一方面体现为对国内金融机构登记注册障碍的减少；另一方面则体现为外资银行和金融机构进入的条件逐步放宽。政策制定者放宽金融准入条件，主要是想利用更多机构之间的竞争提高金融效率。

四、发展中国家财政政策与货币金融政策的配合

在发展中国家现实的经济生活中，如果经济出现某些失衡的情况，需要进行调节，经

济决策者往往会同时采用财政政策与货币金融政策（有时还要采用收入政策）的有效搭配来治理，以便实现经济回归均衡的平稳。

（一）两种政策搭配使用结果的基本分析

大多数发展中国家经常发生因经济过热而产生严重通货膨胀，政府在治理通货膨胀的过程中，大多使用的是财政政策与货币金融政策搭配的手段。在不同的阶段，搭配使用政策的侧重点不同，两种政策在实施时各自所占的“分量”也会不同。例如，当通货膨胀发生时，人们既可以采取紧缩性财政政策，也可以采取紧缩性货币金融政策，同时还可以采用比例不同的两种政策的紧缩性搭配；当经济出现衰退时，人们则可以采取扩张性财政政策，或扩张性货币金融政策，也可以采用搭配有侧重的这两种扩张性经济政策的结合。我们通过图 13－4 进行相应的分析。

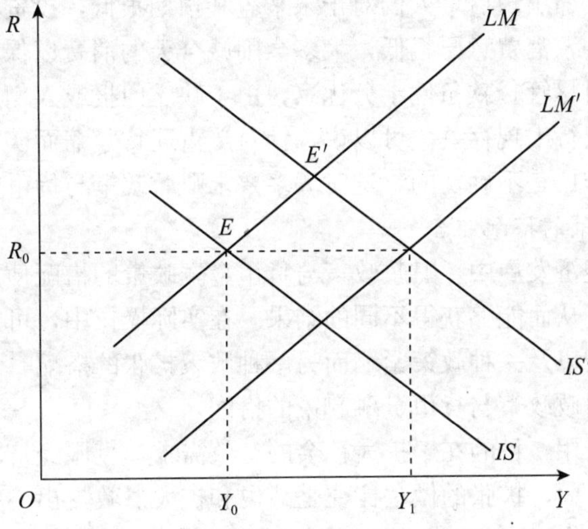

图 13－4　财政政策与货币金融政策的搭配使用

在图 13－4 中，如果经济呈现为不景气，为了使产出从 Y_0 提高到 Y_1，可以采用扩张性财政政策，IS 曲线向右方移动，但利率也因之上升。若保持收入上升而利率不变，则可以相应采用扩张性货币金融政策，利率在货币供给增加的情况下将保持不变。

（二）发展中国家财政政策与货币金融政策搭配的必要性

发展中国家之所以搭配使用两种经济政策，主要是因为它们在对经济进行调节时，其基础、机理、方向、作用都有所区别。

1. 两种经济政策作用基础和机制的差异

由于财政政策和货币金融政策在调节经济时，作用基础和机制不同，因此二者的搭配具有相应的、更为有效的结果。作为财政政策，它直接将国民收入中的一部分用于公共需要的满足，是对国民收入的分配、再分配；而货币金融政策在某种程度上，主要是对货币资金这种资源进行配置，是在国民收入分配、再分配基础之上的另一次分配。

2. 两种经济政策影响的内容不同

一般而言，在发展中国家，财政政策影响的主要是社会需求和个人需求，而货币信贷大抵只能影响个人消费需求，对社会消费需求的影响力较低。从个人消费的形成看，它由收入和偏好决定，在支付方面则受收入、财政的转移支付、税收、信贷的影响，而社会需求在发展中国家大都是由国家财政支出形成的，因此财政政策具有决定性的影响，两种经济政策的搭配使用，可以从不同角度对经济进行调节。

3.两种经济政策的作用结果有差别

在经济发展的实践中，如果财政政策的采用对利率的影响较小（如实行扩张性财政政策但利率并未上升），则财政政策对投资的作用就较小，但对总需求的影响就会较大。一般而言，如果投资对利率不敏感而货币需求对利率很敏感，则财政政策的效用就会很大，反之效力便会相对较弱。货币金融政策也同样无法具有“万能”的作用，在通货紧缩的情况下，尽管货币金融政策非常重要，但一般而言，货币金融政策刺激经济的作用与治理通货膨胀时的效果相比被削弱了，或者作用有限。这是因为，在市场经济条件下，当（伴随着经济衰退的）通货紧缩出现后，人们对于未来盈利预期很低，投资信心受到打击，消费者面临巨大的不确定性，消费意愿很低，大多会削减今天的消费以保证来日的生活，以适应经济的不景气，这时尽管贷款条件十分优惠，由于缺乏回报或人们对于还款困难的预期加大而借贷不积极，银行出现存差。可以说，针对严重通货紧缩而实行的扩张性货币金融政策能够起到多大的作用是不确定的，这时大多要求财政政策与货币金融政策配合使用。

（三）两种经济政策的搭配组合

在发展中国家的经济发展中，财政政策与货币金融政策的搭配使用，从不同的目的出发能够有不同的组合，从而能够获得不同的结果。在实际操作中，可以有双扩张类型的搭配、双紧缩类型的搭配以及一种政策紧缩而另一种政策扩张的搭配。

1.双扩张类型的财政政策与货币金融政策的搭配

这类经济政策的采用，目的在于扩大社会的有效需求，克服经济不景气。执行这类经济政策，在财政政策方面，扩张的做法往往是减税和扩大财政支出，在货币金融政策方面则往往是减少存款准备金、降低利率等。

2.双紧缩类型的财政政策与货币金融政策的搭配

与双扩张类型的经济政策追求的结果相反，双紧缩类型的经济政策的目的在于制止通货膨胀的产生，医治经济过热。执行这类经济政策，在财政政策方面，紧缩的做法有削减政府财政支出，增加税收。在货币金融政策方面，则通过提高利率、法定存款准备金来紧缩银根，双管齐下限制消费与投资，抑制过热的经济增长。

3.扩张与紧缩搭配的经济政策

松紧搭配的经济政策，往往在国内方面，是为了在经济增长的同时避免出现通货膨胀，或反之。有时是为了在保持国内经济均衡（既没有过度就业，也没有通货膨胀）的同时，避免一个国家在对外经济方面失衡。例如，人们可以采取紧缩性财政政策以防止通货膨胀，但同时采取扩张性货币金融政策，从而可以得到相应的经济增长，防止贸易盈余的不断扩大（财政政策主内，货币金融政策主外）；相反，则是为了扩大社会需求，防止贸易赤字的扩大。

从经验上看，不同经济政策的搭配有时会出现不曾预料的结果。但实践告诉我们，当经济不景气，但又不十分严重时，可以采用扩张性财政政策和紧缩性货币金融政策的搭配，即用财政政策扩大总需求，用货币金融政策控制通货膨胀；当通货膨胀非常严重时，采用所谓“双紧”搭配是较为妥当的。当经济存在通货膨胀但并不十分严重时，可以采用紧缩性财政政策和扩张性货币金融政策，用财政政策压低总需求，但同时用扩张性货币金融政策防止出现经济不景气；当经济出现严重的不景气时，显然“双扩张”政策是可取的。因此，经济政策组合的采用要根据不同情况来调整，以适应变化。

核心概念

财政政策	货币金融政策	扩张性财政政策
紧缩性货币金融政策	通货膨胀	通货紧缩
瓦格纳法则		

复习与思考

1. 为什么发展中国家的财政支出一般总会增加？
2. 试进行发展中国家财政支出的效应分析。
3. 在发展中国家金融市场的发育过程中，面临着哪些风险？应该如何加以防范？
4. 发展中国家通货膨胀与通货紧缩发生的原因是什么？
5. 发展中国家财政政策的目标是什么？
6. 发展中国家的货币金融政策工具有哪些？如何发挥其调节经济的作用？
7. 讨论财政政策与货币金融政策搭配使用的必要性。
8. 讨论发展中国家两种经济政策搭配的不同形式与结果。

第十四章

收入分配与消除贫困

本章重点

- 平等与效率
- 洛伦兹曲线
- 基尼系数
- 丰裕中的贫困
- 库兹涅茨假说及其检验
- 消除贫困的战略安排

收入分配与消除贫困，历来是发展经济学研究的核心问题。它涉及经济发展的理论、战略、政策与实践，涉及价值判断与利益格局，直接影响到对经济发展概念的理解和界定。在认识和处理经济发展与收入分配和消除贫困的关系方面，无论在理论上还是在实践中，都经历了曲折的过程，付出了巨大的代价。无论是早期“先增长、后分红”的发展战略，还是后来以鼓吹“马太效应”为特征的分配原则，无不对“有增长而无发展”的发展失误起到了推波助澜的作用，也引起了对收入分配和消除贫困的广泛关注。在对发展实践进行深刻反思的基础上，达德利·西斯尔在他的主张中简洁地提出了有关发展含义的基本问题：“贫困问题已经并正在发生哪些变化？失业发生了哪些变化？不平等又发生了哪些变化？如果所有这三个方面都从过去的高水平降下来了，对于这个国家而言，这无疑是个发展的时期。如果这些中心问题的一个或两个方面的状况继续恶化，特别是若三个方面都越来越糟的话，即使人均收入倍增，把它叫做‘发展’也是不可思议的。”① 正因为此，20 世纪 70 年代以后，缩小收入分配的悬殊差距和消除贫困已成为各国政府制定发展政策的基本目标。

第一节　平等与效率——艰难的抉择

经济发展中的收入分配问题，是和平等与效率问题紧密相连的。自从人类社会有了经济活动，便有了平等与效率之间的矛盾：顾及平等就要牺牲效率，而追求效率就很容易扩大不平等。对于劳动生产率极端低下、物质财富高度匮乏的发展中国家来说，这就更是一个艰难的抉择了。

一、平等与效率

平等与效率是经济学中一个永恒的命题。由于二者的兼顾在实际操作中极为困难，因此，在经济发展过程中，或是以效率为代价的稍多一点平等，或是以平等为代价的稍多一点效率。用经济学家的习惯用语来说，出现了平等与效率之间的抉择。

在平等与效率之间做出抉择之所以困难，首先是因为很难对平等做出定义。阿色·奥肯指出："经济平等这个概念，很难予以确定或衡量。即使它存在，也不可能被公认是完全的平等。"② 尤其在生产要素的分配和占有上存在着巨大差异的社会中，几乎就没有经济平等可言。那么，什么是效率呢？"对于经济学家来说，就像对工程师一样，效率意味着从一个给定的投入量中获得最大的产出。生产中的投入包括人的努力、机器、厂房等实物资本的服务以及像土地、矿产等自然资源的贡献。产出则是成千上万不同种类的商品和劳务。一旦社会发现一种以同样的投入可以得到更多的产品（当然其他产品并不减少）的途径，那它便提高了效率。"如果用最简洁的语言来定义什么是效率，奥肯认为，所谓效率，就是"多多益善"。③

应该如何处理平等与效率的关系呢？"如果平等与效率双方都有价值，而且其中一方对另一方没有绝对的优先权，那么在它们冲突的方面，就应该达成妥协。这时，为了效率就要牺牲某些平等，并且为了平等就要牺牲某些效率。然而，作为更多地获得另一方的必要手段（或者是获得某些其他有价值的社会成果的可能性），无论哪一方的牺牲都必须是公正的。尤其是，那些允许经济不平等的社会决策，必须是公正的，是促进经济效率的。"④ 然而，要做到这一点，绝非易事。

凯恩斯的"收入分配决定论"以发达国家的历史经验为依据，提出了以"效率优先"为特征的分配原则，认为当发展中国家取得国家政权后，不要急于去缩小悬殊的收入分配差距，而是要根据社会各阶层不同的储蓄偏好，在制定收入分配政策时，向储蓄偏好高的

---

① 达德利·西斯尔.发展的含义.新德里：国际发展协会第 11 届世界大会论文，1969：3.

② 阿色·奥肯.平等与效率——重大的抉择.北京：华夏出版社，1987：59.

③ 同②2.

④ 同②80.

阶层倾斜，即追求“马太效应”，因为《马太福音》说：“让富有的更富有，让贫穷的更贫穷。”高收入阶层由于其各项生活需求都已经得到了充分的满足，再有收入，便用于储蓄。而储蓄会转化为投资，投资形成资本，资本推动经济增长。当把社会福利这块蛋糕做大以后，再通过所谓的“涓滴效应”一点一滴地惠及社会的各个阶层，最终，平等也就实现了。然而，这一过程在发展中国家并没有出现，人们看到的是，许多发展中国家在20世纪60—70年代期间取得了相对来说较高的人均收入增长率，可是，对于处于这些国家底层的40%以上的人口来说，在就业、平等和实际收入方面却很少或根本没有什么改善，甚至实际上还有所下降。这种状况表明，按照传统的“先增长、再分配”战略，不仅不能通过提高发展中国家资本积累与资本形成的能力，最终提升整个社会的福利水平，反而会使贫富差距更为悬殊，原本就已非常紧张的社会矛盾更加尖锐。因此，发展学者们开始探索新的收入分配思路，“随增长、再分配”已经成为一个共同的口号。

二、规模收入分配与功能收入分配

经济学家区分了两种不同形式的收入分配：一种是规模收入分配（size distribution of income)，另一种是功能收入分配（function distribution of income)。规模收入分配也被称为个人收入分配或家庭收入分配，它所涉及的是个人或家庭与其所得收入总额的关系，是从收入所得者的规模与所得收入的规模的关系角度研究收入分配，所要回答的问题是，某个或各个阶层的人口或家庭所得到的收入份额是多少，而不管这些收入是通过什么途径获得的。功能收入分配也被称为要素收入分配，它所涉及的是各种生产要素与其所得收入的关系，是从收入来源的角度研究收入分配，所要回答的问题是，资本或劳动等不同生产要素所能获得的收入份额是多少。

规模收入分配与功能收入分配之间的基本关系是：功能收入分配的差别越大，规模收入分配的差别也就越大。功能收入分配对规模收入分配具有决定作用。这是因为在经济活动中，生产要素的分配是第一位的，功能收入分配的状况决定了规模收入分配的性质和数量。在社会的不同阶层中，那些在功能收入分配上占据优势的群体，在规模收入分配上也必然居于上风。

规模收入分配与功能收入分配对于经济发展都具有重要的意义。规模收入分配考察的是在经济发展过程中哪些因素影响各个阶层或某个阶层的人口或家庭的收入份额的变动，各阶层的收入份额怎样变动，变动有多大；或者说，各阶层的相对收入差别发生怎样的变化，总趋势是怎样的，以及各种影响因素对总收入差别及其变动额的贡献额有多大等。功能收入分配则是从要素分配的角度，考察在经济发展过程中如何通过体制与制度变迁，改变要素收入的不平等状况。一旦功能收入分配发生变化，规模收入分配必然随之发生变化。

三、洛伦兹曲线与基尼系数

洛伦兹曲线与基尼系数都是用来衡量一个国家或经济体收入分配不平等状况的理论分析工具，在考察发展中国家的收入分配与贫困问题时得到广泛应用。

（一）洛伦兹曲线

洛伦兹曲线是以美国著名统计学家 M. 洛伦兹（M. Lorenz）的名字命名的。他在

1905年发明出这条简便而清晰的曲线，用以说明人口群体与其各自收入份额之间的关系。通过洛伦兹曲线，我们可以非常直观地看到一个国家或经济体收入分配是否平等的状况。

洛伦兹曲线如图14-1所示。整个洛伦兹曲线是一个正方形。正方形的底边代表收入获得者在总人口中的百分比，左边与底边相连的另外一条边表示收入的百分比。我们从左下角的原点出发，在这个正方形中做出一条对角线。在这个洛伦兹曲线图中，横轴表示收入获得者的百分比，例如在点20处，我们得到社会上收入最低的20%的最贫困人口。在点60处，我们得到社会上处于低收入水平的60%的贫困人口。而在横轴的末端，即点100处，社会上100%的人口都被计算在内。纵轴表示各个百分比人口所获得收入的百分比，和横轴一样，也是从0到100%，从而使整个图形呈现为正方形。这样一来，在图中的对角线上的每一点，人们所获得的收入的百分比与他们在总人口中所占的比例恰好相等。因此，这条对角线便成为收入分配均等线。在这条线上的每一点，都表示收入分配绝对平等。例如，在对角线的1/4处，表示25%的人口所获得的收入恰恰是25%，而在这条对角线的中端，表示50%的收入恰好被50%的人口所分配。

由此我们看到，洛伦兹曲线表示了收入获得者占总人口的百分比与他们在一定期间内，比如说一年中所实际获得的收入在总收入中所占比例的确切的数量关系。

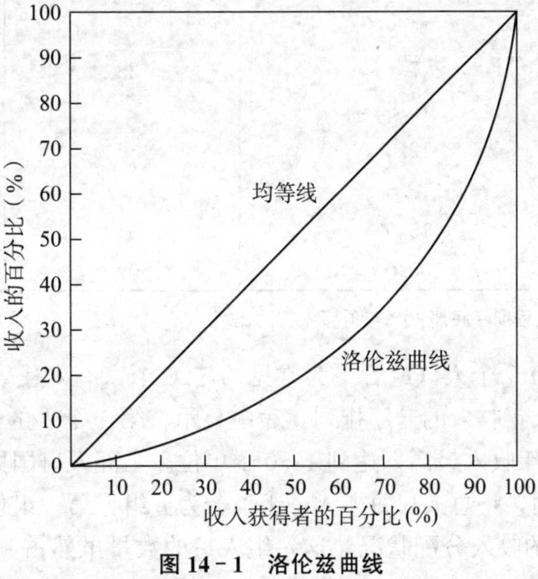

图14-1 洛伦兹曲线

下面我们通过一个虚拟的典型发展中国家的收入分配状况，来看一看如何利用洛伦兹曲线来描述一个国家的收入分配状况。

在考察一个国家或经济体的收入分配状况的时候，经济学家或统计学家通常将考察对象的收入从低到高进行排列，然后据此将考察对象划分为若干组别，以说明人们的收入分配状况。通常的做法是：根据收入的高低将考察对象划分为五个组别或十个组别，然后分别考察各个组别所获收入的状况。表14-1所显示的便是一个虚拟的典型发展中国家的个人收入的分配状况。

表 14-1　　虚拟的典型发展中国家的收入分配状况

个人	个人收入（货币单位）	分为五组	分为十组
1	0.8		
2	1.0		1.8
3	1.4		
4	1.8	5	3.2
5	1.9		
6	2.0		3.9
7	2.4		
8	2.7	9	5.1
9	2.8		
10	3.0		5.8
11	3.4		
12	3.8	13	7.2
13	4.2		
14	4.8		9.0
15	5.9		
16	7.1	22	13.0
17	10.5		
18	12.0		22.5
19	13.5		
20	15.0	51	28.5
总计	100.0	100	100.0

说明：收入分配不平等的程度＝底部 40%与顶部 20%的比率＝14/51＝0.27。

在表 14-1 中，20 个个人（或者更为常见的，20 个家庭）代表一个国家所拥有的全部人口，他们按照个人年收入的升序排列。表中显示，第 1 个人的年收入最低，仅有 0.8 个单位，第 20 个人的年收入最高，达到 15.0 个单位。全部人口国民收入的总额为 100 个单位。在表中的第三列，将总人口每 4 人一组，分为五组。第一组代表按收入高低划分的收入最低的 20%人口的收入分配状况。这一组人口的数量虽然占到总人口的 20%，但是所获得的收入却只占总收入的 5%。而第二组，也就是第 5～8 人，所获得的收入在全部国民收入中所占的比例已增加到 9%。依此类推，处于社会最顶层的 20%人口所获得的收入最多，在总收入中所占的比例高达 51%。

如何来衡量一个国家或经济体收入分配不平等的状况呢？通常的做法是：利用表中第三列所给出的数据，计算出一个社会收入最低的 40%人口所获得的收入与收入最高的 20%人口所获得的收入的比率。通过衡量一个国家中最贫困与最富裕阶层收入分配的状况，来表明其收入分配的不平等程度。在表中，这一不平等的程度为 14/51＝0.27。

下面我们利用表中第四列（分为十组）的数据，便可以绘制出一条典型的发展中国家收入分配状况的洛伦兹曲线。在图 14-2 中，A 点表示 10%的人口仅获得了相当于总收入

1.8%的收入；*B* 点显示处于社会底层的 20%的人口所获得的收入在总收入中所占的比例仅为 5%；在中点，50%的人口所获得的收入只占到总收入的 19.8%；而处于社会最顶层的 10%的人口，如 *I* 点所示，却拥有全社会 28.5%的财富。

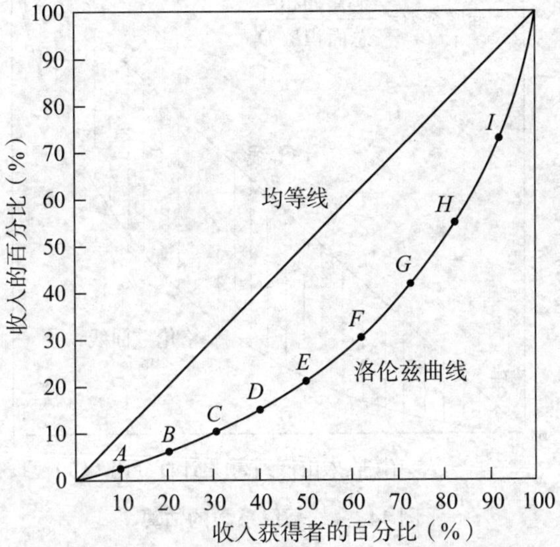

图 14-2　典型的发展中国家的洛伦兹曲线

显然，洛伦兹曲线表明：曲线距离对角线（绝对平等）越远，表示收入分配的差距就越悬殊。最为极端的状况是，一个人占有了全部的收入。在此时，洛伦兹曲线就变为横轴和正方形的右边线。由于没有任何一个国家的收入分配状况是绝对的平等或绝对的不平等，所以洛伦兹曲线一般总是位于对角线右端的某一区域。收入分配越是不平等，曲线弯曲得就越厉害，越趋向于横轴。图 14-3 中的（a）和（b）分别表示收入分配相对平等与不平等的洛伦兹曲线的形状。

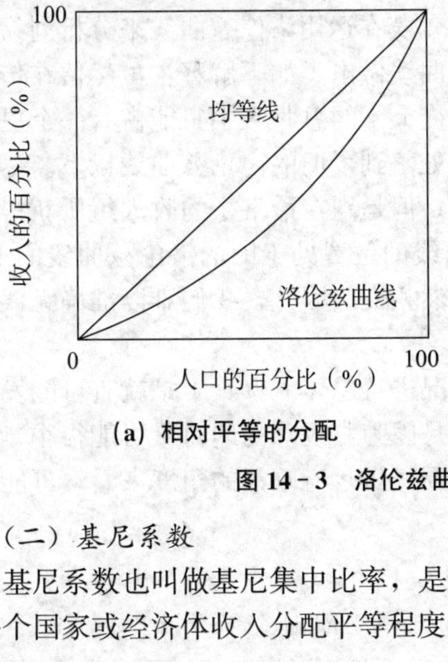

(a) 相对平等的分配

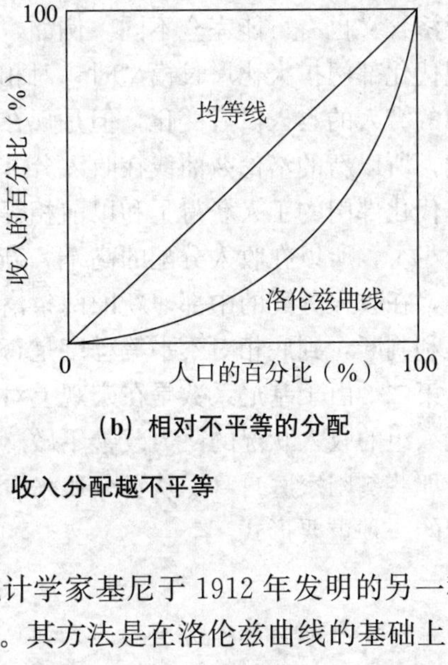

(b) 相对不平等的分配

图 14-3　洛伦兹曲线曲率越大，收入分配越不平等

（二）基尼系数

基尼系数也叫做基尼集中比率，是由意大利统计学家基尼于 1912 年发明的另一种衡量一个国家或经济体收入分配平等程度的分析工具。其方法是在洛伦兹曲线的基础上，通过计算对角线和洛伦兹曲线所围面积与所在三角形面积的比率，来说明收入分配的平等状况。在图 14－4 中，这个比率是阴影面积 A 除以三角形 BCD 的总面积。

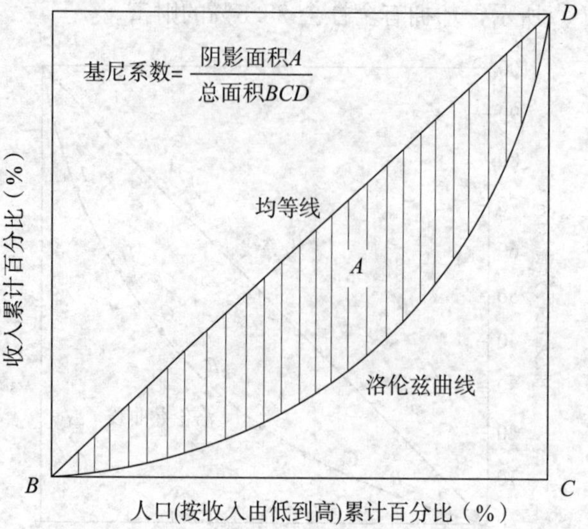

图 14－4　基尼系数的估算

基尼系数的取值区域在 0 至 1 之间，0 表示绝对平等，1 表示绝对不平等。然而，这只是抽象的理论分析。在现实生活中，那些收入分配差距悬殊的国家的取值区域一般在 0.50 至 0.70 之间，而那些收入分配相对平等国家的取值区域则在 0.20 至 0.35 之间。例如，根据表 14－1 和图 14－2 提供的数据计算出的基尼系数接近 0.61，就属于不平等程度较高的收入分配。

正像其他衡量收入分配的分析工具一样，基尼系数在反映收入分配平等状况的时候也存在着一定的局限性。

第一，由于洛伦兹曲线可能相交，即使基尼系数完全相同，可实际上，相同数据包含的经济含义也有可能完全不同。例如，加里・S. 菲尔茨在运用洛伦兹曲线来分析刘易斯式的现代化部门扩大化增长模型时，对相交的洛伦兹曲线做出了如下解释：虽然留在传统部门中的穷人的收入没有变化，但是现在这些收入在变大了的总收入中只能占有一个更小的比例，所以新的洛伦兹曲线在收入分配阶梯的低端处落到了旧的洛伦兹曲线以下。尽管每个现代化部门的工人获得了和以前相等的绝对收入，但是现在最富裕的收入组所获得的份额变小了，所以在收入分配的高端，新的洛伦兹曲线的位置处于旧的洛伦兹曲线的上方。因此，在收入分配的中部，新旧两条洛伦兹曲线必然相交。因此，我们难以准确无误地做出福利判断：到底相对不平等程度是否发生了变化。①

第二，由于基尼系数是在宏观上对收入分配状况进行总体考察，于是就有可能发生对低收入组的收入状况的巨大改善不敏感的问题。这是因为，改善的绝对量可能很小，但是对于那些贫困家庭自身，从百分比来看可能相当重要。从政府政策的角度来看，可能是再分配的一种重要形式。

① Gary S. Fields. Poverty，Inequality and Development. Cambridge：Cambridge University Press，1980.

第二节　丰裕中的贫困

当代世界范围内的反贫困研究，源于20世纪五六十年代发展中国家的兴起。发展理论失效、发展计划受挫，广大发展中国家的贫困状况难以改善，甚至更加恶化，引起了国际经济理论界（尤其是发展经济学界）、国际组织和各国政府的高度重视。1965年5月，诺贝尔经济学奖获得者、美国著名发展学者舒尔茨在《美国经济评论》第40卷上发表了他那篇题为《贫困经济学——一位经济学家关于对穷人投资的看法》的经典论文，正是在这篇论文中，舒尔茨倡言：经济学家应该将关于贫困问题的理论纳入经济学的研究范畴。从那时起到现在，50多年过去了。回首这50多年的历程，如果用一句话来总结人类在经济发展与社会进步方面所取得的成就，那就是人类在减少贫困方面进行了不懈的努力，取得了明显的进展。尤其是在反贫困的理论、战略、政策的研究、制定和实践上，进行了大胆的尝试，积累了宝贵的经验。但是，如果用一句话来表达人类在改善自身的生存状况和开创更美好的未来方面还抱有什么遗憾，那同样也是国际社会在反贫困方面所取得的成果还远不尽如人意，在一些国家、地区和阶层，旧的贫困没有消除，新的贫困又产生了。尤其在经济全球化不断深化的进程中，旧的贫困的减少和新的贫困的产生，成为同一个事物的两个不同的方面，这无疑使当代反贫困的使命遭遇到更为严峻的挑战。

世界银行前行长詹姆斯·D. 沃尔芬森（James D. Wolfensohn）在为《2000/2001年世界发展报告：与贫困作斗争》所撰写的前言中，开篇第一句话便是："丰裕中的贫困是我们这个世界中最大的挑战"（Poverty amid plenty is the world's great challenge），并号召整个世界要"用我们满腔的激情和专业化的手段来与贫困作斗争"①。从此，这句话就像一句箴言，指引和鼓舞着世界范围的反贫困斗争。

一、什么是"丰裕中的贫困"

人类与贫困进行斗争的历史，与人类自身发展的历史一样久远。然而，当人类进入新的历史纪元的时候，世界银行却把丰裕中的贫困作为我们这个世界所面临的最大挑战。丰裕中的贫困概念的提出，标志着当代贫困在其基本属性、形成机制、表现形式、作用影响、发展趋势等方面与传统的贫困相比较，都发生了重大的变化，从而，世界反贫困的理论、战略、政策也必须进行相应的调整，才能克服重重障碍，稳步地向着千年发展目标迈进。

那么，什么是丰裕中的贫困呢？在经济学说史上，最早提出这一概念的是宏观经济学的创始人、英国著名经济学家约翰·梅纳德·凯恩斯。凯恩斯在《就业、利息和货币通论》中阐释他的有效需求原则时指出："故劳动力之边际负效用（以真实工资衡量）并不决定就业量；在某特定真实工资率之下所可能有的劳动力供给量，只决定就业量之最高水准。消费倾向与新投资量二者才决定就业量，就业量又决定真实工资标准——并不是颠倒

---

① 世界银行. 2000/2001年世界发展报告：与贫困作斗争. 北京：中国财政经济出版社，2001：5.

过来。设消费倾向与新投资量所产生的有效需求不足，则实际就业量将小于现行实际工资率之下所可能有的劳动力供给量，而均衡真实工资率将大于均衡就业量之边际负效用。”在此分析基础上，凯恩斯提出了丰裕中的贫困的概念。他进一步分析道：“这种分析，可以解释为什么会有丰裕中的贫困这种矛盾现象出现。因为只要有效需求不足，则就业量就可以——而且常常——在没有达到充分就业水准以前，即行中止而不再增加。有效需求之不足常常阻碍生产——虽然劳动力之边际产物尚大于就业量之边际负效用。”凯恩斯举例说：“一个贫穷社会，往往将其产品之大部分用于消费，故只要有小量投资，即可造成充分就业。反之，在一丰裕社会中，欲令富人之储蓄倾向与穷人之就业机会不相冲突，则投资机会必须较之贫穷社会增大许多。设在一丰裕潜性极大之社会中，投资引诱甚弱，则该社会之丰裕潜性虽大，但有效需求原则必迫使其减少实际产量，直至该社会达到一种贫穷程度，使其实际产量超过消费量部分，恰与其微弱的投资引诱相适应。”① 由此我们看到，由凯恩斯所描述的丰裕中的贫困是指这样一种社会现象：在自由放任资本主义（laissez-faire capitalism）条件下，尽管随着国民收入的不断增长，社会已经相当丰裕，但是由于投资引诱不足和消费倾向低迷，有效需求将不足，充分就业将难以实现。反之，国民收入停滞在低于充分就业水平的均衡状态，资源得不到充分利用，非自愿失业大量存在。通过提出丰裕中的贫困这一命题，凯恩斯揭示了现代发达资本主义经济的一个弊端：随着经济的快速增长，投资者的悲观预期导致资本边际效率递减，从而投资需求衰退，消费成为收入的减函数，随着产出与收入的增长，消费水平将相对下降。其结果是：由投资和消费两个部分组成的有效需求必将不足，从而导致国民经济停滞甚至下降，最终引致经济危机。丰裕中的贫困概念的提出还具有方法论的意义：这一概念显示了在现代社会经济增长中，丰裕与贫困是两个并行不悖、互为因果的因素，经济的增长与贫困的加剧成为现代社会增长的一个重要特征。凯恩斯对这一机制的实质进行了深刻的揭示：“社会愈丰裕，则其实际产量与可能产量之差别愈大，经济制度之弱点愈易暴露而令人愤慨。”②

美国的第一个诺贝尔经济学奖得主、素有现代经济学之父之称的世界著名经济学家保罗·A. 萨缪尔森（Paul A. Samuelson）在他那本著名的《经济学》教科书中也多次谈到了丰裕中的贫困。1929 年，在历史上最富的资本主义国家，银行倒闭，货币滞存，人们食不果腹，衣不蔽体，出现了丰裕中的贫困。而在另一处谈到贫困的不同类型时，萨缪尔森认为，各个国家曾经发生过三种贫困：由于饥荒和生产能力不足而引起的老式贫困（ancient poverty）；由于体制上的原因造成购买力不足而引起的不必要的丰裕中的贫困；GDP 颇高但由于不恰当、不公平的分配而造成的贫困。在萨缪尔森那里，丰裕中的贫困与凯恩斯的定义基本上是一致的。

世界银行则赋予丰裕中的贫困以更为丰富的含义。在《2000/2001 年世界发展报告：与贫困作斗争》中，世界银行首先肯定了在 20 世纪，人类的生存条件比历史上其他任何时期都有更大的进步，全球的财富、相互联系和技术能力以前所未有的速度发展，从而勾勒出这个丰裕社会的基本面貌。但是，由于全球进步所带来的利益分配极不公平，因而在丰裕的社会中，极端贫困的问题不但依然存在，甚至更加恶化了。进入 21 世纪以来，在

---

①② 约翰·梅纳德·凯恩斯. 就业、利息和货币通论. 北京：商务印书馆，1997：30.

这个世界上，20 个最富裕国家的人均收入是 20 个最贫困国家人均收入的 37 倍——在过去的 40 年中差距扩大了 1 倍。而在世界的不同地区，由于发展的不平衡，贫困的程度及其变化也是大不相同的。在东亚，日均生活费用不足 1 美元的人数，在 1987—1998 年间，即使是在受到金融危机冲击的情况下，从 4.2 亿人减至 2.8 亿人。而在同一期间，拉丁美洲、南亚和撒哈拉沙漠以南非洲的贫困人口数都增加了。在欧洲和中亚的经济转轨国家中，日均生活费用不足 1 美元的贫困人口数量增加了 20 倍。由此我们看到，世界银行是在当前国际经济存在机制矛盾、运行悖反的背景下提出和诠释丰裕中的贫困概念的，并在这一框架下来认识和解决当前世界范围的贫困问题的。

在我国，率先对丰裕中的贫困进行考察的是武汉大学经济发展研究中心的谭崇台教授。2003 年 6 月，谭崇台教授发表了题为《初论快速增长与“丰裕中的贫困”》的论文，在该论文中，谭崇台教授首先从经济学说史的角度，系统地阐述了丰裕中的贫困这一理论概念的由来、内涵和意义。其次，在中国经济从长期短缺转变为结构性相对过剩的宏观背景下，在“丰裕中的贫困”命题下指出了当前中国贫困存在的四种类型：第一，有效需求不足，主要是消费需求不足；第二，相对贫困扩大和绝对贫困继续存在；第三，失业问题尚难解决；第四，环境污染和生态破坏。最后，该论文深入地讨论了认识我国“丰裕中的贫困”的基本原则。①谭崇台教授论文的发表标志着我国发展经济学界已经正式接受了丰裕中的贫困这一理论概念，并开始运用这一概念研究中国的贫困问题。尽管谭崇台教授在论文中强调在中国存在着丰裕中的贫困是一种“借喻”，但这就足以表明，我们现在所讨论的贫困，与既往的贫困已产生了本质的区别。

综上所述，理论与现实的双重轨迹都已经表明，丰裕中的贫困是一个客观存在。尽管凯恩斯在开始提出和运用这个概念时就明确声明，这种所谓的丰裕中的贫困仅仅是自由放任资本主义所特有的现象或弊端②，但是，令这位智慧过人的英格兰爵士始料不及的是，随着发展中国家的经济成长，尤其是近年来经济全球化进程的不断深化，丰裕中的贫困正在成为一个全球化的普遍现象，不仅是经济发达国家，而且是广大发展中国家所遭遇的首要难题，以至世界银行在千年伊始，将其视为我们这个世界所面临的最大挑战。

由此可见，丰裕中的贫困已成为当今世界反贫困的核心命题。但是，无论是像凯恩斯、萨缪尔森这样的经济学泰斗，还是像世界银行这样权威的国际机构，都没有对丰裕中的贫困做出确切的界定。事实上，由于国际经济形势的重大变迁，凯恩斯当年所提出的丰裕中的贫困早已不能包容现代贫困的复杂内涵，有必要给出新的定义。那么，什么是丰裕中的贫困呢？丰裕中的贫困是指，在经济全球化的进程中，在新科技革命的背景下，无论是在整个世界范围内，还是就某一个国家或地区而言，都存在着这样一个普遍的趋势：在经济增长的推动下，在一些国家、地区和社会阶层经济发展、福利水平提高的同时，另一

① 谭崇台. 初论快速增长与“丰裕中的贫困”. 北京：经济科学出版社，2003：1.

② “我们生活于其中的经济社会的显著弊端是：第一，它不能提供充分就业；第二，它以无原则和不公正的方式来对财富和收入加以分配…… 失业问题，除了短暂的局势动荡时期以外，按照我的意见，还是不可避免地和现代资本主义的个人主义联系在一起。”（约翰·梅纳德·凯恩斯. 就业、利息和货币通论. 北京：商务印书馆，1997：372、381.）

些国家、地区和社会阶层的贫困状况不但没有好转，甚至更加恶化了。在某些特定条件下，原本是为了减少贫困的经济增长却成为导致新的贫困的原因。这一趋势作用的结果使得世界范围内的贫富鸿沟日益相对有时甚至绝对地加剧了。这种丰裕中的贫困是在过去世界贫困史上从来都不曾发生过的现象（彭刚，2005）。

二、当代“丰裕中的贫困”的现实意义

为了更加全面、准确地把握这一概念，有必要进一步做出解释：

第一，丰裕中的贫困所产生的时代背景是新科学技术革命的发生和经济全球化的日益深化。毋庸置疑，自从人类社会产生以来，贫困就像一道挥之不去的阴影，始终伴随着人类社会的发展进程。从本质上讲，人类社会发展的历史，就是一部与贫困不懈斗争的历史。然而，既往的贫困，在很大程度上是由于社会劳动生产率低下，生产的物质资料匮乏，不能满足人类的基本需求所致。即使是在凯恩斯提出丰裕中的贫困概念的那个时代，尽管他已指明导致这种贫困产生的原因是悲观的投资预期和有效需求的不足，但这也只是在经济发达国家才能出现的现象。所以凯恩斯才将这种贫困视为自由资本主义社会所特有的弊端，而像今天这样在整个世界范围内普遍存在的丰裕中的贫困现象是从来没有过的。伴随着新科学技术革命的爆发，劳动生产率有了极大的提高，物质财富迅猛增长，这些奠定了战胜贫困的物质基础。而经济全球化的进程彻底摧毁了民族国家为阻挡要素在国与国之间自由流动所筑起的重重樊篱，最终将丰裕推进为全球性的丰裕，与此同时，也把贫困演化为全球性的贫困。

第二，丰裕中的贫困的表现形式是丰裕与贫困的同步增长。财富原本就是减少和消除贫困的物质手段，财富的增加就意味着贫困的减少。但是在目前的国际经济格局中，无论是经济发展的不平衡，还是在经济全球化进程中一些发展中国家的被边缘化，无不导致了当一些国家、一些地区和社会阶层持续增长、迅速致富的同时，另外一些国家、地区和社会阶层却发展无望、贫困有加。这种丰裕不但无助于贫困的减少和改善，反而会加剧贫困甚至导致新的贫困的产生。正如联合国千年发展目标项目主任、世界著名经济学家杰弗里·萨克斯（Jeffrey D. Sachs）2004 年 6 月在北京的讲演辞中所指出的那样：“发展经济学家们试图搞清楚：为什么这个世界上的一些国家依然深陷于极端贫困之中，另一些国家虽然摆脱了贫困，但只是停留在某一个既定的水平上，而其余的国家却能够实现持续的增长。”

第三，丰裕中的贫困的基本特征是现代贫困的多元性与复杂性。现代贫困是现代经济增长的一面镜子。现代贫困的多元性与复杂性折射出现代经济增长的非均衡轨迹与日益扩大的分化趋势，正所谓丰裕的国家都是相似的，贫困的国家却各有各的贫困。当代著名经济学家在探讨世界性的贫困化问题时，首先划分了国际贫困与国内贫困，并深入分析了这两种贫困具有完全不同的形成机理、表现形式、作用结果、整治措施。国际经济发展的不平衡，在当代国际分工体系中的不同位置，不仅造成了经济发达国家与发展中国家之间的巨大差距，就是在发展中世界内部，由于对经济全球化的参与程度各异，以及在经济全球化进程中利益分配的严重失衡，更导致了多层面、多梯度的贫困架构：既有处于经济成长低级阶段的初始贫困，也有在当代不合理的国际经济秩序下产生的机制贫困。而就发展中

国家的不同区域、不同部门甚至不同行业而言，由于经济发展水平和对外开放程度等方面的差异，更造成了诸如民族贫困、社会贫困、区域贫困、职业贫困以及性别贫困等纷繁复杂的贫困现象。总之，历史上任何一个时期的贫困现象都没有像今天这种丰裕中的贫困那样呈现出如此多元化与复杂化，从而表明要彻底消除贫困的艰巨性和长期性。

第四，丰裕中的贫困的形成机制在于经济全球化进程中国际分工体系的重新构建，以及由此所决定的利益格局的变化。丰裕中的贫困既不同于殖民统治时代的民族贫困，也有别于资本剥削下的阶级贫困，它是在和平发展的历史新阶段所孕育出的一种从未有过的现代贫困，是制度残缺、市场缺损、价格扭曲、信息不对称和利益协调机制失衡等所共同造成的结果。在现代丰裕中的贫困的形成过程中，温特尔主义的兴起发挥了重要的作用。温特尔主义与新型跨国生产体系的形成是20世纪后半叶在世界经济尤其是国际生产领域中具有划时代意义的事物。温特尔主义是在与传统的福特主义、丰田模式的扬弃、交叉、磨合中诞生的，是一种全新的生产方式。传统的生产方式是以最终产品生产者在市场中的垂直控制为主要特征的。温特尔主义则与之截然相反。它的特征是：围绕着产品标准在全球范围内有效地配置资源，形成标准控制下的产品模块生产与组合，标准制定者在完成产品价值链的全过程中，在与模块生产者的分工中，最终实现其对整个生产过程及分配机制的绝对控制。温特尔主义深刻地揭示了那些丰裕的国家（例如美国）如何通过以高新技术创新为基础，以控制世界资源（人才、资金、稀缺的自然资源）的流向和经济产出（进口、出口）的流向为手段，以产品标准和商业游戏规则的制定来保证自己在世界经济中的根本利益，从而也成为经济全球化的主导和最大利益的获得者。与此同时，温特尔主义也说明了那些贫困的国家、地区和阶层是如何在这一架构中由于被动的地位而一步步陷于贫困的。丰裕中的贫困实际上是世界经济在新科学技术革命背景下，在经济全球化进程中逐渐形成的一个机制，在这一机制中，丰裕与贫困不过是同一个事物在进程中两种不同的表现形式。

第五，丰裕中的贫困的乐观前景。千年伊始，世界银行将丰裕中的贫困视为我们这个世界所面临的最大挑战，绝不仅仅是要表明这种贫困给人类造成的巨大痛苦和灾难，更重要的是要昭示人类必将战胜贫困、消除贫困的巨大勇气与坚强决心。人类已经被贫困折磨得太久了，是该彻底结束这种痛苦了。2000年9月，189个国家在联合国千年峰会上达成了历史性的《千年宣言》，从中产生了八个目标。这些目标涉及2015年极端贫困减半、遏制HIV/艾滋病的传播以及让所有男孩和女童接受初等教育，从而揭开了全球范围内彻底消除贫困攻坚战役的伟大帷幕。2005年3月，联合国千年发展目标项目主任萨克斯出版了他反贫减贫的鸿篇巨制《贫困的终结——我们这一代的经济可能性》（*The End of Poverty—Economic Possibilities for Our Time*），充分表达了人类决战贫困的必胜信心。在书中，作者乐观地认为，终结极端贫困，恐怕已经不用延迟到我们的子孙来完成，我们这一代已具备经济上的可能性。萨克斯用中国和印度减贫发展的成功案例论证了实现千年发展目标的实践依据，提出了人类在新世纪所掌握的现代科学技术是消除极端贫困的有力工具，尽量动员经济发达国家履行所承诺的发展援助是使那些最不发达国家摆脱困境的重要措施。丰裕中的贫困这一概念本身就提供了利用丰裕去消除贫困的可能，从而向我们展现出乐观的前景，而要做到这一点，关键在于如何完成这一转化。①

第三节　发展中国家的收入不平等与极端贫困

21 世纪，无论是从整个世界范围来考察，还是从发展中国家内部的状况来考察，收入分配不平等及由此而导致的极端贫困都越发成为发展中国家经济发展的严重障碍。

一、发展中国家的收入不平等

收入分配平等从来就是经济发展的题中之意。西斯尔教授甚至将收入分配差距的缩小视为衡量发展的三个核心指标之一。然而，半个世纪以来，人类虽然在经济增长方面取得了巨大的进展，但是在致力于收入分配平等的努力方面，收效却远不尽如人意。

发展中国家所面临的收入不平等包含两方面的内容：在世界范围内与富裕国家相比较的收入不平等和在一个国家内部不同收入阶层之间的收入不平等。在过去，世界上最富裕的国家与最贫穷的国家之间平均收入的差距越拉越大。1960 年，最富裕的 20 个国家的人均国内生产总值是最穷的 20 个国家的 18 倍。到 1995 年，这一差距扩大到 37 倍。而根据世界银行《2006 年世界发展指标》的数据，2005 年高收入（high income）国家的人均收入已经是低收入（low income）国家的约 61 倍。这种国与国之间的收入差距的急剧扩大，对于在世界范围内来考察个人之间不平等趋势的发展变化具有重要的影响。

从发展中国家国内的情况来看，收入分配不平等状况的发展趋势是不平衡的。有的国家随着经济增长情况有所好转，有的国家情况却明显地恶化了。例如，1984—1994 年期间，墨西哥的基尼系数急剧上升，从 0.49 上升到 0.55。在孟加拉国，日益增长的不平等不仅强化了社会分配不公，而且使得增长所带来的贫困减少大打折扣。在孟加拉国，20 世纪 90 年代期间，人均国内生产总值每年增长约 2%，然而，贫困减少得相当缓慢。1996—2000 年间，处于贫困线以下的居民比例仅从 51%下降到 49.8%，尤其是农村的贫困程度仍然非常高，2000 年仍然高达 53%。随着时间的推移，有些发展中国家的贫困状况反而恶化。例如，卢旺达 1993 年在贫困线以下的人口占总人口的比例为 51.2%，而 2000 年这一比例上升到 60.3%。②

贫困减少得如此缓慢，其中很重要的一个原因就在于不平等的日益增加抵消了增长对于减少贫困的作用。农村和城市部门都是如此，尤其在 1992—1996 年期间，当时基尼系数从 0.26 上升到 0.31。根据所使用的贫困衡量方法，由于存在着比较高的不平等，增长所带来的减少贫困的潜力可能已经丧失了 1/5～1/3。如果不平等没有恶化的话，1995—1996 年的贫困率就会比实际数字降低 7～10 个百分点。

表 14 - 2 提供了 38 个发展中国家在 20 世纪 90 年代收入分配或消费状况的数据。根据基尼系数所反映的情况，在这 38 个国家中，基尼系数在 40.0～50.0（基尼系数的另一种

① 彭刚. 丰裕中的贫困. 新华文摘，2006（6）.

② 世界银行. 2006 年世界发展指标. 2006：72.

表达，乘以了100）的国家有24个，在50.0以上的国家有14个。收入分配最为悬殊的中非、巴西和南非，基尼系数竟分别高达61.3、60.0和59.3，显然，发展中世界依然面临着严峻的挑战。

表14-2　　发展中国家的收入分配或消费的分布（1）

国家	调查年份	基尼系数	最低的10%	最低的20%	最高的20%	最高的10%
玻利维亚	1990	42.0	2.3	5.6	48.2	31.7
巴西	1996	60.0	0.9	2.5	63.8	47.6
布基纳法索	1994	48.2	2.2	5.5	55.0	39.5
柬埔寨	1997	40.4	2.9	6.9	47.6	33.8
中非共和国	1993	61.3	0.7	2.0	65.0	47.7
智利	1994	56.5	1.4	3.5	61.0	46.1
中国	1998	40.3	2.4	5.9	46.6	30.4
哥伦比亚	1996	57.1	1.1	3.0	60.9	46.1
哥斯达黎加	1996	47.0	1.3	4.0	51.8	34.7
多米尼加	1996	48.7	1.7	4.3	53.7	37.8
厄瓜多尔	1995	43.7	2.2	5.4	49.7	33.8
萨尔瓦多	1996	52.3	1.2	3.4	56.5	40.5
埃塞俄比亚	1995	40.0	3.0	7.1	47.7	33.7
几内亚	1994	40.3	2.6	6.4	47.2	32.0
洪都拉斯	1996	53.7	1.2	3.4	58.0	42.1
肯尼亚	1994	44.5	1.8	5.0	50.2	34.9
吉尔吉斯斯坦	1997	40.5	2.7	6.3	47.4	31.7
马达加斯加	1993	46.0	1.9	5.1	52.1	36.7
马来西亚	1995	48.5	1.8	4.5	53.8	37.9
马里	1994	50.5	1.8	4.6	56.2	40.4
墨西哥	1995	53.7	1.4	3.6	58.2	42.8
尼加拉瓜	1993	50.3	1.6	4.2	55.2	39.8
尼日尔	1995	50.5	0.8	2.6	53.3	35.4
尼日利亚	1996—1997	50.6	1.6	4.4	55.7	40.8
巴拿马	1997	48.5	1.2	3.6	52.8	35.7
巴拉圭	1995	59.1	0.7	2.3	62.4	46.6
秘鲁	1996	46.2	1.6	4.4	51.2	35.4
菲律宾	1997	46.2	2.3	5.4	52.3	36.6

续前表

国家	调查年份	基尼系数	最低的 10%	最低的 20%	最高的 20%	最高的 10%
俄罗斯	1998	48.7	1.7	4.4	53.7	38.7
塞内加尔	1995	41.3	2.6	6.4	48.2	33.5
南非	1993—1994	59.3	1.1	2.9	64.8	45.9
泰国	1998	41.4	2.8	6.4	48.4	32.4
突尼斯	1990	40.2	2.3	5.9	46.3	30.7
土耳其	1994	41.5	2.3	5.8	47.7	32.3
土库曼斯坦	1998	40.8	2.6	6.1	47.5	31.7
委内瑞拉	1996	48.8	1.3	3.7	53.1	37.0
赞比亚	1996	49.8	1.6	4.2	54.8	39.2
津巴布韦	1990—1991	56.8	1.8	4.0	62.3	46.9

资料来源：世界银行. 2000/2001 年世界发展报告：与贫困作斗争. 北京：中国财政经济出版社，2001：286－287.

通过对表 14－2 中发展中国家进行不同组别收入百分比的计算可以进一步了解发展中国家收入分配不平等状况的严重性。表 14－2 中所统计 38 个发展中国家收入或消费最低的 10%人口的平均值仅为 1.800%，而最高的 10%人口的平均值却高达 37.90%；收入或消费最低的 20%人口的平均值仅为 4.597%，而最高的 20%人口的平均值则为 53.69%。最富裕的 10%和 20%人口的收入分别是最贫困的 10%和 20%人口的 21.1 倍和 11.7 倍。相比之下，在经济发达的国家中，穷人则能获得相对大得多的收入份额。例如，根据日本 1993 年的数据，10%最穷人口所获得的收入份额为 4.8%，20%最穷人口所获得的收入份额为 10.6%；而最富裕的 10%和 20%人口相应的收入份额则分别是 21.7%和 35.7%。显然，日本不同组别收入分配的差距大大低于发展中国家的平均值。

我们可以根据世界银行《2006 年世界发展报告：公平与发展》公布的更新数据来看这些国家基于收入分配和消费的基尼系数的变化情况，其中，基尼系数为四舍五入后的结果，加下划线的表示基尼系数比原先有所上升（见表 14－3）。

表 14－3　　发展中国家的收入分配或消费的分布（2）

国家	调查年份	基尼系数
玻利维亚	2002	<u>58.0</u>
巴西	2001	59.0
布基纳法索	2003	38.0
柬埔寨	1997	40.0
中非共和国	1993	61.0
智利	2000	51.0
中国	2001	<u>45.0</u>

续前表

国家	调查年份	基尼系数
哥伦比亚	1999	54.0
哥斯达黎加	2000	46.0
多米尼加	1997	47.0
厄瓜多尔	1998	54.0
萨尔瓦多	2002	50.0
埃塞俄比亚	2000	30.0
几内亚	2003	39.0
洪都拉斯	1999	52.0
肯尼亚	1997	44.0
吉尔吉斯斯坦	2002	29.0
马达加斯加	2001	46.0
马来西亚	1997	49.0
马里	2001	39.0
墨西哥	2002	49.0
尼加拉瓜	2001	40.0
尼日尔	1995	51.0
尼日利亚	2003	41.0
巴拿马	2000	55.0
巴拉圭	2001	55.0
秘鲁	2000	48.0
菲律宾	2000	46.0
俄罗斯	2002	32.0
塞内加尔	1995	41.0
南非	2000	58.0
泰国	2002	40.0
突尼斯	2000	40.0
土耳其	2002	37.0
土库曼斯坦	1998	41.0
委内瑞拉	2000	42.0
赞比亚	1998	53.0
津巴布韦	1995	57.0

资料来源：世界银行.2006年世界发展报告：公平与发展.北京：清华大学出版社，2006：280-281.

通过以上数据可以看到，大部分发展中国家的基尼系数是有所下降的。

那么，是不是人均收入较高的国家，其收入的不平等程度就会随着收入水平的提高而下降呢？事实上，通过对人均收入水平各不相同的国家进行比较，我们很难看到人均收入水平的高低与分配不平等程度之间存在着某种确定的关系。例如，斯里兰卡的人均收入并不高，只是巴西人均收入的1/5，但是其平等程度的各项指标都优于巴西。而在具有同样人均收入的国家之间，收入分配不平等的程度却可以大相径庭。

二、发展中国家的极端贫困

与发展中世界普遍存在的收入分配不平等相比较，发展中国家的极端贫困更是引起了国际社会的广泛关注。世界银行将1980、1990和2000/2001、2003、2004年度世界发展报告的主题都定为消除贫困和饥饿，足见这是一个世界性的跨世纪难题。

要减少和消除贫困，首先必须确切地了解“贫困”的实际含义。那么，什么是贫困呢？根据世界银行的定义，所谓贫困便是“缺少达到最低生活水准的能力”①。应该指出的是，尽管贫困与不平等之间存在着密切的联系，但是，二者毕竟是两个不同的概念。贫困是相对于社会上一部分穷困人口的绝对生活水准而言的，而不平等表现的则是相对收入或相对生活水准的差距。因此，要搞清楚什么是贫困，就要知道最低生活水准的含义是什么。从一般意义上讲，只要能够包括家庭所有的生产活动，家庭的收入和人均支出便是衡量生活水准的适宜尺度。由于这一标准没有将诸如医疗卫生、预期寿命、识字能力以及公共财物或共同财产等属于福利范畴的内容包括进去，因此，通常还要将营养、预期寿命、五岁以下儿童死亡率及入学率等作为衡量贫困的补充指标。贫困这一概念有一个历史发展的过程，并且存在着很大的民族与文化差异。随着经济发展和社会进步，在那些愈发富裕的国家中，贫困的标准也会随之发生变化。

显然，贫困绝不仅仅是物质方面的，它不仅是一个绝对收入水平高低的问题，而且包括与贫困相联系的心理和社会层面的意义。从社会层面来看，一个人如果被迫生活在特定时间特定地区社会可以接受的低水平标准之下，那么他就是贫困人口。从心理的角度讲，一个人的贫困是指他作为社会的一分子却被剥夺了在这个社会中他认为每个人都应该享受的东西。丹尼斯·古利特（Dennis Goulet）教授对什么是贫困做了入木三分的刻画：“不发达是骇人听闻的，它是所有肮脏、疾病、不必要的死亡和绝望这样一些东西！如果不发达对一个人来说只是反映收入低、住房破旧、夭折或就业不充分的统计数字的话，他是不会懂得它的。即使是最富有感情的观察者，也只有在亲自经历或设身处地地经历了‘不发达的震动’之后，才能客观地谈论不发达问题。当一个人被带入‘贫困的文化’普遍流行的情绪中时，他便会被这种独特文化所触动。而那些在匮乏中生存的人们，当他们开始认识到自己的生活既是非人的，又是不可避免的时，他们所感受到的就是截然相反的触动……不发达情况下的普遍情绪是在疾病与死亡面前一种个人和社会的软弱无能感；是当一个人摸索着认识变革时的慌乱感和无知感；是对控制态势进程起决定作用的个人的屈辱感；是在饥饿和严重自然灾害面前的绝望感。长期贫困是一种地狱般残酷的东西，当人们

① 世界银行.1990年世界发展报告：贫困问题·社会发展指标.北京：中国财政经济出版社，1990：26.

只是将它作为一件客观事物来看待时，很难理解这个地狱究竟有多么残酷。”[①]

为了对发展中国家的贫困状况做出准确的度量和客观的评价，世界银行制定了全球统一的“贫困线”标准。以消费为基础的贫困线包括两个主要部分：购买最低标准的营养品和其他必需品的必要支出；各国间不尽相同的反映参与最低限度费用的社会日常生活的另一部分支出。其中第一部分支出是明确的，可以以维持生存的最低热量摄入为标准，从构成穷人食谱的食品价格推算出来。支出的第二部分则带有很大的主观性，因民族文化不同而有很大差异，并随社会的发展而增加。国别贫困线是国际通行的贫困线，一般定在平均收入或支出的30%上。《1990年世界发展报告：贫困问题·社会发展指标》使用了人均年消费支出275美元（赤贫）和370美元（贫困）（1985年购买力平价不变价格）作为全球贫困线的单一标准，以进行国际比较和加总。在此基础上，我们还可以利用“贫困人口调查指数”和“贫困差距”两个指标来对贫困程度进行衡量。贫困人口调查指数用来显示处于贫困线以下人口占总人口的比率，一般也被称作贫困率、贫困人口比率或贫困人口发生率。贫困差距即穷人实际收入不足贫困线的一定比例（%），可以用来衡量穷人消费或收入在贫困线以下的程度，或曰平均差距，以及随之估测让每一个穷人达到贫困线以上从而消除贫困所需要的转移支付。这种转移支付总额占一国国民总消费量的百分比，又可以被定义为一国的总贫困差距。以370美元为贫困线标准，1990年发展中世界还有10多亿人生活在贫困之中，这个数字基本折合为每天1美元。根据世界银行《2006年世界发展指标》的数据，2002年仍然有10.15亿人口每天生活费用低于1美元。[②]

进入21世纪，贫困问题进一步成为国际社会关注的焦点。在经历了十年的不懈努力之后，世界银行再一次吹响了“与贫困作斗争”的战斗号角，将减少贫困作为新千年发展中世界第一个奋斗目标。为了更为有效地同贫困作斗争，世界银行提出了广义的贫困概念，并对世界贫困线做了更准确的规定。什么是贫困？“贫困是指福利的被剥夺状态”，贫困就是缺衣少食，没有住房，生病时得不到治疗，不识字而又得不到教育。然而，对于穷人来说，生活于贫困之中远远不止这些内容。贫困不仅指物质的匮乏，而且包括低水平的教育和健康。除此之外，贫困还包括风险和面临风险时的脆弱性，以及不能表达自身的需求和缺乏影响力。这种广义的贫困概念更好地描述了其特征，从而可以更深刻地探讨贫困产生的原因并制定消除贫困的政策。1990年，世界新的贫困线是用1993年的价格数据和1993年的购买力平价来计算的，相当于日均生活费用1.08美元。在购买国内商品时，与1985年的1美元具有相同的购买力，即日均生活费用为1美元。高贫困线（日均生活费用2美元）是通过将1990年的低贫困线乘以2得出的，中低收入国家大多采用高贫困线。在21世纪之初，世界60亿人口中，有28亿人每天仅靠不足2美元来维持生计，还有12亿人每天靠不足1美元来生活。每100个婴儿中有6个活不到他们的1岁生日，有8个活不到5岁。在那些达到学龄的儿童中，有9%的男孩和14%的女孩无法上学。发展中国家的极端贫困化窥一斑便知全豹。

2015年10月，世界银行宣布，按照购买力平价计算，将国际贫困线标准以此前的一

① D. A. Goulet. The Cruel Choice：A New Concept in the Theory of Development. New York：Atheneum，1971.

② 世界银行. 2006年世界发展指标. 2006：73.

人一天 1.25 美元上调至 1.9 美元，在新的标准下，2012 年至 2015 年间，全球贫困人口总数有望从 9.02 亿人下降到 7.02 亿人，贫困人口占总人口的比重有望从 12.8%下降到 9.6%，首次低于 10%。

第四节　终结贫困——消除贫困的理论分析与战略安排

如何减少和消除贫困，始终是发展经济学探讨的核心问题。人们尤其注重推动经济增长、促进公平分配、实现充分就业对减少和消除贫困的积极作用。在经历了半个世纪的发展实践以后，发展中国家在消除贫困方面所取得的成效，远没有人们预想的那样辉煌。经济全球化所带来的发展中国家的边缘化趋势，使广大第三世界国家原本就已十分严重的极端贫困化进一步凸显，成为这些国家经济发展的严重障碍。正因为此，世界银行呼吁整个世界要与贫困作坚决的斗争，将消除贫困作为 21 世纪的第一个神圣使命。

一、库兹涅茨假说及其检验

诺贝尔经济学奖得主、美国著名经济学家西蒙·库兹涅茨对现代发达国家经济增长的历史发展模式做出过开拓性的研究贡献，尤其致力于揭示现代经济增长与收入分配平等的关系。1955 年，他在对美国经济协会的讲演中提出了著名的收入分配差别“倒 U 假说”：在经济增长的初期，收入分配将会出现恶化的趋势，而在以后的发展过程中才会逐步得到改善。库兹涅茨阐述了这一“先恶化，后改善”的过程：“收入分配不平等的长期趋势可以假设为，在前工业文明向工业文明过渡的经济增长早期阶段迅速扩大，而后是短暂的稳定，然后在增长的后期阶段逐渐缩小。”① 由于用基尼系数来衡量的这种收入分配长期变化的动态轨迹似乎随着人均国民生产总值的提高呈现出一条倒 U 形的轨迹，因此这一研究结果以库兹涅茨的“倒 U 形曲线”著称于世（见图 14－5）。

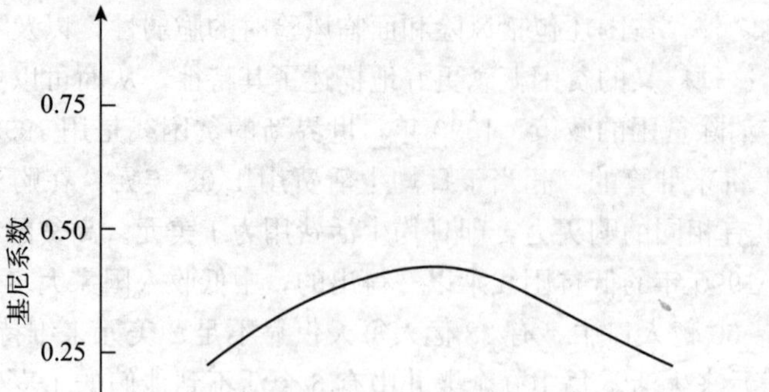

图 14－5　“倒 U 形”的库兹涅茨曲线

① 西蒙·库兹涅茨.经济增长与收入不平等.美国经济评论，1995（3）.

为什么会出现这种在经济增长的初期，收入分配的不平等状况先恶化、后改善的现象呢？解释是多种多样的。但人们更倾向于用经济结构的转变来对此做出说明。根据刘易斯的两部门模型，发展初期的经济增长会集中于现代化的工业部门。由于在经济起步阶段先进的工业部门所能吸纳的剩余劳动力有限，只有少数人可以通过在技术先进、报酬丰厚的部门就业获得高额收入，从而导致现代部门与传统部门之间的收入差距在最终趋于弥合之前先要经历一个迅速扩大的过程。而且在迅猛拓展的现代部门中，这种收入分配的差距比传统部门的不平等还要悬殊。

作为一种理论假说，库兹涅茨曲线在一定程度上为经济发达国家经济发展的长期资料所证实。然而，缺乏充分的数据表明发展中国家在发展进程中的收入分配状况与这一假说相吻合。对于这一假说与其在发展中国家实践中的偏离，托达罗分析说，这是因为大多数发展中国家的发展历程还为时尚短，目前还找不到足够的历史资料来支持库兹涅茨假说，而只是截取某些国家在某一历史时点上的剖面数据，其结果必然会与库兹涅茨的分析结论大相径庭。①

由于发展历程在不同发展中国家的巨大差异和复杂性，经济增长对收入分配以至对贫困状况的作用和影响也是不同的，不管随着经济增长收入分配的不平等是先扩大还是先缩小，应该注意的是，在一些发展中国家，由库兹涅茨假说所描述的在一段时期中所发生的收入分配不平等的急剧膨胀，正在成为某些执政者和政治家聚敛财富和掩盖其政策失误的理论口实。随着发展中国家发展实践的日益丰富，越来越多经济发展的成功案例证明了这样一个事实：经济增长率的迅速提高并没有必然导致收入分配的恶化。在一些国家和地区经济高速增长的同时，其收入分配状况也得到了明显的改善或起码没有发生恶化。总之，在国民生产总值增长率与收入分配变化之间似乎并不存在一种必然的联系。事实上，决定经济增长是否体现为穷人生活水平改善的，不是经济增长的数量，而是经济增长的性质，即经济增长是如何实现的、谁是参与经济增长的主体、哪些部门优先发展以及相应的制度安排。而决定分配利益性质的，就更不是经济高速增长本身了。

二、终结贫困的战略安排

经过长期发展实践的探索和深入的理论研究，发展经济学界逐渐达成了这样一种共识：尽管迅速的经济增长不会自动地解决贫困问题，但经济增长始终是消除贫困发展计划的核心内容。而且，作为发展目标，迅速的经济增长与较为平等的收入分配并不必然相斥。关键的问题并不在于要在更快的增长和更大的平等之间做出抉择，而是第三世界国家对其所希望追求的经济增长类型进行抉择：是一种主要有利于富人的，还是一种全体社会成员都能够分享其利益的增长类型。因此，发展的主要目标是创造一种理想的、特别强调加快贫困人口收入增长的、综合而基础广泛的收入增长模式。

以发达国家的历史经验为依据、以鼓吹“马太效应”为特征的传统的收入分配理论明显地脱离了发展中国家的现实，难以指导发展中国家的发展实践。这是因为：第一，由于发展中国家的达官显贵盲目地效仿发达国家富裕阶层的消费模式，甚至将大量资金藏匿到

---

① 迈克尔·P. 托达罗. 经济发展：第六版. 北京：中国经济出版社，1999：161.

国外，因此，即使收入分配向富裕阶层倾斜，储蓄率也难以提高。第二，贫困阶层的低下的收入与生活水平，导致了普遍的健康恶劣、营养不良和教育残缺。这些因素都将降低国民的劳动生产率并由此直接与间接地拖延经济增长。第三，提高贫困阶层的收入水平将刺激本地生产，例如对食品、服装等日用消费品的需求总体增加，而富人则倾向于将他们增加的收入的大部分消费在进口奢侈品上。随着对本地产品需求的增加，对本地的生产、就业和投资将会产生一个更大的激励。这样的需求创造出经济迅速增长的条件，可以使更加广泛的社会成员参与到这一增长进程中来。第四，通过较为平等的收入分配使贫困人口大量减少，对发展过程中广泛参与的公众形成一种强大的物质和心理激励，从而刺激经济健康地发展。相反，普遍的收入不均和大量贫困人口的存在会对经济活动构成巨大的物质与心理障碍，它们甚至可能令那些在经济上受挫、政治上激进的民众，尤其是受过良好教育的人最终不惜铤而走险。由此可以得出结论：促进经济的迅速增长与减少贫困和不平等并非相互冲突的目标。正如世界银行所总结的那样：对贫困政策的讨论通常集中在增长与贫困二者的相互替代上。然而众多国家的发展实践表明，这并非一种不可避免的替代。实行适宜的政策，贫困的人口便能参与到经济增长中来并对之做出贡献，而一旦做出这样的选择，贫困的锐减与经济的持续增长就会是相辅相成的。

正是秉承上述宗旨，国际社会提出了国际发展目标。这些发展目标来自联合国于 20 世纪 90 年代前期靠召开一系列世界性会议通过的协议和决议。2000 年 9 月，其中的许多标准被写入了由 149 个国家元首参加的千年首脑会议的决议中。世界银行、国际货币基金组织和经济合作与发展组织也采纳了这些标准。这些标准是：第一，在 1990—2015 年间使极端贫困人口减少一半；第二，至 2015 年使所有儿童入学；第三，至 2005 年，通过消除初等教育和中等教育中的性别歧视来提高妇女的地位；第四，在 1990—2015 年间使婴儿死亡率和儿童死亡率降低 2/3；第五，在 1990—2015 年间使产妇死亡率降低 3/4；第六，至 2015 年为所有需要的人提供生育卫生服务；第七，自 2005 年开始实施各国可持续发展战略，以便在 2015 年扭转环境资源损耗的趋势。

国际社会不仅提出了缩小收入分配差距和消除贫困的七项目标，而且制定了实现这些目标的现实步骤：第一，加快有利于穷人和减少不公平的可持续的增长；第二，提高穷人在政治进程和本地决策过程中的参与能力；第三，减小经济冲击、自然灾害、疾病和暴力带来的影响；第四，通过发展教育、提供卫生和基本社会服务来投资于人；第五，促进男女平等，消除其他形式的社会排斥；第六，促进民众社会、政府和国际机构三者之间有效的伙伴关系；第七，鼓励公众讨论上述目标以及实现这些目标的手段。

正是为了实现这些目标，世界银行制定了在新世纪治理贫困的行动纲领。该行动纲领指出，一个国家的经济发展是成功地减轻贫困的核心，但是贫困不仅是经济进程的结果，而且是经济、社会、政治进程的结果，它们以既可以恶化，也可以缓解穷人每天面临的被剥夺现象的方式，相互作用又相互补充。治理贫困要求通过地方、国家、全球层次上的行动扩大机会、促进赋权、加强安全保障。在这三个方面取得进步可以形成持续减轻贫困的动力。

首先要扩大机会。对于广大贫困人口来说，不平等首先表现为机会的不平等。因此，要想治理贫困，就必须为穷人提供更多的机会。增长对于扩大穷人的经济机会是至关重要的，但关键在于如何实现快速、可持续、有利于穷人的增长。提供机会首先就要提供有利于私人投资和技术创新的商业环境，要尽力减少和避免资产不平等和社会不平等对增长的制约及其对公平的收益分配的破坏，而市场体系的建设与完善对于改善穷人的境遇更是具有重要的意义。有事实表明，凡是成功地实行了市场化改革的地方，一般都结束了停滞、恢复了增长，而市场改革对经济状况和不平等的影响取决于制度和结构条件，包括国家的比较优势和资产所有权模式。扩大穷人经济机会的关键是帮助他们进行资产构建，即通过提高他们的健康水平、教育程度和知识能力赋予穷人获得收益和福利的手段。同时，社会基础设施的改善以及公共服务的广泛提供也是增加穷人资产的重要途径。

其次要促进赋权。赋权意味着，通过加强穷人对政治进程和当地决策的参与，可以提高他们对涉及生活的国家制度的影响力。赋权意味着消除对特定集团起作用的政治、法律和社会障碍，构建穷人资产以使他们能够有效地进入市场。除了扩大经济机会外，加强制度建设和法制建设也是赋权的重要内容。要努力使国家和社会制度照顾穷人的利益并更有利于穷人。

最后要加强安全保障。加强穷人的安全保障意味着降低他们面对健康问题、经济冲击、自然灾害等风险时的脆弱性，在发生这些灾害时帮助他们应付不利打击。通过降低变动性，向穷人提供自主应付风险的手段以及加强风险管理的市场和公众制度建设等一系列方法，减贫战略可以减轻贫困家庭的脆弱性。这方面的任务包括在国家和地区层面上防止或者控制例如经济萧条和自然灾害等危机，并且当危机发生后，将其对穷人的影响控制在最小的范围内，使穷人积聚人身、自然、物质、金融和社会等资产可以帮助他们应付所面临的风险。对帮助穷人应付风险的制度提供支持，使穷人能够从事高风险、高回报的活动，从而使他们脱离贫困。因此，完善风险管理制度应该成为减贫战略的本质特征。建立一个度量标准，对不同类型的风险和不同人口群体采用不同的计划是必要的。这些手段包括医疗保险、老年援助和养老金、失业保险、工作福利计划、社会基金、小额融资计划以及现金转移支付等。安全网应该被设计用来满足直接的消费需求，使穷人人身、物质和社会资产得以积聚。①

三、从千年发展目标（MDGs）到《2030年可持续发展议程》

在2000年9月的联合国首脑会议上，189个成员签署了《联合国千年宣言》，承诺将全球贫困水平在2015年之前降低一半（以1990年的水平为标准）。自此，人类历史上规模最大、最有序的减贫和发展行动开始了。在千年发展目标的基础上，2015年9月联合国可持续发展峰会正式通过《2030年可持续发展议程》②，用以指导全球未来15年的可持续发展。同年10月，中国提出要贯彻创新、协调、绿色、开放、共享的发展理念，继续扶贫攻坚，坚持发展成果由全体人民共享。2016年9月G20杭州峰会制定了《二十国集团落实2030年可持续发展议程行动计划》，将《2030年可持续发展议程》具体化和可操作

① 世界银行. 2000/2001年世界发展报告：与贫困作斗争. 北京：中国财政经济出版社，2001：37-39.

② 以“可持续发展目标”（SDGs）为核心的“2015年后发展议程”，又被称为“2015年后可持续发展议程”或“2030年可持续发展议程”，本书统一采用“2030年可持续发展议程”一说。

化，具有开创意义。

（一）千年发展目标实施状况分析

联合国千年发展目标是“当今国际社会在发展领域最为全面、权威、明确的目标体系，是衡量发展水平、指导国际发展合作的重要指标”。[①] 它由 8 个大项、21 个具体子项、60 个官方指标构成，专注于 5 大核心领域，即官方发展援助、市场准入（贸易）、债务可持续性、负担得起的基本药品的获取以及新技术的获取。由此可见，千年发展目标的宗旨在于改善生活，挽救生命，寻求生存。事实证明，MDGs 已成为历史上最成功的全球反贫困推动力。

第一，至 2015 年，生活在极端贫困中的人口比例减半的目标已经实现。最新数据显示，全球依靠每日低于 1.25 美元维生的人口比例从 1990 年的 36%下降到了 2015 年的 12%。[②] 第二，世界各地区（撒哈拉以南非洲除外）小学教育已基本或接近普及，发展中国家平均入学率为 91%（千年发展目标设定为 97%）。第三，在实现全球女性的教育权平等方面取得极大进步，2015 年小学、中学教育性别均等指数达到 0.98，高等教育性别均等指数达到 1.01（公认的性别均等范围为 0.97 至 1.03）。第四，千年发展目标中的“无法获得改善水源的人口比例减半”已于 2010 年提前实现，超过 23 亿人受惠，获得了改善的水源，发展中地区的改善尤为明显。第五，到 2012 年，生活得到明显改善的贫民窟人口达到了 2 亿人，提前超量完成了千年发展目标的计划（MDGs 的目标是在 2020 年让 1 亿贫民窟居民在卫生、饮用水、住房等条件上获得改善）。除此之外，发展中国家在疾病防控、女性赋权、国际合作、技术改进和社会保障等方面均取得显著成果。这些广泛的经验表明：脆弱和排斥是可以克服的。

但是必须承认 MDGs 的进展依然与预计存在较大差距，首先，这表现为项目总体进展与预期存在差距（见表 14-4）：在 144 个观测样本中，只有 68 个样本可在 2015 年实现具体目标，仅占样本总数的 47%，其余均不可实现。就现实而言，武装冲突、犯罪、恐怖主义、迫害、腐败、有罪不罚和破坏法治都是日常现实。其次，各项目之间的进展存在差距。如表 14-4 所示，目标 1、目标 4 和目标 8 有明显进展，其余目标几乎无法按期完成，甚至目标 7 还出现恶化。再次，地区进展存在差距。MDGs 在东亚进展最大，几乎可以全部实现，这主要得益于中国的出色表现，但是就整体发展中国家而言，几乎无法在 2015 年年底完成所有预计目标，其中尤以撒哈拉以南非洲和南亚的情况最为严重。值得关注的是，随着恐怖主义活动和战乱的频发，西亚的情况甚至出现倒退和恶化，流离失所现象是第二次世界大战以来最严重的。最后，发达国家的努力程度与其预期也存在差距。《千年发展公约》明确指出了富裕国家的重要作用，发达国家曾先后多次在国际会议上做出具体的援助承诺，但事实上绝大多数未能兑现。2013 年官方发展援助（ODA）金额达到有记录以来的最高值 1 348 亿美元，但 ODA 仅占发达国家国民总收入（GNI）之和的 0.3%，远未达到联合国 0.7%的目标。除此之外，千年发展目标所内含的对可持续发展理念的疏漏已经不适应当今经济发展和社会进步的现实要求。千年发展目标虽然把环境问题列入核

① 中国外交部. 2015 年后发展议程中方立场文件. 2013-09-22.

② 2015 年数据为联合国《2015 年千年发展目标报告》预计数据。

心议题，但并没有明确的考核数据和指标，发展中国家在为经济发展和生活水平提高而努力奋斗时，环境自然处于被忽视和牺牲的地位。正如西方学者所言，发展中国家在千年发展目标上所取得的成功是不可持续的。

表 14-4　　MDGs 各目标实现情况统计

<table>
<tr><th rowspan="2">具体目标进展</th><th rowspan="2">具体目标已经实现或预期将在 2015 年实现</th><th colspan="2">具体目标预期到 2015 年无法实现</th><th rowspan="2">缺乏数据或数据不足</th><th rowspan="2">总目标数</th></tr>
<tr><th>如果保持现有趋势，进展不足以实现目标</th><th>没有进展或有恶化</th></tr>
<tr><td rowspan="2">1. 消除极端贫困和饥饿</td><td rowspan="2">16（59.3%）</td><td colspan="2">11（40.7%）</td><td rowspan="2">0</td><td rowspan="2">27</td></tr>
<tr><td>10</td><td>1</td></tr>
<tr><td rowspan="2">2. 普及初等教育</td><td rowspan="2">3（33.3%）</td><td colspan="2">6（66.7%）</td><td rowspan="2">0</td><td rowspan="2">9</td></tr>
<tr><td>6</td><td>0</td></tr>
<tr><td rowspan="2">3. 促进两性平等并赋予妇女权利</td><td rowspan="2">9（33.3%）</td><td colspan="2">18（66.7%）</td><td rowspan="2">0</td><td rowspan="2">27</td></tr>
<tr><td>18</td><td>0</td></tr>
<tr><td rowspan="2">4. 降低儿童死亡率</td><td rowspan="2">6（66.7%）</td><td colspan="2">3（33.3%）</td><td rowspan="2">0</td><td rowspan="2">9</td></tr>
<tr><td>3</td><td>0</td></tr>
<tr><td rowspan="2">5. 改善产妇保健</td><td rowspan="2">3（16.7%）</td><td colspan="2">15（83.3%）</td><td rowspan="2">0</td><td rowspan="2">18</td></tr>
<tr><td>15</td><td>0</td></tr>
<tr><td rowspan="2">6. 与艾滋病（病毒）、疟疾和其他疾病作斗争</td><td rowspan="2">10（55.6%）</td><td colspan="2">8（44.4%）</td><td rowspan="2">0</td><td rowspan="2">18</td></tr>
<tr><td>6</td><td>2</td></tr>
<tr><td rowspan="2">7. 确保环境的可持续性</td><td rowspan="2">15（55.6%）</td><td colspan="2">10（37%）</td><td rowspan="2">2</td><td rowspan="2">27</td></tr>
<tr><td>7</td><td>3</td></tr>
<tr><td rowspan="2">8. 全球合作促进发展</td><td rowspan="2">6（66.7%）</td><td colspan="2">3（33.3%）</td><td rowspan="2">0</td><td rowspan="2">9</td></tr>
<tr><td>3</td><td>0</td></tr>
</table>

说明：括号中百分数为括号前数字占所在行表示的各具体目标样本总数的比例。

资料来源：根据联合国《千年发展目标：2014 年进度表》整理计算。

（二）《2030 年可持续发展议程》前景分析

千年发展目标的最终绩效与《联合国宪章》的愿景相去甚远。从以减贫脱贫为核心的 MDGs 向以经济、社会和环境协调发展为核心的 SDGs 转变势在必行。SDGs 是在吸取 MDGs 的经验和教训的前提下，以权利为基础，以人和地球为中心，囊括了尊严、人、地球、繁荣、公正和伙伴关系六大要素。2015 年 9 月联合国可持续发展峰会通过了《2030 年可持续发展议程》，它包括 17 个可持续发展目标和 169 项具体目标，按照“共同但有区别的责任”，推动世界在今后 15 年内实现 3 个史无前例的非凡创举——消除极端贫穷、战胜不平等和不公正以及遏制气候变化。随后在 2015 年 12 月，联合国各成员再次聚首以制定一项后 2020 时期的新的全球气候体系。紧接着 WTO 成员又将就达成 21 世纪更有深度的经济一体化协定进行磋商。由此可见，《2030 年可持续发展议程》是在更高起点之上，面向未来、更富有雄心的全球经济治理框架。

虽然《2030 年可持续发展议程》代表了以可持续发展为核心的更积极、更长远的经济增长模式，对未来所提供的承诺和机会为世界各国人民点亮了一盏明灯，但是 SDGs 的落实也面临不可避免的障碍和困难：

第一，目标制定和执行过程中的妥协和分歧。相比 MDGs，SDGs 设定的环境目标、社会目标更加多元化，涉及所有国家和地区的不同利益，分歧和矛盾是一定会有的。例如在环境可持续问题上，发展中国家认为发达国家在环境保护上需要承担主要责任，因为它们对环境的破坏程度更大。再如发展中国家主张应将减贫和发展问题放在首要位置，而发达国家则有意弱化资金、技术援助方面的指标，偏向于环境保护方面。从本质上来说，这些分歧是由于不同发展体对实现目标的成本负担不同，因此目标设置可以更多地权衡不同发展体的实际能力，将全球目标转变为国家目标，通过国际合作来完成战略指标。

第二，国际援助博弈。据联合国估算，《2030 年可持续发展议程》仅在应对气候变化一项上的资金需求就超过 1 000 亿美元，全部落实 SDGs 的资金需求显然更为庞大。因为存在 MDGs 实施中发达国家的援助承诺未能积极履行的先例，SDGs 的国际筹款的难度可想而知。同时，以承诺的形式对发达国家进行约束显然没有效力，这也涉及国家话语权、政治博弈等复杂因素，因此制定有效的行为机制是一个难题。再者资金的分配也是极其复杂的工作，很难做到完全的公平，国际援助中受援国通常没有充分的自主权，国内发展事项通常受到援助国的干涉，使得资金的运用并不合理，援助的有效性不高。

第三，数据指标的操作存在困难。在环境可持续方面有些目标很难去细化和量化，诸如气候变化、淡水资源、海洋管理等，贫困可以在国家层面上进行统计，但这些问题只能在全球层面衡量，而各国目标成果难以量化这一点必然会导致“搭便车”现象的存在，这也对 SDGs 指标的设置提出了挑战。另外，部分极端贫困国家数据检测系统不完善，很多数据难以获得，对 SDGs 的成果考核和阶段性评估具有一定的误导性。

第五节　千年发展目标在中国的实施进展分析

作为世界上最大的发展中国家，中国也拥有世界上最多的贫困人口，因此被认为是“千年发展目标成功的关键”。[①] 中国立足国情，将千年发展目标作为约束性指标全面融入国家规划，1994 年开始实施为期 7 年的《国家八七扶贫攻坚计划》，把消贫减贫作为国民经济和社会发展的重要组成部分，成就斐然。可以预见，如果没有中国消贫减贫的巨大成功，千年发展目标的制定和实施都是难以想象的。

① 萨克斯在出席北京“联合国千年发展目标论坛”时指出，在实现“2015 年前将世界极度贫困人口减半”的千年发展目标方面，中国能够做出巨大贡献和起到关键作用。

一、中国落实千年发展目标总体成就

截至2015年，中国已经实现或基本实现了13项千年发展目标指标（见表14－5）。1990年到2011年间，中国贫困人口减少了4.39亿，为全球减贫事业做出了巨大贡献。2004年以来，中国粮食产量连续11年增长，用占世界不足10%的耕地，养活了占世界近20%的人口。中国大力推进卫生、教育等民生工程，2000年以来累计解决了4.67亿农村居民的饮用水安全问题，男、女学龄儿童净入学率稳定维持在99%以上。中国在实现自身发展的同时，积极开展南南合作，先后为120多个发展中国家落实千年发展目标提供了力所能及的帮助。

表14－5　　中国实施千年发展目标进展情况

具体目标	实现情况
目标1：消除极端贫困和饥饿	
目标1A：1990年到2015年，将日生活费不足1.25美元的人口比例减半	已经实现
目标1B：使包括妇女和青年人在内的所有人都享有充分的生产性就业和体面的工作	基本实现[a]
目标1C：1990年到2015年，将饥饿人口的比例减半	已经实现
目标2：普及初等教育	
目标2A：2015年前确保所有儿童，无论男女，都能完成全部初等教育课程	已经实现
目标3：促进两性平等并赋予妇女权利	
目标3A：争取到2005年在中、小学教育中消除两性差距，最迟于2015年在各级教育中消除此种差距	已经实现
目标4：降低儿童死亡率	
目标4A：从1990年到2015年将五岁以下儿童死亡率降低三分之二	已经实现
目标5：改善产妇保健	
目标5A：1990年到2015年，将孕产妇死亡率降低四分之三	已经实现
目标5B：到2015年使人人享有生殖健康服务	基本实现[b]
目标6：与艾滋病（病毒）、疟疾和其他疾病作斗争	
目标6A：到2015年，遏制并开始扭转艾滋病病毒和艾滋病的蔓延	基本实现[c]
目标6B：到2010年，实现为所有需要者提供艾滋病（病毒）的治疗	基本实现[d]
目标6C：到2015年，遏制并开始扭转疟疾和其他主要疾病的发病率	基本实现[e]
目标7：确保环境的可持续性	
目标7A：将可持续发展原则纳入政策和计划，扭转环境资源损失趋势	基本实现[f]
目标7B：降低生物多样性丧失，到2010年显著降低生物多样性丧失的速度	没有实现

续前表

具体目标	实现情况
目标 7C：到 2015 年将无法持续获得安全饮用水和基本环境卫生设施的人口比例降低一半	已经实现
目标 7D：到 2020 年，明显改善约一亿棚户区居民的居住条件	很有可能
目标 8：全球合作促进发展	—

说明：a. 2014 年年底全国就业人员总量为 77 253 万人，城镇登记失业率为 4.09%。2003—2014 年，全国城镇累计新增就业达 1.37 亿人。

b. 2013 年，中国户籍人口免费计划生育基本技术服务项目人群覆盖率达到 100%，流动人口达到 96%，孕产妇系统管理率达 89.5%。

c. 2014 年新报告艾滋病感染者和病人 10.4 万例，年增长率 14.8%，疫情总体上控制在低流行水平，发病率快速上升的势头得到初步遏制。符合治疗标准的艾滋病病人病死率由 2003 年的 33.1% 降至 2013 年的 6.6%。

d. 中国自 2004 年开始实施免费艾滋病自愿咨询检测，截至 2014 年基本建成了覆盖城乡的艾滋病防治服务网络。

e. 中国结核病疫情上升势头已经得到有效遏制，疟疾发病率显著降低，但近年来慢性病发病率呈上升趋势。

f. 自 2000 年以来，中国将可持续发展原则全面纳入国民经济与社会发展规划，中国的生态系统总体呈现好转态势，环境持续恶化的趋势得到初步遏制。

资料来源：中华人民共和国外交部，联合国驻华系统. 中国实施千年发展目标进展情况报告. 2015.

尽管中国在实施千年发展目标方面取得的进展举世瞩目，但中国与发达国家存在的差距也不容忽视。总体来看，中国仍然属于发展中国家，在中长期内这一基本属性不会改变。

二、中国落实 2030 年可持续发展目标的挑战

按照《2030 年可持续发展议程》，世界要在未来 15 年内终结极端贫困；按照“十三五”规划，中国要在未来 5 年内消除贫困人口，全体人民共享发展成果。然而，对于已经结束了经济高速增长的黄金期、面临经济结构转型和经济增长模式转换的中国来说，如果要在落实《2030 年可持续发展议程》中取得如前的成就，必然面对更大的挑战。

（一）经济增速调整的挑战

经济增长是消贫减贫的核心动力。持续 10%～12%的经济增速使得中国国内赤贫现象正在消失，但是中国减贫任务依然艰巨。目前中国人均国内生产总值仍低于全球平均水平，不及发达国家平均水平的 1/5；按照我国现行标准测算①，我国目前仍然有 5 014 万贫困人口亟待脱贫。国未强民未富，发展仍是第一要务。但是，随着国内外经济形势的变化，依赖高要素投入拉动经济高速增长的时代已经结束，中国经济下行压力逐步加大。原有的经济驱动潜力殆尽，新的经济增长驱动尚未完全形成，面临增速调整的经济现实是中国继续落实《2030 年可持续发展议程》的最大挑战。

（二）社会发展不平衡的挑战

中国傲人的经济成就也造就了深刻的社会裂变，经济发展的不平衡已成为掣肘中国经

① 我国现行农村扶贫标准为年人均收入 2 300 元人民币。

济的关键因素，并且这种不平衡的多维化趋势日益明显，对中国的发展形成严峻的挑战。

第一，体现为广泛的收入不平衡。中国经济腾飞之初，人们期望以先富带动后富最终达到共同富裕，然而事实上先富者的涓滴效应并没有过多地惠及后富者，在激烈的市场竞争下，财富的集聚效应又使得财富集中程度提高，造成“富的越富、穷的越穷”的现象越发严重，马太效应进一步显现。城乡、地区、行业、不同性质企业之间乃至不同岗位之间的收入差距越来越悬殊。目前，中国的基尼系数已经超过 0.4 的国际警戒线，一度接近 0.5。[①] 特别是大部分收入差距与腐败、特权、垄断等不公正现象直接关联，甚至造成了牢固的“既得利益集团”，进一步激化了社会矛盾，极大地制约了社会公正和国民经济的进一步发展。

第二，体现为城乡发展不平等。城乡分割、以农补工的制度曾经极大地推动了中国工业化进程，然而也造成了城乡差距逐步扩大的事实。数据表明，中国经济高增长只是在占全国面积不足 20%的城市完成，广大的农村地区发展相对缓慢，城乡收入差距倍差为 2.6。城乡差距严重阻碍了中国整体经济质量的提升。农村地区在教育水平、社会保障水平、医疗卫生水平等方面明显落后于城市。城乡差距成为中国发展必须跨越的障碍。

第三，体现为区域发展不平衡。由于历史原因，中国的经济发展具有计划经济体制的深刻烙印。中国地域辽阔，由于各区在地理位置、资源禀赋、历史积淀（东北地区历史负担较重）、文化理念等方面存在差异，因而造成了经济腾飞之初中国经济的地理差异，随着市场化改革的推进，这种差距被进一步放大了。2014 年我国东部地区 GDP 为 378 679.1 亿元，西部地区为 138 073.5 亿元，东部地区是西部地区的 2.74 倍；东部地区人均地区生产总值为 71 754 元，西部地区为 38 788 元，东部地区是西部地区的 1.85 倍；人均 GDP 为 105 202 元，贵州省最低，为 26 393 元，前者为后者的近 4 倍。在全国贫困人口中，中西部地区所占比例高达 94.1%。[②]

第四，体现为社会服务资源不平衡。从量上来看，受经济发展不平衡的影响，2011 年西部地区人均教育经费支出仅为东部地区的 73.5%，占 20%的城市人口拥有 70%的卫生资源，农村居民的人均卫生费用不足城市居民的 1/4。社会服务资源不平衡还体现在质上，以教育为例，区域之间、城乡之间、学校之间的办学水平和教育质量还存在明显差距，人民群众不断增长的高质量教育需求与供给不足的矛盾依然突出。此外，社会服务资源分配对特殊人群，如留守儿童、残障群体、艾滋病患者等的关注不足也是中国社会日益突出的问题。

（三）生态环境的挑战

毫无疑问，中国的经济奇迹是以牺牲青山绿水为代价铸就的粗放型增长模式。中国每美元 GDP 增长排放的二氧化碳水平高于中低收入国家和东亚平均水平，并且差距还有逐渐拉大的趋势。20 世纪 80 年代至 90 年代，生态退化和环境污染带来的经济损失相当于 GDP 的约 8%，2005 年以来这一数字虽有所降低，但仍占 4%左右。看不到蓝天白云，见

① 2013 年，国家统计局公布 2003—2012 年间全国居民收入基尼系数情况，显示我国基尼系数从 2003 年的 0.479 连年上升到 2009 年的 0.491，然后逐年回落至 2012 年的 0.474。

② 数据来源于中华人民共和国国家统计局网站 www.stats.gov.cn。

不到青山绿水。根据历年《中国环境状况公报》数据，2010 年我国城市空气质量达标率为 82.7%，2014 年迅速恶化为 10%，空气污染已经成为比吸烟更大的杀手。仅在北京，平均每 10 万人中就有 79 人因为空气污染而过早死亡。① 改善环境质量刻不容缓，但是根据我国目前情况，以煤为主的能源结构短期内难以得到根本改变，固体废物、汽车尾气、持久性有机物等污染呈增加态势，治理存在巨大的资金缺口。脆弱的生态环境极大地考验着我国经济的再发展潜力。

（四）治理能力的挑战

规则可以使经济的运行变得透明和可预期。千年发展目标的成功落实表明正确的政策取向、强有力的政策执行能力、扎实的体系构架和指标才是构成发展所需要的强大杠杆，而不是金钱。受“三期叠加”影响，中国需要新的理念、新的政策和新的动力来推动经济的提质增效升级，这对党和政府的治理能力形成极大的挑战，具体体现为：

第一，宏观调控能力。“量腹而受，量身而衣”，制定既尊重客观规律又符合现实国情，既高屋建瓴又脚踏实地的科学发展纲领是重中之重，这就要求领导层不断强化对本国国情和自然禀赋的驾驭能力以及对国际宏观大势的了解，极大考验领导层的素质和魄力。

第二，技术指标操作能力。在切实的纲领框架下需要制定操作性强、时效性强的指标体系和科学监控体系。我国在不少领域，比如环境保护方面，因为指标体系的低时效性和不可监测性，与网络时代人们对信息的及时性要求相去甚远，导致最终政策效果不尽如人意。早年面对严重的雾霾，环保部门对空气污染数据不公开、不透明的处理就曾备受争议。

第三，贯彻执行能力。三分战略，七分执行。特别是在改革力度必须加大的宏观背景下，在破除行业垄断、打破城乡分割、消除地区保护、消除机会不平等、摆脱陈规陋习等方面，势必遇到各方既得利益集团的阻挠，执行难度可想而知。由此可见，无论是在宏观战略制定、指标体系确定还是在战略贯彻执行方面，党和国家的治理能力都面临严峻的考验。

（五）世界经济格局变化的挑战

以 2007 年美国次贷危机爆发为起点，世界经济进入所谓“长期停滞”（secular stagnation）② 时期，加之贸易保护主义加剧、地缘政治紧张等因素，一方面使得全球经济版图面临重组，另一方面造成第二次世界大战后形成的以美国为主导的全球治理体系既无法应对传统挑战，又无法解决日趋复杂的非传统问题，全球治理体系的重构迫在眉睫。

在经济层面，随着经济全球化进程的日益深化，世界各国经济已经呈现出周期相似性。在中国经济步入新常态的同时，世界经济也步入低速增长的阶段，包括美国在内的几乎所有国家都面临内部经济结构调整的挑战，新的经济增长点并未明确显现，全球需求萎缩。这给中国经济发展倚重的出口产业带来较大的冲击，进一步加剧了中国经济的下行趋势。

---

① 结论引自北京大学与绿色和平组织的联合调查报告。

② “长期停滞”最早由美国前财政部长萨默斯于 2013 年年底在世界银行和国际货币基金组织年会上提出，主要特征为劳动生产率下降，失业率高企，收入分配恶化。

在政治层面，参与全球经济治理的能力并不均衡。特别是随着新兴经济体的崛起，其迫切需要获得与经济地位相符合的国际治理地位，但是发达国家并不支持，IMF 关于投票权的改革一直悬而未决就是一例，双方的政治博弈将长期存在。同时，各国为了摆脱经济萧条的举措事实上导致区域主义、单边主义和地区保护主义盛行，2008 年之前以“公平、开放、统一”为主流的国际投资、贸易和金融规则的权威性遭受极大的挑战。各国经济实力的变化迫切需要国际治理格局的重构。此外，第二次世界大战结束以来最为猖獗的恐怖主义、局部战争、地缘冲突和日益严重的难民问题也困扰着世界经济的复苏。这些都构成中国落实《2030 年可持续发展议程》不可摆脱的外部环境。

三、中国落实《2030 年可持续发展议程》可能的政策选择

中国在“十三五”规划中提出彻底消除极端贫困，秉持全体人民共享发展的理念，特别提出“精准扶贫，精准脱贫”的战略，并推出“产业扶贫、生态保护脱贫、易地搬迁扶贫、教育脱贫，低保政策兜底”的“五位一体”式综合扶贫机制安排。2016 年 G20 杭州峰会落实了 2030 年可持续发展行动计划。共享式发展的顶层设计初具雏形，技术指标和外部环境也已具备。然而，一分部署，九分落实。步入新常态的中国如欲在落实《2030 年可持续发展议程》时继续取得如前的成就，就必须付出更为艰辛的努力。

（一）打造创新驱动引擎，继续推动经济增长

1. 注重培植经济的创新驱动力，重塑经济增长格局，建设富强中国

发展是第一要务。然而当下中国依靠生产要素和投资规模驱动实现经济高增长的时代已经过去，中国想要百尺竿头更进一步，必须提高经济增长质量，依靠创新驱动，打造持续的创新能力，形成新的比较优势和新的经济增长支柱。毫无疑问，创新驱动要求以市场为基础，以企业为主导，政府应定位于间接辅助地位，避免直接干预。它可以在两方面加强作为：一是创造适合创新能力培植的市场环境，比如破除垄断、培育适合中小企业创新的融资机制和知识产权保护机制、打造统一的创新网络平台等为万众创新服务；二是创造适合创新能力培植的社会环境，比如创造宽松的科研环境，限制科研过度市场化和功利化的趋势，提倡中小企业、年轻人投身于创新研发事业并给予适当的物质支持和政策优惠等。

2. 注重经济增长的益贫性，建设和谐中国

真正的增长应该是公平的增长，不能一部分人增长，一部分人不增长，甚至还倒退。公平的真谛在于机会的公平，而不是结果的公平。人们之所以诟病贫富分化等显著的结果不公现象主要是因为获得结果的过程是不公平的。因此，第一要从制度上保证机会平等，消除制度不公，尊重市场原则，保障平等竞争的权利，至于结果则会因为不同主体的个人素质、机遇甚至禀赋的不同而不同，这反而是合理的、公平的。第二要加大社会保障的力度和范围，保障弱势群体的生存权利，防止极端贫困和返贫现象，使经济增长的成果能够被广泛地分享。第三要加大对教育的投入，包括数量的投入和质量的投入，特别是职业教育，让贫困家庭和弱势群体的孩子掌握一门技能，将职业教育技能提升和就业紧密结合起来，通过这种方式帮助一批人脱贫，提高整体人群的素质和发展潜力。

3. 走绿色发展之路，建设美丽中国

社会的进步应该留得住乡愁、看得见青山。这就要求：

第一，必须彻底扭转“唯 GDP 论”的考核机制。长期“唯 GDP 论”，加之保护监督不力，在工业化、城镇化进程中，经济利益与生态保护一旦发生冲突，为了出政绩，后者往往处于被牺牲的地位。虽然我们提倡“绿色 GDP”的发展观，但是社会仍然在“先污染后治理”的轨道上运行。要想实现社会、经济和环境的良性循环，必须对现在的考核机制进行大刀阔斧的改革。

第二，政府应着力解决环境保护的外部性问题。环境保护最大的难题在于保护的成本不能共担，但是保护的收益可以共享。政府可尝试在排污权、治理权等方面结合市场原则进行创新，2017 年我国全面启动碳排放交易体系将是一个很好的尝试。

第三，建立和完善严格监管所有污染物排放的环境保护管理制度，彻底实现环保部门独立执法，改变目前环保部门广泛存在的“不敢管”“不敢罚”“不敢报”的局面。

第四，对清洁能源和绿色技术的研发、推广给予物质和政策支持，改变以煤为主的能源结构。

4. 重视资本市场

落实《2030 年可持续发展议程》，实现中国经济的腾笼换鸟和结构调整必然产生巨大的资金需求。庞大的资金缺口单纯依靠银行融资显然不能弥补。并且由于经济下行，银行放贷日益谨慎，资金缺口会越来越大。因此，必须推进金融市场改革，拓展多样化融资渠道，着力解决企业尤其是中小企业融资难问题。这就要求政府明确自身功能定位，要依靠监管不要依靠直接干预，做好裁判员而不是运动员，要尊重市场规则，不能屈从人为意愿；鼓励金融创新，我国对于自贸区的“负面清单”管理值得借鉴。同时继续重视引进外资，我国前 15 年成功的经验之一就在于大量外资的引进弥补了资金的缺口，在我国经济结构调整转型之际外资依然重要。

（二）努力提高政府的治理能力，建设善治中国

中国既有的经验之一在于立足国情，明确目标和任务，制定中长期国家发展规划，并把规划的落实情况作为考核各级政府业绩的主要依据。当今世界经济结构再平衡、国际治理格局的重构和中国自身经济形势的转折都对党和政府的治理能力和治理水平提出了新的要求。一是在宏观层面，政府应尊重经济规律，注重顶层设计。凡事预则立，适合国情的发展规划能够起到事半功倍的效果。二是在中观层面，打破地方意识，统一思想，形成全国一盘棋的整体观，提高各级政府政策执行力；同时鼓励公民参与社会事务，监督政府作为，形成政府与公民共同努力、合作管理社会事务的良性局面。三是在微观层面，注重政策的可操作性和指标数据的可获得性，突出信息的透明性，尊重公众的知情权。

（三）立足全球视野，重视国际合作，建设友好中国

中国所追求的发展是开放的发展。全球化的今天，发展需要良好的外部环境的支持。中国应秉持义利相兼、以义为先的原则，优化伙伴关系，改善发展环境，努力参与国际治理规则的重构，积极推进与发达国家在经贸、国际治理和气候变化等领域的合作与沟通；以“一带一路”倡议为先导，推动亚投行、丝路基金和金砖国家开发银行早日发挥作用；努力推动南南合作，继续加大对极不发达国家的经济和技术援助，承担与中国经济地位相符的大国责任，例如中国领导人在联合国发展峰会上宣布中国将设立“南南合作基金”并为欠发达国家提供“6 个 100”项目支持就充分体现了中国愿为可持续发展目标在世界范

围内落实而努力的诚意。

综上所述，在千年发展目标的框架下，全球将近 10 亿人口脱离了极端贫困，获得了生存的希望。《2030 年可持续发展议程》以千年发展目标为基础并弥补其不足，实现经济、社会和环境的协调发展，给人们带来富有尊严的生活。作为拥有世界上最多贫困人口的国家，从改革开放至今中国走出了一条中国特色发展道路，为千年发展目标在世界范围内的顺利实施做出了突出的贡献。作为世界上最具活力的经济体之一，中国仍有超过 5 000 万人口生活在贫困线以下，消贫减贫的任务依然繁重。然而随着经济进入中高速增长时期，中国在落实《2030 年可持续发展议程》、完成“十三五”消贫目标的道路上必须付出更大的努力。为此，中国应该把深化改革、全面建成小康社会、实现共享发展的宏伟目标同《2030 年可持续发展议程》紧密地结合在一起，从内外两处着力：对内全面深化改革，促使中国走向质量发展之路、绿色发展之路、共享发展之路，建设富强中国、美丽中国和和谐中国；对外以全球化视野构建利益—责任—命运共同体，积极参与国际合作，为其他发展中国家提供实实在在的帮助，建设友好中国。中国人民正为实现“两个一百年”奋斗目标和中华民族伟大复兴的中国梦而奋斗，这与各国人民致力于实现发展梦想的美好诉求一脉相承。中国人民同世界各国人民可以携手并肩，坚持和平、发展、合作、共赢的理念，为实现全人类的共同发展和繁荣而努力。

核心概念

平等与效率	规模收入分配	千年发展目标
功能收入分配	洛伦兹曲线	《2030 年可持续发展议程》
基尼系数	国际贫困线	丰裕中的贫困
库兹涅茨假说		

复习与思考

1. 为什么说平等与效率是经济学永恒的命题？
2. 如何用洛伦兹曲线和基尼系数衡量一个国家的收入分配平等状况？
3. 什么是丰裕中的贫困？应该如何理解其含义？
4. 什么是发展中国家的极端贫困？
5. 试述国际治贫行动纲领的主要内容并做出评价。
6. 试述中国消贫减贫所取得的成就、面临的挑战以及应对措施。

图书在版编目（CIP）数据

发展经济学教程/彭刚，黄卫平主编．—3版．—北京：中国人民大学出版社，2018.1
新编21世纪经济学系列教材
ISBN 978-7-300-25379-4

Ⅰ.①发…　Ⅱ.①彭…　②黄…　Ⅲ.①发展经济学-教材　Ⅳ.①F061.3

中国版本图书馆CIP数据核字（2018）第001721号

普通高等教育“十一五”国家级规划教材
新编21世纪经济学系列教材
发展经济学教程（第三版）
学术顾问　张培刚　谭崇台
主　　编　彭　刚　黄卫平
Fazhan Jingjixue Jiaocheng

出版发行	中国人民大学出版社		
社　　址	北京中关村大街31号	**邮政编码**	100080
电　　话	010－62511242（总编室）		010－62511770（质管部）
	010－82501766（邮购部）		010－62514148（门市部）
	010－62515195（发行公司）		010－62515275（盗版举报）
网　　址	http://www.crup.com.cn		
经　　销	新华书店		
印　　刷	北京溢漾印刷有限公司	**版　　次**	2007年9月第1版
规　　格	185 mm×260 mm　16开本		2018年1月第3版
印　　张	21.5	**印　　次**	2022年8月第7次印刷
字　　数	499 000	**定　　价**	45.00元
